教員採用試験 **Twin Books** 完成シリーズ❻

小学校全科の
演習問題

本書の特長と使い方

【本書の特長】

　本書は，教員採用試験で出題された小学校全科の典型的な問題を，頻出領域・分野に沿って厳選したものです。別冊の解答・解説では出題の要点と解答のポイントを詳しく解説し，出題内容が確実に知識として定着するようにしました。

　本書で取り上げた問題は，近年の教員採用試験で実際に出題されている事項もしくはベースとなっている事項です。実戦的な問題をたくさん解くことによって，頻出領域・分野の要点を理解できるように構成していますので，合格に必要な力を効率よく身に付けることが可能です。

　本書で解けない問題や間違えた問題があったら，参考書「小学校全科の要点理解」（赤の小学校全科）で頻出事項の要点をチェックしてください。そこで重要ポイントを理解できたら，再び本書に戻って典型問題にチャレンジします。これを繰り返すと学習効果が倍増して，知識は確実に定着し，理解力も短期間で養成できます。ぜひ，本書と参考書「小学校全科の要点理解」を有効に使ってください！

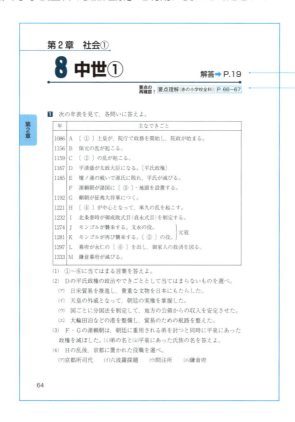

【本書の使い方】

●解答➡P

別冊形式の解答・解説のページ数を示しています。

解答・解説は取り外して使えるので，答え合わせの際に便利です。

●要点の再確認！

参考書「小学校全科の要点理解」（赤の小学校全科）の該当ページを示しています。

※「要点整理」は，「演習問題」と同じ領域・項目で構成し，教員採用試験で実際に問われる基礎的・基本的な事項の要点を掲載しています。

2冊を併行して使うと学習効果は飛躍的に高まります。

●問題P

出題問題のページ数です。

●➡

出題内容の解説です。

出題内容を理解し，確実に正解を導き出せるような詳しい内容になっています。

必要事項をコンパクトにまとめていますので，出題内容の要点を確実に理解できます。

社会① **8 中世①**　　　　　▶問題 P.64～65

1 (1)①白河　②平治　③守護　④後鳥羽上皇　⑤弘安　⑥徳政令　(2)①(ア)
(3)(i)源義経　(ii)藤原氏(奥州藤原氏)　(4)一(イ)　(5)執権　(6)一(ア)　➡(2)(ウ)にある「分国法」は，戦国大名が，領国支配のためにつくった基本法。平氏政権とは関係ない。　(3)義経は平氏追討の最大の功労者だが，頼朝をおそれた後白河法皇は，義経と対抗勢力にしようとする。頼朝は義経追討の命を下し，義経，奥州藤原氏は，頼朝に滅亡させられる。　(4)(ア)「京都所司代」は，江戸幕府で朝廷と西国大名の監視のために京都に置かれた組織。(ウ)「問注所」は鎌倉幕府や室町幕府の裁判のための役所。(エ)「鎌倉府」は，室町幕府で設けられた関東八か国・伊豆・甲斐支配のための地方機関。　(5)執権は本来将軍の補佐役だったが，代々北条氏が引き継ぎ，政治の実権を握った。　(6)元寇で新たな土地を得たわけではないので，御家人に恩賞を与える余力は幕府になく，御家人の信頼を失っていく。よって，正解は(ア)。(ィ)(鎌倉幕府開府時のこと。(ウ)「元との交易」は，元寇後も続いたので誤り。(エ)「武士団」「挙兵」が誤り。「霜月騒動」などの内紛があったが，各地で反乱が起こったわけではない。

2 (1)御家人　(2)御恩　(3)奉公　➡(1)～(3)の意味は重要なので理解しておくこと。このような土地を仲介にした主従関係を「封建関係」といい，それによって支配が行われる政治・社会制度を「封建制度」という。

3 A一(ロ)　B一(ハ)　➡Aの守護は，主に有力な東国の御家人が当てられた。京都の警備と在京御家人の取り締まりには「京都守護」をおいた。また，九州の大宰府には「鎮西奉行」，奥州に「奥州総奉行」をおいて御家人を統率した。

4 (1)(i)→(ア)→(イ)→(エ)　(2)六波羅探題　➡(1)保元・平治の乱は，清盛が征夷大将軍になる前のこと。清盛は平治の乱で功績をあげ朝廷で力を得ていく。平氏政権のあとが源氏の政権なので，頼朝が征夷大将軍になったのは(ア)～(エ)のなかでは最後のことである。　(2)承久の乱後，北条泰時は京都の六波羅に残って京都の警備に当たった。この後，六波羅探題は要職となり，朝廷の監視，西国御家人の統括に当たった。

社会①

19

3

Contents ─ 目 次 ─

本書の特長と使い方 ……………………………………………………………2

第1章　国語 …………………………………………………………7

1 学習指導要領① *8*	**2** 学習指導要領② *10*
3 学習指導要領③ *14*	**4** 学習指導要領④ *18*
5 漢字と熟語① *20*	**6** 漢字と熟語② *22*
7 漢字と熟語③ *24*	**8** ことわざ・慣用句・故事成語 *26*
9 言葉のきまり *28*	**10** 表現技法・敬語 *30*
11 国語常識 *32*	**12** 説明的文章の読解 *34*
13 文学的文章の読解 *36*	**14** 古文の読解 *38*
15 短歌・俳句の読解 *40*	

第2章　社会① …………………………………………………43

1 学習指導要領① *44*	**2** 学習指導要領② *46*
3 学習指導要領③ *48*	**4** 学習指導要領④ *52*
5 学習指導要領⑤ *56*	**6** 古代① *60*
7 古代② *62*	**8** 中世① *64*
9 中世② *66*	**10** 近世① *68*
11 近世② *70*	**12** 近・現代① *72*
13 近・現代② *74*	**14** 近・現代③ *76*
15 年表 *78*	**16** 文化史・史料 *80*

第3章　社会② …………………………………………………85

1 気候 *86*	**2** 地図 *88*
3 北海道・東北 *90*	**4** 関東・中部 *92*
5 近畿・中国・四国 *94*	**6** 九州・アジア *96*
7 アフリカ・ヨーロッパ *98*	**8** アメリカ・オセアニア *100*
9 日本の人口・産業 *102*	**10** 日本国憲法 *104*
11 国会・内閣・裁判所 *106*	**12** 選挙制度・地方自治 *108*
13 経済・金融 *110*	**14** 社会保障・労働・環境 *112*
15 国際連合 *114*	

第4章　算数① …………………………………………………117

1 学習指導要領① *118*	**2** 学習指導要領② *122*
3 学習指導要領③ *124*	**4** 学習指導要領④ *126*

5	加減乗除の計算 *128*	**6**	根号, n進法, 最大公約数・最小公倍数 *130*
7	多項式 *132*	**8**	1次方程式 *134*
9	2次方程式 *136*	**10**	方程式の利用① *138*
11	方程式の利用② *140*	**12**	不等式 *142*
13	比例・反比例, 1次関数 *144*	**14**	2次関数 *146*
15	関数の応用問題 *148*		

第5章　算数② ·· *151*

1	平面図形① *152*	**2**	平面図形② *154*
3	平面図形③ *156*	**4**	平面図形④ *158*
5	空間図形① *160*	**6**	空間図形② *162*
7	空間図形③ *164*	**8**	空間図形④ *166*
9	場合の数① *168*	**10**	場合の数② *170*
11	確率① *172*	**12**	確率② *174*
13	規則性 *176*	**14**	集合・論理・資料① *178*
15	集合・論理・資料② *180*		

第6章　理科① ·· *183*

1	学習指導要領① *184*	**2**	学習指導要領② *186*
3	学習指導要領③ *188*	**4**	学習指導要領④ *190*
5	気体の性質 *192*	**6**	水溶液の性質 *194*
7	物質の状態変化 *196*	**8**	化学変化と化学反応式 *198*
9	化学変化と質量の変化 *200*	**10**	力のはたらき *202*
11	てこの原理 *204*	**12**	仕事とエネルギー *206*
13	電流回路 *208*	**14**	電流のはたらき *210*
15	光と音 *212*		

第7章　理科② ·· *215*

1	植物の分類 *216*	**2**	動物の分類 *218*
3	生殖と遺伝 *220*	**4**	ヒトの体のつくり① *222*
5	ヒトの体のつくり② *224*	**6**	地震と火山 *226*
7	火成岩と堆積岩 *228*	**8**	天気の変化① *230*
9	天気の変化② *232*	**10**	地球と宇宙 *234*
11	実験器具の使い方① *236*	**12**	実験器具の使い方② *238*
13	実験器具の使い方③ *240*	**14**	実験器具の使い方④ *242*
15	実験器具の使い方⑤ *244*		

第8章　音楽・図画工作 ······························ *247*

1	学習指導要領（音楽①） *248*	**2**	学習指導要領（音楽②） *250*
3	音楽記号・用語 *252*	**4**	第1, 2学年の音楽 *254*

5	第3，4学年の音楽 *256*	**6**	第5，6学年の音楽 *258*
7	音楽の基礎 *260*	**8**	音楽史 *262*
9	学習指導要領（図画工作①）*264*	**10**	学習指導要領（図画工作②）*266*
11	色彩 *268*	**12**	絵画・立体表現 *270*
13	日本美術史 *272*	**14**	西洋美術史 *274*
15	道具の使い方 *276*		

第9章　家庭・体育 ·· *279*

1	学習指導要領（家庭①）*280*	**2**	学習指導要領（家庭②）*284*
3	縫い方，裁ち方 *286*	**4**	衣服と手入れ *288*
5	五大栄養素，6つの基礎食品群 *290*	**6**	調理 *292*
7	商品のマーク，環境 *294*	**8**	学習指導要領（体育①）*296*
9	学習指導要領（体育②）*298*	**10**	学習指導要領（体育③）*302*
11	体つくり運動・器械運動 *304*	**12**	陸上運動・水泳運動 *306*
13	ゲーム・表現運動 *308*	**14**	保健 *310*
15	新体力テスト *312*		

第10章　生活・外国語・外国語活動 ························· *315*

1	学習指導要領（生活①）*316*	**2**	学習指導要領（生活②）*320*
3	生活科の学習活動例 *322*	**4**	学習指導要領（外国語①）*326*
5	学習指導要領（外国語②）*328*	**6**	学習指導要領（外国語③）*332*
7	単語① *334*	**8**	単語② *336*
9	イディオム *338*	**10**	文法① *340*
11	文法② *342*	**12**	会話文① *344*
13	会話文② *346*	**14**	読解 *348*
15	学習指導要領（外国語活動）*350*		

別冊　解答・解説

第 *1* 章	国語　*1*	第 *2* 章	社会①　*14*
第 *3* 章	社会②　*27*	第 *4* 章	算数①　*38*
第 *5* 章	算数②　*58*	第 *6* 章	理科①　*81*
第 *7* 章	理科②　*90*	第 *8* 章	音楽・図画工作　*98*
第 *9* 章	家庭・体育　*107*	第 *10* 章	生活・外国語・外国語活動　*119*

第1章

※学習指導要領については,
すべて平成29年版小学校学習指導要領
(平成29年3月告示)によります。

第1章 国語

1 学習指導要領①

解答➡ P.1

要点の再確認! **要点理解（赤の小学校全科）** P.8〜9

1 次は，平成29年版小学校学習指導要領の「国語」の「目標」である。各問いに答えよ。

> 言葉による見方・考え方を働かせ，言語活動を通して，国語で正確に（ A ）し適切に（ B ）する資質・能力を次のとおり育成することを目指す。
>
> (1) 日常生活に必要な国語について，その特質を理解し適切に使うことができるようにする。
>
> (2) 日常生活における人との関わりの中でa伝え合う力を高め，b思考力や想像力を養う。
>
> (3) 言葉がもつよさを認識するとともに，c言語感覚を養い，国語の大切さを自覚し，国語を（ C ）してその能力の向上を図る態度を養う。

(1) A〜Cに入る言葉を答えよ。

(2) 下線部a〜cについて説明した各文の（ ）に入る適語を㋐〜㋕から選べ。

・aの「伝え合う力を高め（る）」とは，人間と人間との関係の中で，互いの立場や考えを（ ① ）し，言語を通して正確に理解したり適切に表現したりする力を高めることである。

・bの「思考力や想像力」とは，言語を手掛かりとしながら（ ② ）に思考する力や豊かに想像する力である。

・cの「言語感覚」とは，言語で理解したり表現したりする際の（ ③ ）・適否・美醜などについての感覚のことである。

㋐文学的　　㋑緻密　　㋒尊重　　㋓論理的　　㋔正確

㋕正誤　　㋖表現　　㋗好悪　　㋘協力

8

2 次は，平成29年版小学校学習指導要領の「各学年の目標及び内容」の「1 目標」である。（　　）に入る適語を㋐〜㋗からそれぞれ選べ。

〔第1学年及び第2学年〕
(1) 日常生活に必要な国語の知識や技能を身に付けるとともに，我が国の（①）に親しんだり理解したりすることができるようにする。
(2) （②）立てて考える力や感じたり想像したりする力を養い，日常生活における人との関わりの中で伝え合う力を高め，自分の思いや考えを（③）ことができるようにする。
(3) 言葉がもつよさを感じるとともに，（④）読書をし，国語を大切にして，思いや考えを伝え合おうとする態度を養う。

　　㋐楽しんで　　㋑順序　　㋒歴史　　㋓もつ　　㋔場面
　　㋕言語文化　　㋖真剣に　　㋗論理

〔第3学年及び第4学年〕
(1) 〔第1学年及び第2学年〕と同じ。
(2) （①）立てて考える力や豊かに感じたり想像したりする力を養い，日常生活における（②）との関わりの中で伝え合う力を高め，自分の思いや考えを（③）ことができるようにする。
(3) 言葉がもつよさに気付くとともに，（④）読書をし，国語を大切にして，思いや考えを伝え合おうとする態度を養う。

　　㋐順序　　㋑整理する　　㋒筋道　　㋓もつ　　㋔人
　　㋕幅広く　　㋖まとめる　　㋗論理

〔第5学年及び第6学年〕
(1) 〔第1学年及び第2学年〕と同じ。
(2) （①）立てて考える力や豊かに感じたり想像したりする力を養い，日常生活における人との関わりの中で（②）力を高め，自分の思いや考えを（③）ことができるようにする。
(3) 言葉がもつよさを認識するとともに，（④）読書をし，国語の大切さを自覚して，思いや考えを伝え合おうとする態度を養う。

　　㋐筋道　　㋑順序　　㋒伝え合う　　㋓話し合う
　　㋔発言する　　㋕幅広く　　㋖広げる　　㋗進んで

第1章　国語

2 学習指導要領②

解答➡P.1

要点の再確認!　要点理解（赤の小学校全科）　P. 10～13

1　次は，平成29年版小学校学習指導要領の「国語」の「内容」で，〔知識及び技能〕の「言葉の特徴や使い方」の一部である。それぞれがどの学年か，㋐～㋒から選べ。なお，(1)～(10)には，項目の一部分を抜き出したものがある。

(1)　言葉には，事物の内容を表す働きや，経験したことを伝える働きがあることに気付くこと。

(2)　様子や行動，気持ちや性格を表す語句の量を増し，話や文章の中で使うとともに，言葉には性質や役割による語句のまとまりがあることを理解し，語彙を豊かにすること。

(3)　身近なことを表す語句の量を増し，話や文章の中で使うとともに，言葉には意味による語句のまとまりがあることに気付き，語彙を豊かにすること。

(4)　丁寧な言葉と普通の言葉との違いに気を付けて使うとともに，敬体で書かれた文章に慣れること。

(5)　句読点の打ち方，かぎ（「　」）の使い方を理解して文や文章の中で使うこと。

(6)　主語と述語との関係，修飾と被修飾との関係，指示する語句と接続する語句の役割，段落の役割について理解すること。

(7)　比喩や反復などの表現の工夫に気付くこと。

(8)　文の中における主語と述語の関係に気付くこと。

(9)　文や文章の中で漢字と仮名を適切に使い分けるとともに，送り仮名や仮名遣いに注意して正しく書くこと。

(10)　日常よく使われる敬語を理解し使い慣れること。

㋐第1学年及び第2学年　　㋑第3学年及び第4学年
㋒第5学年及び第6学年

2　次は，平成29年版小学校学習指導要領の「国語」の「内容」で，〔知識

及び技能〕の「学年別漢字配当表」について述べた部分である。（　　）には当てはまる算用数字を，〔　　〕には当てはまる言葉を答えよ（同じ数字や言葉が入るときがある）。

〔第1学年及び第2学年〕

　　第1学年においては，別表の学年別漢字配当表の第（　①　）学年に配当されている漢字を〔　A　〕，漸次〔　B　〕，文や文章の中で使うこと。第2学年においては，学年別漢字配当表の第（　②　）学年までに配当されている漢字を読むこと。また，第（　③　）学年に配当されている漢字を〔　C　〕，文や文章の中で使うとともに，第（　④　）学年に配当されている漢字を漸次書き，文や文章の中で使うこと。

〔第3学年及び第4学年〕

　　第3学年及び第4学年の各学年においては，学年別漢字配当表の〔　D　〕学年までに配当されている漢字を〔　E　〕こと。また，当該学年の前の学年までに配当されている漢字を〔　F　〕，文や文章の中で使うとともに，〔　G　〕学年に配当されている漢字を漸次〔　H　〕，文や文章の中で使うこと。

3　次は，平成29年版小学校学習指導要領の「国語」の「内容」で，〔知識及び技能〕の「情報の扱い方」の内容である。（　　）に入る適語を㋐～㋖から選べ。

〔第1学年及び第2学年〕

　ア　共通，相違，事柄の（　①　）など情報と情報との（　②　）について理解すること。

〔第3学年及び第4学年〕

　ア　考えとそれを支える（　③　）や事例，全体と中心など情報と情報との（　②　）について理解すること。
　イ　比較や（　④　）の仕方，必要な語句などの書き留め方，引用の仕方や（　⑤　）の示し方，（　⑥　）の使い方を理解し使うこと。

〔第5学年及び第6学年〕

　ア　原因と（　⑦　）など情報と情報との（　②　）について理解すること。
　イ　情報と情報との関係付けの仕方，図などによる語句と語句との（　②　）の表し方を理解し使うこと。

11

(ｱ)結果　　(ｲ)理由　　(ｳ)辞書や事典　　(ｴ)分類　　(ｵ)関係
(ｶ)出典　　(ｷ)順序

4 次は，平成29年版小学校学習指導要領の「国語」の「内容」で，〔知識
及び技能〕の「我が国の言語文化」の内容の一部である。（　　）に適語
を入れよ。

〔第1学年及び第2学年〕

> ア　昔話や神話・（　①　）などの読み聞かせを聞くなどして，我が国の
> 伝統的な言語文化に親しむこと。
> イ　長く親しまれている（　②　）を通して，言葉の豊かさに気付くこ
> と。
> エ　読書に親しみ，いろいろな本があることを知ること。

〔第3学年及び第4学年〕

> ア　易しい（　③　）調の短歌や俳句を音読したり暗唱したりするなどし
> て，言葉の響きやリズムに親しむこと。
> イ　長い間使われてきた（　④　）や慣用句，（　⑤　）などの意味を知
> り，使うこと。
> ウ　（　⑥　）が，へんやつくりなどから構成されていることについて理
> 解すること。
> オ　幅広く読書に親しみ，読書が，必要な知識や（　⑦　）を得ることに
> 役立つことに気付くこと。

〔第5学年及び第6学年〕

> ア　親しみやすい（　⑧　）や漢文，近代以降の文語調の文章を音読する
> などして，言葉の響きやリズムに親しむこと。
> イ　（　⑨　）について解説した文章を読んだり作品の内容の大体を知っ
> たりすることを通して，昔の人のものの見方や感じ方を知ること。
> ウ　語句の由来などに関心をもつとともに，（　⑩　）の経過による言葉
> の変化や（　⑪　）による言葉の違いに気付き，共通語と（　⑫　）との
> 違いを理解すること。また，（　⑬　）及び漢字の由来，特質などにつ
> いて理解すること。
> オ　（　⑭　）的に読書に親しみ，読書が，自分の考えを広げることに役
> 立つことに気付くこと。

12

5　次は，平成29年版小学校学習指導要領の「国語」の「内容」で，〔知識及び技能〕の「我が国の言語文化」の書写に関する内容の一部である。それぞれの学年を㋐～㋒から選べ。

> (1) 姿勢や筆記具の持ち方を正しくして書くこと。
> (2) 毛筆を使用して，穂先の動きと点画のつながりを意識して書くこと。
> (3) 文字の組立て方を理解し，形を整えて書くこと。
> (4) 点画の書き方や文字の形に注意しながら，筆順に従って丁寧に書くこと。
> (5) 目的に応じて使用する筆記具を選び，その特徴を生かして書くこと。
> (6) 用紙全体との関係に注意して，文字の大きさや配列などを決めるとともに，書く速さを意識して書くこと。

㋐第1学年及び第2学年　　㋑第3学年及び第4学年
㋒第5学年及び第6学年

6　次は，平成29年版小学校学習指導要領の「国語」の「内容」で，〔知識及び技能〕の「我が国の言語文化」の書写に関する内容の一部である。各問いに答えよ。

> (1) 点画相互の接し方や交わり方，（ ① ）や方向などに注意して，文字を正しく書くこと。
> (2) 漢字や仮名の大きさ，（ ② ）に注意して書くこと。
> (3) 毛筆を使用して点画の書き方への理解を深め，（ ③ ）などに注意して書くこと。

(1) （　）に入る適語を㋐～㋖から選べ。
　㋐速さ　　㋑長短　　㋒配列　　㋓穂先の動き
　㋔筆圧　　㋕筆順　　㋖筆記具

(2) ――線部に「点画の書き方」とあるが，次の◯部分の「点画」の種類はそれぞれ何というか。

① 完　② 失　　　③ 中 　④ 求

第1章 国語

3 学習指導要領③　解答➡ P.2

要点の再確認！ 要点理解（赤の小学校全科） P. 14〜17

1 次は，平成29年版小学校学習指導要領の「国語」の「内容」で，〔思考力，判断力，表現力等〕の「Ａ話すこと・聞くこと」の〔指導事項〕である。それぞれの学年を(ア)〜(ウ)から選べ。

(1) 話の中心や話す場面を意識して，言葉の抑揚や強弱，間の取り方などを工夫すること。

(2) 伝えたい事柄や相手に応じて，声の大きさや速さなどを工夫すること。

(3) 資料を活用するなどして，自分の考えが伝わるように表現を工夫すること。

(4) 目的や意図に応じて，日常生活の中から話題を決め，集めた材料を分類したり関係付けたりして，伝え合う内容を検討すること。

(5) 目的を意識して，日常生活の中から話題を決め，集めた材料を比較したり分類したりして，伝え合うために必要な事柄を選ぶこと。

(6) 身近なことや経験したことなどから話題を決め，伝え合うために必要な事柄を選ぶこと。

(7) 相手に伝わるように，理由や事例などを挙げながら，話の中心が明確になるよう話の構成を考えること。

(8) 話の内容が明確になるように，事実と感想，意見とを区別するなど，話の構成を考えること。

(9) 互いの立場や意図を明確にしながら計画的に話し合い，考えを広げたりまとめたりすること。

(10) 目的や進め方を確認し，司会などの役割を果たしながら話し合い，互いの意見の共通点や相違点に着目して，考えをまとめること。

(11) 互いの話に関心をもち，相手の発言を受けて話をつなぐこと。

(ア)第1学年及び第2学年　　(イ)第3学年及び第4学年

(ウ)第5学年及び第6学年

2 次は，平成29年版小学校学習指導要領の「国語」の「内容」で，〔思考力，判断力，表現力等〕の「B書くこと」の〔指導事項〕である。（　）に入る適語をそれぞれ選べ。

(1)〔第3学年及び第4学年〕

> ア　（　①　）や目的を意識して，経験したことや想像したことなどから書くことを選び，集めた材料を（　②　）したり分類したりして，伝えたいことを明確にすること。
>
> イ　書く内容の（　③　）を明確にし，内容のまとまりで段落をつくったり，段落相互の関係に注意したりして，文章の構成を考えること。
>
> ウ　（　④　）とそれを支える理由や事例との関係を明確にして，書き表し方を工夫すること。
>
> エ　間違いを正したり，相手や目的を意識した表現になっているかを確かめたりして，文や文章を（　⑤　）こと。
>
> オ　（　⑥　）が明確になっているかなど，文章に対する感想や意見を伝え合い，自分の文章のよいところを見付けること。

(ア)書こうとしたこと　　(イ)中心　　(ウ)自分の考え　　(エ)比較
(オ)整える　　　　　　　(カ)相手

(2)〔第5学年及び第6学年〕

> ア　目的や（　①　）に応じて，感じたことや考えたことなどから書くことを選び，集めた材料を分類したり（　②　）付けたりして，伝えたいことを明確にすること。
>
> イ　（　③　）の通った文章となるように，文章全体の構成や（　④　）を考えること。
>
> ウ　目的や（　①　）に応じて簡単に書いたり詳しく書いたりするとともに，（　⑤　）と感想，意見とを区別して書いたりするなど，自分の考えが伝わるように（　⑥　）を工夫すること。
>
> エ　引用したり，図表やグラフなどを用いたりして，自分の考えが伝わるように（　⑥　）を工夫すること。
>
> オ　文章全体の構成や（　⑥　）などに着目して，文や文章を（　⑦　）こと。
>
> カ　文章全体の構成や（　④　）が明確になっているかなど，文章に対する感想や意見を伝え合い，自分の文章のよいところを見付けること。

(ア)書き表し方　　(イ)関係　　(ウ)事実　　(エ)意図　　(オ)展開
(カ)筋道　　　　　(キ)整える

15

3 次は，平成29年版小学校学習指導要領の「国語」の「内容」で，〔思考力，判断力，表現力等〕の「C読むこと」の〔指導事項〕である。（　）に入る適語を(ア)～(オ)からそれぞれ選べ。

(1)〔第1学年及び第2学年〕

> ア　（①）的な順序や事柄の順序などを考えながら，内容の大体を捉えること。
> イ　場面の様子や登場人物の行動など，内容の（②）を捉えること。
> ウ　文章の中の（③）な語や文を考えて選び出すこと。
> エ　場面の様子に着目して，登場人物の行動を具体的に（④）すること。
> オ　文章の内容と自分の（⑤）とを結び付けて，感想をもつこと。
> カ　文章を読んで感じたことや分かったことを共有すること。

　(ア)重要　　(イ)大体　　(ウ)体験　　(エ)想像　　(オ)時間

(2)〔第3学年及び第4学年〕

> ア　段落（①）の関係に着目しながら，考えとそれを支える理由や事例との関係などについて，（②）を基に捉えること。
> イ　登場人物の行動や気持ちなどについて，（②）を基に捉えること。
> ウ　目的を意識して，中心となる語や文を見付けて（③）すること。
> エ　登場人物の気持ちの変化や性格，（④）について，場面の移り変わりと結び付けて具体的に想像すること。
> オ　文章を読んで理解したことに基づいて，感想や（⑤）をもつこと。
> カ　文章を読んで感じたことや考えたことを共有し，一人一人の感じ方などに違いがあることに気付くこと。

　(ア)叙述　　(イ)相互　　(ウ)考え　　(エ)情景　　(オ)要約

(3)〔第5学年及び第6学年〕

> ア　（①）と感想，意見などとの関係を叙述を基に押さえ，文章全体の構成を捉えて（②）を把握すること。
> イ　登場人物の相互関係や心情などについて，描写を基に捉えること。
> ウ　（③）に応じて，文章と図表などを結び付けるなどして必要な情報を見付けたり，論の進め方について考えたりすること。
> エ　人物像や物語などの（④）を具体的に想像したり，（⑤）の効果を考えたりすること。
> オ　文章を読んで理解したことに基づいて，自分の考えをまとめること。

カ 文章を読んでまとめた意見や感想を共有し，自分の考えを広げるこ
　と。

（ア）全体像　　（イ）要旨　　（ウ）目的　　（エ）表現　　（オ）事実

4 次は，平成29年版小学校学習指導要領の「国語」の「内容」で，「Ｃ読
むこと」の各学年ごとの内容の一部である。（　　　）に適語を入れよ。

〔第1学年及び第2学年〕
イ　場面の様子や登場人物の（　①　）など，内容の大体を捉えること。
エ　場面の様子に着目して，登場人物の（　②　）を具体的に想像するこ
　と。
〔第3学年及び第4学年〕
イ　登場人物の（　③　）などについて，叙述を基に捉えること。
エ　登場人物の（　④　），情景について，場面の移り変わりと結び付け
　て具体的に想像すること。
〔第5学年及び第6学年〕
イ　登場人物の（　⑤　）などについて，描写を基に捉えること。
エ　（　⑥　）や物語などの全体像を具体的に想像したり，表現の効果を
　考えたりすること。

5 次は，平成29年版小学校学習指導要領の「国語」の「内容」で，〔思考
力，判断力，表現力等〕のうちの「Ｃ読むこと」の〔指導事項〕に対する
〔言語活動の例〕である。それぞれどの学年の〔言語活動の例〕か，（ア）～
（ウ）から選べ。

（1）学校図書館などを利用し，複数の本や新聞などを活用して，調べた
　り考えたりしたことを報告する活動。
（2）学校図書館などを利用し，図鑑や科学的なことについて書いた本な
　どを読み，分かったことなどを説明する活動。
（3）学校図書館などを利用し，事典や図鑑などから情報を得て，分かっ
　たことなどをまとめて説明する活動。

（ア）第1学年及び第2学年　　　（イ）第3学年及び第4学年
（ウ）第5学年及び第6学年

第1章 国語

4 学習指導要領④

解答 ➡ P.2

要点の再確認! 要点理解(赤の小学校全科) P.18〜19

1 次は，平成29年版小学校学習指導要領の「国語」の「指導計画の作成と内容の取扱い」の最初の項目である。（　）に適語を入れよ。

> 1　指導計画の作成に当たっては，次の事項に配慮するものとする。
> (1)　単元など内容や時間のまとまりを見通して，その中で育む資質・（①）の育成に向けて，児童の主体的・対話的で深い（②）を図るようにすること。その際，言葉による（③）を働かせ，言語活動を通して，言葉の（④）などを理解し自分の思いや考えを深める学習の充実を図ること。

2 次は，平成29年版小学校学習指導要領の「国語」の「指導計画の作成と内容の取扱い」の一部である。（　）に入る適語の正しい組み合わせをそれぞれ(ア)〜(オ)から選べ。

> 1　指導計画の作成に当たっては，次の事項に配慮するものとする。
> (6)　……「C読むこと」に関する指導については，（①）を高め，日常生活において読書活動を活発に行うようにするとともに，（②）等の学習における読書の指導や（③）における指導との関連を考えて行うこと。
> (8)　（④）の向上を図る観点から，外国語活動及び外国語科など（②）等との関連を積極的に図り，指導の効果を高めるようにすること。

(ア)　①読書意欲　　②他教科　　③体験活動　　④言語能力
(イ)　①言語感覚　　②他領域　　③体験活動　　④国際感覚
(ウ)　①読書意欲　　②他教科　　③学校図書館　　④言語能力
(エ)　①言語感覚　　②他領域　　③体験活動　　④言語能力
(オ)　①読書意欲　　②他教科　　③学校図書館　　④国際感覚

> 2　第2の内容の取扱いについては，次の事項に配慮するものとする。
> (2)　第2の内容の指導に当たっては，児童が（①）や情報通信ネッ

トワークを積極的に活用する機会を設けるなどして，指導の効果を高めるよう工夫すること。

(3) 第2の内容の指導に当たっては，学校図書館などを目的をもって（ ② ）に利用しその機能の活用を図るようにすること。その際，本などの種類や配置，（ ③ ）について指導するなど，児童が必要な本などを選ぶことができるよう配慮すること。なお，児童が読む図書については，（ ④ ）のため偏りがないよう配慮して選定すること。

(ア) ①コンピュータ　②計画的　③探し方　④知識の蓄積
(イ) ①コンピュータ　②日常的　③内容　④人間形成
(ウ) ①博物館　②計画的　③内容　④人間形成
(エ) ①コンピュータ　②計画的　③探し方　④人間形成
(オ) ①博物館　②日常的　③内容　④知識の蓄積

3 次は，平成29年版小学校学習指導要領の「国語」の「指導計画の作成と内容の取扱い」の一部である。（　）に数字を入れよ。

(4) 第2の各学年の内容の〔思考力，判断力，表現力等〕の「A話すこと・聞くこと」に関する指導については，意図的，計画的に指導する機会が得られるように，第1学年及び第2学年では年間（ ① ）単位時間程度，第3学年及び第4学年では年間（ ② ）単位時間程度，第5学年及び第6学年では年間（ ③ ）単位時間程度を配当すること。その際，音声言語のための教材を活用するなどして指導の効果を高めるよう工夫すること。

(5) 第2の各学年の内容の〔思考力，判断力，表現力等〕の「B書くこと」に関する指導については，第1学年及び第2学年では年間（ ④ ）単位時間程度，第3学年及び第4学年では年間（ ⑤ ）単位時間程度，第5学年及び第6学年では年間（ ⑥ ）単位時間程度を配当すること。その際，実際に文章を書く活動をなるべく多くすること。

4 別表の「漢字配当表」の①〜③の配当漢字数を答えよ。

1年	2年	3年	4年	5年	6年
80字	①	200字	②	193字	③

第1章　国語

5 漢字と熟語①

解答➡ P.3

要点の再確認!　要点理解（赤の小学校全科）　P. 20〜21

1 ——線部のカタカナと同じ漢字を用いるものを，(ア)〜(エ)からそれぞれ選べ。

(1) 大国にジュウゾクする。
  (ア)ジュウゼイにあえぐ。
  (イ)心がジュウソクする。
  (ウ)ジュウタイの形で並ぶ。
  (エ)ジュウゼンからのおきて。

(2) 結果よりもカテイを重視する。
  (ア)ショカの本を取る。
  (イ)カシツを犯す。
  (ウ)話題のカチュウにいる。
  (エ)カセツのテント。

(3) 大山メイドウする。
  (ア)音叉がキョウメイする。
  (イ)カンメイの深い出来事。
  (ウ)ソウメイな人物。
  (エ)二国がドウメイを結ぶ。

(4) 親をカイして知り合う。
  (ア)カイキで不気味な物語。
  (イ)参加者はカイムだった。
  (ウ)条約をカイセイする。
  (エ)病人をカイホウする。

(5) キソクを守る。
  (ア)ハンソクを犯す。
  (イ)事態の推移にソクオウする。
  (ウ)モクソクを誤る。
  (エ)返金をサイソクする。

(6) ユカイな仲間。
  (ア)不届き者をセツユする。
  (イ)キョウユになる希望をもつ。
  (ウ)生のユエツを感じる。
  (エ)病気がカイユする。

2 ——線部の漢字として正しいものを選べ。

(1) 技術をエトクする。　　　(ア)会　(イ)依　(ウ)回　(エ)絵
(2) 税金をタイノウする。　　(ア)貸　(イ)滞　(ウ)帯　(エ)替
(3) シュノウ会談を開く。　　(ア)悩　(イ)納　(ウ)能　(エ)脳
(4) リンカクをなぞる。　　　(ア)殻　(イ)較　(ウ)郭　(エ)角
(5) カンサンとした公園。　　(ア)寒　(イ)関　(ウ)閑　(エ)簡
(6) キュウキョクの技。　　　(ア)究　(イ)窮　(ウ)給　(エ)糾
(7) 鉄棒でケンスイする。　　(ア)遣　(イ)懸　(ウ)憲　(エ)験

20

3 次の——線部の熟語として正しいものを選べ。

(1) 政治犯を獄舎からカイホウする。

　　㋐快方　　㋑開放　　㋒介抱　　㋓解放

(2) 先輩のカンシンを買う。

　　㋐歓心　　㋑感心　　㋒関心　　㋓寒心

(3) 通行をキセイする。

　　㋐既製　　㋑規制　　㋒帰省　　㋓既成

(4) シンコウ勢力が台頭する。

　　㋐進行　　㋑信仰　　㋒新興　　㋓深更

(5) 教授が大学生に国際問題についてコウエンする。

　　㋐公演　　㋑後援　　㋒講演　　㋓好演

(6) コウショウで伝えられてきた古代の歌謡。

　　㋐高尚　　㋑口承　　㋒考証　　㋓交渉

(7) 他国の政治にカンショウする。

　　㋐管掌　　㋑観賞　　㋒干渉　　㋓勧奨

(8) 出張費のセイサンを行う。

　　㋐精算　　㋑生産　　㋒清算　　㋓凄惨

(9) 父が亡くなったあと，様々な問題がセイキする。

　　㋐正規　　㋑生起　　㋒生気　　㋓世紀

(10) 悪の道からコウセイさせる。

　　㋐更生　　㋑厚生　　㋒公正　　㋓更正

(11) 明と暗のタイショウが鮮やかな絵画。

　　㋐対称　　㋑対照　　㋒対象　　㋓対症

4 次の——線部の漢字として正しいものを選べ。

(1) 漢方薬がきく。

　　㋐聞　　㋑効　　㋒聴　　㋓利

(2) 頼まれた商品をおさめる。

　　㋐修　　㋑収　　㋒治　　㋓納

(3) 快刀乱麻をたつ。

　　㋐立　　㋑経　　㋒絶　　㋓断　　㋔裁

第1章　国語

第1章

6 漢字と熟語②

解答➡ P.3

要点の再確認! 要点理解（赤の小学校全科） P. 22〜23

1 次の熟語の構成と同じ構成になっている熟語を㈠〜㈨からそれぞれ選べ。

(1) 山頂	(2) 往還	(3) 就職	(4) 養豚	(5) 地震
(6) 水路	(7) 非常	(8) 人造	(9) 臨海	(10) 善悪
(11) 搭乗	(12) 運賃	(13) 補助	(14) 兼職	(15) 乱世
(16) 黙々	(17) 最深	(18) 造園	(19) 品性	(20) 容姿

(ア)寒冷　(イ)強弱　(ウ)船出　(エ)着地　(オ)濃霧　(カ)無敵

(キ)劇的　(ク)喜々

2 次の熟語の構成と異なっている熟語を㈠〜㈢からそれぞれ選べ。

(1) 遷都

(ア)侵害　(イ)温暖　(ウ)帰宅　(エ)出荷

(2) 新旧

(ア)上下　(イ)問答　(ウ)当落　(エ)壮大

(3) 道路

(ア)厳守　(イ)訂正　(ウ)油脂　(エ)憂鬱

(4) 重傷

(ア)前羽　(イ)筋力　(ウ)年長　(エ)名山

(5) 日照

(ア)雷鳴　(イ)閉会　(ウ)人造　(エ)村営

(6) 劣化

(ア)水性　(イ)公的　(ウ)未然　(エ)緑化

3 「乗車」の熟語の構成を六年生の児童に説明するとき，どのように説明するか。簡潔に述べよ。

22

4 対義語の組み合わせとして適切でないものを，㋐〜㋓から選べ。

㋐膨張⇔収縮　　㋑軽率⇔慎重　　㋒優雅⇔粗野　　㋓傷病⇔疾病

5 類義語の組み合わせとして適切でないものを，㋐〜㋓から選べ。

㋐尊大＝傲慢　　㋑精読＝熟読　　㋒全身＝単身　　㋓貢献＝寄与

6 次の――線部の言葉の読みを平仮名で答えよ。

(1) 新しい時代の息吹。
(2) 山車が出る。
(3) 固唾をのんで見守る。
(4) 伝馬船に乗る。
(5) 雑魚を網ですくう。
(6) 桟敷席から劇を見る。
(7) 浴衣を羽織る。
(8) 海士が小舟を操る。
(9) 一言居士。
(10) お神酒を神主につぐ。
(11) 蚊帳をつって寝る。
(12) 数珠を手に合掌する。
(13) 祝詞をあげる。
(14) 神楽の舞を見学する。
(15) 投網であゆをとる。
(16) 柔剣道合わせて十段の猛者。
(17) 稚児に経を教える。
(18) 母屋に家族が集まる。
(19) 十重二十重に取り囲む。
(20) 僧侶が読経する。

7 次の――線部の言葉を漢字で書け。

(1) ここちのいい風。
(2) あずきを煮る。
(3) ぞうりをはく。
(4) もめんのハンカチーフ。
(5) いくじがない気性。
(6) よせで落語を楽しむ。
(7) かわせの動向に注意する。
(8) しないを振る。
(9) ひよりがいい。
(10) しぐれの季節。
(11) なだれの危険が高まる。
(12) 秋の山のもみじ。
(13) くろうとはだしの腕。
(14) ふぶきで前が見えない。
(15) さおとめたちのかけ声。
(16) しらがを抜く。
(17) いおうのにおいがする。
(18) しにせの菓子屋。
(19) 白いたびをはく。
(20) しばふの手入れをする。
(21) かじ屋の仕事。
(22) のら仕事をする。
(23) さみだれの季節になる。
(24) すもうを取る。
(25) じゃりを運ぶ。
(26) しろうとに毛の生えた程度。

第1章 国語

1 漢字と熟語③

解答⇒P.4

要点の再確認！　要点理解（赤の小学校全科） P.24〜25

1　「右」「左」について，各問いに答えよ。

(1)　「右」「左」の一画目，二画目をそれぞれ記号で答えよ。

一画目…（　）
二画目…（　）

一画目（　）
二画目（　）

(2)　一画目と二画目の筆順が，(1)の「右」と同じ筆順になる漢字をすべて選べ。
(ア)布　(イ)灰　(ウ)友　(エ)感　(オ)成

2　次の漢字の→の画は何画目に当たるか。それぞれ漢数字で答えよ。

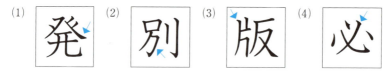

(1)　(2)　(3)　(4)

3　次の漢字の総画数を算用数字で答えよ。
(1) 乳　(2) 郷　(3) 極　(4) 収　(5) 比
(6) 越　(7) 距　(8) 疎　(9) 芽　(10) 乏

4　次の漢字の部首名を平仮名で答えよ。
(1) 熱　(2) 超　(3) 窒　(4) 慎　(5) 阻
(6) 厚　(7) 願　(8) 老　(9) 都　(10) 団
(11) 律　(12) 肢　(13) 断　(14) 段　(15) 術
(16) 祈　(17) 府　(18) 療　(19) 剣　(20) 彫

5 次の四字熟語の□に入る漢数字を答えよ。□が２つある場合は，順に答えること。

(1) 海□山□　　(2) □期□会　　(3) □転□倒　　(4) 乾坤□擲

(5) □寒□温　　(6) □変□化　　(7) □日□秋　　(8) □朝□夕

(9) 悪事□里　　(10) 唯□無□

6 次の四字熟語の□に入る漢字１字を答えよ。

(1) 五里□中　　(2) 雲散□消　　(3) 不即不□　　(4) 粉骨砕□

(5) 一□打尽　　(6) 心□一転　　(7) 不□不党　　(8) 意味□長

7 誤りの漢字１字を示し，正しい漢字を答えよ。

(1) 異句同音　　(2) 言語同断　　(3) 縦横無人　　(4) 絶対絶命

8 次の四字熟語の読みと意味を答えよ。

(1) 我田引水　　(2) 同工異曲　　(3) 主客転倒　　(4) 切歯扼腕

9 次のＡ群とＢ群の語を組み合わせてできる四字熟語をすべて答えよ。

（Ａ群）　雨読　　再三　　伝心　　大器　　無欠　　半信　　哀楽
　　　　　内憂　　奪胎

（Ｂ群）　完全　　晴耕　　半疑　　外患　　晩成　　換骨　　再四
　　　　　以心　　喜怒

10 四字熟語の意味として正しいものをすべて選べ。

(ア) 空前絶後…誰にも負けないほど強いこと。

(イ) 枝葉末節…細かいことにも気を配ること。

(ウ) 牽強付会…自分に都合のよいように無理にこじつけること。

(エ) 虚心坦懐…先入観がなく素直な気持ちな状態であること。

(オ) 深謀遠慮…気持ちがつつましやかで素直であること。

(カ) 艱難辛苦…苦難を忍び，かたきを討つこと。

(キ) 一知半解…なまかじりの知識で，十分にわかっていないこと。

(ク) 有名無実…世間によく知られている立派な人のこと。

11 「朝三暮四」の意味を簡単に説明せよ。

25

第1章　国語

8 ことわざ・慣用句・故事成語

解答➡ P.5

要点の
再確認!　要点理解（赤の小学校全科）　P. 26〜27

1 次のことわざと意味が似ているものを(ア)〜(オ)からそれぞれ選べ。

(1) 浅い川も深く渡れ

(ア)芸は身を助く　　　　　　　(イ)井の中の蛙大海を知らず

(ウ)石橋をたたいて渡る　　　　(エ)二兎を追う者は一兎をも得ず

(オ)雨降って地固まる

(2) 豆腐にかすがい

(ア)魚心あれば水心　　　　　　(イ)嘘も方便

(ウ)帯に短したすきに長し　　　(エ)のれんに腕押し

(オ)月夜に提灯

(3) 河童の川流れ

(ア)弘法も筆の誤り　　　　　　(イ)転ばぬ先の杖

(ウ)紺屋の白袴　　　　　　　　(エ)おぼれる者はわらをもつかむ

(オ)蛙の子は蛙

2 次の意味に当たることわざを(ア)〜(エ)からそれぞれ選べ。

(1) すらすらと達者に話す。

(ア)転石苔むさず　　　　　　　(イ)馬の耳に念仏

(ウ)口は禍の門　　　　　　　　(エ)立て板に水

(2) 効果がない。

(ア)青菜に塩　　　　　　　　　(イ)雨後の筍

(ウ)馬の耳に念仏　　　　　　　(エ)対岸の火事

(3) ほんのわずかであること。

(ア)三人寄れば文殊の知恵　　　(イ)大山鳴動して鼠一匹

(ウ)九牛の一毛　　　　　　　　(エ)瓢箪から駒が出る

3 「情けは人のためならず」ということわざの意味を簡潔に説明せよ。

26

4 次は，体の一部の名称を含む慣用句を用いた短文である。□に入る体の一部の名称を漢字1字で答えよ。

(1) 彼は，自己中心の□もちならない人物だ。

(2) 話の□を折らないで最後まで聞いてほしい。

(3) 余分なものを買ってしまい，予算から□が出た。

(4) □に一物ありそうなので，油断なく話の内容を聞く。

(5) □に衣を着せない意見に，相手は思わず口をつぐんだ。

(6) 厳しい取り調べにも，容疑者は最後まで□を割らなかった。

(7) 弟は，思うままにならないとふてくされるので，本当に□が焼ける。

(8) 林さんは□の広い人物だから，誰かいい人を紹介してくれるでしょう。

5 次の慣用句を用いて短文を書け。

(1) 骨が折れる　　(2) 瓜二つ

6 慣用句の「気が置けない」の意味を簡潔に説明せよ。

7 次の故事成語の意味を(ア)～(サ)からそれぞれ選べ。

(1) 虎の威を借る狐　　(2) 推敲　　(3) 背水の陣

(4) 大器晩成　　(5) 登竜門　　(6) 馬耳東風

(7) 画竜点睛　　(8) 四面楚歌　　(9) 杞憂

(10) 呉越同舟　　(11) 他山の石

(ア)詩や文章の字句を何度も練り上げること。

(イ)大人物となる人間は，普通より遅く大成すること。

(ウ)立身出世の関門。そこを抜ければ出世できるような，難しい関門。

(エ)他人の威光をかさに着て威張る小人物。

(オ)取り越し苦労をすること。無用の心配。

(カ)周囲がみな敵であること。助けがなく孤立すること。

(キ)自分の修養の助けや戒めになる他人や他国のよくない言行。

(ク)決死の覚悟で事に当たること。

(ケ)仲の悪い同士や敵同士が同じところにいること。

(コ)他人の批評や意見に注意を払わず聞き流すこと。

(サ)物事を完成させるための最も肝心なところ。

国語

ことわざ・慣用句・
故事成語

27

第1章 国語

第1章

9 言葉のきまり

解答➡ P.6

要点の再確認! 要点理解（赤の小学校全科） P.28〜29

1 次の文を読み，正しいものをすべて選べ。

この美しい地球は太陽の熱を受けて温められる。

　(ア) 文節に分けると七文節になる。

　(イ) 単語は十一ある。

　(ウ) この文に含まれていない用言は形容動詞である。

　(エ) 助詞は四つある。

　(オ) 助動詞は二つある。

2 ——線部の言葉は自立語である。それぞれの品詞名を答えよ。

　(1) わあ，寝過ごした。　　(2) 大きな家。　　(3) 大きい家。

　(4) 家を建てる。　　　　(5) 立派な家。　　(6) 柱を立てる。

　(7) ゆっくりと歩く。　　(8) 寝過ごした。だから，遅刻してしまった。

3 ——線部の動詞の活用の種類を(ア)〜(オ)から，活用形をA〜Fから選べ。

　(1) 父が練習試合を見に来る。　　(2) 冷房中だから窓を開けないでよ。

　(3) 何が何だかよく分からない。　(4) 水が流れれば成功です。

　(5) 今後の活躍を期待したい。　　(6) 起きる時間は六時です。

　　(ア)五段活用　　　　(イ)上一段活用　　(ウ)下一段活用

　　(エ)カ行変格活用　　(オ)サ行変格活用

　　　A 未然形　B 連用形　C 終止形　D 連体形　E 仮定形

　　　F 命令形

4 ——線部の形容動詞について，活用形をA〜Fから選べ。

　(1) 図書館が，駅前の便利な場所に建てられた。

　(2) 図書館は，以前は駅のすぐ前にあったので，便利だった。

　(3) 乗り換えがないので，便利だろう。

　　　A 未然形　B 連用形　C 終止形　D 連体形　E 仮定形　F 命令形

28

5 次の文の——線部「の」と同じ文法的な性質をもった「の」を選べ。

母<u>の</u>作ったサンドイッチがとてもおいしい。

　(ア)　君はどこから来た<u>の</u>。

　(イ)　この詩は，兄<u>の</u>書いた詩です。

　(ウ)　あの山の頂には，神がすむと昔の人が言った。

　(エ)　町<u>の</u>教会の鐘が鳴る。

　(オ)　その辞書は私<u>の</u>だ。

6 ——線部の「ない」の文法的な性質を選べ。

(1)　あどけ<u>ない</u>笑顔で赤ちゃんが笑っている。

(2)　計画を達成するには，人もお金も足り<u>ない</u>。

(3)　寒いが，火にくべるたきぎが<u>ない</u>。

(4)　この本は，少しもおもしろく<u>ない</u>。

　(ア)形容詞　　　(イ)形式形容詞（補助形容詞）　　　(ウ)形容詞の一部

　(エ)助動詞

7 ——線部と同じ意味の「れる・られる」を選べ。

問題用紙が配ら<u>れる</u>。

　(ア)　十分に間に合わせ<u>られる</u>出発時間だ。

　(イ)　故郷の山々が懐かし思い出さ<u>れる</u>。

　(ウ)　先生が話さ<u>れる</u>。

　(エ)　釣り上げたうなぎに逃げ<u>られる</u>。

8 ——線部の語の品詞をすべて答えよ。なお，２つの品詞で構成されているものは「〇〇＋〇〇」の形で答えよ。

(1)　(ア)　<u>暖かさ</u>がもどる。

　　(イ)　暖炉のある<u>暖かな</u>部屋。

　　(ウ)　<u>暖かい</u>ので祖父がひなたぼっこしている。

(2)　(ア)　広大で美しい<u>自然だ</u>。

　　(イ)　その場面では助けてやるのが<u>ふつうだ</u>。

　　(ウ)　台風は過ぎ去った<u>ようだ</u>。

(3)　(ア)　<u>小さい</u>花瓶に花を生ける。

　　(イ)　<u>小さな</u>町に着く。

29

第1章　国語

第1章

10 表現技法・敬語

解答➡ P.8

要点の再確認!　要点理解（赤の小学校全科）　P.30〜31

❶ 次の──線部に用いられている表現技法を㈠〜㈦から選べ。

(1) 神よ

自分はなんと祈らう

この烈風の中で

この烈風の中で　　　　　　　　　　（山村暮鳥「断章　18」の一部）

(2) 小舎（こや）の水車　藪（やぶ）かげに一株の椿　　　　　　（三好達治「信号」の一部）

(3) 北の草原には冷たい冬の風が吹き，

南の雨林には絶え間ない雨が降り，

(4) 僕はすべてを忘れるだらう　そのとき

僕は思ふだらう　もうみんななくしたと　　（立原道造「旅装」の一部）

(5) 草をふみしだいてゆくと

秋がそっとてのひらをひらいて

わたしをてのひらへのせ　　　　　　　　　（八木重吉「秋」の一部）

(6) そこらは，籾や藁からたった細かな塵で，変にぼうっと黄いろになり，

まるで砂漠の煙のようだ。　　　（宮沢賢治『オツベルと象』の一部）

(7) 夕日が落ち，やがて夜の闇があたりを包み，そして……

(8) ああ私はこはれた日時計　田舎の白つぽい雄鶏（をんどり）です。

（萩原朔太郎「白い雄鶏」の一部」）

㈠体言止め　　㈡倒置　　㈢反復　　㈣対句

㈤省略　　　㈥直喩　　㈦隠喩　　㈧擬人法

❷ 次の──線部の敬語の種類を㈠〜㈢から選べ。ただし，敬語が組み合わさっている場合は，当てはまるものをすべて答えよ。

(1) 荷物は，私がお届けします。

(2) 先生が，会場にいらっしゃる。

(3) 私は，去年アメリカから参りました。

(ア)尊敬語　　(イ)謙譲語　　(ウ)丁寧語

3 尊敬語と謙譲語の動詞の例を示した表のⅠ，Ⅱに入る言葉を書け。また，A〜Dに入る言葉を(ア)〜(ク)から選べ。

	見る	行く・来る	言う	食べる
尊敬語	ご覧になる	A	Ⅱ	C
謙譲語	Ⅰ	B	申す・申し上げる	D

(ア)いただく　　(イ)なさる　　(ウ)参る　　　(エ)召し上がる
(オ)存じる　　(カ)承る　　(キ)さしあげる　(ク)いらっしゃる

4 次の――線部の敬語の使用法で正しいものを4つ選べ。
(ア)　必要な書類は，窓口でおうかがいください。
(イ)　どのコーナーをご見学になりますか。
(ウ)　先生も参加いたしますか。
(エ)　山本様と申される方がいらっしゃいました。
(オ)　このバスは生徒専用車なので，ご乗車になれません。
(カ)　熱いので気をつけていただいてください。
(キ)　こちらの新製品をぜひ拝見してください。
(ク)　あなたは，どの本をお読みになりますか。
(ケ)　父が先生によろしくとおっしゃっています。
(コ)　上田さん，おりましたら教務室までお越しください。
(サ)　兄貴が上京しますので，お会いくださいますか。
(シ)　あの有名な博物館には参りましたか。
(ス)　申し込みについては，受付でお尋ねください。
(セ)　あなたがお聞きすることは何かありますか。

5 次のうち，敬語の種類が他と異なるものを，(ア)〜(エ)からそれぞれ選べ。
(1)　(ア)粗品　　(イ)尊顔　　(ウ)拙著　　(エ)弊社
(2)　(ア)　先生は，どこにご出張ですか。
　　(イ)　先方の会社の部長はお忙しそうです。
　　(ウ)　私が，お伝えします。
　　(エ)　作曲者が，自ら指揮をとられます。

31

第1章　国語

第1章

11 国語常識

解答➡ P.9

要点の
再確認! 　要点理解(赤の小学校全科)　P. 32〜33

1 月の呼称の組み合わせとして正しいものを選べ。

　(ア)葉月―四月　　(イ)弥生―三月　　(ウ)神無月―九月

　(エ)長月―八月　　(オ)卯月―六月

2 それぞれの分野と異なっている作品を，(ア)〜(エ)からそれぞれ選べ。

　(1)　説話集

　　(ア)今昔物語集　　　(イ)日本霊異記　　(ウ)沙石集　　　(エ)方丈記

　(2)　随筆

　　(ア)とはずがたり　　(イ)徒然草　　　　(ウ)枕草子　　　(エ)折たく柴の木

　(3)　作り物語

　　(ア)源氏物語　　　　(イ)夜の寝覚　　　(ウ)大鏡　　　　(エ)狭衣物語

3 松尾芭蕉の作品ではないものを選べ。

　(ア)おらが春　　(イ)おくのほそ道　　(ウ)野ざらし紀行　　(エ)猿蓑

4 次の古典の冒頭を読み，(1)〜(5)は作品名と作者名，(6)は作品名を答えよ。

　(1)　ゆく河の流れは絶えずして，しかももとの水にあらず。

　(2)　いづれの御時にか，女御，更衣あまたさぶらひたまひける中に，いと
　　　やむごとなき際にはあらぬが，すぐれて時めきたまふありけり。

　(3)　春はあけぼの。やうやう白くなりゆく山ぎはすこしあかりて，紫だち
　　　たる雲の細くたなびきたる。

　(4)　つれづれなるままに，日暮らし硯に向かひて，心にうつりゆくよしなし
　　　ごとを，そこはかとなく書きつくれば，あやしうこそものぐるほしけれ。

　(5)　月日は百代の過客にして，行きかふ年もまた旅人なり。舟の上に生涯を
　　　浮かべ，馬の口とらへて老いを迎ふる者は，日々旅にして旅をすみかとす。

　(6)　祇園精舎の鐘の声，諸行無常の響きあり。沙羅双樹の花の色，盛者必
　　　衰の理をあらはす。

32

5 作品名と作者名が一致しない組み合わせを，(ア)〜(エ)からそれぞれ選べ。

(1) (ア)土佐日記―紀貫之　　　　　　　(イ)蜻蛉日記―藤原道綱母

　　(ウ)神皇正統記―北畠親房　　　　　(エ)風姿花伝―観阿弥

(2) (ア)曽根崎心中―近松門左衛門　　　(イ)世間胸算用―井原西鶴

　　(ウ)雨月物語―式亭三馬　　　　　　(エ)玉勝間―本居宣長

(3) (ア)更級日記―菅原孝標女　　　　　(イ)源氏物語―紫式部

　　(ウ)山家集―藤原俊成　　　　　　　(エ)近代秀歌―藤原定家

6 次の作家の作品として誤っているものを，それぞれ選べ。

(1) 樋口一葉

　　(ア)浮雲　　(イ)大つごもり　　(ウ)たけくらべ　　(エ)にごりえ

(2) 森鷗外

　　(ア)舞姫　　(イ)即興詩人　　(ウ)金色夜叉　　(エ)阿部一族

　　(オ)雁　　(カ)高瀬舟　　(キ)渋江抽斎　　(ク)山椒大夫

(3) 夏目漱石

　　(ア)明暗　　(イ)それから　　(ウ)こころ　　(エ)三四郎

　　(オ)草枕　　(カ)門　　(キ)田舎教師　　(ク)吾輩は猫である

(4) 島崎藤村

　　(ア)春　　(イ)夜明け前　　(ウ)みだれ髪　　(エ)若菜集

(5) 芥川龍之介

　　(ア)鼻　　(イ)羅生門　　(ウ)暗夜行路　　(エ)トロッコ

　　(オ)河童　　(カ)地獄変　　(キ)蜘蛛の糸　　(ク)杜子春

7 次の外国文学作品の作家名を答えよ。

(1) 神曲

(2) ハムレット，マクベス，リア王，真夏の夜の夢

(3) 若きウェルテルの悩み，ファウスト

(4) 貧しき人々，罪と罰，カラマーゾフの兄弟，白痴

(5) アンナ・カレーニナ，戦争と平和，復活

(6) 車輪の下，デミアン，シッダルタ

(7) 変身，城，審判

(8) 老人と海，武器よさらば，誰がために鐘は鳴る

(9) 怒りの葡萄，エデンの東

第1章　国語

第1章

12 説明的文章の読解　解答➡ P.10

要点の再確認！　要点理解（赤の小学校全科）　P. 34〜35

1 次の文章を読み，各問いに答えよ。

　人はしばしば解放されることを求めて旅に出る。旅は確かに彼を解放してくれるであろう。（　①　）それによって彼が真に自由になることができると考えるなら，間違いである。解放というのはあるものからの自由であり，このような自由は消極的な自由にすぎない。旅に出ると，誰でも出来心になりやすいものであり，気まぐれになりがちである。〈A〉人の出来心を利用しようとする者には，その人を旅に連れ出すのが手近な方法である。旅は人を多かれ少なかれ冒険的にする。しかしこの冒険といえども出来心であり，気まぐれであるであろう。〈B〉旅における漂泊の感情が，そのような出来心の根底にある。しかしながら気まぐれは真の自由ではない。気まぐれや出来心に従ってのみ行動する者は，旅において真に経験することができぬ。旅は我々の好奇心を活発にする。（　②　）好奇心は真の研究心，真の知識欲とは違っている。好奇心は気まぐれであり，一つの所にとどまって見ようとはしないで，次から次へ絶えず移ってゆく。一つの所にとどまり，一つの物の中に深く入ってゆくことなしに，いかにして真に物を知ることができるであろうか。好奇心の根底にあるものも定めなき漂泊の感情である。また旅は人間を感傷的にするものである。〈C〉しかしながらただ感傷に浸っていては，ⅰ何一つ深く認識しないで，何一つ独自の感情を持たないでしまわねばならぬであろう。真の自由は，ものにおいての自由である。それは単に動くことでなく，動きながらとどまることであり，とどまりながら動くことである。〈D〉人間到る処に青山あり，という。この言葉はやや感傷的なきらいはあるが，ⅱその意義に徹した者であって真に旅を味わうことができるであろう。真に旅を味わい得る人は真に自由な人である。〈E〉旅することによって，賢い者はますます賢くなり，愚かな者はますます愚かになる。日常交際している者がいかなる人間であるかは，一緒に旅してみるとよくわかるものである。人はその人それぞれの旅をする。旅において真に自由な人は人生に

34

おいて真に自由な人である。人生そのものが実に旅なのである。

（三木清『人生論ノート』より）

(1) （　①　）・（　②　）には同じ接続詞が入る。㋐〜㋔から選べ。

　㋐また　　㋑つまり　　㋒けれども　　㋓だから　　㋔あるいは

(2) 次の一文が入るのは〈A〉〜〈E〉のどの部分か。記号で答えよ。

動即静，静即動というものである。

(3) ──線部Ⅰ「何一つ深く認識しないで」とあるが，「深く認識すること」と同じ意味のことをいっている30字以内の部分を探し，その終わりの５字を答えよ。

(4) ──線部Ⅱ「その意義に徹した者」の意味として，最も適切なものを㋐〜㋓から選べ。

　㋐　人間の一生は旅に死ぬことと同じで，空しくはかないものだとする者。

　㋑　人間の骨を埋める場所は至る所にあるという思いで旅をする者。

　㋒　人間の旅する先は，自然豊かな世界であり，その中で旅情を感ずる者。

　㋓　旅に生き，旅に死んだ先人たちの漂泊の人生を思いながら旅をする者。

(5) 前半が「解放の自由」の説明，後半が「『解放の自由』に対置された自由」の説明であるとすると，後半の説明はどこからになるか。後半の初めの７字を答えよ（句読点も字数に含める）。

(6) この文章の要旨として，最も適切なものを㋐〜㋔から選べ。

　㋐　社会の中での人間関係の煩わしさからの解放を目的に旅をすることで，真に自分を自由にすることができる。

　㋑　旅に出て様々なことに好奇心をもつことは，旅の中でものごとを深く認識するための有効な手段である。

　㋒　人間は誰もが根底に漂泊への願望をもっており，旅はその願望を満たし，人間の感情を自由に解放してくれる。

　㋓　旅に出て，真に旅を味わえる人が人生においても真に自由な人であるという意味で，旅は人生そのものである。

　㋔　人は旅に出るとしばしば冒険的になるが，冒険の気持ちを味わうことで，旅が人生がそのものであると感じる。

第1章　国語

13 文学的文章の読解 解答➡ P.11

要点の再確認! 要点理解（赤の小学校全科） P.36〜37

1 次の文章を読み，各問いに答えよ。

〈これまでのあらすじ〉横須賀発の汽車の発車間際になって，十三四の，いかにも田舎者らしい小娘があわただしく二等客車に乗ってきた。客は二人だけである。汽車が隧道（トンネル）にさしかかろうとしているとき，小娘が窓を開けようと悪戦苦闘しはじめる。

　すると間もなくすさまじい音をはためかせて，汽車が隧道へなだれこむと同時に，小娘の開（あ）けようとしていた硝子戸（がらすど）は，とうとうばたりと下へ落ちた。そうしてその四角な穴の中から煤を溶かしたようなどす黒い空気が，にわかに息苦しい煙になって，もうもうと車内へみなぎりだした。元来喉（のど）を害していた私は，手巾（ハンケチ）を顔に当てるひまさえなく，この煙を満面に浴びせられたおかげで，ほとんど息もつけないほど咳きこまなければならなかった。が，小娘は私に頓（とん）着する気色（けしき）も見えず，窓から外へ首をのばして，闇を吹く風に銀杏返（いちょうがえ）しの鬢（びん）の毛をそよがせながら，①じっと汽車の進む方向を見やっている。その姿を煤煙（ばいえん）と電燈（でんとう）の光との中に眺めたとき，もう窓の外がみるみる明るくなって，そこから土の匂（にお）いや枯れ草の匂いや水の匂いが冷ややかに投げれこんでこなかったなら，ようやく咳きやんだ私は，この見知らない小娘を頭ごなしに叱りつけてでも，また元の通り窓の戸をしめさせたのに相違なかったのである。

　しかし汽車はその時分には，もうやすやすと隧道をたどりぬけて，枯れ草の山と山との間に挟まれた，ある貧しい町はずれの踏切に通りかかっていた。踏切の近くには，いずれもみすぼらしい藁屋根（わらやね）や瓦屋根（かわらやね）がごみごみと狭苦しく建てこんで，踏切番が振るのであろう，唯一旒（はたあし）のうす白い旗がものうげに暮色を揺すっていた。やっと隧道を出たと思う――その時蕭索（しょうさく）とした踏切（さく）の柵の向こうに，私は頬（ほお）の赤い三人の男の子が，目白押（めじろお）しに並んで立っているのを見た。彼らは皆，この曇天に押しすくめられたかと思うほど，そろって背（せい）が低かった。そうしてまたこの町はずれの陰惨（いんさん）たる風物と同じような色の着物を着ていた。それが汽車が通るのを仰ぎ見ながら，一斉（いっせい）に手をあげる

36

が早いか，いたいけな喉を高く反らせて，何とも意味のわからない喚声を一生懸命にほとばしらせた。するとその瞬間である。窓から半身を乗り出していた例の娘が，あの霜焼けの手をつとのばして，勢いよく左右に振ったと思うと，たちまち心を躍らすばかり②暖かな日の色に染まっている蜜柑がおよそ五つ六つ，汽車を見送った子供たちの上へばらばらと空から降ってきた。私は思わず息をのんだ。そうして刹那に一切を了解した。小娘は，おそらくはこれから奉公先へ赴こうとしている小娘は，その懐に蔵していた幾果の蜜柑を窓から投げて，わざわざ踏切まで見送りにきた弟たちの労に報いたのである。

　暮色を帯びた町はずれの踏切と，小鳥のように声をあげた三人の子供たちと，そうしてその上に乱落する鮮やかな蜜柑の色と——すべては汽車の窓の外に，瞬く暇もなく通り過ぎた。が，私の心の上には，切ないほどはっきりと，この光景が焼きつけられた。そうしてそこから，ある得体のしれない朗らかな心もちがわき上がってくるのを意識した。私は昂然と頭をあげて，まるで別人を見るようにあの小娘を注視した。小娘はいつかもう私の前の席に返って，相変わらずひびだらけの頬を萌黄色の毛糸の襟巻に埋めながら，大きなふろしき包みを抱えた手に，しっかりと三等切符を握っている。

……………………　　　　　　　　　　　　（芥川龍之介『蜜柑』より）

銀杏返し…女性の髪形の一つ。髪の根もとを二つに分け，左右にまげて半円形に結んだもの。　　鬢…頭の左右の側面の髪。　　旒…旗のたれなびく部分。　　蕭索…ものさびしいさま。

(1)　——線部①「じっと汽車の進む方向を見やっている」とあるが，何のために窓の外をじっと見やっているのか。「〜ため」の形で，25字以内で説明せよ。

(2)　隧道を出た町はずれの印象を端的に表した6字の言葉を抜き出せ。

(3)　——線部②「暖かな日の色に染まっている蜜柑」は，娘の気持ちを表す象徴的な表現になっているが，その娘の気持ちを簡単に15字以内で書け。

(4)　蜜柑が三人の男の子から見た表現となっている部分を8字で抜き出せ。

(5)　この場面での作者の感動の内容として最も適切なものを(ア)〜(エ)から選べ。

　(ア)　貧しい中でもたくましく生きている娘や子供たちに対する感動。

　(イ)　生活の貧しさから奉公に出ざるを得ない社会に対する強い怒り。

　(ウ)　不愉快を感じながら見ていた娘の意表を突いた行動に対する驚き。

　(エ)　弟たちへ蜜柑を投げた娘から感じた弟たちへの愛情に対する感動。

第1章　国語

14 古文の読解

解答➡ P.11

要点の再確認! 要点理解（赤の小学校全科） P.38〜39

1 次の文章を読み，各問いに答えよ。

　筑紫に，なにがし_Aの押領使など①いふやうなる者_Bのありけるが，土大根をよろづにいみじき薬とて，朝ごとに二つづつ焼きて食ひけること，年久しくなりぬ。ある時，館_Cの内に人もなかりける隙をはかりて，敵襲ひ来たりて，かこみ攻めけるに，館の内に兵二人いで来て，命を惜しまず戦ひて，皆追ひ返してげり。いと不思議に覚えて，「日ごろここにも_Dのし給ふとも見ぬ人々_Eの，②かく戦ひし給ふは，いかなる人ぞ」と問ひければ，「年来たのみて，朝な朝な③召しつる土大根らにさぶらふ」といひて失せにけり。深く信をいたしぬれば，かかる徳もありにける④こそ。

（『徒然草』第六十八段より）

　筑紫…九州の古称。

　押領使…平安時代以後，地方の反乱鎮圧のために置かれた役人。

　土大根…だいこん。

(1)　——線部A〜Eの「の」で，主語を示す「の」をすべて選べ。

(2)　——線部①「いふやう」を現代仮名遣いの平仮名で書け。

(3)　——線部②「かく戦ひし」とあるが，どのように戦ったのか。本文中の言葉を用いながら，口語で12字以内で書け。

(4)　——線部③「召しつる」の本文中の意味を(ア)〜(オ)から選べ。

　　(ア)　呼び寄せになっていた　　(イ)　お仕えになっていた

　　(ウ)　お食べになっていた　　(エ)　お出しになっていた

　　(オ)　お使いになっていた

(5)　——線部④「こそ」の後に省かれていると考えられる言葉を(ア)〜(オ)から選べ。

　　(ア)あれ　　(イ)あり　　(ウ)給ふ　　(エ)人なり　　(オ)あらず

38

(6) 『徒然草』と同じ文芸の分野に分類される作品を(ア)～(オ)から選べ。

　　(ア)大鏡　　(イ)方丈記　　(ウ)義経記　　(エ)日本霊異記　　(オ)風姿花伝

2 次の文章を読み，各問いに答えよ。

　これも今は昔，田舎の児の比叡の山へ登りたりけるが，桜のめでたく咲きたりけるに，風のはげしく吹きけるを見て，この児さめざめと泣きけるを見て，僧の①やはら寄りて，「などかうは泣かせ給ふぞ。この花の散るを惜しう覚えさせ給ふか。桜ははかなきものにて，かく程なくうつろひて候ふなり。されども，さのみぞさぶらふ」となぐさめければ，「桜の散らむは，あながちにいかがせむ，苦しからず。我が父の作りたる麦の花の散りて，実の入らざらむ②思ふがわびしき」といひて，さくりあげてよよと泣きければ，

　　□□□やな。　　　　　　　　　　（『宇治拾遺物語』巻一の十三より）

　登りたり…修行のために山にこもったことをいう。

(1)　——線部①「やはら」を現代仮名遣いの平仮名で書け。

(2)　——線部①「やはら」の意味として最も適切なものを(ア)～(オ)から選べ。

　　(ア)急に　　(イ)そっと　　(ウ)すぐに　　(エ)あわてて　　(オ)はっと

(3)　児が泣いている理由を僧は何だと考えたのか。最も適切なものを(ア)～(エ)から選べ。

　　(ア)　田舎の父が恋しくて泣いている。

　　(イ)　田舎の桜の花を懐かしんで泣いている。

　　(ウ)　桜の花が散るのが悲しくて泣いている。

　　(エ)　田舎で父が麦を育てる苦労を思って泣いている。

(4)　——線部②「思ふ」の動作主を(ア)～(オ)から選べ。

　　(ア)児　　(イ)桜　　(ウ)僧　　(エ)我が父　　(オ)麦の実

(5)　□□□に入る言葉として最も適切なものを(ア)～(エ)から選べ。

　　(ア)らうたし　　(イ)いみじ　　(ウ)をかし　　(エ)うたてし

(6)　『宇治拾遺物語』は説話集である。説話集に分類される作品を(ア)～(キ)から2つ選べ。

　　(ア)枕草子　　　　(イ)栄花物語　　(ウ)山家集　　(エ)今昔物語集

　　(オ)古今著聞集　　(カ)風姿花伝　　(キ)方丈記

第1章　国語

15 短歌・俳句の読解　解答→P.13

要点の再確認！　要点理解（赤の小学校全科）　P.40～41

1 次の短歌の上の句と下の句の記号を組み合わせて和歌を完成させよ。

a	秋の田のかりほの庵の苫をあらみ	g	峰にわかるるよこ雲の空
b	人はいさ心もしらずふるさとは	h	わが衣手は露にぬれつつ
c	春の夜の夢の浮橋とだえして	i	かへり見すれば月傾きぬ
d	天の原ふりさけ見れば春日なる	j	三笠の山にいでし月かも
e	東の野に炎の立つ見えて	k	花ぞ昔の香ににほひける
f	秋来ぬと目にはさやかに見えねども	l	風の音にぞおどろかれぬる

2 次は『百人一首』にある歌である。枕詞を用いている和歌を二首選べ。

a　朝ぼらけ有明の月と見るまでに吉野の里に降れる白雪　　　坂上是則

b　ひさかたの光のどけき春の日にしづ心なく花のちるらむ　　　紀友則

c　花の色はうつりにけりないたづらにわが身世にふるながめせし間に

小野小町

d　山里は冬ぞさびしさまさりける人目も草もかれぬと思へば　　　源宗于

e　ちはやぶる神代も聞かず竜田川からくれなゐに水くくるとは

在原業平

3 次の短歌を読み，各問いに答えよ。

a	くれなゐの二尺伸びたる薔薇の芽の針やはらかに春雨のふる	☐
b	白鳥はかなしからずや空の青海のあをにも染まずただよふ	若山牧水
c	のど赤き玄鳥ふたつ屋梁にゐて足乳根の母は死にたまふなり	斎藤茂吉
d	やはらかに柳あをめる	
	北上の岸辺目に見ゆ	
	泣けとごとくに	石川啄木

(1)　☐に入る人物名を漢字四字で答えよ。

(2)　ｂの短歌は何句切れか。

40

(3) a～dの短歌から枕詞を1つ抜き出せ。

(4) dの短歌に用いられている表現技法を(ア)～(オ)から2つ選べ。

　(ア)体言止め　　(イ)倒置　　(ウ)擬人法　　(エ)対句　　(オ)掛詞

4 次の短歌に込められた作者の心情を，作者の置かれた状況を想像しながら50字程度で答えよ（句読点も字数に含む）。

　いちはつの花咲きいでて我目には今年ばかりの春ゆかんとす　　　正岡子規

5 次の俳句を読み，各問いに答えよ。

　a　菜の花や月は東に日は西に　　　b　斧入れて香におどろくや冬こだち
　c　荒海や佐渡に横たふ天の河　　　d　名月をとつてくれろと泣く子かな

(1) a～dは江戸時代の三俳人の作である（a・bは同一の作者）。a・b，c，dの作者をそれぞれ選べ。

　(ア)山口素堂　　(イ)松尾芭蕉　　(ウ)与謝蕪村　　(エ)小林一茶

(2) a～dの季語と季節をそれぞれ答えよ。

(3) a～dの俳句は何句切れか。それぞれ答えよ。

(4) a～dに用いられている切れ字を2つ答えよ。

6 次の俳句を読み，各問いに答えよ。

金剛の露ひとつぶや石の上　　　　　　　　　　　　　　　　川端茅舎

(1) この俳句と同じ季節の俳句を次から選べ。

　(ア)　赤い椿白い椿と落ちにけり　　　　　　　　　　河東碧梧桐
　(イ)　をりとりてはらりとおもきすすきかな　　　　飯田蛇笏
　(ウ)　流れゆく大根の葉の早さかな　　　　　　　　高浜虚子
　(エ)　谺して山ほととぎすほしいまま　　　　　　　杉田久女
　(オ)　菫ほどな小さき人に生まれたし　　　　　　　夏目漱石

(2) 「金剛の」の句の句切れを選べ。

　(ア)初句切れ　　(イ)二句切れ　　(ウ)中間切れ　　(エ)句切れなし

(3) 「金剛の」の句には「や」が用いられている。俳句で，この「や」のような働きをする言葉を何というか，答えよ。

(4) 「金剛の」の句の鑑賞文を70字以内で書け。なお，「金剛の」という表現に用いられている表現技法について触れながら書くこと。

第2章

社会①

※学習指導要領については，
　すべて平成29年版小学校学習指導要領
　（平成29年3月告示）によります。

第2章 社会①

1 学習指導要領① 解答➡P.14

第2章

要点の再確認！ 要点理解(赤の小学校全科) P.46～47

1 次は，平成29年版小学校学習指導要領の「社会」の「目標」である。（　）に適語を入れよ。

　社会的な見方・考え方を働かせ，課題を追究したり解決したりする活動を通して，（ ① ）化する国際社会に主体的に生きる平和で（ ② ）的な国家及び社会の形成者に必要な（ ③ ）としての資質・能力の基礎を次のとおり育成することを目指す。

(1) 地域や我が国の国土の（ ④ ）的環境，現代社会の仕組みや働き，地域や我が国の（ ⑤ ）や伝統と文化を通して社会生活について理解するとともに，様々な資料や調査活動を通して情報を適切に調べまとめる技能を身に付けるようにする。

(2) 社会的事象の特色や相互の関連，意味を多角的に考えたり，社会に見られる課題を把握して，その解決に向けて社会への関わり方を選択・判断したりする力，考えたことや選択・判断したことを適切に（ ⑥ ）する力を養う。

(3) 社会的事象について，よりよい社会を考え主体的に問題解決しようとする態度を養うとともに，多角的な思考や理解を通して，地域社会に対する誇りと愛情，地域社会の一員としての自覚，我が国の（ ⑦ ）と歴史に対する愛情，我が国の将来を担う（ ⑧ ）としての自覚，世界の国々の人々と共に生きていくことの大切さについての自覚などを養う。

2 次は，平成29年版小学校学習指導要領の「社会」の〔第3学年〕の「目標」である。（　）に入る適語をそれぞれ選べ。

(1) （ ① ）地域や（ ② ）の地理的環境，地域の安全を守るための諸活動や地域の（ ③ ）と（ ④ ）の様子，地域の様子の移り変わりに

ついて，人々の生活との関連を踏まえて理解するとともに，調査活動，（⑤）や各種の具体的（⑥）を通して，必要な情報を調べまとめる技能を身に付けるようにする。

(ア)身近な　　(イ)興味のある　　(ウ)都道府県　　(エ)市区町村

(オ)農業　　　(カ)産業　　　　(キ)消費生活　　(ク)出荷

(ケ)白地図　　(コ)地図帳　　　(サ)パンフレット　(シ)資料

(2)　（⑦）事象の特色や相互の関連，意味を考える力，社会に見られる課題を把握して，その解決に向けて社会への関わり方を選択・（⑧）する力，考えたことや選択・判断したことを（⑨）する力を養う。

(ア)公共的　　(イ)社会的　　(ウ)判断　　(エ)分析　　(オ)表現

(カ)理解

(3)　社会的事象について，（⑩）に学習の問題を解決しようとする態度や，よりよい社会を考え学習したことを社会生活に生かそうとする態度を養うとともに，思考や理解を通して，（⑪）社会に対する誇りと愛情，地域社会の一員としての（⑫）を養う。

(ア)主体的　　(イ)理性的　　(ウ)地方　　(エ)地域　　(オ)自覚

(カ)気概

3　次は，平成29年版小学校学習指導要領の「社会」の〔第4学年〕の「目標」の一部である。（　）に入る適語を(ア)～(コ)から選べ。

(1)　自分たちの（①）の地理的環境の特色，地域の人々の健康と（②）を支える働きや（③）から地域の安全を守るための諸活動，地域の伝統と文化や地域の発展に尽くした（④）の働きなどについて，人々の生活との関連を踏まえて理解するとともに，調査活動，地図帳や各種の具体的資料を通して，必要な（⑤）を調べまとめる技能を身に付けるようにする。

(ア)市区町村　　(イ)都道府県　　(ウ)自然環境　　(エ)生活環境

(オ)自然災害　　(カ)交通災害　　(キ)先人　　　　(ク)先祖

(ケ)情報　　　　(コ)知識

45

第2章　社会①

2 学習指導要領②　解答➡ P.15

要点の再確認！　要点理解(赤の小学校全科)　P.48〜49

1 次は，平成29年版小学校学習指導要領の「社会」の〔第5学年〕の「目標」である。各問いに答えよ。

(1) 我が国の国土の〔 A 〕の特色や（ ① ）の現状，社会の情報化と（ ① ）の関わりについて，国民生活との関連を踏まえて理解するとともに，地図帳や〔 B 〕，統計などの各種の基礎的資料を通して，情報を適切に調べまとめる技能を身に付けるようにする。

(2) 〔 C 〕事象の特色や相互の関連，意味を（ ② ）に考える力，社会に見られる（ ③ ）を把握して，その解決に向けて社会への関わり方を選択・判断する力，考えたことや選択・判断したことを説明したり，それらを基に議論したりする力を養う。

(3) 〔 C 〕事象について，（ ④ ）に学習の問題を解決しようとする態度や，よりよい社会を考え学習したことを社会生活に生かそうとする態度を養うとともに，（ ② ）な思考や理解を通して，我が国の（ ⑤ ）に対する愛情，我が国の産業の発展を願い我が国の将来を担う国民としての自覚を養う。

(1) 〔　〕に適語を入れよ。

(2) （　）に入る適語を㋐〜㋙から選べ。

㋐社会　　　㋑産業　　　㋒職業　　　㋓主体的　　　㋔多角的

㋕合理的　　　㋖課題　　　㋗不正　　　㋘国民　　　㋙国土

2 次は，平成29年版小学校学習指導要領の「社会」の〔第6学年〕の「目標」である。（　）に適語を入れよ。

(1) 我が国の（ ① ）の考え方と仕組みや働き，国家及び社会の発展に大きな働きをした先人の業績や優れた（ ② ），我が国と関係の深い国の生活や（ ③ ）化する国際社会における我が国の役割について理

46

解するとともに，地図帳や地球儀，統計や年表などの各種の基礎的資料を通して，情報を適切に調べまとめる技能を身に付けるようにする。

(2) （④）事象の特色や相互の関連，意味を多角的に考える力，社会に見られる課題を把握して，その解決に向けて社会への関わり方を選択・判断する力，考えたことや選択・判断したことを説明したり，それらを基に議論したりする力を養う。

(3) （④）事象について，主体的に学習の問題を解決しようとする態度や，よりよい社会を考え学習したことを社会生活に生かそうとする態度を養うとともに，多角的な思考や理解を通して，我が国の（⑤）や伝統を大切にして国を愛する心情，我が国の将来を担う国民としての自覚や（⑥）を願う日本人として世界の国々の人々と共に生きることの大切さについての自覚を養う。

3 次は，平成29年版小学校学習指導要領の「社会」の「指導計画の作成と内容の取扱い」の指導計画作成に当たって配慮する事項の一部である。誤っているものを(ア)～(エ)から選べ。

(ア) 学校図書館や公共図書館，コンピュータなどを活用して，情報の収集やまとめなどを行うようにすること。また，全ての学年において，地図帳を活用すること。

(イ) 我が国の47都道府県の名称と位置，世界の大陸と主な海洋の名称と位置については，学習内容と関連付けながら，その都度，地図帳や地球儀などを使って確認するなどして，小学校卒業までに身に付け活用できるように工夫して指導すること。

(ウ) 単元など内容や時間のまとまりを見通して，その中で育む資質・能力の育成に向けて，児童の主体的・対話的で深い学びの実現を図るようにすること。その際，問題解決への見通しをもつこと，社会的事象の見方・考え方を働かせ，事象の特色や意味などを考え概念などに関する知識を獲得すること，学習の過程や成果を振り返り学んだことを活用することなど，学習の問題を追究・解決する活動の充実を図ること。

(エ) 各学年の目標や内容を踏まえて，事例の取り上げ方を工夫して，内容の配列や授業時数の配分などに留意して効果的な年間指導計画を作成すること。

第2章　社会①

3 学習指導要領③ 　解答➡ P.15

要点の再確認！　要点理解（赤の小学校全科）　P.50〜53

1 次は，平成29年版小学校学習指導要領の「社会」に示されている〔第3学年〕の「内容」の一部である。（　　）に入る適語の組み合わせとして正しいものをそれぞれ選べ。

(1) 身近な地域や市区町村（以下〈中略〉「市」という。）の様子について，学習の問題を追究・解決する活動を通して，次の事項を身に付けることができるよう指導する。

　ア　次のような知識及び技能を身に付けること。
　　(ｱ)　身近な地域や自分たちの市の様子を大まかに理解すること。
　　(ｲ)　観察・調査したり地図などの資料で調べたりして，（　①　）などにまとめること。

　イ　次のような思考力，判断力，表現力等を身に付けること。
　　(ｱ)　都道府県内における市の位置，市の地形や（　②　），交通の広がり，市役所など主な公共施設の場所と働き，古くから残る（　③　）の分布などに着目して，身近な地域や市の様子を捉え，場所による違いを考え，表現すること。

(a)　①白地図　　②生活環境　　③建造物
(b)　①グラフ　　②土地利用　　③遺跡
(c)　①表　　　　②生活環境　　③遺跡
(d)　①白地図　　②土地利用　　③建造物
(e)　①白地図　　②土地利用　　③遺跡

(2) 地域に見られる生産や販売の仕事について，学習の問題を追究・解決する活動を通して，次の事項を身に付けることができるよう指導する。

　ア　次のような知識及び技能を身に付けること。
　　(ｱ)　生産の仕事は，地域の人々の生活と密接な関わりをもって行わ

れていることを理解すること。

　(イ)　販売の仕事は，（　④　）の多様な願いを踏まえ売り上げを高めるよう，工夫して行われていることを理解すること。

　(ウ)　見学・調査したり地図などの資料で調べたりして，（　⑤　）などにまとめること。

　イ　次のような思考力，判断力，表現力等を身に付けること。

　(ア)　仕事の種類や（　⑥　）の分布，仕事の工程などに着目して，生産に携わっている人々の仕事の様子を捉え，地域の人々の生活との関連を考え，表現すること。

　(イ)　（　④　）の願い，販売の仕方，他地域や外国との関わりなどに着目して，販売に携わっている人々の仕事の様子を捉え，それらの仕事に見られる工夫を考え，表現すること。

(f)　④消費者　　⑤年表　　　⑥産地

(g)　④生産者　　⑤年表　　　⑥消費地

(h)　④消費者　　⑤白地図　　⑥産地

(i)　④生産者　　⑤白地図　　⑥産地

(j)　④消費者　　⑤絵地図　　⑥消費地

2　次は，平成29年版小学校学習指導要領の「社会」に示されている〔第3学年〕の「内容」の一部である。（　　）に適語を入れよ。

(4)　市の様子の移り変わりについて，学習の問題を追究・解決する活動を通して，次の事項を身に付けることができるよう指導する。

　ア　次のような知識及び技能を身に付けること。

　(ア)　市や人々の生活の様子は，（　①　）に伴い，移り変わってきたことを理解すること。

　(イ)　（　②　）調査をしたり地図などの資料で調べたりして，（　③　）などにまとめること。

　イ　次のような思考力，判断力，表現力等を身に付けること。

　(ア)　交通や公共施設，土地利用や人口，生活の道具などの（　④　）による違いに着目して，市や人々の生活の様子を捉え，それらの変化を考え，表現すること。

3 次のそれぞれの文は，平成29年版小学校学習指導要領の「社会」に示されている〔第4学年〕の「内容」の一部である。（　　）に入る適語の組み合わせとして正しいものをそれぞれ選べ。

---

(1) 都道府県（以下〈中略〉「県」という。）の様子について，学習の問題を追究・解決する活動を通して，次の事項を身に付けることができるよう指導する。

ア 次のような知識及び技能を身に付けること。

(ア) 自分たちの県の（ ① ）環境の概要を理解すること。また，47都道府県の（ ② ）を理解すること。

(イ) 地図帳や各種の資料で調べ，白地図などにまとめること。

イ 次のような思考力，判断力，表現力等を身に付けること。

(ア) 我が国における自分たちの県の位置，県全体の（ ③ ）や主な（ ④ ）の分布，交通網や主な都市の位置などに着目して，県の様子を捉え，（ ① ）環境の特色を考え，表現すること。

- (a) ①歴史的　②名称と面積　③地形　④歴史
- (b) ①地理的　②名称と気候　③地形　④産業
- (c) ①歴史的　②名称と位置　③気候　④歴史
- (d) ①地理的　②名称と面積　③気候　④産業
- (e) ①地理的　②名称と位置　③地形　④産業

---

(3) （ ⑤ ）から人々を守る活動について，学習の問題を追究・解決する活動を通して，次の事項を身に付けることができるよう指導する。

ア 次のような知識及び技能を身に付けること。

(ア) 地域の関係機関や人々は，（ ⑤ ）に対し，様々な協力をして対処してきたことや，今後想定される災害に対し，様々な備えをしていることを理解すること。

(イ) 聞き取り調査をしたり地図や（ ⑥ ）などの資料で調べたりして，まとめること。

イ 次のような思考力，判断力，表現力等を身に付けること。

(ア) 過去に発生した地域の（ ⑤ ），（ ⑦ ）の協力などに着目して，災害から人々を守る活動を捉え，その働きを考え，表現すること。

- (f) ⑤自然災害 ⑥年表 ⑦関係機関
- (g) ⑤公害 ⑥年表 ⑦関係企業
- (h) ⑤自然災害 ⑥白地図 ⑦関係機関
- (i) ⑤公害 ⑥白地図 ⑦関係企業
- (j) ⑤自然災害 ⑥絵地図 ⑦関係機関

(4) 県内の伝統や文化，先人の働きについて，学習の問題を追究・解決する活動を通して，次の事項を身に付けることができるよう指導する。
　ア　次のような知識及び技能を身に付けること。
　　(ア)　県内の文化財や（⑧）は，地域の人々が受け継いできたことや，それらには地域の発展など人々の様々な願いが込められていることを理解すること。
　　(イ)　地域の発展に尽くした先人は，様々な苦心や努力により当時の生活の向上に貢献したことを理解すること。
　イ　次のような思考力，判断力，表現力等を身に付けること。
　　(ア)　（⑨）や現在に至る経過，（⑩）のための取組などに着目して，県内の文化財や（⑧）の様子を捉え，人々の願いや努力を考え，表現すること。

- (k) ⑧遺跡 ⑨時代背景 ⑩保存や継承
- (l) ⑧年中行事 ⑨歴史的背景 ⑩まちづくりやむらづくり
- (m) ⑧年中行事 ⑨歴史的背景 ⑩保存や継承
- (n) ⑧遺跡 ⑨歴史的背景 ⑩まちづくりやむらづくり
- (o) ⑧年中行事 ⑨時代背景 ⑩保存や継承

4 社会の〔第3学年〕の内容と〔第4学年〕の内容をそれぞれすべて選べ。
- (ア)　我が国の歴史上の主な事象。
- (イ)　自分たちの県の地理的環境の概要。
- (ウ)　我が国の国土の自然環境と国民生活との関連。
- (エ)　地域の安全を守る働き。
- (オ)　我が国の政治の働きや日本国憲法の果たしている役割。
- (カ)　市区町村の様子の移り変わり。
- (キ)　身近な地域や自分たちの市区町村の地形や土地利用。
- (ク)　都道府県内の特色ある地域の様子。

社会①

学習指導要領③

51

第2章　社会①

4 学習指導要領④　解答➡P.16

要点の
再確認！　要点理解（赤の小学校全科）　P.54〜57

1　次の文は，平成29年版小学校学習指導要領の「社会」に示されている〔第5学年〕の「内容」の一部である。（　　）に入る適語の組み合わせとして正しいものをそれぞれ選べ。

(1) 我が国の国土の様子と国民生活について，学習の問題を追究・解決する活動を通して，次の事項を身に付けることができるよう指導する。
　ア　次のような知識及び技能を身に付けること。
　　(ア) 世界における我が国の国土の（ ① ），国土の構成，（ ② ）などを大まかに理解すること。
　　(イ) 我が国の国土の（ ③ ）の概要を理解するとともに，人々は自然環境に適応して生活していることを理解すること。
　　(ウ) （ ④ ）や地球儀，各種の資料で調べ，まとめること。
　イ　次のような思考力，判断力，表現力等を身に付けること。
　　(ア) 世界の大陸と主な海洋，主な国の位置，海洋に囲まれ多数の島からなる国土の構成などに着目して，我が国の国土の様子を捉え，その特色を考え，表現すること。
　　(イ) （ ③ ）などに着目して，国土の自然などの様子や自然条件から見て特色ある地域の人々の生活を捉え，国土の自然環境の特色やそれらと国民生活との関連を考え，表現すること。

　(a) ①面積　　②領土の範囲　　③人口分布　　④地図帳
　(b) ①位置　　②領海の範囲　　③地形や気候　④地図帳
　(c) ①面積　　②領海の範囲　　③人口分布　　④統計表
　(d) ①位置　　②領土の範囲　　③地形や気候　④地図帳
　(e) ①面積　　②領土の範囲　　③人口分布　　④統計表

(2) 我が国の農業や水産業における食料生産について（以下省略。(1)と同じ文が続く）。

52

ア　次のような知識及び技能を身に付けること。

(ア)　我が国の食料生産は，（　⑤　）を生かして営まれていること
や，国民の食料を確保する重要な役割を果たしていることを理解
すること。

(イ)　食料生産に関わる人々は，（　⑥　）を高めるよう努力したり輸
送方法や販売方法を工夫したりして，良質な食料を消費地に届け
るなど，食料生産を支えていることを理解すること。

(ウ)　地図帳や地球儀，各種の資料で調べ，まとめること。

イ　次のような思考力，判断力，表現力等を身に付けること。

(ア)　生産物の（　⑦　），生産量の変化，輸入など外国との関わりな
どに着目して，食料生産の概要を捉え，食料生産が国民生活に果
たす役割を考え，表現すること。

(イ)　生産の工程，人々の協力関係，技術の向上，輸送，価格や費用
などに着目して，食料生産に関わる人々の工夫や努力を捉え，そ
の働きを考え，表現すること。

(f)　⑤気候条件　　⑥収益性や独自色　　⑦種類や分布

(g)　⑤自然条件　　⑥生産性や品質　　　⑦種類や分布

(h)　⑤自然条件　　⑥収益性や独自色　　⑦種類や品質

(i)　⑤気候条件　　⑥生産性や品質　　　⑦種類や品質

(j)　⑤自然条件　　⑥収益性や独自色　　⑦種類や分布

2　次の文は，平成29年版小学校学習指導要領の「社会」に示されている
〔第5学年〕の「内容」の一部である。（　　）に入る適語を(a)～(f)から選べ。

(5)　我が国の国土の自然環境と国民生活との関連について，学習の問題
を追究・解決する活動を通して，次の事項を身に付けることができる
よう指導する。

ア　次のような知識及び技能を身に付けること。

(ア)　自然災害は国土の（　①　）などと関連して発生していること
や，自然災害から国土を保全し（　②　）を守るために国や県など
が様々な対策や事業を進めていることを理解すること。

(イ)　（　③　）は，その育成や保護に従事している人々の様々な工夫

53

と努力により（　④　）など重要な役割を果たしていることを理解すること。

(ウ)　関係機関や地域の人々の様々な努力により（　⑤　）の防止や生活環境の改善が図られてきたことを理解するとともに，（　⑤　）から国土の環境や国民の健康な生活を守ることの大切さを理解すること。

(エ)　（　⑥　）や各種の資料で調べ，まとめること。

(a)森林　　　　(b)公害　　　　(c)自然条件　　　(d)国土の保全
(e)地図帳　　　(f)国民生活

3　A〜Eは，平成29年版小学校学習指導要領の「社会」の〔第5学年〕の「内容」である。それぞれに対する「内容の取扱い」の（　　　）に適語を入れよ。

A　世界における我が国の国土の位置，国土の構成，領土の範囲などを大まかに理解すること。……〔内容(1)ア(ア)〕
　⇒〔内容の取扱い〕ア(ア)の「領土の範囲」については，（　①　）や（　②　），（　③　）が我が国の（　④　）であることに触れること。

B　地図帳や地球儀，各種の資料で調べ，まとめること。……〔内容(1)ア(ウ)〕
　⇒〔内容の取扱い〕ア(ウ)については，地図帳や地球儀を用いて，（　①　），（　②　）や（　③　）などによる（　④　）について取り扱うこと。

C　放送，新聞などの産業は，国民生活に大きな影響を及ぼしていることを理解すること。……〔内容(4)ア(ア)〕
　⇒〔内容の取扱い〕ア(ア)の「放送，新聞などの産業」については，それらの中から選択して取り上げること。その際，情報を有効に活用することについて，情報の送り手と受け手の立場から多角的に考え，受け手として（　①　）ことや送り手として（　②　）ことが大切であることに気付くようにすること。

D　自然災害は国土の自然条件などと関連して発生していることや，自然災害から国土を保全し国民生活を守るために国や県などが様々な対策や事業を進めていることを理解すること。……〔内容(5)ア(ア)〕
　⇒〔内容の取扱い〕ア(ア)については，（　①　）災害，（　②　）災害，風水

害，火山災害，（　③　）などを取り上げること。

E　関係機関や地域の人々の様々な努力により公害の防止や生活環境の改善が図られてきたことを理解するとともに，公害から国土の環境や国民の健康な生活を守ることの大切さを理解すること。……〔内容(5)ア(ウ)〕

公害の発生時期や経過，人々の協力や努力などに着目して，公害防止の取組を捉え，その働きを考え，表現すること。……〔内容(5)イ(ウ)〕

⇒〔内容の取扱い〕アの(ウ)及びイの(ウ)については，（　①　），（　②　）などの中から具体的事例を選択して取り上げること。

4　次は，平成29年版小学校学習指導要領の「社会」に示されている各学年の「内容」の一部である。第5学年のものをすべて選べ。

(ア)　県内の文化財や年中行事は，地域の人々が受け継いできたことや，それらには地域の発展など人々の様々な願いが込められていることを理解すること。

(イ)　生産の仕事は，地域の人々の生活と密接な関わりをもって行われていることを理解すること。

(ウ)　大量の情報や通信技術の活用は，様々な産業を発展させ，国民生活を向上させていることを理解すること。

(エ)　我が国は，平和な世界の実現のために国際連合の一員として重要な役割を果たしたり，諸外国の発展のために援助や協力を行ったりしていることを理解すること。

(オ)　世界における我が国の国土の位置，国土の構成，領土の範囲などを大まかに理解すること。

(カ)　日本国憲法の基本的な考え方に着目して，我が国の民主政治を捉え，日本国憲法が国民生活に果たす役割や，国会，内閣，裁判所と国民との関わりを考え，表現すること。

(キ)　放送，新聞などの産業は，国民生活に大きな影響を及ぼしていることを理解すること。

(ク)　飲料水，電気，ガスを供給する事業は，安全で安定的に供給できるよう進められていることや，地域の人々の健康な生活の維持と向上に役立っていることを理解すること。

(ケ)　身近な地域や自分たちの市の様子を大まかに理解すること。

第2章　社会①

5 学習指導要領⑤　解答➡ P.16

要点の再確認！　要点理解（赤の小学校全科）　P.58〜61

1 次の文は，平成29年版小学校学習指導要領の「社会」に示されている〔第6学年〕の「内容」の一部である。（　）に入る適語の組み合わせとして正しいものをそれぞれ選べ。

(1) 我が国の政治の働きについて，学習の問題を追究・解決する活動を通して，次の事項を身に付けることができるよう指導する。

　ア　次のような知識及び技能を身に付けること。

　　(ア) 日本国憲法は国家の理想，天皇の地位，国民としての権利及び義務など国家や国民生活の基本を定めていることや，現在の我が国の（　①　）は日本国憲法の基本的な考え方に基づいていることを理解するとともに，立法，行政，司法の三権がそれぞれの役割を果たしていることを理解すること。

　　(イ) 国や地方公共団体の政治は，（　②　）の考え方の下，国民生活の安定と向上を図る大切な働きをしていることを理解すること。

　　(ウ) 見学・調査したり各種の資料で調べたりして，まとめること。

　イ　次のような思考力，判断力，表現力等を身に付けること。

　　(ア) 日本国憲法の基本的な考え方に着目して，我が国の（　①　）を捉え，日本国憲法が国民生活に果たす役割や，国会，内閣，（　③　）と国民との関わりを考え，表現すること。

　　(イ) 政策の内容や計画から実施までの過程，（　④　）との関わりなどに着目して，国や地方公共団体の政治の取組を捉え，国民生活における政治の働きを考え，表現すること。

(a) ①国民生活　②議会政治　③裁判所　④法令や予算

(b) ①民主政治　②議会政治　③行政府　④法令や予算

(c) ①民主政治　②国民主権　③裁判所　④国民の権利

(d) ①国民生活　②国民主権　③行政府　④国民の権利

(e) ①民主政治　　②国民主権　　③裁判所　　④法令や予算

---

(2) 我が国の（　⑤　）の主な事象について，学習の問題を追究・解決する活動を通して，次の事項を身に付けることができるよう指導する。
　　ア　次のような知識及び技能を身に付けること。その際，我が国の（　⑤　）の主な事象を手掛かりに，大まかな歴史を理解するとともに，関連する（　⑥　）の業績，優れた（　⑦　）を理解すること。

（アの(ア)～(シ)／イの(ア)省略）

社会①

学習指導要領⑤

(f)　⑤歴史上　　⑥先人　　⑦文化遺産
(g)　⑤文化上　　⑥先人　　⑦遺跡
(h)　⑤歴史上　　⑥偉人　　⑦文化遺産
(i)　⑤文化上　　⑥先人　　⑦文化遺産
(j)　⑤歴史上　　⑥偉人　　⑦遺跡

---

(3) （　⑧　）する世界と日本の役割について，学習の問題を追究・解決する活動を通して，次の事項を身に付けることができるよう指導する。
　　ア　次のような知識及び技能を身に付けること。
　　　(ア)　我が国と経済や文化などの面でつながりが深い国の人々の生活は，多様であることを理解するとともに，スポーツや文化などを通して他国と交流し，異なる（　⑨　）を尊重し合うことが大切であることを理解すること。
　　　(イ)　我が国は，平和な世界の実現のために（　⑩　）の一員として重要な役割を果たしたり，諸外国の発展のために援助や協力を行ったりしていることを理解すること。
　　　(ウ)　地図帳や地球儀，各種の資料で調べ，まとめること。

（イの(ア)(イ)省略）

(k)　⑧多極化　　　　⑨文化や習慣　　⑩国際連合
(l)　⑧グローバル化　⑨人種と民族　　⑩自由主義国家
(m)　⑧グローバル化　⑨文化や習慣　　⑩国際連合
(n)　⑧グローバル化　⑨文化や習慣　　⑩自由主義国家
(o)　⑧多極化　　　　⑨人種と民族　　⑩国際連合

2 次のA・Bは，平成29年版小学校学習指導要領の「社会」の〔第6学年〕の「内容」とそれぞれに対する「内容の取扱い」である。（　）に適語を入れよ。

A　日本国憲法は国家の理想，天皇の地位，国民としての権利及び義務など国家や国民生活の基本を定めていることや，現在の我が国の民主政治は日本国憲法の基本的な考え方に基づいていることを理解するとともに，立法，行政，司法の三権がそれぞれの役割を果たしていることを理解すること。……〔内容(1)ア(ｱ)〕

⇒〔内容の取扱い〕アの(ｱ)については，国会などの議会政治や（　①　）の意味，国会と内閣と裁判所の三権相互の関連，（　②　）制度や（　③　）の役割などについて扱うこと。

アの(ｱ)の「天皇の地位」については，日本国憲法に定める天皇の国事に関する行為など児童に理解しやすい事項を取り上げ，（　④　）に関する学習との関連も図りながら，天皇についての理解と敬愛の念を深めるようにすること。また，「国民としての権利及び義務」については，（　⑤　），（　⑥　）の義務などを取り上げること。

B　我が国と経済や文化などの面でつながりが深い国の人々の生活は，多様であることを理解するとともに，スポーツや文化などを通して他国と交流し，異なる文化や習慣を尊重し合うことが大切であることを理解すること。……〔内容(3)ア(ｱ)〕

⇒〔内容の取扱い〕アについては，我が国の（　⑦　）の意義を理解し，これを尊重する態度を養うとともに，諸外国の（　⑦　）も同様に尊重する態度を養うよう配慮すること。

アの(ｱ)については，我が国とつながりが深い国から（　⑧　）を取り上げること。その際，児童が（　⑨　）を選択して調べるよう配慮すること。

アの(ｱ)については，我が国や諸外国の（　⑩　）を尊重しようとする態度を養うよう配慮すること。

3 次のA～Fは，平成29年版小学校学習指導要領の「社会」の〔第6学年〕の「内容」の一部（(2)アの(ｱ)～(ｼ)の一部を抜き出したもの）である。A～Fそれぞれに関係のある人物を，(ｱ)～(ﾂ)の人物（「内容の取扱い」の(2)のウに示された人物の一部）から（　）内の数だけ選べ。なお，人物や

時代は，学習指導要領の記述の順にはなっていない。

A　京都の室町に幕府が置かれた頃の代表的な建造物や絵画を手掛かりに，今日の生活文化につながる室町文化が生まれたことを理解すること。

（　3　）

B　大陸文化の摂取，大化の改新，大仏造営の様子を手掛かりに，天皇を中心とした政治が確立されたことを理解すること。（　5　）

C　狩猟・採集や農耕の生活，古墳，大和朝廷（大和政権）による統一の様子を手掛かりに，むらからくにへと変化したことを理解すること。（　1　）

D　源平の戦い，鎌倉幕府の始まり，元との戦いを手掛かりに，武士による政治が始まったことを理解すること。（　3　）

E　貴族の生活や文化を手掛かりに，日本風の文化が生まれたことを理解すること。（　3　）

F　大日本帝国憲法の発布，日清・日露の戦争，条約改正，科学の発展などを手掛かりに，我が国の国力が充実し国際的地位が向上したことを理解すること。（　3　）

㈠源頼朝	㈡足利義政	㈢紫式部	㈣卑弥呼
㈤聖武天皇	㈥聖徳太子	㈦雪舟	㈧陸奥宗光
㈨中大兄皇子	㈩足利義満	㊚平清盛	㊛伊藤博文
㊜行基	㊝藤原道長	㊞小村寿太郎	㊟清少納言
㊠北条時宗	㊡小野妹子		

4　次の指導内容のうち，〔第6学年〕の内容をすべて選べ。

㈠　放送，新聞などの産業は，国民生活に大きな影響を及ぼしていることを理解すること。

㈡　我が国と経済や文化などの面でつながりが深い国の人々の生活は，多様であることを理解すること。

㈢　市や人々の生活の様子は，時間の経過に伴い，移り変わってきたことを理解すること。

㈣　遺跡や文化財，地図や年表などの資料で調べ，まとめること。

㈤　飲料水，電気，ガスを供給する事業は，安全で安定的に供給できるように進められていることを理解すること。

㈥　公害の発生時期や経過，人々の協力や努力などに着目して，公害防止の取組を捉え，その働きを考え，表現すること。

第2章　社会①

6 古代①

解答➡ P.17

要点の再確認！ 要点理解(赤の小学校全科) P.62〜63

1 古代文明について述べた文の①〜③に当てはまる言葉を選べ。

　ナイル川流域に興った文明を（　①　）文明といい，太陽暦や石造りの神殿がつくられた。

　チグリス川とユーフラテス川にはさまれた流域にも文明が興り，太陰暦がつくられ，（　②　）文字もつくられていた。

　インダス川流域に興ったインダス文明は，（　③　）やハラッパの都市を中心に栄えた文明である。

(ア)中国　　　　　　(イ)甲骨　　　(ウ)モエンジョ＝ダーロ　　(エ)長安

(オ)アラビア　　　　(カ)楔形　　　(キ)エジプト　　　　　　　(ク)象形

(ケ)メソポタミア　　(コ)ギザ

2 次の文を読み，各問いに答えよ。

　弥生時代に入ると，貧富の差や身分の違いが生じ，むらの有力者の中からは豪族と呼ばれる支配者が出てきた。彼らのなかには，勢力を伸ばして他のむらを支配し，小さな（　①　）をつくる者も現れた。

　中国の歴史書によると，紀元1世紀ごろ，日本には100余りの国々が成立し，その1つの国の（　②　）の国王が_A中国に使いを送り，皇帝から金印を授けられたことが分かる。その後3世紀になると30余りの小国を従えた（　③　）の_B女王が，_C中国に使いを送り，皇帝から「倭王」の称号を与えられるなど，小国をまとめて支配する，より大きな国が成立してきた。

(1)　①〜③に当てはまる言葉を，①・②は漢字1字，③は漢字4字で答えよ。

(2)　下線部Aのときの中国の国名を選べ。

　(ア)殷　　(イ)周　　(ウ)秦　　(エ)前漢　　(オ)後漢

(3)　下線部Bの女王の名を答えよ。

(4)　下線部Cのときの中国の国名を選べ。

　(ア)前漢　　(イ)後漢　　(ウ)魏　　(エ)呉　　(オ)蜀

60

3 次の年表を見て，各問いに答えよ。

年	主なできごと
239	A　邪馬台国の女王卑弥呼が中国に使いを送る。
	B　大和政権の統一が進む。(350年ごろ)
478	C　倭王武が中国の南朝に使いを送る。
538	D　このころ，百済から（ ① ）が伝えられる。
593	E　（ ② ）が推古天皇の摂政になる。
607	F　第2次の（ ③ ）として，小野妹子が隋に派遣される。
645	G　中大兄皇子(のちの天智天皇)が蘇我入鹿を討つ(乙巳の変)。
646	H　大化の改新が始まる。改新の詔で，王族や豪族が土地・人民を所有することを禁止した。⇒土地・人民は，□地□民であるとした。
672	I　（ ④ ）(大海人皇子と大友皇子の皇位継承争い)が起こる。
701	J　日本で初めて，律と令の備わった（ ⑤ ）律令が制定され，唐にならった天皇中心の中央集権国家のしくみが完成した。

(1)　①～⑤に当てはまる言葉を答えよ。

(2)　Aのことを記した中国の史書を選べ。

　(ア)『漢書』地理史　　(イ)『後漢書』東夷伝

　(ウ)『魏志』倭人伝　　(エ)『宋書』倭国伝

(3)　B・Cの時代に造られた日本列島最大規模の前方後円墳で，大阪の堺市にあるものは何か。

(4)　「和を以て貴しと為し，忤ふることなきを宗とせよ。」は，Eの②の人物が制定したものの一節である。何の一節か，答えよ。

(5)　Fで，このような使いは，この後250年間にわたって10数回行われている。この使いの一番の目的は何だったのか。簡単に答えよ。

(6)　Gで，中大兄皇子とともに中心となった人物名を答えよ。

(7)　Gの天智天皇が行ったことを選べ。

　(ア)　法隆寺の建設　　(イ)　最初の全国的な戸籍の作成

　(ウ)　平城京への遷都　　(エ)　国史編纂事業への着手

　(オ)　和同開珎の鋳造・発行

(8)　Hで，「□地□民」の□に入る共通の漢字1字を答えよ。

(9)　Jで，「律令」の「律」の意味を選べ。

　(ア)行政法　　(イ)税法　　(ウ)民法　　(エ)刑罰法

第2章　社会①

7 古代②

解答➡ P.18

要点の再確認！ 要点理解(赤の小学校全科) P.64〜65

第2章

1 次の年表を見て，各問いに答えよ。

年		主なできごと
710	A	今の奈良市に，唐の長安にならった（ ① ）京がつくられる。
712	B	国の成り立ちを記した歴史書（ ② ）ができる。
723	C	朝廷は農民に開墾をすすめ，三世一身法を出す。
743	D	（ ③ ）が出され，墾田の永久私有が認められる。
794	E	桓武天皇が，律令政治の立て直しのため，都を（ ④ ）京に移す。
805	F	最澄が唐から帰国する。
806	G	空海が唐から帰国する。
894	H	菅原道真の意見で，（ ⑤ ）が停止される。
		・このころ中国では唐が滅び(907)，分裂状態に陥る。
		・朝鮮では新羅が滅び，高麗が朝鮮を統一(936)。
		・中国で宋が建国(960)。宋が中国を統一(979)。
935	I	東国で（ ⑥ ）が反乱を起こし(〜940)，新皇と称す。
939	J	藤原純友が，瀬戸内で反乱を起こす(〜941)。
1016	K	藤原道長が摂政に就任する。
1019	L	藤原頼通が関白に就任する。
	M	このころ，地方政治の乱れなどから社会不安が広がり，（ ⑦ ）信仰が盛んになる。
1053	N	藤原頼通が，宇治に阿弥陀仏をまつった平等院鳳凰堂を建てる。

(1) ①〜⑦に当てはまる言葉を答えよ。

(2) Bの歴史書は，天皇の命で，「稗田阿礼が誦むところの勅語の旧辞を撰び録して献上」したものであるが，その「録して献上した」人物を選べ。

　㋐淡海三船　　㋑舎人親王　　㋒大伴家持　　㋓太安万侶(太安麻呂)

(3) Dのときの天皇で，国家仏教によって国を護ることを考え，全国に国

62

分寺，国分尼寺を建てた天皇は誰か。

(4) Dの法が出ると，財力のあった貴族や寺社が新たに墾田し，私有地を増やしたが，こういった私有地は何と呼ばれるか。漢字2字で答えよ。

(5) Fの最澄，Gの空海が興した仏教の宗派名をそれぞれ答えよ。

(6) K・Lで，藤原氏が実質的に政権を握った政治を何というか。

(7) Nの平等院鳳凰堂のように阿弥陀仏をまつった，奥州の藤原氏(奥州藤原氏)の建てたものを選べ。

　㋐薬師寺　　㋑中尊寺金色堂　　㋒唐招提寺　　㋓金剛峰寺

2 次の文章を読み，各問いに答えよ。

　朝廷は，班田収授(班田収授法)を行うための（ ① ）が不足してくると，開墾を奨励するために a墾田永年私財法を出し，新しく開墾した土地(墾田)は，代々私有を認めることとした。その結果，貴族や寺社などが，（ ① ）を捨てた農民などを使って開墾を進め，私有地を広げた。

　平安時代の中ごろになると，班田収授は行われなくなり，次第に（ ② ）が広がった。貴族や寺社のなかには，様々な口実をもうけて，自らの（ ② ）に， b不輸(の権)や国司が立ち入ることを拒否できる不入(の権)を朝廷に認めさせる者が出てきた。

(1) 律令制度下の班田農民に対する税A～Dの内容をそれぞれ選べ。

　A 租　　B 庸　　C 調　　D 雑徭

　　㋐ 絹や糸，綿や布などから1種を選び，一定量を納める。

　　㋑ 労役の代わりとして，布を納める。

　　㋒ 田1段につき，決まった量の稲を納める。

　　㋓ 地方の労役(年間60日以下)に出る。

(2) ①・②に入る言葉をそれぞれ答えよ。

(3) 下線部aに先立って，墾田の私有を一定期間認めた723年に出された法は何か。

(4) 下線部bとは，どのような権利か。簡単に説明せよ。

(5) 下線部aが出たほぼ10年後の754年，ある僧が，何度も渡航に失敗し失明しながらも入京した。その僧の名と，その僧が建立した寺の名を答えよ。

(6) 下線部aが出された時代の文化を選べ。

　㋐飛鳥文化　　㋑天平文化　　㋒国風文化　　㋓東山文化

第2章 社会①

8 中世①

解答➡ P.19

要点の再確認！ 要点理解（赤の小学校全科） P.66〜67

1 次の年表を見て，各問いに答えよ。

年		主なできごと
1086	A	（①）上皇が，院庁で政務を開始し，院政が始まる。
1156	B	保元の乱が起こる。
1159	C	（②）の乱が起こる。
1167	D	平清盛が太政大臣になる。〔平氏政権〕
1185	E	壇ノ浦の戦いで源氏に敗れ，平氏が滅びる。
	F	源頼朝が諸国に（③）・地頭を設置する。
1192	G	頼朝が征夷大将軍につく。
1221	H	（④）が中心となって，承久の乱を起こす。
1232	I	北条泰時が御成敗式目（貞永式目）を制定する。
1274	J	モンゴルが襲来する。文永の役。 ⎫元寇
1281	K	モンゴルが再び襲来する。（⑤）の役。⎭
1297	L	幕府が永仁の（⑥）を出し，御家人の救済を図る。
1333	M	鎌倉幕府が滅びる。

(1) ①〜⑥に当てはまる言葉を答えよ。

(2) Dの平氏政権の政治やできごととして当てはまらないものを選べ。
　(ア) 日宋貿易を推進し，貴重な文物を日本にもたらした。
　(イ) 天皇の外戚となって，朝廷の実権を掌握した。
　(ウ) 国ごとに分国法を制定して，地方の公領からの収入を安定させた。
　(エ) 大輪田泊などの港を整備し，貿易のための航路を整えた。

(3) F・Gの源頼朝は，朝廷に重用される弟を討つと同時に平泉にあった政権を滅ぼした。(i)弟の名と(ii)平泉にあった氏族の名を答えよ。

(4) Hの乱後，京都に置かれた役職を選べ。
　(ア)京都所司代　　(イ)六波羅探題　　(ウ)問注所　　(エ)鎌倉府

(5) Ｉの北条氏について，将軍に代わって鎌倉幕府の実権を握った北条氏の地位を表す役職名を答えよ。北条泰時は，その３代目である。

(6) Ｊ・Ｋの元寇後の，社会や政治の動きの変化として正しいものを選べ。
　(ア) 御家人が窮乏し，幕府への不満を強めた。
　(イ) 守護・地頭が設置され，新しいしくみが導入された。
　(ウ) モンゴル（元）との交易が絶たれ，幕府の財政は一気に悪化した。
　(エ) 各地の武士団が，執権政治に反発して挙兵した。

2 鎌倉時代の主従関係を表す次の説明に当たる言葉を答えよ。
(1) 頼朝（将軍）と強固な主従関係を結んだ武士をいう言葉。
(2) 武士が先祖伝来の所領を支配することを認めた本領安堵や，新たな功績があったときに領地を与えられる新恩給与などについていう言葉。
(3) (2)を受けた武士が，将軍のために命をかけて戦う義務をいう言葉。

3 次の文の下線部Ａ・Ｂに当たるものを，それぞれ選べ。
　1185年，源頼朝は朝廷に，国ごとに A守護を公領や荘園ごとに B地頭をおくことを認めさせ，御家人を配した。1192年，頼朝は征夷大将軍に任ぜられた。
　(ア) 諸国から選ばれ，京都の御所や都の警備に当たった。
　(イ) 年貢の取り立て，土地の管理，治安の維持に当たった。
　(ウ) 貴族や寺社，武士や名主に従って，家事や耕作の仕事をした。
　(エ) 国ごとの軍事や警察の仕事を行い，御家人を統制した。
　(オ) 有力な貴族を棟梁にあおいで，主従関係を結び領地を管理した。
　(カ) 東国から派遣されて北九州の国の守りについた。

4 次の年表を見て，各問いに答えよ。
(1) 年表Ａの時期の(ア)～(エ)のできごとを年代の古い順から並べよ。
　(ア)平治の乱　　(イ)平清盛が太政大臣に就任
　(ウ)保元の乱　　(エ)源頼朝が征夷大将軍に就任
(2) Ｂの後，朝廷の監視や西国の武士の統括のために京都に置かれた幕府の役職名を答えよ。

年	できごと
1086	院政が始まる
	A ↕
1221	承久の乱…B
1274	文永の役
1281	弘安の役

第2章 社会①

要点の再確認！ 要点理解(赤の小学校全科) P.68〜69

解答➡ P.20

1 次の年表を見て、各問いに答えよ。

年		主なできごと
1333	A	鎌倉幕府が滅びる。
1334	B	（ ① ）が建武の新政を始める。
1336	C	足利尊氏が光明天皇を立てる。〔北朝〕
		後醍醐天皇が吉野に移る。〔南朝〕
1338	D	（ ② ）が征夷大将軍になる。
	E	このころ、倭寇の活動が激しくなる。
		・明が建国(1368)。
1378	F	（ ③ ）が幕府を京都の室町に移す。
1392	G	南朝と北朝の合一が実現する。
		・李成桂、朝鮮を建国(1392)。
1404	H	日明貿易が始まる。
1429	I	尚氏が（ ④ ）王国を建国する。
1467	J	（ ⑤ ）が起こる。(〜1477)
1485	K	山城の（ ⑥ ）が起こる。
1488	L	加賀の（ ⑦ ）が起こる。

(1) ①〜⑦に当てはまる言葉を答えよ。

(2) Bの建武の新政の特徴として最も適切なものを選べ。
　(ア) 日明貿易を振興し、開かれた市を開き、経済重視の政策をとった。
　(イ) 武家政治を維持しながらも、朝廷で実質的な権力を行使した。
　(ウ) 武家から朝廷が権力を奪回し、天皇政治の理想とされた時代を範に、貴族中心の政治を行った。
　(エ) 武家を地方の国司に、貴族を中央の組織に割り当て、権力を分散させる政治を行った。

(3) CからGの前までの50数年間の二朝並立の時代の呼び方を答えよ。

(4) Gを成し遂げた室町3代将軍は誰か。

(5) Eに「倭寇」とあるが何のことか。簡潔に述べよ。

(6) Hの日明貿易で，持参を義務づけた証票を何というか。

2 次の各文の①〜⑭に当てはまる言葉を答えよ。

(1) 建武の新政がわずか3年ほどで崩れると，（ ① ）天皇が奈良の（ ② ）に立てた南朝と，京都の北朝という2つの朝廷ができ，以後，二朝並立の時代が60年近く続いた。この争乱の世は，（ ③ ）時代といわれている。

(2) 1338年に北朝の天皇に征夷大将軍に任じられて幕府を開いた（ ④ ）は，守護の力を借りて全国を統一しようとし，守護に大きな権限を与えた。この地位を利用して，守護は多くの（ ⑤ ）を略取し，（ ⑥ ）や荘官などの国内の武士を従え，その国の政治の中心となっていった。これを（ ⑦ ）大名という。

(3) 3代将軍（ ⑧ ）は，将軍の権威を高め，幕府による全国支配を打ち立てることに力を尽くした。また，京都の室町に花の御所をつくり，そこで政治を行った。そのため，足利氏の幕府を（ ⑨ ）という。

(4) 中国では，モンゴル民族の（ ⑩ ）に代わって成立した漢民族の明が，（ ⑪ ）に悩まされ，幕府に対して取り締まりを要求してきた。幕府は明と国交を開き，貿易を行うことにし，貿易船には（ ⑫ ）という合札を発行したので，この貿易を（ ⑬ ）と呼ぶ。

(5) 室町時代は商品経済が発達した。貨幣の流通量が増え，従来の宋銭とともに，（ ⑭ ）という明銭が多く使用された。

3 次のA〜Dは，すべて中世の京都に関係した事項である。時代の古い順に並べられているものを選べ。

A 幕府が朝廷を監視するために，六波羅探題をおいた。

B 応仁の乱が起こり，市街の大部分が焼け野原になった。

C 平治の乱に勝った平清盛が実権を握り，京都で政治を行った。

D 足利義満が室町の「花の御所」で政治を行った。

　(ア)A→B→C→D　　(イ)B→C→A→D　　(ウ)C→A→D→B
　(エ)C→A→B→D　　(オ)D→A→B→C　　(カ)D→B→C→A

第2章　社会①

10 近世①

解答➡ P.20

要点の再確認！ 要点理解(赤の小学校全科) P. 70〜71

第2章

1 次の年表を見て，各問いに答えよ。

年		主なできごと
		・コロンブス，アメリカ大陸に到達(1492)。
		・マゼラン，世界周航に出発(1519)。
1543	A	ポルトガル人が種子島に漂着し，（ ① ）を伝える。
1549	B	フランシスコ・ザビエルが鹿児島に上陸し，（ ② ）を伝える。
1573	C	室町幕府が滅びる。
1577	D	（ ③ ），安土に楽市令を出す。
1582	E	（ ④ ）が出発する。〔ローマ教皇に派遣〕
	F	豊臣秀吉，太閤検地を始める。
1587	G	秀吉，バテレン追放令を出す。
		・このころ，東南アジアの各地に（ ⑤ ）ができる。
1588	H	秀吉，刀狩令を出す。
1590	I	秀吉，全国統一を果たす。
1592	J	秀吉，朝鮮出兵〔文禄の役〕。〔慶長の役〕(1597)
1600	K	関ヶ原の戦いが起こる。
1603	L	（ ⑥ ）が征夷大将軍となり，江戸に幕府を開く。
1615	M	大坂夏の陣で豊臣氏が滅びる。
	N	（ ⑦ ），禁中並公家諸法度の2つの法度を制定する。
1635	O	家光が武家諸法度を改訂増補，（ ⑧ ）の制度を定める。
1637	P	天草四郎を中心とした農民反乱が長崎県・熊本県で起こる。
1641	Q	オランダ商館を長崎の出島に移し，（ ⑨ ）が完成する。
1649	R	（ ⑩ ）を出して，農民の生活を統制する。

(1) ①〜⑩に当てはまる言葉を答えよ。

(2) Bのザビエルが属していた会はカトリックの何という会か。

68

(3) Eの使節を派遣した大名たちはどのように呼ばれていたか。

(4) Fの太閤検地やHの刀狩令で通して完成した政策として最も適切なものを選べ。

　(ア)農民の統制　　(イ)兵農分離　　(ウ)度量衡の統一　　(エ)五人組の制度

(5) Nの「禁中並公家諸法度」で目的としたことを簡単に述べよ。

(6) Pの乱(一揆)を何と呼ぶか。

(7) Qで，鎖国中にオランダとともに貿易を許された国を選べ。

　(ア)スペイン　　　(イ)中国(清)　　(ウ)イギリス

　(エ)ポルトガル　　(オ)アメリカ　　(カ)ロシア

2 　豊臣秀吉は，16世紀末，各地の大名を押さえ全国統一を進める一方，検地や刀狩を行った。秀吉が検地と刀狩を行った目的を，「耕作する権利」「年貢」「一揆」の3つの言葉を用いて簡潔に述べよ。

3 　次の文章を読み，各問いに答えよ。

　江戸幕府は全国を支配するために幕藩体制をとった。幕府は大名統制に気を配った。大名を親藩・A譜代・外様に分け，B巧妙に領地を配置した。また，幕府の大老・(　　)・若年寄などの要職には譜代が任じられた。3代将軍家光は，C大名を統制する目的の法律を制定し，順守を厳命した。

(1) 下線部Aの「譜代」はどのような大名をいうか。簡潔に述べよ。

(2) 下線部Bについて，外様大名の多くはどのような地に配置されたか。次から選べ。

　(ア) 幕府の監視の目が届く関東，東海，近畿に配置された。

　(イ) 幕府を守護する役目を与えられ，江戸周辺に配置された。

　(ウ) 幕府の政治上の要地で，江戸から遠い京都周辺に配置された。

　(エ) 幕府から遠い地の東北，四国，九州などの辺境の地に配置された。

(3) (　　)に入る，年寄4人で幕政を行う幕府の中枢にあった職務名を漢字で答えよ。

(4) 下線部Cに当たる法律名を選べ。

　(ア)武家諸法度　　(イ)公事方御定書　　(ウ)慶安の触書　　(エ)御成敗式目

第2章　社会①

11 近世②

解答➡ P.21

要点の再確認！ 要点理解（赤の小学校全科） P.72〜73

第2章

1 次の年表を見て，各問いに答えよ。

年	主なできごと
1685	A　徳川（ ① ）が生類憐みの令を出す。
1709	B　（ ② ）の政治＝正徳の治が始まる。（〜1716）
1716	C　（ ③ ）が八代将軍となり，享保の改革が始まる。（〜1745）
1721	D　評定所に（ ④ ）を設置する。
1722	E　上げ米の制（参勤交代を緩和する代わりに米を上納させた。）
1723	F　足高の制を定める。
	○享保の飢饉（1732）
1742	G　（ ⑤ ）（裁判や刑罰の基準とするための法律）
1772	H　田沼意次が老中に就任し，改革を始める。
	・アメリカ独立宣言（1776）
	○天明の飢饉（1782）
1787	I　老中（ ⑥ ）の寛政の改革が始まる。（〜1793）
	J　倹約令を出す。
1789	K　棄捐令（（ ⑦ ）や御家人救済のため借金を免除する法律）。
	L　（ ⑧ ）の制（凶作や飢饉に備えて食糧を備蓄させる法律）。
	・フランス革命（1789）
1792	M　根室にロシア使節の（ ⑨ ）が来航，通商を求める。
1825	N　幕府が，外国船に対して異国船打払令（無二念打払令）を出す。
	○天保の飢饉（1833）
1837	O　大坂で奉行所の元与力の（ ⑩ ）が乱を起こす。
1839	P　渡辺崋山や高野長英が処罰される（蛮社の獄）。
1841	Q　老中（ ⑪ ）が天保の改革を行う。（〜1843）
1843	R　（ ⑫ ）（農村の人口回復のために農民を帰郷させる法律）
	S　（ ⑬ ）（収入の多い地を幕府領とし，代地を与える法律）

70

(1) ①～⑬に当てはまる言葉を答えよ。

(2) Fの「足高の制」とはどのような制度か。簡単に説明せよ。

(3) Hの田沼意次がとった政策をすべて選べ。

　(ア) 株仲間を広く公認し，運上や冥加などの営業税を徴収した。

　(イ) 一定期間同じ年貢率として，毎年の年貢量を安定させた。

　(ウ) 年貢の多い江戸や大坂近辺の農地を幕府の直轄領とした。

　(エ) 印旛沼や手賀沼の開発，新田開発を積極的に行った。

　(オ) 御家人を救済するために借金の返済免除の法律を出した。

(4) Pにあるように，渡辺崋山や高野長英が処罰される原因となった法律を年表中から抜き出せ。

2 江戸幕府の政治改革について述べた文を読み，各問いに答えよ。

　1716年，8代将軍となった徳川吉宗は，目安箱を設置したり①裁判の基準となる法律を整備したりするなど政治の立て直しを図った。また，幕府の財政の改善のための経済の立て直しのために，②不作や豊作に関わらず一定の年貢を取り立てるようにした。これらの一連の改革を（　A　）という。

　18世紀の後半には，老中の（　B　）が蝦夷地の干拓計画や，運上や冥加などの営業税を徴収するなどの増収策を推し進めた。しかし，（　C　）で百姓一揆や打ちこわしが増加し，政治は行きづまり，老中を辞職した。

　その後，老中（　B　）の後を継いだ（　D　）は，③昌平坂学問所をつくり，人材の育成を図った。

(1) A～Dに当てはまる最も適切な語句の組み合わせを選べ。

　(ア) A：享保の改革　B：水野忠邦　C：天明の飢饉　D：堀田政睦

　(イ) A：寛政の改革　B：水野忠邦　C：享保の飢饉　D：松平定信

　(ウ) A：寛政の改革　B：田沼意次　C：享保の飢饉　D：堀田政睦

　(エ) A：享保の改革　B：田沼意次　C：天明の飢饉　D：松平定信

(2) 下線部①に当たるものを選べ。

　(ア)御成敗式目　　(イ)公事方御定書　　(ウ)武家諸法度　　(エ)慶安の触書

(3) 下線部②の年貢の徴収策は何に当たるか。適切なものを選べ。

　(ア)足高の制　　(イ)検見法　　(ウ)定免法　　(エ)出挙

(4) 下線部③で規範とした学問を答えよ。

第2章 社会①

12 近・現代①

解答➡ P.22

要点の再確認！ 要点理解（赤の小学校全科） P.74～75

第2章

1 次の年表を見て，各問いに答えよ。

年		主なできごと
1853	A	アメリカ使節（ ① ）が浦賀に来航。（ ② ）を結ぶ。（1854）
1858	B	大老井伊直弼がアメリカと（ ③ ）を結ぶ。 ⇒〔安政の大獄〕
1860	C	（ ④ ）で井伊直弼が暗殺される。
1866	D	坂本龍馬の周旋で（ ⑤ ）が成立。
1867	E	15代将軍（ ⑥ ）が大政奉還。王政復古の大号令。
1868	F	（ ⑦ ）戦争が始まる。五箇条の誓文を出し，政治の方針を示す。
1869	G	（ ⑧ ）を行い，土地と人民を朝廷のものとする。
1871	H	廃藩置県を行い，大名を廃す。岩倉使節団が欧米に出発。
1872	I	学制を発布。
1873	J	徴兵令を公布。国民皆兵を目指す。地租改正条例を公布。
	K	（ ⑨ ）を主張したが敗れ，西郷隆盛，板垣退助らが下野する。
1874	L	（ ⑩ ）設立の建白書が出される。
1877	M	（ ⑪ ）戦争が始まる。敗れた西郷隆盛は自刃。
1881	N	（ ⑫ ）が自由党を結成。（ ⑬ ）が立憲改進党を結成。（1882）
1886	O	ノルマントン号事件が起こる。
1889	P	大日本帝国憲法発布。
1890	Q	第1回帝国議会を開く。
1894	R	日英通商航海条約を結び（ ⑭ ）を撤廃。 日清戦争が始まる。
1895	S	清と（ ⑮ ）を結ぶ。三国干渉が行われる。
1902	T	対ロシアに備えて，（ ⑯ ）を結ぶ。
1904	U	（ ⑰ ）戦争が始まる。
1905	V	ロシアと（ ⑱ ）を結ぶ。
1910	W	（ ⑲ ）を行い，朝鮮を植民地とする。
1911	X	日米通商航海条約を改正，（ ⑳ ）を完全回復。

(1) ①～⑳に当てはまる言葉を答えよ。

(2) Hの廃藩置県とは何か。簡潔に述べよ。

(3) Jの地租改正を「地価」「土地所有者」「現金」の3語を用いて説明せよ。

(4) Pで，ヨーロッパに渡り，憲法や政治のしくみを研究して憲法制定に携わった人物は誰か。

(5) Pの大日本帝国憲法の基になったのはどの国の憲法か，選べ。

(ア)イギリス　　(イ)ロシア　　(ウ)オランダ　　(エ)ドイツ

(6) Sの三国干渉について，(i)三国の国名を答えよ。また，(ii)三国はどのようなことを求めて干渉してきたのか。簡潔に述べよ。

(7) RとXの条約の締結交渉に当たった外相は誰か。それぞれ答えよ。

2 不平等条約の改正問題について述べた文を読み，各問いに答えよ。

　ₐ1886年にイギリスの汽船が紀伊半島沖で沈没したが，日本人乗客を救助しなかったイギリス人船長を日本側で裁くことができなかった。そのため，（　①　）の廃止を求める国民世論が高まった。その後，政府は，ₐある国のアジアにおける動きを警戒するイギリスと交渉して，1894年に日英通商航海条約を結んだ。イギリスに続いて，その他の欧米諸国とも新しい通商航海条約が結ばれた。これにより，外国人は日本のどこにでも居住することができるようになった。そして，日本の法律に従うこととなった。しかし，（　②　）回復は課題として残った。

(1) （　）に入る適切な言葉を，それぞれ漢字で答えよ。

(2) 下線部Aによって起こった事件は何と呼ばれているか。

(3) 下線部Bの「ある国」を答えよ。

(4) 下線部Bで，交渉に当たった日本の外務大臣を答えよ。

3 次のできごとを年代順に並べたとき，3番目にくるものを選べ。

(ア) 韓国を併合して植民地とした。

(イ) 日露戦争の講和条約として，ポーツマス条約が結ばれた。

(ウ) 秩父事件が起こった。

(エ) 遼東半島を清に返還するよう日本に勧告する三国干渉が行われた。

(オ) 大日本帝国憲法が発布された。

73

第2章　社会①

13 近・現代②

解答➡ P.23

要点の
再確認！ 要点理解(赤の小学校全科) P.76〜77

1 次の年表を見て，各問いに答えよ。

年		主なできごと
1912	A	第一次 （ ① ） が起こる。 ⇒桂太郎内閣総辞職(1913)。
1914	B	第一次世界大戦が起こり（〜1918），日本は連合国側に立って参戦。
1915	C	中国に，旧ドイツ権益の継承などを要求した（ ② ）を出す。
		・ロシア革命(1917)。
1918	D	富山県で（ ③ ）が起こる。（ ④ ）が初めての政党内閣を組閣。
		・国際連盟発足(1920)。
1922	F	被差別部落の解放を目的にした（ ⑤ ）が結成される。
1924	H	第二次護憲運動が起こる。
1925	I	（ ⑥ ）内閣が治安維持法と（ ⑦ ）を公布。
		・世界恐慌(1929)が起こる。
1931	J	柳条湖事件が起こる。 ⇒（ ⑧ ）が勃発。
1932	K	（ ⑨ ）が起こり，犬養毅内閣が倒れる。
1933	L	国際連盟からの脱退を通告。
1936	M	陸軍の青年将校が（ ⑩ ）を起こし，高橋是清蔵相らを殺害。
1937	N	盧溝橋事件が起こる。 ⇒（ ⑪ ）戦争が始まる。
1938	O	国家総動員法が出される。〔戦時体制の強化〕
		・第二次世界大戦(1939〜1945)。
1940	P	日本・ドイツ・イタリア間で（ ⑫ ）が結ばれる。
1941	Q	日本がハワイの真珠湾を奇襲。 ⇒（ ⑬ ）が始まる。
1945	R	沖縄にアメリカ軍が上陸。沖縄戦。広島・長崎に原子爆弾が投下。
	S	（ ⑭ ）を受諾し，降伏。

(1) ①〜⑭に当てはまる言葉を答えよ。

(2) Bの前に結ばれた三国同盟と三国協商のそれぞれの締結国を答えよ。

(3) Bで，第一次世界大戦に日本が参戦する理由とした同盟を答えよ。

(4) ②に反対して起こった大規模な反日抗議運動は何と呼ばれているか。

(5) (4)と同じ年に，ソウルで起こった反日運動は何と呼ばれているか。

2 次の文を読み，各問いに答えよ。

　1914年ヨーロッパで第一次世界大戦が始まると，日本は　①　との同盟を理由に　②　に宣戦布告をした。さらに　③　で起こった革命の影響が及ぶことを恐れて出兵し，革命政府に干渉した。その後，米騒動が起き，　④　の　⑤　内閣が生まれ，本格的な政党内閣が成立した。その政党内閣のもと，1925年には_A普通選挙法が成立した。

　ところが，8年間続いた政党政治は，1932年，犬養毅首相が青年将校に暗殺されたことで終わりを告げた。その翌年，_B国際連盟を脱退した日本は，次第に_Cファシズムの国々との結び付きを強めていった。

(1) ①〜③に入る国を順に組み合わせたものとして正しいものを選べ。

　　(ア) ①アメリカ　　②ドイツ　　③ロシア

　　(イ) ①イギリス　　②ドイツ　　③ロシア

　　(ウ) ①ドイツ　　②ロシア　　③アメリカ

　　(エ) ①イギリス　　②アメリカ　　③ドイツ

(2) ④・⑤に当てはまる政党と人物の組み合わせとして正しいものを選べ。

　　(ア)④立憲政友会　⑤原敬　　(イ)④立憲改進党　⑤桂太郎

　　(ウ)④立憲改進党　⑤原敬　　(エ)④立憲政友会　⑤桂太郎

(3) 下線部Aで，選挙権が認められた範囲としてして正しいものを選べ。

　　(ア) 満20歳以上の男女すべてに認められた。

　　(イ) 満25歳以上の男子すべてに認められた。

　　(ウ) 満30歳以上の男子すべてに認められた。

　　(エ) 直接国税を3円以上納める満25歳以上の男子に認められた。

(4) 下線部Bに関係のある事項の説明として正しいものを選べ。

　　(ア) 国際連盟が成立したのは，第一次世界大戦前であった。

　　(イ) 日本の国際連盟脱退の直接の原因は，ノモンハン事件であった。

　　(ウ) 日本とアメリカは，国際連盟の中心となって活躍した。

　　(エ) 国際連盟設立に努力したのはアメリカのウィルソン大統領である。

(5) 下線部Cで，ファシズムの国と日本が結んだものを選べ。

　　(ア)日英同盟　　　(イ)日ソ中立条約　　　(ウ)日米安全保障条約

　　(エ)パリ不戦条約　　(オ)日独伊三国同盟

社会①

近・現代②

75

第2章 社会①

14 近・現代③

解答➡ P.24

要点の
再確認！ 要点理解(赤の小学校全科) P. 78〜79

1 次の年表を見て，各問いに答えよ。

年		主なできごと
1945	A	日本，（ ① ）を受諾し，無条件降伏する。
		・国際連合成立(1945.10)。
	B	連合国軍最高司令長官総司令部(（ ② ））の指令で戦後改革。
	C	（ ③ ）解体(1945)・独占禁止法の制定(1947)
	D	農地改革(1945〜1950) ……地主が貸し付けていた耕作地を国が強制的に買い上げ，小作人へ優先的に売り渡した。⇒小作人が減り，（ ④ ）が大幅に増えた。
	E	選挙法の改正(1945) ……初めて（ ⑤ ）参政権を認め，選挙権を満（ ⑥ ）歳以上とした。民法の改正(1947)
	F	日本国憲法の公布(1946.11)，施行(1947.5)。
	G	（ ⑦ ）の施行(1947) ……これに伴って教育勅語は失効した。また，学校教育法が施行された。
	H	労働三法の制定(1945〜1947)。
1950	I	北朝鮮が韓国に侵攻する(（ ⑧ ）戦争)。
1951	J	（ ⑨ ）に調印。国際社会に復帰する。
	K	（ ⑩ ）(日米安保条約)を結ぶ。
1956	L	北方領土の問題はそのままに，（ ⑪ ）に調印。
	M	日本の（ ⑫ ）への加盟が実現する。
1972	N	（ ⑬ ）が日本に復帰する。 ←沖縄返還協定調印(1971)。
1978	O	（ ⑭ ）を結ぶ。 ←日中共同声明を出す(1972)。

(1) ①〜⑭に当てはまる言葉を答えよ。

(2) Bで，連合国軍最高司令長官総司令部の最高司令官は誰か。

(3)　Fで，日本国憲法の三原則を答えよ。

(4)　Jで，この条約に調印した内閣総理大臣を答えよ。

(5)　Hで，労働三法をすべて答えよ。

(6)　Iの戦争によって，日本の景気はどのようになったか，簡潔に述べよ。

2　①〜⑩からGHQが行ったものだけを選び，さらにそれに最も関係ある
ものを(ア)〜(シ)からそれぞれ1つずつ選べ。

① 財閥解体　　　② 言論・思想・報道の統制　　③ 地租改正
④ 教育基本法の制定　⑤ 政党の解散　　　　　　⑥ 選挙法の改正
⑦ 女性の解放　　　⑧ 憲法の制定　　　　　　　⑨ 農地改革
⑩ 労働組合の育成

(ア)　民法を改めて戸主の権利を廃止し，男女平等を家族の基本とした。

(イ)　生産向上を目的に産業報国会という組織がつくられた。

(ウ)　封建的な地主・小作制度を解体し，多くの小作農が自作農となって，
農民の地位は向上した。

(エ)　全国の田畑を調査し，耕地ごとに耕作者を定めて台帳に記載した。

(オ)　巨大企業の市場支配を防ぐために，独占禁止法をつくった。

(カ)　忠君愛国を根本にして，生活のすべてにわたる道徳を定めた。

(キ)　労働者の団結権や争議権などを保障する法律がつくられた。

(ク)　納税額の制限をなくし，満25歳以上の男子に選挙権を認めた。

(ケ)　教育の機会均等や男女共学などがうたわれた。

(コ)　職業軍人や戦争を指導する立場にあった人々を公職から追放した。

(サ)　天皇は，国と国民統合の象徴となった。

(シ)　満20歳以上のすべての男女が選挙権をもつことになった。

3　A〜Eの日本に関する歴史的事項を，年代の古い順に並べ替えよ。なお，
右側は，同じ年に起こったできごとである。

A　日韓基本条約……………………アメリカが北爆を開始する。

B　サンフランシスコ平和条約……日本がILOに加盟する。

C　沖縄返還協定調印………………環境庁が発足する。

D　日ソ共同宣言調印………………日本が国際連合に加盟する。

E　日中平和友好条約調印…………新東京国際空港が開港する。

77

第2章　社会①

15 年表

解答➡ P.25

要点の再確認！ 要点理解（赤の小学校全科） P.80〜81

第2章

1 次の年表を見て，各問いに答えよ。

(1) AとBの間に起こったできごとを選べ。

(ｱ)遣隋使の派遣

(ｲ)大仏の建立

(ｳ)壬申の乱

(ｴ)遣唐使の廃止

(2) 次はBとDの間に起こった戦乱である。年代の古い順に並べ替えよ。

(ｱ)応仁の乱

(ｲ)元寇

(ｳ)南北朝の内乱

(ｴ)平治の乱

西暦	できごと
622	聖徳太子が没する。…………A
710	平城京に都を移す。…………B
794	平安京に都を移す。…………C
1590	豊臣秀吉が全国を統一する。…D
1716	徳川吉宗が8代将軍になる。…E
1873	地租改正が実施される。……F
1925	普通選挙法が制定される。……G
1946	日本国憲法が公布される。……H
1964	東京オリンピック開催。………I

(3) Eの徳川吉宗の政治について，最も適切に述べたものを選べ。

(ｱ) 長崎貿易を制限して金銀の流出を防ぎ，物価の安定を図った。

(ｲ) 実学を奨励し，漢訳の洋書の輸入を許可した。

(ｳ) 海産物や銅の輸出に力をいれ，長崎貿易を盛んにしようとした。

(ｴ) 朱子学以外の儒教を禁止し，出版物に厳しい内容統制を加えた。

(4) Fの地租改正の目的を，次の「地租改正に関する法令」の部分要約を参考にして，15字以内で答えよ。

「土地の価格に従い，百分の三を地租とする。／豊作の年でも凶作の年でも，税金の額は変えない。」

(5) Gは，選挙資格についてのある制限が撤廃されたことで普通選挙法といわれている。このとき撤廃された制限を選べ。

(ｱ)男女による制限　　(ｲ)身分による制限

78

㋦宗教による制限　　㋨納税額による制限

(6)　HとIの間に起こった事項を選べ。

　　㋐沖縄の日本復帰　　㋑日ソ共同宣言

　　㋦国家総動員法　　　㋨領事裁判権の撤廃

2　次の年表を見て，各問いに答えよ。

(1)　 I には，鎌倉幕府の滅亡後の後醍醐
天皇の政治が入る。その政治は何と呼
ばれるか。

(2)　 II に入る，これ以降1世紀に及ぶ下
剋上の幕開けとなった騒乱を選べ。

　　㋐承久の乱

　　㋑応仁の乱

　　㋦平治の乱

　　㋨承平・天慶の乱

西暦	できごと
794	都を平城京に移す。
894	遣唐使が廃止される。
1016	A が摂政になる。
1192	B が征夷大将軍になる。
1333	I
1378	C が幕府を室町に移す。
1467	II
1543	鉄砲が伝来する。
1590	D が全国を統一する。

(3)　A〜Dに当てはまる人物の組み合わ
せとして適切なものを選べ。

　㋐　A：藤原道長　　B：足利尊氏　　C：足利義満　　D：織田信長

　㋑　A：藤原頼道　　B：源頼朝　　　C：足利尊氏　　D：豊臣秀吉

　㋦　A：藤原道長　　B：源頼朝　　　C：足利義満　　D：豊臣秀吉

　㋨　A：藤原頼道　　B：足利尊氏　　C：足利義政　　D：徳川家康

3　(1)〜(3)のそれぞれのできごとを年代の古い順に並べ替えよ。

(1)　A　応仁の乱が始まる　　　　　　　B　寛政の改革が始まる

　　　C　御成敗式目を定める　　　　　　D　武家諸法度を定める

　　　E　享保の改革を始める

(2)　A　憲法十七条ができる　　　　　　B　墾田永年私財法を出す

　　　C　公事方御定書を定める　　　　　D　改新の詔を出す

　　　E　禁中並公家書法度を定める

(3)　A　日本国憲法を施行する　　　　　B　地租改正条例を制定する

　　　C　徳川慶喜が大政奉還を申し出る　D　大日本帝国憲法を発布する

　　　E　加藤高明内閣が，普通選挙法を成立させる

79

第2章　社会①

16 文化史・史料

解答➡ P.26

要点の再確認！ 要点理解(赤の小学校全科) P.82〜85

1 日本の文化史について，各問いに答えよ。

6〜7世紀	飛鳥文化
7〜8世紀	白鳳文化
8世紀	天平文化
9〜12世紀	（ ① ）文化
12〜14世紀	（ ② ）文化
14〜15世紀	（ ③ ）文化
15世紀	東山文化
16〜17世紀	桃山文化
17〜18世紀	（ ④ ）文化
19世紀	（ ⑤ ）文化
19世紀	文明開化

(1) ①〜⑤に当てはまる文化の名前の適切な組み合わせを選べ。

(ア) ①—国風 ②—鎌倉 ③—南蛮
④—化政 ⑤—元禄

(イ) ①—国風 ②—鎌倉 ③—北山
④—元禄 ⑤—化政

(ウ) ①—国風 ②—鎌倉 ③—北山
④—化政 ⑤—元禄

(エ) ①—鎌倉 ②—国風 ③—南蛮
④—元禄 ⑤—化政

(オ) ①—鎌倉 ②—国風 ③—北山
④—化政 ⑤—元禄

(2) 天平文化の時代，聖武天皇の死後に光明皇太后が東大寺に聖武天皇遺愛の品を寄贈したが，それらが収蔵されている宝庫の名を漢字3字で答えよ。

(3) 東山文化に当てはまるものを選べ。

(ア)能　　(イ)浮世絵　　(ウ)仮名草子　　(エ)雪舟の水墨画　　(オ)歌舞伎

(4) 東山文化の代表的な建築である銀閣の隣の東求堂には，同仁斎と呼ばれる部屋がある。現在の和室のもとになったといわれるこの部屋の様式を何というか。

(5) 桃山文化の時代，堺の町衆で茶道を確立した人物を答えよ。

(6) ④の文化で，『日本永代蔵』や『世間胸算用』などの浮世草子を書いた人物を答えよ。

(7) ⑤の文化では浮世絵が愛好された。江戸から京都までの風景を描いた『東海道五十三次』の作者名を答えよ。

2 文化について説明したⅠ～Ⅳの文を読み，各問いに答えよ。

Ⅰ 飛鳥時代には，日本で最初の仏教文化が栄えた。遠く西アジアやインド，ギリシアにもつながる文化の影響を受けた文化である。建築では，現存する世界最古の木造建築の〔 A 〕や広隆寺が代表例である。

Ⅱ 鎌倉時代の文化は，公家を中心とした国風文化を基盤に，武士や庶民の価値観が加わった文化である。琵琶法師が語る『平家物語』や兼好法師の『徒然草』，鴨長明の随筆『〔 B 〕』は，この代表的な作品である。

Ⅲ 室町時代の文化は，公家の文化と武家の文化の融合に特色がある。金閣（鹿苑寺）は寝殿造と禅宗様式を折衷した様式で，この文化の特色をよく表している。この足利義満のころの文化は（ ① ）文化と呼ばれる。

Ⅳ 江戸時代の17世紀末から18世紀初めにかけては上方を中心とした町人文化が栄えた。この文化は（ ② ）文化と呼ばれる。〔 C 〕が『好色一代男』を書いたのはこの時期である。19世紀の初めには文化の中心は江戸に移り，さらに地方にも広がった。この文化は（ ③ ）文化と呼ばれ，〔 D 〕が『南総里見八犬伝』を書いたのはこの時期である。

(1) ①～③に当てはまる言葉を漢字で答えよ。

(2) Aは寺院名，Bは作品名を漢字で答えよ。

(3) C，Dに当てはまる人物をそれぞれ選べ。
　　㋐滝沢馬琴　　㋑上田秋成　　㋒山東京伝　　㋓井原西鶴
　　㋔近松門左衛門

(4) 平安時代の末期からⅡの鎌倉時代に，仏教の新しい宗派が興った。次の(a)～(c)は，その中の３つの宗派について述べたものである。文中 あ ～ う に当てはまるものをⅰ群から， え ～ か に当てはまるものをⅱ群からそれぞれ選べ。

(a) あ は，一心に念仏を唱えれば誰でも極楽往生ができると説いた。この宗派が え である。

(b) い は，「南無妙法蓮華経」の題目を唱えれば，人々も国家も救われると説いた。この宗派が お である。

(c) う は，中国から か を伝え，ひたすら座禅することによって自力救済ができると説いた。

　　ⅰ群 ㋐法然　　㋑最澄　　㋒空海　　㋓日蓮　　㋔道元
　　ⅱ群 ㋐天台宗　㋑法華宗　㋒曹洞宗　㋓浄土宗　㋔真言宗

3 世界遺産となっているものの図と説明について，各問いに答えよ。

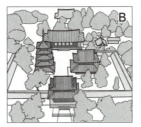

A 摂関政治が栄えた時代に，阿弥陀仏をまつり，この世に極楽浄土を再現したといわれる。
B 現存する世界最古の木造建築物として有名。
C 東山文化を代表する建物。今日の和風住宅のもととなった。
D 雄大な天守閣をもち，白鷺城とも呼ばれる。

(1) Aを建てた人物を漢字で答えよ。
(2) Bを建てた人物について述べた文として誤っているものを選べ。
　(ア) 隋との対等な国交を目指し，小野妹子を派遣した。
　(イ) 推古天皇の摂政となり，蘇我氏と協力して政治を行った。
　(ウ) 冠位十二階の制度を設け，有能な人材を役人に登用した。
　(エ) 律令国家の仕組みをさだめ，大宝律令をつくった。
(3) Cの建物の下層の建築様式を何というか。
(4) ①Dの城の名前を答えよ。また，②この城が建てられた時代の文化として正しいものを選べ。
　(ア)美人画の浮世絵　　(イ)阿国歌舞伎　　(ウ)雪舟の水墨画
　(エ)平家納経　　　　　(オ)富岡製糸場
(5) A～Dを年代の古い順に並べ替えよ。

4 次の各文に当てはまる人物名を(ア)～(タ)からそれぞれ選べ。
(1) 全国を測量し，日本で初めての実測値図をつくった。
(2) 細菌学を学び，小児まひや狂犬病などで多くの業績を残した。アフリカのガーナで黄熱病の研究中に感染して亡くなった。
(3) 各地で用水や橋などの土木工事を行い，民衆に仏教を広めた。のちに，

大僧正になり大仏建立に協力した。

(4) 雑誌『青鞜』を発行し，女性の覚醒を促した。『青鞜』の巻頭言「原始，女性は実に太陽であつた。真正の人であつた。今，女性は月である。…我が太陽を取り戻さねばならぬ」は有名である。

(5) オランダ語で書かれた医学書を翻訳し，『解体新書』として出版した。

(6) 幕末に欧米を視察した。欧米の思想や学問の普及につとめ，『学問のすすめ』を著した。

(7) 鎌倉時代の仏像彫刻家。東大寺南大門の金剛力士像などの写実的で力強い仏像を残した。

(8) 浮世絵の『東海道五十三次』で人気を得た。ヨーロッパの印象派の画家たちに強い影響を与えた。

(ｱ)樋口一葉	(ｲ)伊能忠敬	(ｳ)歌川広重	(ｴ)本居宣長
(ｵ)杉田玄白	(ｶ)福沢諭吉	(ｷ)関孝和	(ｸ)北里柴三郎
(ｹ)与謝野晶子	(ｺ)鑑真	(ｻ)中江兆民	(ｼ)行基
(ｽ)葛飾北斎	(ｾ)運慶	(ｿ)平塚雷鳥	(ﾀ)野口英世

5 次のA〜Dと関係の深い人物の組み合わせとして，正しいものを選べ。

A …古い考えを改めないと国家は崩壊するのは明らかです…これを救う道は，天下に公の言論を興すほかはありません。それには民撰議院を設立するのが第一です。　　　　　　　　　　　　　　　　　（『日新真事誌』）

B 安土山下町が楽市の地とされたうえは，座を認めず，一切の役や負担を免除する。　　　　　　　　　　　　　　　　（『近江八幡市共有文書』）

C 役職によって不相応に禄高の低い者が役職についている間，足高されることが仰せつけられ…別紙のとおり決められた。　（『御触書寛保集成』）

D その一に，昔からの皇室の私有民や私有地，諸豪族の所有する私有民や私有地を廃止せよ。…その三に，初めて戸籍・計帳・班田収授の法を造れ。…その四に，旧来の税制をやめて，田に課する調の制度を行え。

　　　　　　　　　　　　　　　　　　　　　　　　　　（『日本書紀』）

(ｱ) A：大久保利通　B：豊臣秀吉　C：松平定信　D：推古天皇
(ｲ) A：大久保利通　B：豊臣秀吉　C：徳川吉宗　D：孝徳天皇
(ｳ) A：板垣退助　B：織田信長　C：徳川吉宗　D：孝徳天皇
(ｴ) A：板垣退助　B：織田信長　C：松平定信　D：推古天皇

第3章

社会②

第3章　社会②

1 気候

解答 ➡ P.27

要点の再確認！　要点理解(赤の小学校全科)　P.90〜91

1 次の地図を見て，各問いに答えよ。

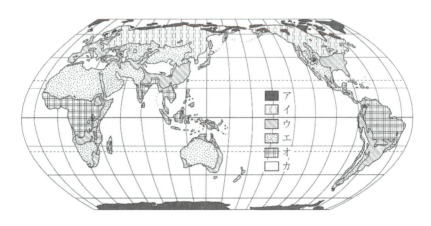

(1) ア〜カの気候帯と気候を答えよ。

(2) 次の①〜⑥で述べている気候を，ア〜カから選べ。
    （ ① ）極端に雨が少なく，砂漠などが広がる乾燥する気候。
    （ ② ）気温は標高と関係がある。気温が低く森林は形成されない。
    （ ③ ）1年中気温が低く，雪や氷にとざされるところもある。
    （ ④ ）気温と降水量の変化が大きく，四季の変化がある。
    （ ⑤ ）長く厳しい寒さの冬と，短いが気温が高くなる夏がある。
    （ ⑥ ）1年中気温が高く，四季の変化がない。降水量が多い。

(3) 次の文の（　）に適語を入れよ。
    地震や火山活動の活発なところは，山地や山脈が連なっている（ ① ）に集中している。世界の中で（ ① ）は2つあり，日本が属する（ ② ）と，ユーラシア大陸からインドネシアと続く（ ③ ）がある。

2 次の雨温図を見て，各問いに答えよ。

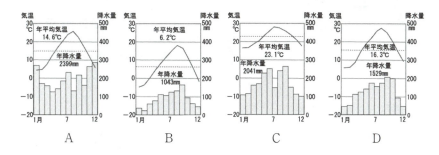

(1) 上の雨温図は日本の都市のものであるが，日本の大部分の気候が温帯であるのに対し，異なるものが2つある。異なるものの記号を選び，それぞれの地域の気候帯を答えよ。

(2) Aの雨温図で降水量が多いのは，北西の風の影響によるものであるが，この風の名称を答えよ。

(3) 雨温図A〜Dは，地図ア〜エの都市の気候である。気温，降水量の変化を見て，ア〜エの都市が正しく入っているものを(a)〜(d)から選べ。

(a)A：イ　B：ア　C：エ　D：ウ
(b)A：エ　B：イ　C：ウ　D：ア
(c)A：ア　B：ウ　C：エ　D：イ
(d)A：ウ　B：エ　C：イ　D：ア

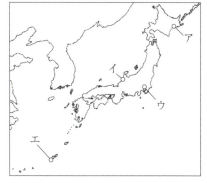

(4) 地図アの都市の沖を流れる寒流の名称を答えよ。

3 日本の領域として，東西南北の端の島として正しく表記されているものを(ア)〜(エ)から選べ。

(ア)北端：南鳥島　　東端：沖ノ鳥島　西端：択捉島　　南端：与那国島
(イ)北端：択捉島　　東端：南鳥島　　西端：与那国島　南端：沖ノ鳥島
(ウ)北端：南鳥島　　東端：与那国島　西端：沖ノ鳥島　南端：択捉島
(エ)北端：択捉島　　東端：沖ノ鳥島　西端：南鳥島　　南端：与那国島

第3章 社会②

2 地図

解答 ➡ P.27

要点の再確認！ 要点理解（赤の小学校全科） P. 92〜93

1 地図A，地図Bを見て，各問いに答えよ。

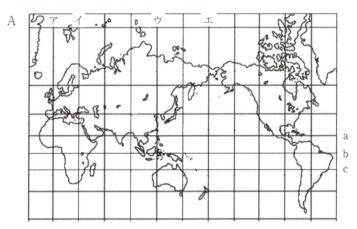

(1) 赤道を示す緯線を，地図Aのa〜cから選べ。

(2) 本初子午線を示す経線を，地図Aのア〜エから選べ。

(3) 日付変更線の基となる180度の経線を，地図Aのア〜エから選べ。

(4) イギリスを東経0度，日本を東経135度としたとき，時差を計算して答えよ。

(5) 地図Bの図法を説明した文として最も適当なものを，㈜〜㈨から選べ。

　㈜ 経線と交わる角度が正しく示されるので，航海用の地図として用いられる。

　㈦ 方位と距離が正しく示されるので，航空用に用いられる。

　㈨ 陸地の面積が正しく示されるので，分布図に用いられる。

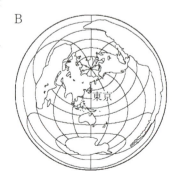

2 次の①〜⑨の地図記号が示すものを，下から選べ。
① ⚘   ② ⌂   ③ ⛩
④ ⊗   ⑤ 文   ⑥ 〒
⑦ ‖   ⑧ 卍   ⑨ ⚲

```
広葉樹林    果樹園    畑    寺院    裁判所    小中学校
針葉樹林    警察署    田    神社    郵便局    老人ホーム
```

3 次の地形図を見て，各問いに答えよ。

(1) 等高線は10mおきに引かれている。この図の縮尺を答えよ。

(2) 図X点とY点の間を測ると，直線で5cmあった。実際の距離は何kmになるか。

(3) 図のX点から見て，郵便局はどの方角か。

(4) 次の(ア)〜(エ)から正しいものを選べ。

(ア)寺院の周りには畑が広がる。

(イ)A山とB山では，A山の方が高い。

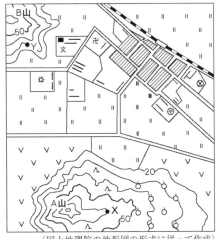

地形図

(国土地理院の地形図の形式に従って作成)

(ウ)鉄道は北東から南西にかけて通っている。

(エ)A山の東斜面は西斜面よりなだらかで，広葉樹林におおわれている。

4 次の文の（　）に適語を入れよ。

(1) 河川の下流で，土砂が河口付近に堆積した土地を（ ① ）という。土地利用は主に（ ② ）。川が山地から流れ出る所の扇形の土地を（ ③ ）という。土地利用は（ ④ ）が多い。

(2) 陸地の沈降によってできた，出入りの多い複雑な海岸を（ ① ）といい，砂で一面をおおわれ砂丘が発達している海岸を（ ② ）という。

第3章 社会②

3 北海道・東北

解答➡ P.28

要点の再確認！ 要点理解(赤の小学校全科) P.94〜95

1 次の地図を見て，各問いに答えよ。

(1) 畑作が盛んな地域をA〜Fから選べ。この地域の名称も答えよ。
(2) 酪農が大規模に行われている地域をA〜Fから選べ。この地域の名称も答えよ。
(3) ロシアとの領土問題のある場所は何と呼ばれているか。また，その地域をA〜Fから選べ。

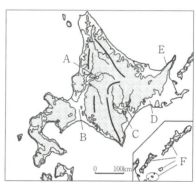

(4) 次の文は，北海道の北洋漁業が衰退した理由を述べたものである。（ ）に適語を入れよ。
各国で（ ① ）海里の（ ② ）が設定されたため。

2 次の表は，農作物の道県別生産の割合を示している。各問いに答えよ。

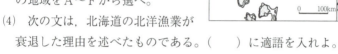

①	生産量（t）	割合（％）
新潟	646,100	8.3
北海道	588,100	7.6
秋田	526,800	6.8
全国計	7,762,000	100.0

(2019年)

②	生産量（t）	割合（％）
北海道	677,700	65.4
福岡	68,900	6.6
佐賀	46,200	4.5
全国計	1,037,000	100.0

(2019年)

(『日本国勢図会2020/21』より)

(1) ①と②の農作物を(ア)〜(オ)から選べ。
  (ア)だいこん　(イ)てんさい　(ウ)メロン　(エ)小麦　(オ)米
(2) 1970年代，①の消費量が減り，ある政策がとられた。この政策により②への転作が進んだが，この政策を答えよ。

3 次の地図を見て，各問いに答えよ。
(1) 点線の部分は，複雑な海岸線となっているが，このような海岸を何というか。また，この海岸の名称を答えよ。
(2) 冷害を引き起こす原因となる，図の➡の風の名称を答えよ。
(3) 世界文化遺産に登録され，中尊寺金色堂などの寺院や庭園のある地域の名称を答えよ。また，この地域をa～cから選べ。
(4) 「ねぶた」といわれる大型の人形をのせた山車が練り歩く祭りが行われている県を，①～⑥の都市から選べ。
(5) 近年，①の都市から函館まで延長された交通網を何というか答えよ。

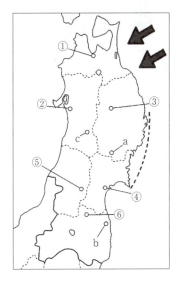

(6) 交通網が整備されて，高速道路のインターチェンジや空港の付近に多くみられる工場を，㋐～㋓から選べ。
㋐紙・パルプ　㋑鉄鋼　㋒IC（集積回路）　㋓石油製品

4 次の各問いに答えよ。
(1) 次の各文が説明している県名を答えよ。
　㋐ 水揚げ量の多い漁港としては気仙沼，女川，石巻，塩竈などがあり，松島湾では，かきやわかめの養殖が行われている。
　㋑ 久慈，宮古，大船渡などの港があり，入り江が深く湾内は波が穏やかで良港である。わかめ，こんぶ，かきなどを養殖している。
　㋒ 八戸港は，いか，さば，いわし等の漁獲量が多く，陸奥湾ではほたて貝の養殖が多い。
　㋓ 海岸線が短いために良港がない。漁業はあまり盛んではない。さくらんぼなどの果樹栽培が盛ん。
(2) (1)の㋐気仙沼港は，まぐろ，かつおの漁の基地となっている。何という漁業か。
(3) (2)の海岸沖は好漁場となっているが，その理由を簡潔に述べよ。

第3章 社会②

4 関東・中部

解答 ➡ P.28

要点の再確認！ 要点理解（赤の小学校全科） P.96〜97

1 次の地図を見て，各問いに答えよ。

(1) 関東平野に広がる火山灰の赤土を何というか。

(2) ①，②の県の人口密度をA〜Dから選べ。
A：5000以上　　B：3000〜5000
C：1000〜3000　D：1000未満

(3) 過密化より都市機能を分散させる試みとして，茨城県と千葉県に建設された地域の名称を答えよ。

(4) 関東地方にある，政令指定都市をすべて答えよ。

(5) 東京の周辺で古くから盛んな農業を答えよ。

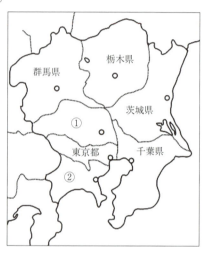

2 次のグラフは，関東地方の都県別の製品出荷額等の割合である。各問いに答えよ。

（『データでみる県勢2020』より）

(1) ①〜③に当てはまる都県を答えよ。

(2) ①の臨海部を含む工業地帯を答えよ。
(3) ②の臨海部は石油化学工業などが盛んだが，この工業地域を答えよ。
(4) ③には人口が多く情報が集まるため，情報を扱う〔 a 〕・出版業が集中する。aに適語を入れよ。

3 次のグラフは，工業地域の製造品出荷額の割合である。各問いに答えよ。

(1) 中京工業地帯の割合を表すものをA～Dから選べ。
(2) (1)では，自動車工業がさかんで，この企業の名前が市の名前に変更された。この都市の名称を答えよ。
(3) 東海工業地域の割合を表すものをA～Dから選べ。
(4) (3)の工業地域で，国内で100％生産される楽器がある。楽器生産の発達した都市の名称と，その楽器を答えよ。

工業地帯，工業地域の製造品出荷額の割合（2017年）

	重化学工業			軽工業	
A	8.9	49.4	17.7	11.0	12.6
B	7.8	51.7	11.0	13.7 0.4 0.7	15.1
C	9.4	69.4	6.2 4.7 0.8		9.5
D	20.7	36.9	17.0	11.0 1.3	13.1

金属　機械　化学　食品　繊維　その他
（『日本国勢図会2020/21』より）

4 グラフは長野県と新潟県の農業生産額の割合である。各問いに答えよ。

(1) A～Cに当てはまる農作物を答えよ。
(2) 新潟県の農業の特徴を，水田単作の語句を入れて述べよ。
(3) 長野県の高冷地で行われる，冷涼な気温を利用し出荷を遅くする栽培方法を答えよ。

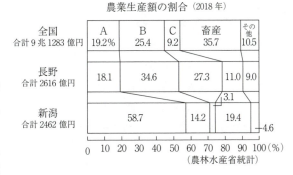

農業生産額の割合（2018年）

	A	B	C	畜産	その他
全国 合計9兆1283億円	19.2%	25.4	9.2	35.7	10.5
長野 合計2616億円	18.1	34.6	27.3	11.0	9.0
新潟 合計2462億円	58.7	14.2	19.4 3.1		4.6

（農林水産省統計）

第3章 社会②

5 近畿・中国・四国

解答➡ P.29

要点の再確認！ 要点理解(赤の小学校全科) P.98〜99

1 次の地図を見て、各問いに答えよ。

(1) この地域の工業地帯を答えよ。
(2) 機械工業の工場はどこに多く分布しているか。㋐〜㋓から選べ。
　㋐臨海部　　㋑内陸部
　㋒空港の近く　㋓港湾の近く
(3) この工業地帯の臨海部で盛んな工業を㋐〜㋓から選べ。
　㋐ICなどの先端技術産業
　㋑自動車など組み立て型工業
　㋒製鉄や石油化学工業
　㋓繊維や雑貨などの都市型産業

(4) 地図の内陸部で、高い技術をもつ中小工場が多い都市を㋐〜㋓から選べ。
　㋐豊中市　　㋑宝塚市　　㋒吹田市　　㋓東大阪市

2 次の文を読み、各問いに答えよ。

　近畿地方では、大阪、京都、神戸を中心に人口が集中している。ものや人の結び付きが強い地域を（　a　）という。この消費地域に隣接する農業は、（　b　）が盛んである。また、古都があり歴史のある地域では、（　c　）の生産が地場産業として根づいている。

(1) （　）に入る適語を答えよ。
(2) bで栽培される京都の伝統的な野菜は、何と呼ばれているか、答えよ。
(3) 次の都市で代表的なcを㋐〜㋓から選べ。
　堺—（　①　）　　京都—（　②　）
　㋐打刃物　　㋑紀州漆器　　㋒西陣織　　㋓信楽焼
(4) 琵琶湖は、1993年、ある条約の登録湿地となった。ある条約を答えよ。

3 次の地図は中国・四国地方の人口を表している。各問いに答えよ。
(1) 地図を見て人口集中の傾向を簡単に説明せよ。
(2) 人口が50万以上の都市名を答えよ。
(3) (2)の一番大きな都市の中心部にあり，世界遺産に登録された核兵器の傷あとを伝える建造物を答えよ。
(4) 都市化の一方，人口が減って65歳以上の高齢化率が50％を超え，消滅のおそれのある集落を何というか答えよ。
(5) 人口流出が進む地域生活について，誤っているものを(ア)〜(エ)から選べ。
(ア)住宅が不足し統廃合した学校を利用した。
(イ)交通手段が不足し第三セクター鉄道やコミュニティバスを運行した。
(ウ)農業で働く人が減り耕作放棄地が増加し，農地や森林が荒れた。
(エ)地域活性化のために，各地で地域おこしが行われている。

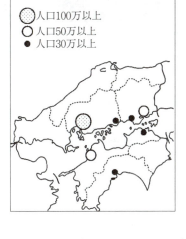

4 次の地図は，本州四国連絡橋のルートである。各問いに答えよ。
(1) 地図中の①〜③のルートを，開通した順番に答えよ。
(2) 岡山県と香川県を結ぶ橋の名称を答えよ。
(3) この地域にある工業地域の名称を答えよ。
(4) 次の文の（　）に入る適語を，下から選べ。
　瀬戸内海沿岸では（ a ）漁業が営まれ，日本海側の境港は（ b ）漁業の基地だった。広島県では（ c ）の養殖が盛んで，全国の生産量は1位である。愛媛県でも（ d ）の養殖が盛んである。

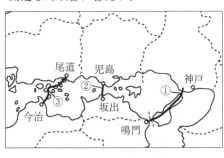

遠洋　沿岸　かつお　まだい　かき

第3章 社会②

6 九州・アジア

解答➡ P.30

要点の再確認！　要点理解（赤の小学校全科）P.100〜101

1 グラフは北九州工業地域の工業生産の割合である。各問いに答えよ。

(1) A〜Cに当てはまる正しい組み合わせを選べ。
 (ア) A：機械　B：化学　C：金属
 (イ) A：化学　B：金属　C：機械
 (ウ) A：金属　B：機械　C：化学

北九州工業地域の工業生産の変化

	A	B	C	食料品	繊維	その他
1960年 0.6兆円	42.7%	8.5	15.1	13.1	1.8	18.8
2017年 9.8兆円	16.3%	46.6	5.6	16.9	0.5	14.1

（『日本国勢図会2020/21』より）

(2) この地域の工業生産はどのように変化したか，選べ。
 (ア) 鉄鋼から自動車などの機械
 (イ) 自動車などの機械から鉄鋼
 (ウ) 繊維工業から鉄鋼
 (エ) 鉄鋼から石油コンビナート

(3) この地域で，明治時代に建設された日本初の製鉄所の名称を答えよ。

2 次の各問いに答えよ。

(1) A〜Dは，四大公害病が起こった地域である。A〜Dに当てはまる公害の名称をそれぞれ答えよ。

(2) 環境問題の改善に取り組み，国から選定された都市を何というか答えよ。

(3) 九州地方では，火山が多く電力などを生み出すエネルギー産業に生かされている。この発電を答えよ。

3 次の地図を見て，各問いに答えよ。
  (1) 次の文に当てはまる都市を，①～⑥から選び，都市名も下から選べ。
    (ア) 中国最大の都市。人口が最も多い。
    (イ) 外国企業を誘致し工業が発展した。
    (ウ) アジアNIESのうちの一つ。
    (エ) 中国の首都。大気汚染が進む。

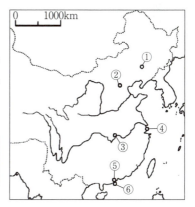

    チンタオ　シェンチェン　ペキン
    シャンハイ　ホンコン　テンチン

  (2) 外国企業に，経済的な優遇措置がとられた地域を何と呼ぶか，答えよ。

4 次の地図を見て，各問いに答えよ。
  (1) 次の文に当てはまる国をA～Dから選び，国名も答えよ。
    (ア) 日本に輸出する大規模なバナナ農園の開発が進んでいる。キリスト教徒が多い。
    (イ) 植民地支配を受けなかった国で，仏教徒が多い。自動車生産の拠点である。

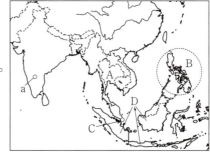

    (ウ) 世界の中でも人口が多く，イスラム教徒も多い。海岸に日本向けの大規模なえびの養殖場が造られている。
    (エ) アジアNIESの一つで，世界の金融センターとしても発展している。
  (2) 東南アジアの国々で，1967年に結成された組織を答えよ。
  (3) aの都市は，IT産業が盛んでインドのシリコンバレーと呼ばれる。この都市を答えよ。
  (4) (3)の国ではこの国特有の身分制度がある。この制度を答えよ。
  (5) 西アジアの地域では，原油の生産量が多く産油国は1960年に結成された組織に加盟している。この組織を答えよ。

第3章 社会②

7 アフリカ・ヨーロッパ

解答➡ P.31

要点の再確認！ 要点理解(赤の小学校全科) P.102〜103

1 次の地図を見て，各問いに答えよ。

(1) A〜Dの国名をそれぞれ答えよ。また，その国の記述に合うものを(ア)〜(エ)から選べ。

(ア) ギニア湾岸のプランテーションで，チョコレートの原料であるカカオ豆が生産される。熱帯林が広がる。

(イ) 世界で最も古い文明の一つが栄えた国。世界最長のナイル川が流れる。

(ウ) 野生動物を観察するサファリ観光も人気がある。茶は世界一の輸出量をほこる。

(エ) <u>少数の白人が黒人を支配してきた</u>歴史がある。1994年に黒人の大統領となるとようやく廃止された。工業化が進み，経済成長をとげた。

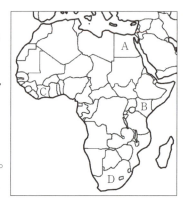

(2) (エ)の下線部の政策を何というか，答えよ。

2 次のグラフは，日本とアメリカ，EU，中国の面積（2017年）とGDP（国内総生産，2017年）を比較したものである。各問いに答えよ。※データはイギリスがEUから脱退する前のデータである。

(1) A〜Dの国と地域を答えよ。

(2) EUのGDPは，世界全体，80.5兆ドル（2017年）のおよそ何％を占めているか。(ア)〜(エ)から選べ。

(ア)13%　　(イ)21%　　(ウ)33%　　(エ)43%

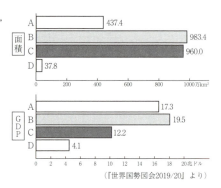

(『世界国勢図会2019/20』より)

3 次の表は，ヨーロッパ4カ国の面積，小麦生産，ぶどう生産と自動車生産を示したものである。各問いに答えよ。

(1) (ア)〜(エ)に当てはまる国名を答えよ。

(2) (ア)〜(エ)の国の一つで，ライン川の水運と豊富な石炭を利用して重化学工業が発達した工業地帯を答えよ。

国名	面積 (万 km²)	小麦生産 (2017年, 千 t)	ぶどう生産 (2017年, 千 t)	自動車生産 (2018年, 千台)
(ア)	55.2	36,925	5,916	2,270
(イ)	30.2	6,966	7,170	1,060
(ウ)	24.2	14,837	—	1,604
(エ)	35.8	24,482	1,014	5,120

＊ —— は生産が少ないことを示す。(『世界国勢図会2019/20』より)

(3) オランダ，ロッテルダムにあるEU共同の貿易港を答えよ。

(4) ヨーロッパで盛んな畑作と家畜の飼料栽培，家畜の飼育を組み合わせた農業と，南部地域で果樹栽培と小麦などを栽培する農業を答えよ。

4 次の文に当てはまる国名を答えよ。また，その位置をA〜Fから選べ。

① この国を中心に紀元前後に栄えた帝国は，文化的にヨーロッパに大きな影響を及ぼした。首都の市内にカトリックの中心地がある。

② イベリア半島の西端に位置し，16世紀ごろ世界経済の中心だった。ラテン系民族が多い。

③ 世界に先駆けて産業革命を興し，植民地を広げ大帝国を作り上げた。ゲルマン民族が中心で，プロテスタントを信仰する人が多い。

④ この国は，ソ連が解体しロシア連邦と11の共和国のうちの一つ。スラブ民族が多く，正教会を信仰する。1986年，旧ソ連時代，チェルノブイリ原発事故が起こり，ヨーロッパに衝撃を与えた。

⑤ この国はEUに属さず，どの国とも政治的同盟を結ばない宣言をしている。多民族国家で4つの公用語がある。

第3章 社会②

8 アメリカ・オセアニア

解答 ➡ P.31

要点の再確認！ 要点理解（赤の小学校全科） P.104〜105

1 次の地図を見て，各問いに答えよ。

(1) 農産物の生産，加工，貯蔵，運搬，販売などの農業に関連する産業を何というか，答えよ。

(2) 放牧地帯で，効率よく牛を飼育する大規模な肥育場を何というか，答えよ。

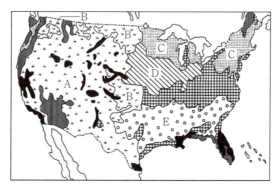

(3) 図はアメリカの農牧業地域を示している。A〜E地域の代表的な農作物の組み合わせが正しいものを①〜④から選べ。

① (A)放牧　(B)小麦　(C)酪農　(D)とうもろこし・大豆　(E)綿花
② (A)とうもろこし・大豆　(B)酪農　(C)綿花　(D)小麦　(E)放牧
③ (A)酪農　(B)綿花　(C)とうもろこし・大豆　(D)放牧　(E)小麦
④ (A)小麦　(B)放牧　(C)綿花　(D)酪農　(E)とうもろこし・大豆

2 次の地図を見て，各問いに答えよ。

(1) 20世紀前半まで，重工業を中心とした国内最大の工業地域が形成されていた地域をA〜Eから2つ選べ。

(2) 1970年代から，北緯37度より南の工業地域に，工業の中心が移った。この地域を答えよ。

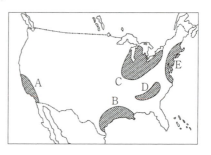

(3) (2)の中でも，先端技術産業が発展した地域をA〜Eから選べ。また，この地域を何と呼ぶか，答えよ。

(4) アメリカに多く存在する，世界各地に，子会社，現地工場，販売店をつくり，国境を超えて活動している企業を答えよ。

(5) 北アメリカ州の3カ国で，経済的な結び付きを強めるために貿易にかかる税金をなくしている。この協定を答えよ。

(6) 生物の働きを利用して，作物の遺伝子組み換えや種子開発などを行うことを何というか，答えよ。

3 次の各文が説明している国名を答えよ。

(1) パンパと呼ばれる大平原で，小麦，とうもろこし栽培や牛の放牧が大規模に行われる。近年，自動車などの重化学工業が発展した。

(2) 標高3700mに位置するウユニ塩原は，世界最大の塩湖で，湖水には大量のリチウムが含まれている。外国企業が開発を計画している。

(3) 石油自給率が9割を超え，鉄鉱石の輸出量も多い。航空機，自動車の輸出も行われ，工業国として発展している。

4 次の表を見て，各問いに答えよ。

オーストラリアの輸出品の変化　　　　　　　　　　　　　（『世界国勢図会 2019/20』より）

	輸出品目とその割合（%）					
1960年 19.4億ドル	① 40.5	② 7.7	③ 7.2	原皮類 3.1	機械類 1.7	Y 0.8
2017年 2301.6億ドル	X 21.1	Y 18.8	液化天然ガス 8.5	金 5.9	肉類 3.9	機械類 3.4

(1) ①〜③の輸出品に当てはまるものを下から選べ。

大豆　　小麦　　米　　綿花　　羊毛　　肉類　　とうもろこし

(2) 1960年の，①〜③の輸出品の貿易相手国を答えよ。

(3) 表中のXとYの，それぞれの鉱産資源を答えよ。

(4) オーストラリアで20世紀初めから続いていた，白人以外の人々の移住が制限されていた政策を答えよ。

(5) オーストラリアとニュージーランドの先住民をそれぞれ答えよ。

第3章 社会②

9 日本の人口・産業　解答→P.32

要点の再確認！ 要点理解(赤の小学校全科) P.106〜107

1 次の人口ピラミッドは，ガーナ，中国，日本を示している。各問いに答えよ。

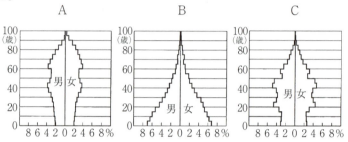

(1) A〜Cに当てはまる国名を答えよ。

(2) 人口の多い中国では，人口増加を抑えるためにとった政策によって，少子高齢化が急速に進んだ。今は廃止されているこの政策を答えよ。

2 次のグラフを見て，各問いに答えよ。

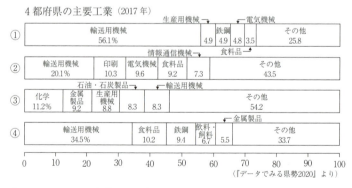

(1) 上のグラフは，東京都，愛知県，大阪府，福岡県の工業の内容を示している。①〜④に当てはまる都府県を答えよ。

(2) (1)の都府県を含み，太平洋側に帯状に工業の発達した地帯を答えよ。

(3) 日本の工業は，近年，外国で製品を生産して輸入する製品輸入が広がり国内生産が衰退している。このような現象を何というか，答えよ。

3 次の地図を見て，各問いに答えよ。

(1) a～eに当てはまる漁港を下から選べ。

境　　八戸
焼津　銚子
釧路　枕崎

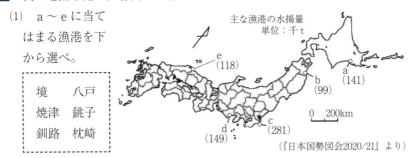

(2) 近年，日本の漁業はどのような漁業が成長しているか，2つ答えよ。

4 次の地図の斜線地域は，表A～Eの道県を表している。各問いに答えよ。

	全国の生産量，飼育頭数に占める割合
A	らっかせい（81.5％）　ねぎ（13.8％） ほうれんそう（11.2％）　日本なし（13.1％）
B	さとうきび（37.9％）　さつまいも（34.9％） 茶（36.6％）　豚（13.9％）
C	茶（38.6％）　みかん（14.8％）
D	レタス（35.7％）　りんご（18.8％） はくさい（25.4％）
E	大豆（40.6％）　あずき（93.7％） じゃがいも（77.1％）　乳牛（60.1％）

（『日本国勢図会2020/21』より）

(1) A～Eに当てはまる道県を地図から選び，道県名を答えよ。
(2) Cの県では，このほかにもビニールハウスなどで花の栽培が盛んである。この農業を何というか，答えよ。
(3) 日本の農業生産の減少と農作物輸入は，何の低下をもたらしたか，答えよ。

第3章　社会②

10 日本国憲法

解答➡ P.33

要点の再確認！ 要点理解（赤の小学校全科） P. 108〜109

第3章

1 次の①〜④の文を読み，各問いに答えよ。

① この憲法が国民に保障する（ ア ）は，侵すことのできない（ イ ）の権利として，現在及び将来の国民に与へられる。

② 人間はみな平等につくられ，譲り渡すことのできない権利を神によって与えられていること，その中には，生命，自由，幸福の追求が含まれていること，である。

③ 経済生活の秩序は，全ての人に人間に値する生存を保障することを目指す，正義の諸原則にかなうものでなければならない。

④ 人は生まれながらに，自由で平等な権利を持つ。社会的な区別は，ただ公共の利益に関係のある場合にしか設けられてはならない。

(1) ①の文の（　）に適語を入れよ。

(2) 著書の社会契約や抵抗権の思想が，②と④に大きな影響を与えた思想家を答えよ。

(3) 世界で最初に社会権を取り入れた憲法から，引用しているものを①〜④から選べ。

2 次の文を読み，各問いに答えよ。

日本国憲法は，a三大原則を基本原理とし，b三大義務も定められている。また，天皇については，c国事行為を行うと規定されている。

(1) 下線部 a で，平和主義を掲げ戦争の放棄などを定めているのは，憲法第何条か，答えよ。

(2) 日本は「非核三原則」を掲げているが，どのような原則か，答えよ。

(3) 下線部 b の義務のうち，普通教育を受けさせる義務，勤労の義務とあと1つを答えよ。

(4) 下線部 c として，当てはまらないものを(ア)〜(エ)から選べ。

(ア)衆議院の解散　　(イ)条約承認　　(ウ)国会召集　　(エ)栄典の授与

104

3 次の各問いに答えよ。

(1) 日本国憲法に定められた社会権，自由権の権利に含まれないものの組み合わせを，(ア)～(エ)から選べ。

A　社会権

①選挙権　　②生存権　　③勤労の権利　　④教育を受ける権利

B　自由権

①信教の自由　　②財産権の保障　　③裁判を受ける権利

④居住・移転・職業選択の自由

(ア)　A—④　　　B—②　　　(イ)　A—①　　　B—③

(ウ)　A—②　　　B—④　　　(エ)　A—③　　　B—①

(2) 近年の新しい人権として，個人が自分の生き方や生活の仕方について自由に決定する権利を何というか，答えよ。

4 次の日本国憲法の条文を読み，各問いに答えよ。

すべて国民は，法の下に_a平等であって，（　①　），（　②　），_b性別，社会的身分又は門地により，政治的，経済的又は社会的関係において，（　③　）されない。

(1) （　　）に適語を入れよ。

(2) 下線部 a について，障がいの有無にかかわらず，すべての人が区別されることなく平等に，普通の生活を送る社会のことを何というか，答えよ。

(3) 下線部 b について，男性も女性も性別にかかわりなく，共生社会の実現に向けて1999年に制定された法律を答えよ。

5 次の各問いに答えよ。

(1) 現在，日本が未加入，未批准の条約を(ア)～(カ)から選べ。

(2) (カ)の条約から，ある日本の法律が制定された。この法律を答えよ。

(ア)子どもの権利条約　　(イ)人種差別撤廃条約

(ウ)拷問等禁止条約　　(エ)死刑廃止条約

(オ)障害者権利条約　　(カ)女子差別撤廃条約

第3章　社会②

11 国会・内閣・裁判所

解答➡ P.34

要点の
再確認！ 要点理解（赤の小学校全科） P.110〜111

1 次の各問いに答えよ。

(1) 右の表の（　）に入る
数字を答えよ。

(2) 参議院について述べた文
として正しいものを，㋐〜
㋓から選べ。

	衆議院	参議院
議員定数	（　①　）人	（　②　）人
任期	4年	（　③　）年 3年ごとに半数改選
被選挙権	25歳以上	（　④　）歳以上

㋐ 参議院は解散がある。

㋑ 選挙区は衆議院と同じく全国300の小選挙区に分けられている。

㋒ 緊急集会は，衆議院の解散中のみ開かれる。

㋓ 予算案は参議院が先に審議する。

(3) 国会の役割として正しいものを，㋐〜㋔から選べ。

㋐ 弾劾裁判を行う。　　㋑ 内閣総理大臣を任命する。

㋒ 条約を締結する。　　㋓ 衆議院を解散する。

㋔ 憲法改正を発議する。

(4) 法律案の議決は，参議院が衆議院と異なる議決をした場合，衆議院で
再び可決されると法律となる。定数465人の衆議院で450人の議員が出席
した場合，再可決のために最低何人の賛成が必要となるか，人数を答えよ。

2 次の文を読み，各問いに答えよ。

内閣は，国会で決められた法律や予算に基づいて政策を実施する
（　①　）権をもっている。その組織は内閣総理大臣と国務大臣で構成さ
れ，行政機関である（　②　）がおかれている。内閣総理大臣は，
（　③　）が指名し，（　④　）が任命する。

(1) （　）の①，②に適語を入れよ。

(2) （　）の③，④に入る適語の正しい組み合わせを，㋐〜㋓から選べ。

106

(ア) ③国会　④天皇　(イ) ③天皇　④内閣
(ウ) ③首長　④国会　(エ) ③内閣　④天皇
(3) 内閣が総辞職する場合について誤っているものを，(ア)〜(エ)から選べ。
　(ア) 衆議院で内閣不信任案が可決された後，10日以内に内閣が衆議院を解散しないとき。
　(イ) 総選挙の後，初めて国会が召集されたとき。
　(ウ) 参議院で内閣総理大臣に対する問責決議が可決されたとき。
　(エ) 辞職などで内閣総理大臣が不在のとき。

3 次の各問いに答えよ。
(1) 刑事裁判について述べた文として正しいものを，(ア)〜(エ)から選べ。
　(ア) 刑事裁判は，個人間の権利・義務の対立を解決し，刑罰を決める裁判である。
　(イ) 刑事裁判では，訴えられた人を原告という。
　(ウ) 刑事裁判で，第二審は高等裁判所で行われる。
　(エ) 刑事裁判のうち，国や地方公共団体に対して行う裁判は，行政裁判と呼ばれる。
(2) 裁判員制度について述べた文として誤っているものを，(ア)〜(エ)から選べ。
　(ア) 刑事裁判や民事裁判の第一審が，裁判員制度によって行われる。
　(イ) 原則として，裁判員6人と裁判官3人が事件を担当する。
　(ウ) 裁判員は審理に出席し裁判官と被告人が有罪か無罪かを判断する。
　(エ) 裁判官と裁判員の意見が一致しなければ多数決によって評決する。

4 次の図は三権分立の関係を示している。各問いに答えよ。
(1) A〜Cの→が指す内容として，(　)に適語を入れよ。
(2) 最高裁判所の裁判官は，裁判官が適任かどうかを国民の投票によって審査される。この制度を何というか，答えよ。

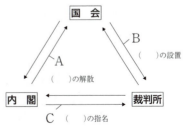

第3章　社会②

12 選挙制度・地方自治

解答➡ P.34

要点の再確認！ 要点理解（赤の小学校全科） P.112〜113

1 次の表を見て，各問いに答えよ。

	①党	②党	③党
得票数	1700	1000	600

(1) 表はある選挙区の政党の得票数である。政党の得票数に応じて議席数を配分する選挙制度を答えよ。

(2) 上の表で，この選挙区における議員定数が6名のとき，各党①〜③の当選人数はそれぞれ何人になるか，答えよ。

(3) 日本の選挙制度の基本4原則に当てはまらないものを(ア)〜(オ)からすべて選べ。

　(ア)平等選挙　　(イ)間接選挙　　(ウ)普通選挙　　(エ)秘密選挙

　(オ)基本選挙

(4) この選挙結果から，①党と②党は協力して内閣を組織した。このような内閣を何というか，答えよ。

2 次の文を読み，各問いに答えよ。

　地方議会は，住民の選挙によって選ばれた$_a$首長，$_b$議員で構成される。地方自治では，地域の重要な問題に対しては，$_c$投票によって住民全体の意見を明らかにする動きもある。地方公共団体が適正に仕事を行っているか住民が監視できるように，$_d$調査を行う制度を導入しているところもある。

(1) 下線部aの被選挙権を正しく表しているものを(ア)〜(エ)から選べ。

　(ア) 市町村長：30歳以上，都道府県知事：30歳以上

　(イ) 市町村長：25歳以上，都道府県知事：35歳以上

　(ウ) 市町村長：25歳以上，都道府県知事：30歳以上

　(エ) 市町村長：25歳以上，都道府県知事：25歳以上

(2)　下線部 b の任期を正しく表しているものを(ア)～(エ)から選べ。

　(ア)　任期は 6 年で 3 年ごとに半数ずつ解散がある。

　(イ)　任期は 6 年で途中解散がある。

　(ウ)　任期は 4 年で解散はない。

　(エ)　任期は 4 年で途中解散がある。

(3)　下線部 c のことを何というか，答えよ。

(4)　下線部 d のように，行政に対して住民の苦情をもとに改善を求めたり不正が行われないように監視したりする制度を何というか，答えよ。

3　次の表を見て，各問いに答えよ。

請求の内容	必要な署名数	請求先
条例の制定・改廃	有権者の（　①　）分の 1 以上	（　③　）
監査	有権者の（　①　）分の 1 以上	（　④　）
議会の解散	有権者の（　②　）分の 1 以上	（　⑤　）
首長・議員の解職	有権者の（　②　）分の 1 以上	（　⑤　）
主要公務員の解職	有権者の（　②　）分の 1 以上	（　③　）

(1)　（　）に数字または適語を入れよ。

(2)　住民には表の権利が認められている。この権利を何というか，答えよ。

(3)　ある町の住民たちが，路上喫煙を禁止する条例の直接請求を行うため署名活動を開始した。有権者数が7000人のこの町では，署名は何人以上必要か。

4　次の各問いに答えよ。

(1)　地方公共団体が政治を行う上での経済活動を地方財政という。国から支給されているものを(ア)～(オ)からすべて選べ。

　(ア)地方交付税交付金　　　(イ)国庫支出金　　　(ウ)地方債　　　(エ)地方税

　(オ)国債

(2)　1999年から2010年にかけて多くの市町村が，仕事の効率化や財政の安定をはかるために行ったことを何というか，答えよ。

(3)　個人が自分の望む地方公共団体に寄付した場合に，その一定額分を自分の町に納める住民税から差し引く制度を何というか，答えよ。

(4)　住民が自発的にボランティア活動などの社会貢献活動を行う，利益を目的としない団体を何というか，答えよ。

第3章 社会②

13 経済・金融

解答 ➡ P.35

要点の再確認！ 要点理解(赤の小学校全科) P.114〜115

1 次のグラフを見て、各問いに答えよ。

(1) グラフAが示す線を何というか、答えよ。

(2) このグラフから読み取れる内容として正しいものを(ア)〜(エ)から選べ。

(ア) 価格が20円のとき、この商品に対する買い手は最も少なくなる。

(イ) 価格が70円のとき、この商品の均衡価格は40円になる。

(ウ) 価格が70円のとき、この商品の売上総額は5600円となる。

(エ) 価格が70円のとき、この商品は40個売れ残る。

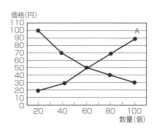

2 次の図を見て、各問いに答えよ。

(1) 図は景気変動を表したものである。◯で囲んだ時期の経済の様子を、消費、物価、生産の語句を使って簡潔に述べよ。

(2) 不景気について述べた次の文のア、イの（ ）に当てはまるものを選べ。また、この操作を何というか、答えよ。

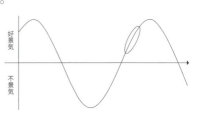

日本銀行の金融政策は、不景気のとき、国債などを ア（①金融機関から買う ②金融機関に売る）ことにより、流通する通貨の量を、イ（①増やす ②減らす）操作を行う。

(3) 財政政策の一つで、好景気や不景気などの景気変動に対し、累進課税や社会保障給付など、自動的に景気を調節する働きのことを何というか。

3 次の図を見て，各問いに答えよ。

(1) Aに当てはまる適語を答えよ。

(2) B，Cに当てはまるものの正しい組み合わせを，(ア)～(エ)から選べ。

(ア) B：税金　　　C：労働力

(イ) B：労働力　　C：賃金

(ウ) B：配当　　　C：資本

(エ) B：サービス　C：税金

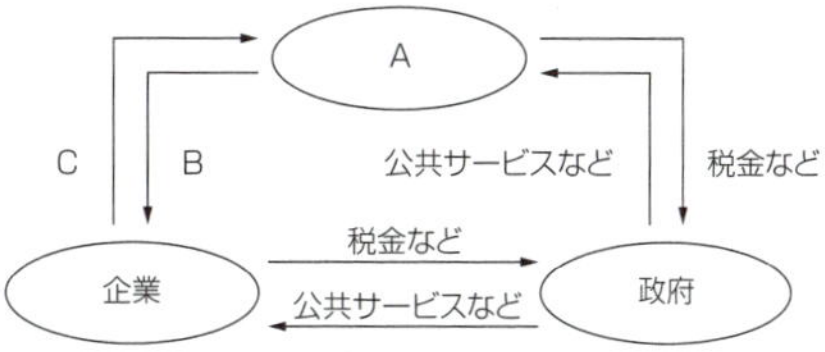

```
                    ┌──────────┐
              ┌────→│    A     │←────┐
              │     └──────────┘     │
    C │ B          公共サービスなど   税金など
      ↓  ↑                           │
  ┌────────┐    税金など    ┌────────┐
  │  企業  │──────────────→│  政府  │
  └────────┘ ←──────────── └────────┘
              公共サービスなど
```

(3) Aの支出のうち，消費支出に当てはまるものを(ア)～(エ)から選べ。

(ア)衣料品の購入　　　(イ)銀行への預金

(ウ)自動車税の納入　　(エ)家賃の収入

4 次の表を見て，各問いに答えよ。

(1) 表は，2019年度の税金収入の国家予算額の割合を表したものである。税金を直接税と間接税に分けたときに，直接税に当たるものの正しい組み合わせを(ア)～(エ)から選べ。

税金の種類	予算額101.4兆円の割合
消費税	19.1%
a所得税	19.6
法人税	12.7
b相続税	2.2
c公債金	32.2
その他	14.2

(財務省資料2019年)

(ア) 消費税，相続税

(イ) 所得税，法人税

(ウ) 法人税，相続税

(エ) 所得税，法人税，相続税

(2) 下線部a，bは，所得・財産が多いほど税率が高くなるしくみをとっているが，このしくみを何というか，答えよ。

(3) 下線部cについて，次の文の（　　）に適語を入れよ。

> 税金で収入がまかなえない場合に公債を発行し，資金を借り入れる。政府は公債を買った人に（　①　）を支払い，満期が来たら（　②　）を返済しなければならない。

社会②

経済・金融

111

第3章　社会②

14 社会保障・労働・環境　解答➡ P.36

要点の再確認！　要点理解（赤の小学校全科）　P. 116〜117

1 次の文を読み，各問いに答えよ。

　日本の社会保障制度は，日本国憲法第25条「すべて国民は健康で（　①　）的な（　②　）限度の生活を営む権利を有する。」が定める（　③　）が基本理念となっている。

(1)　（　　）に適語を入れよ。

(2)　次は，4つの社会保障制度のどれに当てはまるか，それぞれ答えよ。

　　(ア)　失業した人の再就職のため，積み立てた税金を使って支援する。

　　(イ)　最低限の生活を保障するために，生活費などを給付する。

　　(ウ)　保育所や老人ホーム，障がい者のための施設をつくる。

(3)　介護保険について述べた文として正しいものを(ア)〜(エ)から選べ。

　　(ア)　介護保険サービスの申請は，市町村に対して行う。

　　(イ)　45歳以上の国民が保険料を負担している。

　　(ウ)　65歳以上の人は，申請後いつでも介護保険サービスを受けられる。

　　(エ)　75歳以上の人を対象とする制度で，保険料が1割負担である。

2 次の語句の説明として，誤っているものを(ア)〜(エ)から選べ。

(ア)　ノーマライゼーション

　　高齢者や障がいのある人が，一般の社会の中で普通の生活を送り，すべての人が平等に生活することを目指す考え方。

(イ)　バリアフリー社会

　　高齢者や障がいのある人も，平等で質の高い生活を送れる社会。

(ウ)　合計特殊出生率

　　一人の女性が一生の間に生む子どもの平均人数。

(エ)　高齢社会

　　65歳以上の高齢者の人口が，総人口の7％を超えた社会。

112

3 次の文を読み，各問いに答えよ。

　この法律で「（　①　）」とは，（　②　）が主体となって自主的に労働条件の維持改善その他経済的地位の向上を図ることを主たる目的として組織する団体又はその連合団体をいう。

(1)　この法律は，ある権利を保護したものであるが，その権利に当てはまるものを(ア)～(エ)から選べ。

　(ア)請求権　　(イ)団結権　　(ウ)集会・結社・表現の自由
　(エ)自己決定権

(2)　この法律の名称を答えよ。

(3)　（　　）に適語を入れよ。

(4)　①は，会社と意見が合わないときは，仕事を停止し自分たちの要求を通そうと行動することもあるが，これを何というか，答えよ。

(5)　②の男女平等の実現を目指して，1986年に施行された法律を答えよ。

4 次の各問いに答えよ。

(1)　環境問題に関する法律について説明した文として誤っているものを，(ア)～(オ)から選べ。

　(ア)　資源の循環を具体的に進めるために，容器包装リサイクル法や建設リサイクル法など個別のリサイクル法が制定されている。

　(イ)　持続可能な社会の構築や国際協調による地球環境保全を目的とする資源有効利用促進法が制定されている。

　(ウ)　大規模な開発事業を行う前に，環境への影響を調査し，予測，評価することを義務付けた環境アセスメント法が制定されている。

　(エ)　自然から採取する資源を有効に活用し，廃棄物を最小限におさえる循環型社会形成推進基本法が制定されている。

　(オ)　1967年に深刻化する公害問題に対処し，環境基準や企業の責任などを明らかにした公害基本対策法が制定された。

(2)　(1)の(オ)などの公害対策関連の法律制定を受けて，1971年に設置された官庁は何か，答えよ。

(3)　1997年に開催された地球温暖化防止京都会議で採択された，温室効果ガスの削減目標などを定めた条約を何というか，答えよ。

第3章　社会②

15 国際連合

解答➡ P.37

要点の再確認！ 要点理解（赤の小学校全科） P. 118〜119

1 国際連合について述べた文を読み，各問いに答えよ。

① 年1回開かれ，表決は多数決ですべての加盟国が1票を持つ。

② 国連の中でも強い権限を持ち，15の理事国から構成される。

③ 紛争後の平和の実現のために，停戦や選挙の監視などの軍の派遣を行う。

(1) ①〜③の組織，活動の名称をそれぞれ答えよ。

(2) ②の理事国のうち常任理事国のみが持つ権利で，発動されると議決の採択ができないものを何というか答えよ。

(3) 常任理事国に当てはまる国を(ア)〜(エ)から選べ。

(ア)ドイツ　　(イ)日本　　(ウ)フランス　　(エ)カナダ

2 国連の専門機関や補助機関の活動の説明の正誤について，正しく述べているものを(1)〜(5)から選べ。

(ア) 国際労働機関（ILO）：各国の労働法の雇用・労働条件の改善や社会福祉の向上を目的とした勧告・指導を行う。

(イ) 世界貿易機関（WTO）：ブレトン・ウッズ協定に基づき，為替政策の監視，国際貿易の促進，国民所得の増大などを目的とする。

(ウ) 国連世界食糧計画（WFP）：飢餓，食糧不安，栄養不良の解消と世界の農林水産業の発展と農村開発に取り組む。

(エ) 国連難民高等弁務官事務所（UNHCR）：紛争や迫害により難民になった人々を支援し，難民問題の解決へ向けて活動する。

(オ) 国連児童基金（UNICEF）：戦争などで被害を受けている子どもの支援，児童の権利に関する条約の普及活動などを行う。

(カ) 国連教育科学文化機関（UNESCO）：教育，科学，文化，情報流通などの面で人々が協力し，平和と福祉に貢献することを目的とする。

(1) (ア)，(イ)が誤り。　　(2) (イ)，(ウ)が誤り。　　(3) (ウ)，(オ)が誤り。

(4) (エ)，(カ)が誤り。　　(5) すべて正しい。

3 次の文に説明されている地域機構の略称を①〜⑩から選ぶとき，正しい組み合わせを(ア)〜(オ)から選べ。

(1) 1991年のアスンシオン条約によって，アルゼンチン，ブラジル，パラグアイ，ウルグアイが1995年に関税同盟として発足した，財・サービス・労働の自由市場創設を目指す南米市場。

(2) シンガポール，ブルネイ，チリ，ニュージーランドが締結した自由貿易協定を環太平洋地域全体に広げた。日本，オーストラリアも参加。すべての産物や製品の関税を撤廃し，投資なども自由化する動き。

(3) アジア太平洋地域の21の国と地域が参加する経済協力の枠組みで，自由貿易拡大，経済・技術協力などを推進し，持続可能な発展を目的とする。

(4) 1967年に「バンコク宣言」によって設立。東南アジア10カ国の経済・社会・政治・安全保障・文化に関する地域協力機構である。

(5) 1992年，アメリカ，カナダ，メキシコの3カ国が合意した自由貿易協定。関税の引き下げ・撤廃，金融サービス市場の開放，投資の自由化などを目的としている。

① BRICS ② APEC ③ NAFTA ④ EPA ⑤ AU
⑥ TPP ⑦ ASEAN ⑧ OPEC ⑨ NIES ⑩ MERCOSUR

(ア) (1)—① (2)—② (3)—⑥ (4)—⑨ (5)—④
(イ) (1)—⑩ (2)—② (3)—⑥ (4)—⑧ (5)—③
(ウ) (1)—① (2)—⑥ (3)—② (4)—⑦ (5)—④
(エ) (1)—③ (2)—② (3)—⑥ (4)—⑨ (5)—⑤
(オ) (1)—⑩ (2)—⑥ (3)—② (4)—⑦ (5)—③

4 次の文の（　）に入る適語を(ア)〜(キ)からを選べ。

戦後の復興期に日本は世界から多くの援助を受け，学校給食は（　①　）の援助から始まった。一方，1954年から（　②　）の支出を行うようになり，現在，世界有数の援助国である。近年，政府ではなく，一般市民の（　③　）が国境を越えて連帯し世界各地で活動している。

(ア) ODA (イ) PKO (ウ) NGO (エ) WTO
(オ) UNICEF (カ) UNESCO (キ) ASEAN

第4章

算数①

※学習指導要領については,
すべて平成29年版小学校学習指導要領
（平成29年3月告示）によります。

第4章　算数①

1 学習指導要領① 解答➡ P.38

要点の再確認！ 要点理解(赤の小学校全科) P. 124〜127

1 次の文は，平成29年版小学校学習指導要領の「算数」の「目標」の一部である。( )に入る適語を(ア)〜(オ)から選べ。

数学的な見方・考え方を働かせ，(①)を通して，数学的に考える資質・能力を次のとおり育成することを目指す。

(1) 数量や図形などについての(②)・基本的な概念や性質などを理解するとともに，日常の事象を数理的に処理する技能を身に付けるようにする。

(2) 日常の事象を(③)に捉え見通しをもち筋道を立てて考察する力，基礎的・基本的な数量や図形の性質などを見いだし(④)・発展的に考察する力，数学的な表現を用いて事象を簡潔・明瞭・(⑤)に表したり目的に応じて柔軟に表したりする力を養う。

(ア)基礎的　　(イ)数理的　　(ウ)統合的　　(エ)数学的活動　　(オ)的確

2 次の文は，平成29年版小学校学習指導要領の「算数」の「目標」の一部である。(1), (2)の「算数」の目標を説明した文の( )に入る適語を(ア)〜(オ)から選べ。

数学的活動の楽しさや(1)数学のよさに気付き，学習を振り返ってよりよく問題解決しようとする態度，算数で学んだことを(2)生活や学習に活用しようとする態度を養う。

(1) 「数学のよさに気付き」とは，数学の価値や算数を学習する(①)に気付くことであり，学習意欲の(②)や学習内容の深い理解につながる。

(2) 「生活」については児童の(③)や学校での生活，地域社会での生活はもとより，将来の社会生活も含められる。学習については，(④)等の学習はもとより，これから先の算数や数学の学習にも含めて考えることが大切である。

(ア)他教科　　(イ)家庭　　(ウ)意義　　(エ)喚起　　(オ)阻害

118

3 次の文は，平成29年版小学校学習指導要領の「算数」の〔第１学年〕の「目標」の一部である。（　　　）に入る適語の正しい組み合わせを(ア)～(ク)から選べ。

> （　①　）の概念とその表し方及び計算の意味を理解し，量，（　②　）及び数量の関係についての理解の基礎となる経験を重ね，数量や図形についての感覚を豊かにするとともに，加法及び減法の計算をしたり，形を構成したり，身の回りにある量の大きさを比べたり，簡単な絵や図などに表したりすることなどについての（　③　）を身に付けるようにする。

(ア)　①図形　②数　　③態度　　(イ)　①図形　②数　　③技能
(ウ)　①図形　②図形　③態度　　(エ)　①図形　②図形　③技能
(オ)　①数　　②数　　③態度　　(カ)　①数　　②数　　③技能
(キ)　①数　　②図形　③態度　　(ク)　①数　　②図形　③技能

4 次の文は，平成29年版小学校学習指導要領の「算数」の〔第２学年〕の「目標」の一部である。（　　　）に入る適語を(ア)～(カ)から選べ。

> 数の概念についての理解を深め，（　①　）の意味と性質，基本的な図形の概念，量の概念，簡単な表と（　②　）などについて理解し，数量や図形についての感覚を豊かにするとともに，加法，減法及び（　③　）の計算をしたり，図形を構成したり，長さやかさなどを測定したり，表やグラフに表したりすることなどについての技能を身に付けるようにする。

(ア)分数　　(イ)計算　　(ウ)図形　　(エ)グラフ　　(オ)除法　　(カ)乗法

5 次の文は，平成29年版小学校学習指導要領の「算数」の「各学年の目標」の一部である。第２学年の目標について述べたものを(ア)～(ウ)から選べ。

(ア)　図形を構成する要素及びそれらの位置関係に着目し，図形の性質や図形の計量について考察する力などを養う。

(イ)　ものの形に着目して，具体的な操作を通して形の構成について考えたりする力，身の回りにあるものの特徴を捉える力などを養う。

(ウ)　平面図形の特徴を図形を構成する要素に着目して捉えたり，身の回りの事象を図形の性質から考察したりする力などを養う。

6　次の文は，平成29年版小学校学習指導要領の「算数」の〔第3学年〕の「目標」の一部である。（　）に入る適語を(ア)〜(サ)から選べ。

　　数の表し方，（　①　）の計算の意味と性質，（　②　）及び分数の意味と表し方，基本的な図形の概念，量の概念，（　③　）などについて理解し，数量や図形についての感覚を豊かにするとともに，整数などの計算をしたり，図形を構成したり，長さや（　④　）などを（　⑤　）したり，表やグラフに表したりすることなどについての技能を身に付けるようにする。

(ア)分数　　(イ)整数　　(ウ)小数　　(エ)偶数　　(オ)奇数　　(カ)折れ線グラフ
(キ)棒グラフ　　(ク)円グラフ　　(ケ)かさ　　(コ)重さ　　(サ)測定

7　次の文は，平成29年版小学校学習指導要領の「算数」の〔第4学年〕の「目標」の一部である。（　）に入る適語の正しい組み合わせを(ア)〜(ク)から選べ。

　　小数及び分数の意味と表し方，（　①　）の関係，平面図形と立体図形，（　②　），角の大きさ，（　③　）などについて理解するとともに，整数，小数及び分数の計算をしたり，図形を構成したり，図形の面積や角の大きさを求めたり，表やグラフに表したりすることなどについての技能を身に付けるようにする。

(ア)①加減　②体積　③折れ線グラフ　　(イ)①加減　②体積　③帯グラフ
(ウ)①加減　②面積　③折れ線グラフ　　(エ)①加減　②面積　③帯グラフ
(オ)①四則　②体積　③折れ線グラフ　　(カ)①四則　②体積　③帯グラフ
(キ)①四則　②面積　③折れ線グラフ　　(ク)①四則　②面積　③帯グラフ

8　次の文は，平成29年版小学校学習指導要領の「算数」の〔第5学年〕の「目標」の一部である。（　）に入る適語を(ア)〜(ケ)から選べ。

　　整数の性質，（　①　）の意味，小数と分数の計算の意味，（　②　）の公式，図形の意味と性質，図形の（　③　），速さ，割合，（　④　）グラフなどについて理解するとともに，小数や分数の計算をしたり，図形の性質を調べたり，図形の面積や体積を求めたり，表やグラフに表したりすることなどについての技能を身に付けるようにする。

(ア)整数 　(イ)分数 　(ウ)小数 　(エ)長さ 　(オ)面積

(カ)体積 　(キ)円 　(ク)帯 　(ケ)棒

9 　次の文は，平成29年版小学校学習指導要領の「算数」の〔第6学年〕の「目標」の一部である。（　　）に適語を入れよ。

> (1) 　分数の計算の意味，（ ① ）を用いた式，図形の意味，図形の体積，比例，（ ② ）を表す表などについて理解するとともに，分数の計算をしたり，図形を構成したり，図形の面積や体積を求めたり，表やグラフに表したりすることなどについての技能を身に付けるようにする。
> (2) 　数とその表現や（ ③ ）の意味に着目し，発展的に考察して問題を見いだすとともに，目的に応じて多様な表現方法を用いながら数の表し方や計算の仕方などを（ ④ ）する力を養う。

10 　次の文は，平成29年版小学校学習指導要領の「算数」の「各学年の目標」の一部である。第3学年の目標について述べたものを(ア)〜(ウ)から選べ。

(ア) 　伴って変わる二つの数量やそれらの関係に着目し，変化や対応の特徴を見いだして，二つの数量の関係を表や式を用いて考察する力を養う。

(イ) 　図形を構成する要素や図形間の関係などに着目し，図形の性質や図形の計量について考察する力を養う。

(ウ) 　身の回りにあるものの特徴を量に着目して捉え，量の単位を用いて的確に表現する力，身の回りの事象をデータの特徴に着目して捉え，簡潔に表現したり適切に判断したりする力などを養う。

11 　次の文は，平成29年版小学校学習指導要領の「算数」の「各学年の目標」の一部である。それぞれどの学年の目標であるか，答えよ。ただし，(2)は複数の学年で示されている事項であるので，すべての学年を答えよ。

(1) 　データの特徴や傾向に着目して適切な手法を選択して分析を行い，それらを用いて問題解決したり，解決の過程や結果を批判的に考察したりする力などを養う。

(2) 　目的に応じてデータを収集し，データの特徴や傾向に着目して表やグラフに的確に表現し，それらを用いて問題解決したり，解決の過程や結果を多面的に捉え考察したりする力などを養う。

第4章　算数①

2 学習指導要領②　解答➡ P.39

要点の再確認！ 要点理解（赤の小学校全科） P. 128〜129

1 次の文は，平成29年版小学校学習指導要領の「算数」の「数と計算」の「各学年の内容」の一部である。それぞれどの学年の内容であるか，答えよ。

(1) 除数が１位数や２位数で被除数が２位数や３位数の場合の計算が，基本的な計算を基にしてできることを理解すること。また，その筆算の仕方について理解すること。

(2) ４位数までについて，十進位取り記数法による数の表し方及び数の大小や順序について理解すること。

(3) 分数の乗法及び除法の計算ができること。

(4) ３位数や４位数の加法及び減法の計算が，２位数などについての基本的な計算を基にしてできることを理解すること。また，それらの筆算の仕方について理解すること。

(5) 小数の乗法及び除法の計算ができること。また，余りの大きさについて理解すること。

2 次の文は，平成29年版小学校学習指導要領の「算数」の「数と計算」の「各学年の内容」の一部である。（　）に入る適語を(ア)〜(ケ)から選べ。

〈第１学年〉

　数の大小や順序を考えることによって，数の系列を作ったり，（　①　）の上に表したりすること。

〈第３学年〉

　（　②　）の単位について知ること。

〈第４学年〉

　（　③　）が用いられる場合について知ること。

(ア)千　　　(イ)万　　　(ウ)億　　　(エ)数直線　　　(オ)表

㋕グラフ　㋖約数　㋗倍数　㋘概数

3　次の文は，平成29年版小学校学習指導要領の「算数」の「数と計算」の第5学年の内容の一部である。（　　）に入る適語を㋐～㋕から選べ。ただし，同じものを選んでもよい。

> 小数の（①）及び除法についても（②）の場合と同じ関係や法則が成り立つことを理解すること。
> （③）及び小数を分数の形に直したり，分数を小数で表したりすること。

㋐加法　㋑減法　㋒乗法　㋓整数　㋔小数　㋕分数

4　次の文は，平成29年版小学校学習指導要領の「算数」の「内容の取扱い」の一部である。それぞれどの学年の内容の取扱いであるか，答えよ。

(1)　内容の「A数と計算」の(1)については，大きな数を表す際に，3桁ごとに区切りを用いる場合があることに触れるものとする。

(2)　内容の「A数と計算」の(1)については，1億についても取り扱うものとする。

5　次の文は，平成29年版小学校学習指導要領の「算数」の「指導計画の作成と内容の取扱い」である。（　　）に入る適語を㋐～㋕から選べ。

> （①）による計算の技能を確実に身に付けることを重視するとともに，目的に応じて計算の結果の（②）をして，計算の仕方や結果について適切に判断できるようにすること。また，低学年の「A数と計算」の指導に当たっては，（③）や具体物などの教具を適宜用いて，数と計算についての意味の理解を深めるよう留意すること。

㋐暗算　㋑筆算　㋒確かめ　㋓見積り　㋔そろばん
㋕電卓

6　平成29年版小学校学習指導要領の「算数」において，次の用語や記号を最初に指導する学年を答えよ。

(1)等号，不等号　(2)＞，＜　(3)積，商　(4)十の位　(5)通分，約分

123

第4章　算数①

3 学習指導要領③　解答➡P.40

要点の再確認！　要点理解(赤の小学校全科)　P.130〜131

1 次の文は，平成29年版小学校学習指導要領の「算数」の「図形」の「各学年の内容」の一部である。それぞれどの学年の内容であるか，答えよ。

(1) 円について，中心，半径，直径を知ること。また，円に関連して，球についても直径などを知ること。

(2) 円周率の意味について理解し，それを用いること。

(3) 対称な図形について理解すること。

(4) 正方形，長方形，直角三角形について知ること。

(5) 直線の平行や垂直の関係について理解すること。

2 次の文は，平成29年版小学校学習指導要領の「算数」の「図形」の「各学年の内容」の一部である。（　）に適語を入れよ。

〈第1学年〉（ ① ），左右，上下など方向や位置についての言葉を用いて，ものの位置を表すこと。

〈第3学年〉　二等辺三角形，（ ② ）などについて知り，作図などを通してそれらの関係に次第に着目すること。

〈第4学年〉（ ③ ），ひし形，台形について知ること。

〈第5学年〉（ ④ ）と関連させて正多角形の基本的な性質を知ること。

3 次の文は，平成29年版小学校学習指導要領の「算数」の「測定」の「各学年の内容」の一部である。（　）に適語を入れよ。

〈第1学年〉　長さ，広さ，（ ① ）などの量を，具体的な操作によって直接比べたり，他のものを用いて比べたりすること。

〈第2学年〉（ ② ），時，分について知り，それらの関係を理解すること。

〈第3学年〉　長さの単位（（ ③ ））について知り，測定の意味を理解すること。

4 次の文は，平成29年版小学校学習指導要領の「算数」の「変化と関係」の「各学年の内容」の一部である。それぞれどの学年の内容であるか答えよ。

(1) 簡単な場合について，比例の関係があることを知ること。

(2) 反比例の関係について知ること。

(3) 変化の様子を表や式，折れ線グラフを用いて表したり，変化の特徴を読み取ったりすること。

5 次の文は，平成29年版小学校学習指導要領の「算数」の「内容の取扱い」の一部である。それぞれどの学年の内容の取扱いであるか，答えよ。

(1) 内容の「C変化と関係」の(3)のアの(イ)については，歩合の表し方について触れるものとする。

(2) 内容の「B図形」の(4)のアの(ア)については，アール(a)，ヘクタール(ha)の単位についても触れるものとする。

(3) 内容の「C測定」の(1)については，重さの単位のトン(t)について触れるとともに，接頭語(キロ(k)やミリ(m))についても触れるものとする。

6 次の文は，平成29年版小学校学習指導要領の「算数」の「指導計画の作成と内容の取扱い」の一部である。(　　)に入る適語を(ア)～(カ)から選べ。

> 第1章総則の第3の1の(3)のイに掲げる（ ① ）を体験しながら（ ② ）思考力を身に付けるための学習活動を行う場合には，児童の負担に配慮しつつ，例えば第2の各学年の内容の〔第5学年〕の「B図形」の(1)における（ ③ ）の作図を行う学習に関連して，正確な繰り返し作業を行う必要があり，更に一部を変えることでいろいろな（ ③ ）を同様に考えることができる場面などで取り扱うこと。

　(ア)円　　(イ)正多角形　　(ウ)抽象的　　(エ)論理的
　(オ)プログラミング　　(カ)作図

7 平成29年版小学校学習指導要領の「算数」において，次の用語や記号を最初に指導する学年を答えよ。

　(1)対角線　　　　(2)対称の軸，対称の中心
　(3)頂点，辺，面　(4)底面，側面

125

第4章　算数①

4 学習指導要領④　解答➡P.40

要点の再確認！ 要点理解（赤の小学校全科）P. 132〜133

1 次の文は，平成29年版小学校学習指導要領の「算数」の「データの活用」の「各学年の内容」の一部である。それぞれどの学年の内容であるか，答えよ。

(1) 度数分布を表す表やグラフの特徴及びそれらの用い方を理解すること。

(2) 棒グラフの特徴やその用い方を理解すること。

(3) 身の回りにある数量を分類整理し，簡単な表やグラフを用いて表したり読み取ったりすること。

(4) データを二つの観点から分類整理する方法を知ること。

(5) 円グラフや帯グラフの特徴とそれらの用い方を理解すること。

2 次の文は，平成29年版小学校学習指導要領の「算数」の「データの活用」の「内容」の一部で，身に付ける知識，技能について述べたものである。（　）に適語を入れよ。

〈第3学年〉（ ① ）の観点や場所の観点などからデータを分類整理し，表に表したり読んだりすること。

〈第4学年〉（ ② ）グラフの特徴とその用い方を理解すること。

〈第6学年〉（ ③ ）の意味や求め方を理解すること。

3 平成29年版小学校学習指導要領の「算数」において，「階級」の用語を最初に指導する学年を答えよ。

4 次の文は，平成29年版小学校学習指導要領の「算数」の「数学的活動」の「各学年の内容」の一部である。それぞれどの学年の内容であるか，選べ。

(1) 算数の学習場面から算数の問題を見いだして解決し，解決過程を振り返り統合的，発展的に考察する活動

(2) 算数の学習場面から算数の問題を見いだして解決し，結果を確かめた

り，発展的に考察したりする活動

(ｱ)第3学年　　(ｲ)第4学年　　(ｳ)第6学年

5 次の文は，平成29年版小学校学習指導要領の「算数」の「内容の取扱い」の一部である。それぞれどの学年の内容の取扱いであるか，答えよ。

(1) 内容の「Dデータの活用」の(1)のアの(ｲ)については，複数系列のグラフや組み合わせたグラフにも触れるものとする。

(2) 内容の「Dデータの活用」の(1)については，複数の帯グラフを比べることにも触れるものとする。

6 次の文は，平成29年版小学校学習指導要領の「算数」の第3学年の「数学的活動」の一部である。（　　）に入る適語を(ｱ)～(ｴ)から選べ。

・（　①　）の事象を観察したり，具体物を操作したりして，数量や図形に進んで関わる活動
・（　②　）の事象から見いだした算数の問題を，具体物，図，数，式などを用いて解決し，結果を確かめる活動
・算数の（　③　）から見いだした算数の問題を，具体物，図，数，式などを用いて解決し，結果を確かめる活動
・（　④　）の過程や結果を，具体物，図，数，式などを用いて表現し伝え合う活動

(ｱ)学習場面　　(ｲ)問題解決　　(ｳ)身の回り　　(ｴ)日常

7 次の文は，平成29年版小学校学習指導要領の「算数」の第5学年の「内容」の一部である。それぞれどの領域の内容であるか，(ｱ)～(ｴ)から選べ。

(1) ある二つの数量の関係と別の二つの数量の関係とを比べる場合に割合を用いる場合があることを理解すること。

(2) 一つの分数の分子及び分母に同じ数を乗除してできる分数は，元の分数と同じ大きさを表すことを理解すること。

(3) 立方体及び直方体の体積の計算による求め方について理解すること。

(4) 概括的に捉えることに着目し，測定した結果を平均する方法について考察し，それを学習や日常生活に生かすこと。

(ｱ)　A　数と計算　　　(ｲ)　B　図形

(ｳ)　C　変化と関係　　(ｴ)　D　データの活用

第4章　算数①

5 加減乗除の計算

解答➡ P.41

要点の再確認！ 要点理解（赤の小学校全科） P. 134〜135

1 次の計算をせよ。

(1) $16 - (12 - 8)$

(2) $7 - 12 - (-5) + 8$

(3) $\dfrac{2}{3} - \dfrac{1}{2} + \dfrac{1}{6}$

(4) $\dfrac{3}{8} - 1 + \dfrac{1}{4}$

(5) $\dfrac{1}{3} \times (-2) \times 9$

(6) $13 - 8 \div (-2)$

(7) $4 \times (-3) + 64 \div (-4)$

(8) $(-3)^2 \times (-2^3)$

2 次の計算をせよ。

(1) $5x - 2y - 3x + 6y$

(2) $\dfrac{1}{4}x + \dfrac{2}{3}y + \dfrac{1}{2}x - \dfrac{5}{6}y$

(3) $2x^2 - 7x + 1 - x^2 + 5x$

(4) $-a^2 + 3a - (2a^2 - a)$

(5) $-a + 3b - (5a - 2b + c)$

(6) $2(5x^2 + 3x)$

(7) $(18a + 48b + 12) \div 6$

(8) $3x^2 - 4x + 2\{3x^2 - (x^2 - 5x)\}$

(9) $\dfrac{4x + 5y}{3} - \dfrac{x - 3y}{2}$

(10) $(-24xy) \times \dfrac{3}{8}x \times 2y$

(11) $(2a^2b)^3 \times (-ab) \div (ab)^2$

3 $\dfrac{5}{6}-\left(-\dfrac{2}{3}\right)^2\div\dfrac{1}{3}$ を計算せよ。

4 $72x^2\div(-2x)^2\times\left(-\dfrac{y}{3}\right)^2$ を計算せよ。

5 ある数の逆数が2.4になった。ある数はいくつか。(ア)～(オ)から選べ。

(ア)$\dfrac{12}{5}$　　(イ)$\dfrac{24}{5}$　　(ウ)$\dfrac{5}{12}$　　(エ)$\dfrac{5}{24}$　　(オ)-4.2

6 $0<a<b<1$ のとき，a, $\dfrac{a}{b}$, $\dfrac{b}{a}$ の大小関係を表したものはどれか。(ア)～(カ)から選べ。

(ア)$a<\dfrac{a}{b}<\dfrac{b}{a}$　　(イ)$a<\dfrac{b}{a}<\dfrac{a}{b}$　　(ウ)$\dfrac{a}{b}<\dfrac{b}{a}<a$

(エ)$\dfrac{b}{a}<\dfrac{a}{b}<a$　　(オ)$\dfrac{b}{a}<a<\dfrac{a}{b}$　　(カ)$\dfrac{a}{b}<a<\dfrac{b}{a}$

7 2つの自然数AとBがある。Aを3で割ると商がmで余りが1である。Bを4で割ると商がnで余りがmである。$A+B$を4で割ったときの余りを，(ア)～(オ)から選べ。

(ア)m　　(イ)n　　(ウ)1　　(エ)2　　(オ)3

8 6で割ると1余り，8で割ると3余る2けたの自然数の中で最も大きい自然数を求めよ。

9 次の循環小数を分数で表せ。

(1)　$0.666\cdots\cdots$　　(2)　$0.272727\cdots\cdots$

10 底面の縦が$a$cm，横が$b$cm で，高さが$c$cm の直方体がある。次の文字式は何を表すか，答えよ。

(1)　ab　　(2)　abc　　(3)　$4(a+b+c)$

11 絶対値が6.3以下の整数の個数を(ア)～(オ)から選べ。

(ア)6 個　　(イ)7 個　　(ウ)12個　　(エ)13個　　(オ)14個

129

第4章 算数①

6 根号, n進法, 最大公約数・最小公倍数

解答 ➡ P.42

要点の再確認！ 要点理解（赤の小学校全科） P.136〜137

1 次の計算をせよ。
(1) $2\sqrt{2} + 3\sqrt{2}$
(2) $7\sqrt{5} - 2\sqrt{5}$
(3) $3\sqrt{2} + 5\sqrt{2} - 4\sqrt{2}$
(4) $\sqrt{2} \times \sqrt{14}$
(5) $\sqrt{18} \div \sqrt{9}$
(6) $\sqrt{75} \div \sqrt{3}$

2 次の計算をせよ。
(1) $\sqrt{32} + 2\sqrt{2}$
(2) $\sqrt{12} + \sqrt{75}$
(3) $\sqrt{45} - \sqrt{20}$
(4) $\sqrt{27} + \sqrt{108} - \sqrt{48}$

3 次の数の分母を有理化せよ。
(1) $\dfrac{1}{\sqrt{5}}$
(2) $\dfrac{12}{\sqrt{8}}$
(3) $\dfrac{2}{\sqrt{5}+\sqrt{3}}$

4 $7 \leqq \sqrt{a} \leqq 7.5$に当てはまる自然数 a は，何個あるか。(ア)〜(オ)から選べ。
(ア) 5個　(イ) 6個　(ウ) 7個　(エ) 8個　(オ) 9個

5 $\sqrt{n}$ の整数部分が6となるような自然数 n は全部で何個あるか。(ア)～(オ)から選べ。

 (ア)12個 (イ)13個 (ウ)14個 (エ)24個 (オ)36個

6 $\sqrt{252n}$ が整数となるような最小の自然数 n を，(ア)～(オ)から選べ。

 (ア)2 (イ)3 (ウ)6 (エ)7 (オ)14

7 次の各問いに答えよ。

 (1) 83を2進法で表せ。

 (2) 357を5進法で表せ。

 (3) 3進法の20112を10進法で表せ。

 (4) 5進法の32031を10進法で表せ。

8 次の各問いに答えよ。

 (1) 12と54の最大公約数と最小公倍数を求めよ。

 (2) 20と30と45の最大公約数と最小公倍数を求めよ。

9 100以下の自然数のうち，6の倍数はいくつあるか。(ア)～(オ)から選べ。

 (ア)10個 (イ)12個 (ウ)14個 (エ)16個 (オ)18個

10 130以下の自然数のうち，3でも4でも割り切れない自然数の個数を，(ア)～(オ)から選べ。

 (ア)63個 (イ)64個 (ウ)65個 (エ)66個 (オ)67個

11 600の約数は何個あるか。(ア)～(オ)から選べ。

 (ア)12個 (イ)15個 (ウ)20個 (エ)24個 (オ)30個

12 ある公園からA駅行きのバスが12分ごとに，B駅行きのバスが18分ごとに，C駅行きのバスが24分ごとに出発する。午前10時に3つの駅行きのバスが同時に出発した。午後3時までに，あと何回同時に出発するか，求めよ。

算数①

根号、n進法、最大公約数・最小公倍数

第4章　算数①

7 多項式

解答➡ P.44

要点の再確認！ 要点理解（赤の小学校全科） P. 138〜139

1 次の式を展開せよ。

(1) $(x+3)(x+7)$

(2) $(x-5)(x+2)$

(3) $(x+6)^2$

(4) $(x+8)(x-8)$

(5) $(2a-5b)^2$

(6) $(x+y)^3$

(7) $(a-2b)^3$

(8) $(x+y+z)^2$

2 次の式を因数分解せよ。

(1) x^2+4x+4

(2) $x^2-10x+25$

(3) x^2-9

(4) $16a^2-9b^2$

(5) x^2+3x+2

(6) x^2+6x-7

(7) $x^2-8xy+15y^2$

(8) $x^2+3x+\dfrac{9}{4}$

(9) $\dfrac{25}{16}a^2-\dfrac{5}{2}ab+b^2$

3 次の式を因数分解せよ。

(1) a^3+b^3

(2) x^3-27

(3) $64a^3-125b^3$

4 $6x^2 - 11x - 10$ を因数分解せよ。

5 $(a+b)^2 - 2(a+b) + 1$ を因数分解せよ。

6 $x^4 - 10x^2 + 9$ を因数分解せよ。

7 $(x^2 + x + 3)(x^2 + x + 5) - 8$ を因数分解せよ。

8 乗法公式を利用して，次の計算をせよ。
(1) 61^2　(2) $33^2 - 27^2$

9 $x = 3$，$y = 2$ のとき，$(x+y)(x+4y) - (x+2y)^2$ の値を求めよ。

10 $x + y = 7$，$xy = 10$ のとき，$x^2 + y^2$ の値を，(ア)〜(オ)から選べ。
(ア)-3　　(イ)17　　(ウ)27　　(エ)29　　(オ)39

11 $a + b = 3$，$ab = -10$ のとき，$a^2 + ab + b^2$ の値を，(ア)〜(オ)から選べ。
(ア)-18　　(イ)-7　　(ウ)-1　　(エ)19　　(オ)29

12 $x + \dfrac{1}{x} = 7$ のとき，$x^2 + \dfrac{1}{x^2}$ の値を，(ア)〜(オ)から選べ。
(ア)5　　(イ)7　　(ウ)47　　(エ)49　　(オ)51

13 $x = \sqrt{11} + 4$ のとき，$x^2 - 8x + 16$ の値を，(ア)〜(オ)から選べ。
(ア)7　　(イ)11　　(ウ)15　　(エ)27　　(オ)34

14 $\sqrt{7}$ の整数部分を x，小数部分を y とするとき，$2x^2 + 3xy + y^2$ の値を，(ア)〜(オ)から選べ。
(ア)$2 + \sqrt{7}$　　(イ)$2 + 2\sqrt{7}$　　(ウ)$5 + \sqrt{7}$　　(エ)$7 + \sqrt{7}$　　(オ)$7 + 2\sqrt{7}$

15 連続する3つの整数では，最大の整数と最小の整数の積に1を加えた数は，真ん中の整数の平方に等しいことを証明せよ。

算数①

多項式

第4章　算数①

8 1次方程式

解答➡ P.45

要点の再確認！ 要点理解（赤の小学校全科） P. 140～141

1 次の方程式を解け。

(1) $4x - 28 = -2x + 8$

(2) $7x - (10x + 2) = 13$

(3) $3(3a - 6) = 12 - a$

(4) $0.4x - 0.75 = -0.1x$

(5) $\dfrac{4x - 5}{3} = 2x - 9$

(6) $\dfrac{3x + 5}{2} + 3 = \dfrac{2x + 4}{3}$

2 次の連立方程式を解け。

(1) $\begin{cases} 2x - y = 14 \\ 3x + y = 6 \end{cases}$

(2) $\begin{cases} x + 3y = 11 \\ y = 2x - 1 \end{cases}$

(3) $\begin{cases} x + 2y = 4 \\ 2x - y = 3 \end{cases}$

(4) $\begin{cases} 4x + y = 2 \\ 3x + 2y = -1 \end{cases}$

(5) $\begin{cases} 0.3x + 0.2y = 1 \\ 2x - 3y = 24 \end{cases}$

(6) $\begin{cases} \dfrac{x - y}{2} - \dfrac{x}{3} = 2 \\ x + 2y = 2 \end{cases}$

(7) $3x + 5y = 2x - 7y + 43 = 5$

(8) $\begin{cases} x + y = 5 \\ y + z = 8 \\ z - 2x = 1 \end{cases}$

第4章

134

3 x についての1次方程式 $2x - a = 3(x - a) - 3$ の解が $x = 4$ となるとき，a の値を，(ア)～(オ)から選べ。

(ア) -2　　(イ) $-\dfrac{1}{2}$　　(ウ) 1　　(エ) $\dfrac{1}{2}$　　(オ) 2

4 連立方程式 $\dfrac{x+y}{3} = \dfrac{5x+1}{6} = \dfrac{y}{2}$ を解いたときの y の値を，(ア)～(オ)から選べ。

(ア) -1　　(イ) -2　　(ウ) 0　　(エ) 1　　(オ) 2

5 x，y についての連立方程式 $\begin{cases} 2ax - by = -2 \\ ax + 2by = 14 \end{cases}$ の解が，$x = 1$，$y = 2$ で

あるとき，a，b の値を，(ア)～(カ)から選べ。

(ア) $a = 2$，$b = 4$　　(イ) $a = 2$，$b = 3$　　(ウ) $a = 2$，$b = 2$

(エ) $a = 3$，$b = 4$　　(オ) $a = 3$，$b = 3$　　(カ) $a = 3$，$b = 2$

6 A，Bの2人が連立方程式 $\begin{cases} ax + 2y = 8 \\ 3x + by = 7 \end{cases}$ を解いたが，Aは係数 a を間

違えて12と書いたので，解は，$x = 1$，$y = -2$ となった。また，Bは b を4と書き間違えたので解は，$x = 9$，$y = -5$ となった。正しい解を，(ア)～(カ)から選べ。

(ア) $x = 2$，$y = 1$　　(イ) $x = 2$，$y = -1$　　(ウ) $x = 3$，$y = 1$

(エ) $x = 3$，$y = -1$　　(オ) $x = 4$，$y = 1$　　(カ) $x = 4$，$y = -1$

7 2つの数がある。大きい数と小さい数の差は12で，小さい数の3倍は大きい数の2倍より9小さい。この2つの数を求めよ。

8 2桁の自然数がある。その数は，十の位の数と一の位の数の和の4倍に等しく，十の位の数と一の位の数を入れかえてできる数は，元の数の2倍より12小さい。次の問いに答えよ。

(1) 十の位の数を x，一の位の数を y として，連立方程式を立てよ。

(2) 元の自然数を求めよ。

第4章　算数①

9 2次方程式

解答➡ P.46

要点の再確認！ 要点理解（赤の小学校全科） P. 142〜143

1 次の2次方程式を解け。

(1) $x^2 - 3 = 1$

(2) $4x^2 - 32 = 0$

(3) $(x + 5)^2 = 81$

(4) $2(x - 3)^2 - 10 = 0$

(5) $(x + 4)(x - 7) = 0$

(6) $x^2 - 12x + 27 = 0$

(7) $x^2 - 4x - 12 = 0$

(8) $-x^2 - 6x + 16 = 0$

(9) $(x + 2)(x + 5) = -2$

(10) $\dfrac{1}{8}x^2 - \dfrac{3}{4}x + 1 = 0$

(11) $(x - 3)(x + 8) = 2(x - 10)$

(12) $(x - 2)^2 + 5(x - 2) + 6 = 0$

2 次の2次方程式を，解の公式を使って解け。

(1) $x^2 - 5x + 3 = 0$

(2) $x^2 + 3x - 3 = 0$

(3) $3x^2 - 7x + 1 = 0$

(4) $x^2 - 5x - 5 = 0$

3 $x = -5$，3を解にもつ2次方程式はどれか。(ア)〜(オ)から選べ。

(ア) $x^2 + 2x + 15 = 0$　　(イ) $x^2 - 2x + 15 = 0$　　(ウ) $x^2 + 2x - 15 = 0$

(エ) $x^2 - 2x - 15 = 0$　　(オ) $x^2 - 8x - 15 = 0$

4 2次方程式 $x^2 + ax + b = 0$ の2つの解が3，5のとき，a, b の値を，(ア)〜(オ)から選べ。

(ア) $a = -8$, $b = -15$ (イ) $a = -8$, $b = 15$ (ウ) $a = 4$, $b = 15$

(エ) $a = 8$, $b = 15$ (オ) $a = 8$, $b = -15$

5 連続する3つの自然数がある。最大の数の平方は，他の2つの数の和の6倍より7大きい。3つの自然数を求めよ。

6 次の2次方程式の実数解の個数を求めよ。

(1) $x^2 - 7x + 3 = 0$

(2) $3x^2 + 2x + 5 = 0$

7 xの2次方程式$3x^2 + 5x + k = 0$が重解をもつとき定数kの値として正しいものを，(ア)～(オ)から選べ。

(ア)$\dfrac{5}{3}$ (イ)$\dfrac{3}{5}$ (ウ)$\dfrac{5}{12}$ (エ)$\dfrac{25}{12}$ (オ)$\dfrac{12}{25}$

8 2次方程式$x^2 - 5x + 3 = 0$の2つの解をα，βとする。次の式の値を求めよ。

(1) $(\alpha + 1)(\beta + 1)$

(2) $\alpha^2 + \beta^2$

9 2次方程式$3x^2 - 6x + 1 = 0$の2つの解をα，βとする。$\alpha^3 + \beta^3$の値として正しいものを，(ア)～(オ)から選べ。

(ア)1 (イ)2 (ウ)3 (エ)6 (オ)9

10 2次方程式$x^2 - 3x + 1 = 0$の2つの解をα，βとするとき，α^2，β^2を解とする2次方程式はどれか。(ア)～(カ)から選べ。

(ア) $x^2 - 3x + 1 = 0$ (イ) $x^2 - 5x + 1 = 0$ (ウ) $x^2 - 7x + 1 = 0$

(エ) $x^2 + 3x + 1 = 0$ (オ) $x^2 + 5x + 1 = 0$ (カ) $x^2 + 7x + 1 = 0$

11 2次方程式$x^2 - 9x + k = 0$の1つの解が他の解の2倍になるとき，kの値として正しいものを，(ア)～(オ)から選べ。

(ア)9 (イ)18 (ウ)27 (エ)-9 (オ)-18

算数①

2次方程式

第4章　算数①

10 方程式の利用①

解答➡ P.48

要点の再確認！ | 要点理解（赤の小学校全科） | P. 144〜145

1 平均の速さが最も速い自動車を，(ア)〜(オ)から選べ。

(ア)60kmを80分で走った自動車　　(イ)1分で800mを走った自動車

(ウ)平均時速51kmで走った自動車　　(エ)平均分速780mで走った自動車

(オ)平均秒速15mで走った自動車

2 A地点からB地点，C地点を通ってD地点まで行った。A地点からB地点までは48kmあり時速60kmで走り，B地点からC地点までは30kmあり時速50kmで走り，C地点からD地点までは24kmあり時速40kmで走った。A地点からD地点までの平均の速さとして正しいものを，(ア)〜(オ)から選べ。

(ア)時速50km　　(イ)時速51km　　(ウ)時速55km

(エ)時速56km　　(オ)時速60km

3 ある人がA地点から峠を越えて3.6km離れたB地点へ行った。A地点から峠までは分速50m，峠からB地点までは分速80mで歩いて全体で54分かかった。各問いに答えよ。

(1) A地点から峠までの道のりを x m，峠からB地点までの道のりを y m として連立方程式を立てよ。

(2) A地点から峠までの道のりと峠からB地点までの道のりを m で求めよ。

4 長さ160mの列車が，あるトンネルに入り始めてから出終えるまでに45秒かかった。1790mの鉄橋を渡り始めてから渡り終えるまでに65秒かかった。列車の速さとトンネルの長さとして正しいものはどれか。(ア)〜(カ)から選べ。

(ア)時速90km，1190m　　(イ)時速90km，1290m　　(ウ)時速108km，1190m

(エ)時速108km，1290m　　(オ)時速120km，1190m　　(カ)時速120km，1290m

5 池の周りに1周3kmの道路がある。兄は自転車で，弟は歩いてまわることにした。弟と兄が逆の方向に出発すると12分後に出会い，同じ方向に出発すると，20分後に兄は弟に1周差をつけて追いつく。兄と弟の速さを時速で求めよ。

6 兄はA地点からB地点に向かって，弟はB地点からA地点に向かって，同時に歩き始めたところ，歩き始めてから18分後に，兄はAB間の道のりの$\frac{3}{5}$だけ進んだところで弟と出会った。兄と弟がそれぞれB地点とA地点に着くのは出発してから何分後か，求めよ。

7 ある中学校の昨年の生徒数は425人だった。今年は昨年と比べると，男子は5％増え，女子は4％減って，全体では1人増えた。今年の男子と女子の人数を求めよ。

8 700円の品物を600個仕入れて，3割の利益を見込んで定価をつけたところ450個売れた。残りはすべて定価の2割引きで売った。利益はいくらになったか。(ア)〜(オ)から選べ。ただし，消費税は考慮しないものとする。
(ア)4200円　　(イ)4500円　　(ウ)94200円
(エ)94500円　　(オ)98700円

9 定価の2割5分引きで売っても2％の利益がでるようにするためには，定価を仕入れ値の何割何分増しにすればよいか。(ア)〜(オ)から選べ。
(ア)2割8分　　(イ)3割　　(ウ)3割2分　　(エ)3割4分　　(オ)3割6分

10 商品A，Bがあり，Aには原価の5割増しの定価を，Bには原価の6割増しの定価をつけた。Aを2個とBを1個の定価の合計は1670円で，Aの定価はBの定価より355円高い。AとBそれぞれ1個の原価を求めよ。ただし，消費税は考慮しないものとする。

11 原価600円の品物に原価の$2x$％の利益を見込んで定価をつけたが，売れなかったので，定価のx％だけ値引きして売ったところ，75円の利益があった。xの値を求めよ。ただし，消費税は考慮しないものとする。

第4章　算数①

11 方程式の利用②

解答 → P.49

要点の再確認！ | 要点理解（赤の小学校全科） | P. 146〜147

1 濃度が5％の食塩水200gと濃度が15％の食塩水を混ぜ合わせると，濃度が11％の食塩水ができた。15％の食塩水は何g混ぜ合わせたか，求めよ。

2 濃度が12％の食塩水と20％の食塩水を混ぜ合わせて，15％の食塩水を600g作りたい。12％の食塩水を何g混ぜ合わせるとよいか。(ｱ)〜(ｵ)から選べ。

(ｱ)300g　　(ｲ)325g　　(ｳ)350g　　(ｴ)375g　　(ｵ)400g

3 容器Aには6％の食塩水が，容器Bにはある濃度の食塩水が，それぞれ400g入っている。容器Aから何gか取り出して容器Bに入れ，よくかき混ぜると14％の食塩水になった。次に，容器Aから取り出したのと同じ重さだけ容器Bから取り出して容器Aに戻したところ，容器Aの食塩水の濃さは9％になった。初めに容器Aから取り出した食塩水の重さは何gか。(ｱ)〜(ｵ)から選べ。

(ｱ)50g　　(ｲ)100g　　(ｳ)150g　　(ｴ)200g　　(ｵ)250g

4 A，Bの2種類の食塩水がある。Aを150g，Bを50g混ぜ合わせると5.5％の食塩水になり，Aを50g，Bを150g混ぜ合わせると8.5％の食塩水になる。AとBの食塩水の濃さとして正しいものを，(ｱ)〜(ｶ)から選べ。

(ｱ)A－4％，B－8％　　(ｲ)A－4％，B－10％　　(ｳ)A－6％，B－8％
(ｴ)A－6％，B－10％　　(ｵ)A－8％，B－8％　　(ｶ)A－8％，B－10％

5 Aなら24日，Bなら30日，Cなら40日で仕上げられる仕事がある。3人がいっしょに仕事を始めたが，途中でBが休んだため，11日かかって仕事を終えた。各問いに答えよ。

(1) A，B，Cが1日に行う仕事量の比を求めよ。

(2) Bが休んだのは何日か，求めよ。

6 ある水槽に空の状態から水を入れる。A管だけで水を入れると42分で満水になり，B管だけで水を入れると56分で満水になる。はじめはA管だけで水を入れ，途中からB管だけで水を入れると50分で満水になった。B管だけで水を入れたのは何分か，求めよ。ただし，A管，B管からはそれぞれ一定の水が出るものとする。

7 ある遊園地の入り口では，開園時刻にすでに120人の行列ができていた。この行列は，開園時刻を過ぎても毎分20人の割合で新たに人が並ぶ。開園時刻に，入り口を3か所あけると，行列は30分でなくなった。入り口を5か所あけると行列は何分でなくなるか。正しいものを，(ア)〜(オ)から選べ。
(ア)5分　　(イ)6分　　(ウ)7分　　(エ)8分　　(オ)10分

8 絶えず水が湧き出している池がある。この井戸は，ポンプ4台では25分，ポンプ6台では10分で汲みつくすことができる。この井戸の水をポンプ11台で汲み出す場合，何分間で汲みつくすことができるか。正しいものを，(ア)〜(オ)から選べ。ただし，湧き出す水の量と汲み出す水の量は，常に一定であるものとする。
(ア)4分　　(イ)5分　　(ウ)6分　　(エ)7分　　(オ)8分

9 2桁の自然数がある。その数は，十の位の数と一の位の数の和の8倍に等しく，元の数は，十の位の数と一の位の数を入れかえてできる数の2倍より18大きい。元の数を求めよ。

10 十の位の数が5である3桁の自然数がある。各位の数の和は，百の位の数の5倍で，百の位の数と一の位の数を入れかえてできる数は，元の数より396大きい。元の数を求めよ。

11 連続する3つの自然数がある。最大の数の2乗は他の2つの数の和の7倍より3小さい。この3つの数を求めよ。

12 ある正の数に4を加えてから2乗するところを，誤って4を加えてから2倍したため，正しい答えより120小さくなった。初めの正の数を求めよ。

第4章　算数①

12 不等式

解答➡ P.51

要点の再確認！ | 要点理解（赤の小学校全科） | P. 148〜149

1 次の不等式を解け。

(1) $7x - 27 > 4x$

(2) $4(x - 2) \leqq 2(3x + 1)$

(3) $0.5x + 2 \geqq -0.3x - 1.2$

(4) $\dfrac{3x + 1}{4} < \dfrac{2x - 1}{3} + 2$

2 次の連立不等式を解け。

(1) $\begin{cases} 4x - 2 < 6(x + 2) \\ 2x - 4 \leqq 6 - (x - 5) \end{cases}$

(2) $\begin{cases} 2(x - 3) \leqq x + 9 \\ 7x - (x + 4) < 14 \end{cases}$

(3) $3(x - 6) \leqq 7 - 2x \leqq -(x - 5)$

3 次の不等式を解け。

(1) $|x - 3| < 6$

(2) $|x + 2| \geqq 3$

4 不等式 $7(x + 3) \leqq 12 + 2x$ を満たす x の値のうち，最大の整数はどれか。㋐〜㋔から選べ。

㋐ -2　　㋑ -1　　㋒ 0　　㋓ 1　　㋔ 2

5 不等式 $x < \dfrac{2a - 1}{3}$ を満たす x の最大の整数が 2 であるとき，定数 a の値の範囲を㋐〜㋔から選べ。

㋐ $-5 < a \leqq -\dfrac{7}{2}$　　㋑ $-5 < a \leqq \dfrac{7}{2}$　　㋒ $-\dfrac{7}{2} < a \leqq 5$

㋓ $\dfrac{7}{2} < a \leqq 5$　　　　㋔ $5 \leqq a$

6 次の連立不等式を満たす整数は何個あるか，㋐～㋑から選べ。

$$\begin{cases} 7(x-2) < 10 - (x+8) \\ 4x - 8 \leqq 3(4+2x) \end{cases}$$

㋐8個　　㋑9個　　㋒10個　　㋓11個　　㋔12個　　㋕13個

7 2次不等式 $x^2 - 12x + 36 > 0$ の解として正しいものを，㋐～㋑から選べ。

㋐ -6　　㋑ 6　　㋒ -6 以外のすべての実数

㋓6以外のすべての実数　　㋔すべての実数　　㋕解はない

8 2次不等式 $9x^2 + 6x + 1 \leqq 0$ の解として正しいものを，㋐～㋑から選べ。

㋐ $-\dfrac{1}{3}$　　㋑ $\dfrac{1}{3}$　　㋒ $-\dfrac{1}{3}$ 以外のすべての実数

㋓ $\dfrac{1}{3}$ 以外のすべての実数　　㋔すべての実数　　㋕解はない

9 2次不等式 $ax^2 + bx + 6 > 0$ の解が，$-2 < x < 3$ であるとき，定数 a，b の値として正しいものを，㋐～㋑から選べ。

㋐ $a = -1$，$b = -1$　　㋑ $a = -1$，$b = 0$　　㋒ $a = -1$，$b = 1$

㋓ $a = 1$，$b = -1$　　㋔ $a = 1$，$b = 0$　　㋕ $a = 1$，$b = 1$

10 1本40円の鉛筆と1本70円のペンを合わせて50本買う。3000円以内で，ペンをできるだけ多く買いたい。ペンは何本まで買えるか。

11 何人かの子供にあめを同じ数だけ配る。1人5個ずつ配ると15個余るが，1人7個ずつ配ると，最後の子供は0個より多く2個以下になる。子供の人数は何人か，㋐～㋑から選べ。

㋐7人　　㋑8人　　㋒9人　　㋓10人　　㋔11人　　㋕12人

12 ある自然数 x に3を加えて4倍すると80以上になる。また，30からある自然数 x をひき，それを2倍すると21より大きくなる。当てはまる自然数 x をすべて求めよ。

算数①

不等式

第4章　算数①

13 比例・反比例，1次関数

解答➡ P.53

要点の再確認！ 要点理解（赤の小学校全科） P. 150〜151

1 y が x に比例するものはどれか。㈠〜㈠からすべて選べ。

㈠面積が $36cm^2$ の三角形の底辺 x cm と高さ y cm

㈡ 20 L の灯油を x L 使ったときの残り y L

㈢ 1 個 x 円のあめ 15 個の代金 y 円

㈣ 5 m のひもを x 人で同じ長さに分けたときの 1 人分のひもの長さ y m

㈤時速 50 km で走る自動車が x 時間に進む道のり y km

2 y が x に反比例するものはどれか。㈠〜㈠からすべて選べ。

㈠ 1 辺の長さが x cm のひし形の周囲の長さ y cm

㈡ 3000 m の道のりを分速 x m で進むときにかかる時間 y 分

㈢半径 x cm の円の面積 y cm^2

㈣ 1 冊 120 g のノート x 冊の重さ y g

㈤ 2500 mL のジュースを x 人に分けたときの 1 人分のジュースの量 y mL

3 y は x に比例し，$x=3$ のとき $y=15$ である。$x=-4$ のときの y の値を求めよ。

4 y は x に反比例し，$x=4$ のとき $y=6$ である。$x=-3$ のときの y の値を，㈠〜㈠から選べ。

㈠ -8　　㈡ -6　　㈢ -4　　㈣ 4　　㈤ 6　　㈥ 8

5 次の条件を満たす直線の式を求めよ。

(1) 変化の割合が 3 で，$x=2$ のとき $y=-8$

(2) x の値が 2 増加するとき y の値が 1 減少し，$x=3$ のとき $y=5$

(3) 2 点 $(-2，8)$，$(3，-2)$ を通る

(4) 切片が 6 で，点 $(2，0)$ を通る

(5) $y=-3x-5$ に平行で，点 $(7，-2)$ を通る

144

6 $y = \frac{1}{3}x + 7$ に垂直で，点$(-1, 8)$を通る直線の式を求めよ。

7 2つの直線 $y = \frac{1}{2}x - 4$ と $y = 2x - 7$ との交点をP(a, b)とするとき，$a - 2b + 9$ の値はいくらか。

8 座標平面上において $x + y - 6 = 0$，$3x - 2y + 2 = 0$，$ax + y = 0$ の3本の直線が1点で交わるときの定数aの値はいくらか。(ア)〜(カ)から選べ。
(ア) -4　(イ) -2　(ウ) 0　(エ) 2　(オ) 4　(カ) 6

9 3点A$(-1, 5)$，B$(2, -4)$，C$(a-1, 3a+2)$がある。これらの3点が同一直線上にあるとき，aの値を，(ア)〜(カ)から選べ。
(ア) -1　(イ) $-\frac{1}{2}$　(ウ) $-\frac{1}{3}$　(エ) $\frac{1}{3}$　(オ) $\frac{1}{2}$　(カ) 1

10 右の図のように，2直線 $y = x + 2$ …①，$y = -2x + 8$ …②がある。直線①と②の交点をA，x軸と直線①，直線②との交点をそれぞれB，Cとする。△ABCの面積を求めよ。

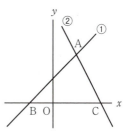

11 座標平面上に2点A$(1, -2)$，B$(-3, 10)$がある。線分ABの垂直二等分線となる直線の式を，(ア)〜(カ)から選べ。

(ア) $y = -\frac{1}{3}x + \frac{13}{3}$　(イ) $y = \frac{1}{3}x - \frac{13}{3}$　(ウ) $y = \frac{1}{3}x + \frac{13}{3}$
(エ) $y = 3x + \frac{13}{3}$　(オ) $y = -3x + 13$　(カ) $y = 3x + 13$

12 右の図のように，2直線 $y = -2x + 7$ …①，$y = x - 5$ …②がある。y軸と直線①，②との交点をそれぞれA，B，直線①と直線②との交点をCとする。点Cを通り，△ABCの面積を2等分する直線の式を求めよ。

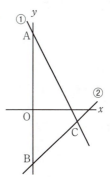

第 4 章　算数①

14 2次関数

解答 ➡ P.54

要点の再確認！ 要点理解（赤の小学校全科） P. 152〜153

1 y が x の 2 乗に比例するものはどれか。(ア)〜(オ)から選べ。

(ア)面積が24cm^{2}の長方形の縦の長さ $x$cm と横の長さ $y$cm

(イ)立方体の 1 辺の長さ $x$cm と体積 $y$cm^3

(ウ)底辺が $x$cm，高さが 5 cm の平行四辺形の面積 $y$cm^2

(エ)半径が $x$cm の球の体積 $y$cm^3

(オ)直角二等辺三角形の等しい辺の長さ $x$cm と面積 $y$cm^2

2 y は x の 2 乗に比例し，$x=4$ のとき $y=-32$ である。$x=-3$ のときの y の値を求めよ。

3 2 次関数 $y=-3x^2$ で，x の変域が $a \leqq x \leqq 2$ のときの y の変域が $-48 \leqq y \leqq b$ であるとき，a，b の値を，(ア)〜(カ)から選べ。

(ア)$a=-16$，$b=0$　　(イ)$a=-16$，$b=-4$　　(ウ)$a=-16$，$b=-12$

(エ)$a=-4$，$b=0$　　(オ)$a=-4$，$b=-4$　　(カ)$a=-4$，$b=-12$

4 2 次関数 $y=ax^2$ で，x が 2 から 6 まで増加するとき変化の割合が 4 であった。このときの a の値を求めよ。

5 2 次関数 $y=2x^2-8x+7$ のグラフの軸と頂点の組み合わせとして正しい組み合わせを，(ア)〜(カ)から選べ。

(ア)軸：$x=2$，頂点：$(2, -1)$　　(イ)軸：$x=2$，頂点：$(2, 7)$

(ウ)軸：$x=4$，頂点：$(4, -1)$　　(エ)軸：$x=4$，頂点：$(4, 7)$

(オ)軸：$x=8$，頂点：$(8, -1)$　　(カ)軸：$x=8$，頂点：$(8, 7)$

6 放物線 $y=-x^2+5x-2$ を x 軸方向に -2，y 軸方向に -4 だけ平行移動した放物線の式を求めよ。

7 3点(−2, 9), (1, −6), (3, 4)を通る放物線の式を求めよ。

8 2次関数 $y = -2x^2 + 12x - 13$ の最大値を,(ア)〜(カ)から選べ。
(ア) $x=0$ のとき $y=-13$　(イ) $x=3$ のとき $y=-13$　(ウ) $x=0$ のとき $y=5$
(エ) $x=3$ のとき $y=5$　(オ) $x=0$ のとき $y=18$　(カ) $x=3$ のとき $y=18$

9 2次関数 $y=x^2-2x+3$ の変域が $-1 \leq x \leq 5$ のとき,y の値域を求めよ。

10 2次関数 $y=ax^2+2ax+4$ の最小値が正となるような定数 a の範囲はどれか。(ア)〜(ケ)から選べ。
(ア) $a>-4$　(イ) $a<-4$　(ウ) $a>0$　(エ) $a<0$　(オ) $a>4$
(カ) $a<4$　(キ) $-4<a<0$　(ク) $0<a<4$　(ケ) $-4<a<4$

11 2次関数 $y=ax^2+bx+c$ のグラフが右の図のようになるとき,a,b,c の符号の組み合わせとして正しい組み合わせを,(ア)〜(ク)から選べ。

(ア) $a<0, b<0, c<0$　(イ) $a<0, b<0, c>0$
(ウ) $a<0, b>0, c<0$　(エ) $a<0, b>0, c>0$
(オ) $a>0, b<0, c<0$　(カ) $a>0, b<0, c>0$
(キ) $a>0, b>0, c<0$　(ク) $a>0, b>0, c>0$

12 長さ12cmの線分ＡＢ上に,2点CDをAC=BDとなるようにとる。ただし,0cm<AC<6cmとする。線分 AC,CD,DB をそれぞれ直径とする3つの円の面積の和 S の最小値と,そのときの線分 AC の長さの組み合わせとして正しい組み合わせを,(ア)〜(カ)から選べ。

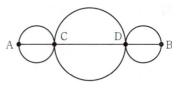

(ア) $S:9\pi\,\text{cm}^2$,　AC : 2 cm　(イ) $S:9\pi\,\text{cm}^2$,　AC : 4 cm
(ウ) $S:12\pi\,\text{cm}^2$,　AC : 2 cm　(エ) $S:12\pi\,\text{cm}^2$,　AC : 4 cm
(オ) $S:15\pi\,\text{cm}^2$,　AC : 2 cm　(カ) $S:15\pi\,\text{cm}^2$,　AC : 4 cm

第4章　算数①

15 関数の応用問題　　解答➡ P.56

要点の再確認！　要点理解（赤の小学校全科）　P. 154～155

1 右の図のように，関数 $y=x^2$ と関数 $y=-2x+3$ のグラフが2点 A，B で交わっている。各問いに答えよ。

(1) 2点 A，B の座標を求めよ。
(2) △OAB の面積を求めよ。

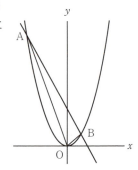

2 右の図のように，関数 $y=\dfrac{1}{2}x^2$，$y=-x^2$ のグラフ上に4点 A，B，C，D を AD，BC が x 軸と，AB，DC が y 軸と平行になるようにとるとき，各問いに答えよ。

(1) 点 D の x 座標が a のとき，点 B の座標を求めよ。
(2) 四角形 ABCD が正方形となるとき，点 D の座標を求めよ。

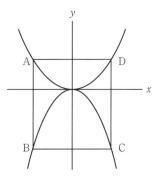

3 右の図の四角形 OABC は関数 $y=ax^2$ のグラフ上の点 O，A，C を頂点とする平行四辺形である。点 D は対角線 OB と AC の交点で，点 A の座標は(4, 8)で，点 D の x 座標は1である。各問いに答えよ。

(1) 点 C の座標を求めよ。
(2) 点 B の座標を求めよ。

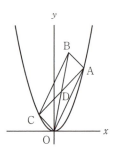

4 右の図のように，関数 $y=-\dfrac{1}{2}x^2$ のグラフ上に，x 座標がそれぞれ -2，4 である点 A，B をとる。次の点を通り，△OAB の面積を2等分する直線の式を，それぞれ求めよ。
(1) 点 O
(2) 点 B

5 右の図のように，関数 $y=\dfrac{1}{4}x^2$ のグラフ上に，x 座標がそれぞれ -4，-1，4 である点 A，B，C をとり，平行四辺形 ABCD をつくる。また，x 軸上に x 座標が 6 である点 E をとる。各問いに答えよ。
(1) 点 D の座標を求めよ。
(2) 点 E を通り，平行四辺形 ABCD の面積を2等分する直線の式を求めよ。

6 右の図で，関数 $y=-\dfrac{1}{4}x^2$ のグラフ上に，x 座標がそれぞれ -6，-2，4 である点 A，B，C をとる。直線 l は点 A，C を通る直線である。各問いに答えよ。
(1) 直線 l の式を求めよ。
(2) 直線 l 上に点 D を，点 A より左側の部分にとって，四角形 OBAC の面積と △ODC の面積が等しくなるようにする。このとき，点 D の座標を求めよ。

7 AB = 8 cm，AD = 16 cm の長方形 ABCD がある。点 P は辺 AB，BC 上を毎秒 1 cm の速さで A から C まで動き，点 Q は辺 AD，DC 上を毎秒 2 cm の速さで A から C まで動く。このとき，2点 P，Q が同時に出発してから x 秒後の △APQ の面積を y cm² とする。点 Q が辺 AD 上にあるとき，y を x の式で表し，x の変域も答えよ。

第5章

算数②

第5章 算数②

1 平面図形①

解答 ➡ P.58

要点の再確認！ 要点理解（赤の小学校全科） P.160〜161

1 下の図で，2直線 ℓ，m は平行である。$\angle x$ の大きさを求めよ。

(1)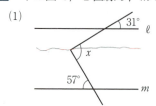

(2)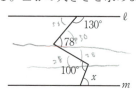

2 下の図で，$\angle x$ の大きさを求めよ。

(1)

(2) AB = AC，$\angle$ABD = $\angle$CBD

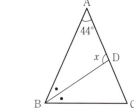

(3)

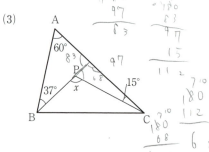

3 次の各問いに答えよ。

(1) 十角形の内角の和を求めよ。

(2) 内角の和が2160°である多角形は何角形か答えよ。

(3) 正九角形の1つの外角の大きさを求めよ。

(4) 八角形の対角線の数を求めよ。

4 下の図で，∠xの大きさを求めよ。
(1) ABCDEは正五角形

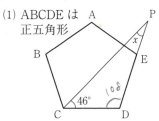

(2)

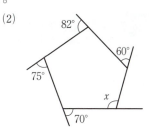

5 右の図で，△ABCは正三角形，D，Eはそれぞれ辺AB，BC上の点で，AD＝BEである。∠BAE＝∠ACDであることを証明せよ。

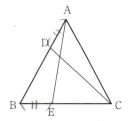

6 右の図のように，△ABCの辺BAを延長し，BA＝ADとなるように点Dをとり，辺BCを3等分する点をそれぞれE，Fとする。辺ACと線分DFの交点をGとするとき，各問いに答えよ。
(1) DFの長さを求めよ。
(2) DGの長さを求めよ。

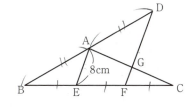

7 右の図の△ABCで，点D，Eはそれぞれ辺AB，BCの中点である。また，AEとCDの交点をF，線分AFの中点をG，BGとCDの交点をHとする。CD＝18cmのとき，各問いに答えよ。
(1) 線分FHの長さを求めよ。
(2) △DBCの面積は，△FECの面積の何倍か，求めよ。

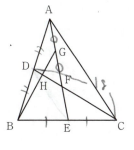

第5章 算数②

2 平面図形②

解答➡ P.60

要点の再確認！ 要点理解(赤の小学校全科) P.162〜163

1 四角形 ABCD の辺や角の間に次の関係があるとき，平行四辺形といえるものには○を，いえないものには×を付けよ。ただし，対角線の交点を O とする。

(1) BC = CD, ∠B = ∠D
(2) AB = 6 cm, DC = 6 cm, AB ∥ DC
(3) AD = BC, AB ∥ DC
(4) ∠A = ∠C = 70°, ∠B = 110°
(5) AC = 2 AO, BD = 2 BO

2 平行四辺形 ABCD の辺や角の間に下の関係があるとき，どんな四辺形となるか。考えられるものを，すべて選べ。

> 長方形　正方形　ひし形

(1) BC = CD である平行四辺形 ABCD
(2) ∠B = 90°, AB = BC である平行四辺形 ABCD
(3) ∠C = ∠D である平行四辺形 ABCD
(4) AC = BD である平行四辺形 ABCD
(5) AC = BD, AC⊥BD である平行四辺形 ABCD

3 右の図のように，平行四辺形 ABCD の頂点 B, D から対角線 AC に垂線をひき，AC との交点をそれぞれ E, F とする。このとき，BE = DF であることを証明せよ。

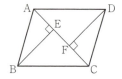

4 右の図のように，AD∥BC，BC＝$\frac{4}{3}$AD である台形 ABCD がある。辺 BC 上に AD＝BE となる点 E をとり，線分 AE と線分 BD の交点を F とする。このとき，台形 ABCD の面積は，△ABF の面積の何倍か，求めよ。

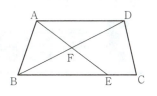

5 下の図は，おうぎ形や半円を組み合わせたものである。影を付けた部分の面積とその周りの長さを求めよ。

(1)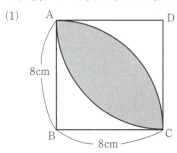

(2)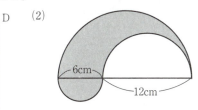

6 右の図は，AB を直径とする半円を，点 A を中心として40°回転させたものである。AB＝9 cm のとき，影を付けた部分の面積と周りの長さを求めよ。

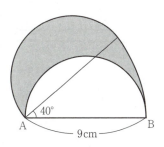

7 右の図のように，AB を直径とする半径 12cm の円 O の周上に，∠BAC＝30°となる点 C がある。このとき，影を付けた部分の面積を求めよ。ただし，1つの角が30°の直角三角形の辺の比が 1：2：$\sqrt{3}$ であることを使ってもよい。

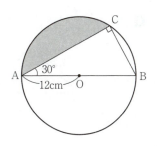

第5章　算数②

3 平面図形③

解答➡ P.62

要点の再確認！ 要点理解(赤の小学校全科) P.164〜165

1 下の図で、$\ell \parallel m \parallel n$のとき、$x$の値を求めよ。

(1) 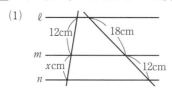　(2)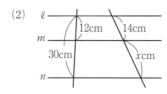

2 下の図で、相似な三角形を記号∽を用いて表せ。また、そのときに使った相似条件を答えよ。

(1) 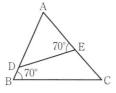　(2)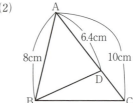

3 右の図で、△ABC∽△DEFであるとき、xの値を求めよ。

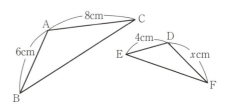

4 下の図で、DE∥BCであるとき、x、yの値を求めよ。

(1) 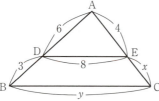　(2)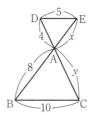

5 右の図の対角線の交点をEとする四角形ABCDにおいて，∠BCA＝∠DCA，BA＝BEならば，△ABCと△EDCが相似であることを証明せよ。

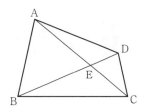

6 右の図の△ABCで，辺AC，BC上にそれぞれ点D，Eをとる。∠BAD＝∠CEDのとき，ECの長さを求めよ。

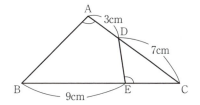

7 右の図で，△ABC∽△DEFであるとき，△ABCと△DEFの面積比を，最も簡単な整数の比で表せ。

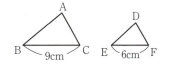

8 円A，Bがあり，AとBの相似比は3：4である。円Aの面積が$18\pi\,\mathrm{cm}^2$のとき，円Bの面積を求めよ。

9 右の図で，DE∥BCで，DE＝10cm，BC＝25cmである。△ABCの面積が$50\,\mathrm{cm}^2$のとき，台形DBCEの面積を求めよ。

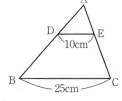

10 右の図のように，線分ABに点C，Dから垂線をひき，その交点をそれぞれE，Fとする。また，線分CFとDEの交点をGとする。EF＝16cm，CE＝20cm，DF＝12cmのとき，各問いに答えよ。
(1) △CGEと△FGDが相似になることを証明せよ。
(2) △EFGの面積を求めよ。

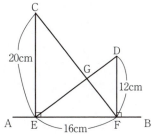

第5章 算数②

4 平面図形④

解答 ➡ P.63

要点の再確認！ 要点理解（赤の小学校全科） P.166〜167

1 下の図で，∠x の値を求めよ。

(1)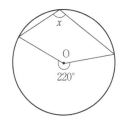

(2)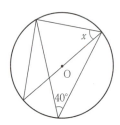

(3)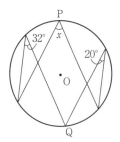

(4)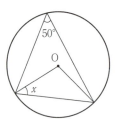

2 下の図で，∠x の値を求めよ。

(1)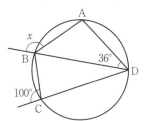

(2)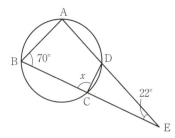

3 右の図の直線 AB，BC，CA は，円 O の接線で，D，E，F は接点である。線分 DB と AF の長さを求めよ。

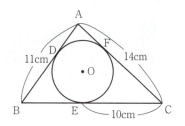

4 右の図の四角形 ABCD は，AD∥BC，∠ABC＝90°の台形で，4つの辺が1つの円に接している。台形 ABCD の面積を求めよ。

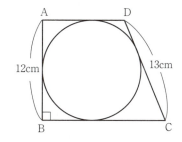

5 右の図のように，点 O を中心とする円 O の周上に4つの点 A，B，C，D があり，線分 AC はその円の直径である。また，点 A から線分 BD に垂線をひき，BD との交点を E とする。このとき，△ABC∽△AED となることを証明せよ。

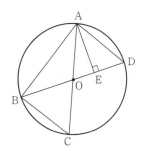

6 右の図で，2点 Q，R は，半径20cm の円 O と半径15cm の円 P の交点である。4点 S，T，U，V は，2つの円の中心 O，P を通る直線と円との交点である。また，OP＝25cm，∠OQP＝90°である。各問いに答えよ。

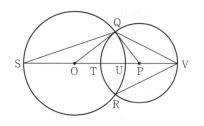

(1) TU の長さを求めよ。
(2) ∠OPQ＝∠QVR であることを証明せよ。
(3) △OQS の面積を求めよ。

第5章 算数②

5 空間図形①

解答⇒ P.64

要点の再確認！ 要点理解（赤の小学校全科） P.168〜169

1 右の①，②の投影図が表す立体の名前を答えよ。

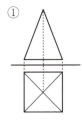
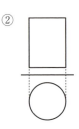

2 右の図は，立方体の展開図である。この展開図を組み立ててつくられる立方体について，各問いに答えよ。

(1) 面エと平行な面はどれか。記号で答えよ。

(2) 辺ANと重なる辺はどれか。記号で答えよ。

(3) 頂点Dと重なる頂点はどれか。記号ですべて答えよ。

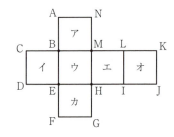

3 下の図は立体の展開図である。この展開図を組み立ててつくられる立体の表面積と体積を，それぞれ求めよ。

(1)
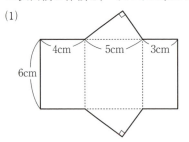

(2)
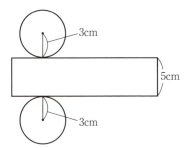

160

4 次の立体の体積を求めよ。

(1) 底面が正方形

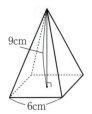

(2) 底面が円

5 右の図は円すいの展開図である。各問いに答えよ。
(1) 側面のおうぎ形の中心角を求めよ。
(2) 円すいの表面積を求めよ。

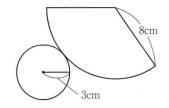

6 次の図形を，直線 ℓ を軸として1回転させてできる立体の体積を求めよ。

(1) 三角形　　(2) 半円　　(3) 台形

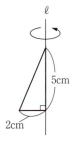
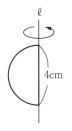
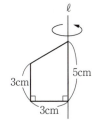

7 右の図は直方体である。頂点 A と F を結び，AF 上に，AI：IF = 1：2 となる点 I をとり，BF 上に，BJ：JF = 2：1 となる点 J をとる。
　AB = 12cm，BC = 10cm，BF = 18cm のとき，A，B，C，I，J を頂点とする立体の体積を求めよ。

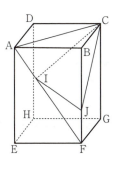

第5章 算数②

6 空間図形②

解答➡ P.65

要点の再確認！ 要点理解（赤の小学校全科） P.170〜171

1 下の図で，x の値を求めよ。

(1)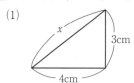

(2)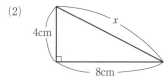

(3)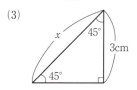

(4)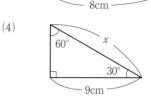

2 次の長さを3辺とする三角形のうち，直角三角形であるものをすべて答えよ。

① 4cm，5cm，6cm　　② 5cm，12cm，13cm
③ 2cm，$\sqrt{3}$cm，$\sqrt{7}$cm　　④ $\sqrt{2}$cm，$\sqrt{7}$cm，$2\sqrt{2}$cm

3 右の図で，x の値を求めよ。

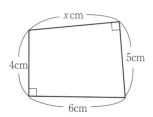

4 次の長さを求めよ。

(1) 半径が7cmの円で，円の中心から3cmの距離にある弦の長さを求めよ。

(2) 長さ20cmの弦が円の中心から6cmの距離にあるとき円の半径を求めよ。

(3) 半径9cmの円の中心から15cmの距離に点Pがある。点Pから円Oにひいた接線の長さを求めよ。

5 右の図のような，AD＝4 cm，AE＝3 cm，AG＝7 cm の直方体 ABCD－EFGH がある。このとき，AB の長さを求めよ。

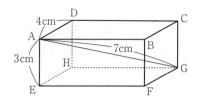

6 右の図は底面が直角三角形で，側面がすべて長方形の三角柱である。∠CAB＝45°，∠ABC＝90°，AB＝6 cm，CE＝9 cm のとき，各問いに答えよ。
(1) BC の長さを求めよ。
(2) 三角柱の体積を求めよ。

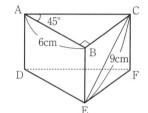

7 右の図は，OA＝OB＝OC＝OD＝$3\sqrt{10}$ cm，AB＝BC＝CD＝DA＝6 cm の正四角すい OABCD である。点 H は，正方形 ABCD の対角線の交点である。各問いに答えよ。
(1) AH の長さを求めよ。
(2) 高さ OH の長さを求めよ。
(3) 正四角すい OABCD の体積を求めよ。

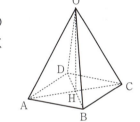

8 右の図1のような正四角すいの透明な容器 P がある。この容器は，OA＝OB＝OC＝OD＝30cm であり，正方形 ABCD の対角線 AC と BD の交点を H とすると，OH＝24cm の容器である。このとき，各問いに答えよ。ただし，容器の厚さは考えないものとする。
(1) 容器 P の正方形 ABCD の部分を水平にして，この容器に水を入れ，満水にしたときの水の体積を求めよ。
(2) (1)で容器 P を満水にしたときの水を，図2のように，1辺が24cm の立方体の容器 Q にすべて注いだ。このとき，容器 Q に入った水の深さを求めよ。ただし，容器 Q は水平な台の上に置いてあるものとする。

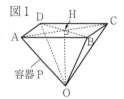

第5章 算数②

7 空間図形③

解答➡ P.67

要点の再確認！ 要点理解（赤の小学校全科） P.172～173

1 右の図は，底面積が36cm²の四角すいである。辺ABの中点Pを通り底面に平行な平面で四角すいを切るとき，各問いに答えよ。
 (1) 切り口の面積を求めよ。
 (2) 四角すい全体の体積が144cm³のとき，切り取った小さな四角すいの体積を求めよ。

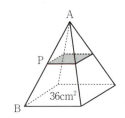

2 右の図のような三角すいABCDがある。辺AB，AC，AD上にそれぞれ点E，F，Gを，AE：EB＝AF：FC＝AG：GD＝2：1となるようにとる。このとき，三角すいAEFGと三角すいAEFGを除いた立体の体積比を求めよ。

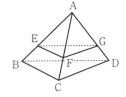

3 円すいの形のチョコレートがある。このチョコレートの $\frac{1}{8}$ の量をもらえることになり，底面と平行に切って，頂点のある方をもらうことにした。母線の長さが18cmのとき，頂点から母線にそって何cmのところを切ればよいか，求めよ。

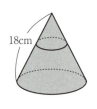

4 右の図のように，底面の半径が3cmで，母線の長さが9cmの円すいがある。底面の周上にある点Aから，円すいの側面を一周して元の点Aまで，ひもをゆるまないようにかける。ひもの長さが最も短くなるとき，その長さを求めよ。

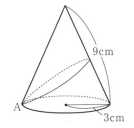

5 右の図のように，点 A, B, C, D, E, F, G, H を頂点とする直方体があり，AB＝12cm，BC＝16cm，BF＝10cm である。AD 上に AE ＝ AL となる点 L，辺 GH 上に GH＝3GM となる点 M をとる。CD 上に LP＋PM の長さが最も短くなるように点 P をとるとき，LP＋PM の長さを求めよ。

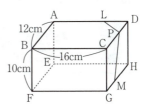

6 次の図 1 は，底面が 1 辺 4 cm の正方形で，高さが 8 cm の正四角柱である。このとき，各問いに答えよ。

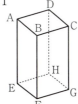

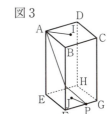

(1) 図 2 は正四角柱で，図 1 の正四角柱と比較すると体積は等しく，高さは半分である。この正四角柱の底面の 1 辺の長さを求めよ。

(2) 図 3 は，図 1 において対角線 AC と対角線 BD の交点を I，対角線 EG と対角線 FH の交点を J，底面 EFGH の辺上の点を P とし，I，A，P，J の順に糸をかけたものである。このとき，糸は正四角柱の表面に沿って長さが最も短くなるようにかけるものとする。
　① 点 P が頂点 E の位置にあるとき，糸の長さを求めよ。
　② 点 P が頂点 G の位置にあるとき，糸の長さを求めよ。

7 右の図は，底面が BA＝BC＝8cm の直角二等辺三角形で，OA＝OB＝OC＝16cm の三角すい OABC である。辺 BC の中点を E とし，点 A から辺 OB を通って，点 C まで最短となるようにひいた線と辺 OB の交点を P とする。各問いに答えよ。
(1) 線分 OE の長さを求めよ。
(2) 線分 PC の長さを求めよ。
(3) 三角すい PABC の体積を求めよ。

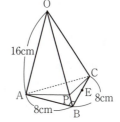

第 5 章　算数②

8 空間図形④

解答 ➡ P.69

要点の再確認！　要点理解(赤の小学校全科)　P.174〜175

1 右の図は1辺が1cmの立方体を積み重ねた立体を真上，真横，真正面から見た図である。各問いに答えよ。

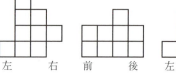
真上から見た図　真横から見た図　真正面から見た図

(1) 立方体が最も多く使われているとき，この立体の体積を求めよ。

(2) 立方体が最も多く使われているとき，この立体の表面積を求めよ。

2 右の図のように，1辺の長さが1cmの立方体を積み重ねた立体がある。各問いに答えよ。

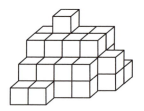

(1) この立体の体積を求めよ。

(2) この立体の表面積を求めよ。

3 右の図のように，1辺の長さが2cmの立方体を積み重ねた立体がある。各問いに答えよ。

(1) この立体の表面積を求めよ。

(2) この立体の表面全体にペンキを塗った後，ばらばらにした。このとき，3つの面だけペンキが塗られた立方体は何個あるか，求めよ。ただし，床についている面にもペンキを塗るものとする。

4 右の図は立方体で，P，Q，R，SはそれぞれAB，BF，GH，ADの中点である。この立方体を，次の点を通る平面で切るとき，切り口の形を答えよ。

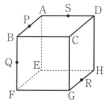

(1) 点A，点C，点H

(2) 点A，点B，点G

(3) 点P，点Q，点R，点S

166

5 右の図は1辺が6cmの立方体である。各問いに答えよ。

(1) BDの長さを求めよ。

(2) 影を付けた部分の面積を求めよ。

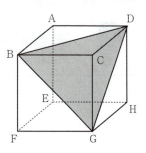

6 右の図は1辺が8cmの立方体で,辺上の点はその辺の中点である。影を付けた部分の面積をそれぞれ求めよ。

(1)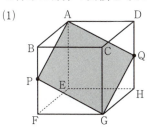

(2)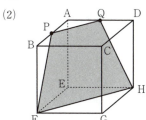

7 右の図は辺ACが5,辺ABが9の直角三角形である。次の三角比を求めよ。

(1) $\sin \theta$

(2) $\cos \theta$

(3) $\tan \theta$

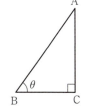

8 右の図で,RSとOS,PQとOQは垂直である。OQ=OR=1,∠POQ=θのとき,(1),(2)の値を(ア)〜(オ)からそれぞれ選べ。

(1) RS (2) PQ

(ア) $\sin \theta$ (イ) $\cos \theta$ (ウ) $\tan \theta$

(エ) $1 - \sin \theta$ (オ) $1 - \cos \theta$

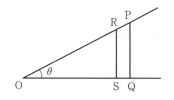

第5章　算数②

9 場合の数①

解答➡ P.70

要点の
再確認！ | 要点理解（赤の小学校全科） | P. 176〜177

1 A，B，C，D，Eの5冊の本から，3冊を選んで並べる方法は何通り
あるか。(ア)〜(オ)から選べ。

(ア)20通り　　(イ)40通り　　(ウ)60通り　　(エ)80通り　　(オ)100通り

2 A，B，C，D，E，Fの6つのアルファベットから，4つを取り出し
て並べる方法は何通りあるか。(ア)〜(オ)から選べ。

(ア)48通り　　(イ)120通り　　(ウ)240通り

(エ)360通り　　(オ)720通り

3 1から5までの数字が書かれたカードが1枚ずつ全部で5枚ある。この
カードから3枚を取り出して並べるとき，各問いに答えよ。

(1) 偶数になるのは何通りあるか，求めよ。

(2) 340より大きい整数になるのは何通りあるか，求めよ。

4 0から6までの数字が書かれたカードが1枚ずつ全部で7枚ある。この
カードから3枚を取り出して並べて3けたの整数をつくるとき，各問いに
答えよ。

(1) 並べ方は全部で何通りあるか，求めよ。

(2) 奇数になるのは何通りあるか，求めよ。

5 5個の数字1，2，3，4，5を重複することなく用いて3けたの整数
を作るとき，3の倍数になるのは何通りあるか。(ア)〜(オ)から選べ。

(ア)12通り　　(イ)24通り　　(ウ)48通り　　(エ)60通り　　(オ)120通り

6 8個の数字1，2，3，4，5，6，7，8を重複することなく用いて
3けたの整数を作るとき，9の倍数になるのは何通りあるか。(ア)〜(オ)から
選べ。

(ア)12通り　　(イ)24通り　　(ウ)36通り　　(エ)48通り　　(オ)60通り

168

7 9個の数字 1，2，3，4，5，6，7，8，9 を重複することなく用いて 4 けたの整数を作るとき，各問いに答えよ。
(1) 6500 より小さい整数になるのは何通りあるか，求めよ。
(2) 5 の倍数になるのは何通りあるか，求めよ。

8 A，B，C，D，E の 5 人が 1 人ずつ走るとき，走る順番は何通りあるか。(ア)〜(カ)から選べ。
(ア)60 通り　　(イ)100 通り　　(ウ)120 通り
(エ)240 通り　　(オ)1200 通り　　(カ)3125 通り

9 異なる 7 つの単語を 1 列に並べるとき，並べ方は何通りあるか。(ア)〜(オ)から選べ。
(ア)840 通り　　(イ)2520 通り　　(ウ)4020 通り
(エ)5040 通り　　(オ)16807 通り

10 A，B，C，D，E の 5 人が 1 列に並ぶとき，A と B が隣り合うような並べ方は何通りあるか。(ア)〜(オ)から選べ。
(ア)24 通り　　(イ)48 通り　　(ウ)60 通り　　(エ)120 通り　　(オ)240 通り

11 男子 4 人と女子 3 人が横一列に並ぶとき，女子 3 人が隣り合うような並べ方は何通りあるか。(ア)〜(オ)から選べ。
(ア)120 通り　　(イ)360 通り　　(ウ)720 通り
(エ)1680 通り　　(オ)2520 通り

12 男子 3 人と女子 5 人が横一列に並ぶとき，男子が誰も隣り合わないような並べ方は何通りあるか。(ア)〜(オ)から選べ。
(ア)2400 通り　　(イ)4800 通り　　(ウ)7200 通り
(エ)14400 通り　　(オ)28800 通り

13 赤，青，黄，緑，黒，白の 6 つの色で，右の図の 6 つの部分を塗るとき，何通りの塗り方があるか，求めよ。ただし，隣り合った部分は異なった色で塗ることにする。

第5章　算数②

10 場合の数②

解答➡ P.72

要点の再確認！ 要点理解（赤の小学校全科） P. 178〜179

1 A，B，C，D，E，Fの6人が手をつないで輪を作るとき，6人の並び方は何通りあるか。(ア)〜(オ)から選べ。

(ア)60通り　　(イ)120通り　　(ウ)240通り

(エ)360通り　　(オ)720通り

2 1，2，3，4，5，6，7の7つの数字を円形に並べるとき，並べ方は何通りあるか，求めよ。

3 異なる8つの玉で首かざりを作ると，何通りの首かざりができるか。(ア)〜(オ)から選べ。

(ア)336通り　　(イ)720通り　　(ウ)1260通り

(エ)2520通り　　(オ)5040通り

4 男子4人と女子2人が円形のテーブルに座るとき，女子が隣り合う座り方は何通りあるか。(ア)〜(オ)から選べ。

(ア)48通り　　(イ)60通り　　(ウ)120通り

(エ)720通り　　(オ)1440通り

5 A，B，C，D，E，F，G，Hの8チームがそれぞれ1回ずつ対戦するとき，試合は何通りあるか。(ア)〜(オ)から選べ。

(ア)8通り　　(イ)16通り　　(ウ)28通り　　(エ)56通り　　(オ)112通り

6 赤，青，黄，緑，紫，白，黒の7個の玉がある。この中から3個の玉を選ぶとき，選び方は何通りあるか。(ア)〜(オ)から選べ。

(ア)21通り　　(イ)35通り　　(ウ)105通り

(エ)210通り　　(オ)420通り

7 1組の男子は16人いる。この中から3人の体育委員を選ぶとき，選び方は何通りあるか。(ア)～(オ)から選べ。
(ア)120通り　　(イ)240通り　　(ウ)280通り
(エ)560通り　　(オ)1120通り

8 右の図のように，円周上にA，B，C，D，E，F，Gの7つの点がある。各問いに答えよ。
(1) 7つの点のうちの2点を結んでできる弦は何本あるか，求めよ。
(2) 7つの点のうちの3点を結んでできる三角形は何個あるか，求めよ。

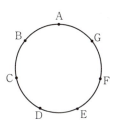

9 右の図のような，平行線が横に4本，縦に6本引かれている。この中に平行四辺形は何個あるか。(ア)～(オ)から選べ。
(ア)45個　　(イ)90個　　(ウ)135個
(エ)180個　　(オ)360個

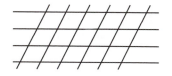

10 6人の子どもがいる。各問いに答えよ。
(1) 3人，2人，1人の3つの組に分ける方法は何通りあるか。(ア)～(オ)から選べ。
(ア)20通り　　(イ)30通り　　(ウ)60通り
(エ)120通り　　(オ)126通り
(2) 2人ずつ，3つの組に分ける方法は何通りあるか。(ア)～(オ)から選べ。
(ア)15通り　　(イ)30通り　　(ウ)45通り
(エ)60通り　　(オ)90通り

11 12冊の異なる本がある。各問いに答えよ。
(1) 5冊，4冊，3冊の3つの組に分ける方法は何通りあるか，求めよ。
(2) 4冊ずつ，A，B，Cの3つの組に分ける方法は何通りあるか，求めよ。
(3) 4冊ずつ3つの組に分ける方法は何通りあるか，求めよ。

171

第5章　算数②

11 確率①

解答➡ P.73

要点の再確認！ 要点理解（赤の小学校全科） P. 180〜181

1 60本のくじの中に8本の当たりくじが入っている。このくじを1本ひくとき，それが当たりくじである確率はいくつか。(ア)〜(オ)から選べ。

(ア)$\dfrac{1}{15}$　　(イ)$\dfrac{2}{15}$　　(ウ)$\dfrac{4}{15}$　　(エ)$\dfrac{15}{4}$　　(オ)$\dfrac{15}{2}$

2 数字が書かれた8枚のカード $\boxed{1}$，$\boxed{2}$，$\boxed{3}$，$\boxed{3}$，$\boxed{4}$，$\boxed{5}$，$\boxed{6}$，$\boxed{7}$ がある。このカードから1枚ひくとき，カードの数字が偶数である確率を求めよ。

3 ジョーカーを除いた52枚のトランプがある。この中から1枚ひくとき，カードの数字が4の倍数である確率はいくつか。(ア)〜(カ)から選べ。

(ア)$\dfrac{1}{52}$　　(イ)$\dfrac{1}{26}$　　(ウ)$\dfrac{3}{52}$　　(エ)$\dfrac{1}{13}$　　(オ)$\dfrac{2}{13}$　　(カ)$\dfrac{3}{13}$

4 袋の中に赤玉5個，青玉7個，白玉18個が入っている。この中から1個の玉を取り出すときの(1)，(2)の確率はいくつか。(ア)〜(オ)から，それぞれ選べ。

(1)　赤玉を取り出す確率　　　　(2)　赤玉か青玉を取り出す確率

(ア)$\dfrac{1}{6}$　　(イ)$\dfrac{7}{30}$　　(ウ)$\dfrac{2}{5}$　　(エ)$\dfrac{5}{6}$　　(オ)$\dfrac{23}{30}$

5 袋の中に赤玉3個，青玉5個，白玉12個が入っている。この中から2個の玉を同時に取り出すとき，赤玉1個，青玉1個を取り出す確率を求めよ。

6 サイコロを2回投げて，1回目が偶数，2回目が5以上の数となる確率はいくつか。(ア)〜(オ)から選べ。

(ア)$\dfrac{1}{8}$　　(イ)$\dfrac{1}{6}$　　(ウ)$\dfrac{1}{5}$　　(エ)$\dfrac{1}{3}$　　(オ)$\dfrac{1}{2}$

第5章

172

7 ジョーカーを除いた52枚のトランプがある。この中から1枚ひき，その
カードを元に戻した後，よく切ってもう1枚ひくとき，1枚目が5の倍数，
2枚目が絵札である確率を求めよ。

8 袋の中に赤玉3個，青玉4個，白玉5個が入っている。この袋から玉を
1個取り出し，それを元に戻さないで，さらにもう1個玉を取り出すとき，
赤玉，青玉の順に取り出す確率はいくつか。(ア)〜(オ)から選べ。

(ア) $\dfrac{1}{11}$　　(イ) $\dfrac{4}{11}$　　(ウ) $\dfrac{5}{11}$　　(エ) $\dfrac{1}{3}$　　(オ) $\dfrac{1}{4}$

9 1から9までの数字が書かれた9枚のカードがある。この中から1枚ひ
き，十の位の数とする。そのカードを戻さないでもう1枚ひき，一の位の
数とする。作った2けたの数が95以上である確率を求めよ。

10 1つのサイコロを3回投げるとき，少なくとも1回は5の目が出る確率
はいくつか。(ア)〜(カ)から選べ。

(ア) $\dfrac{1}{36}$　　(イ) $\dfrac{11}{36}$　　(ウ) $\dfrac{25}{36}$　　(エ) $\dfrac{1}{216}$　　(オ) $\dfrac{91}{216}$　　(カ) $\dfrac{125}{216}$

11 箱の中に100本のくじが入っていて，その中の10本が当たりくじである。
この箱からくじを1本ひき，ひいたくじを元に戻しながら，さらに3本ひ
いた。ひいた4本のくじの中で，少なくとも1本は当たりくじである確率
を求めよ。

12 ジョーカーを除いた52枚のトランプがある。このトランプから1枚ひき，
ひいたカードを元に戻しながら，さらに2枚ひいた。ひいた3枚の中で，
少なくとも1枚が絵札である確率を求めよ。

13 袋の中に赤玉が5個，青玉が7個，白玉が8個入っている。この袋から
玉を1個取り出し，取り出した玉を戻しながら，さらに3個取り出した。
取り出した4個の玉の中で，少なくとも1個が白玉である確率を求めよ。

算数②

確率①

第5章　算数②

12 確率②

解答➡ P.75

要点の
再確認！　要点理解（赤の小学校全科）　P. 182〜183

1 500円硬貨，100円硬貨，50円硬貨が1枚ずつある。この3枚の硬貨を同時に投げ，表の出た硬貨の金額を合計する。合計が150円以上500円以下になる確率はいくつか。(ア)〜(オ)から選べ。

(ア)$\dfrac{1}{32}$　　(イ)$\dfrac{1}{16}$　　(ウ)$\dfrac{1}{8}$　　(エ)$\dfrac{1}{4}$　　(オ)$\dfrac{1}{2}$

2 コインを4枚投げるとき，4枚とも表が出る確率を求めよ。

3 コインを投げて，表が出れば2点を，裏が出れば1点が得られるゲームを行う。このゲームでコインを5回投げたとき，得点が9点以上となる確率を求めよ。

4 コインを5回投げるとき，表が3回出る確率を求めよ。

5 コインを6枚投げるとき，表が4枚以上出る確率を求めよ。

6 4人でじゃんけんを1回する。3人が勝つ確率はいくつか。(ア)〜(オ)から選べ。

(ア)$\dfrac{4}{81}$　　(イ)$\dfrac{1}{81}$　　(ウ)$\dfrac{4}{27}$　　(エ)$\dfrac{1}{27}$　　(オ)$\dfrac{1}{9}$

7 3人でじゃんけんを1回する。勝者が決まる確率はいくつか。(ア)〜(カ)から選べ。

(ア)$\dfrac{1}{27}$　　(イ)$\dfrac{2}{27}$　　(ウ)$\dfrac{1}{9}$　　(エ)$\dfrac{2}{9}$　　(オ)$\dfrac{1}{3}$　　(カ)$\dfrac{2}{3}$

8 5人でじゃんけんを1回する。2人が勝つ確率を求めよ。

第5章

174

9 1個のサイコロを2回投げるとき，1回目に出る目の数が，2回目に出る目の数の3倍以上になる確率を求めよ。

10 3個のサイコロを同時に投げるとき，出る目の積が偶数になる確率を求めよ。

11 右の図のような七角形がある。サイコロを投げて，点Pを次のように進める。

「偶数の目が出たときは右回りに，奇数の目が出たときは左回りに，その目の数だけ七角形の頂点の上を進める。」

初めに点Pが頂点Aにあるとき，各問いに答えよ。

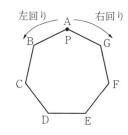

(1) サイコロを1回投げるとき，点Pが頂点Dにある確率を求めよ。
(2) サイコロを2回投げるとき，点Pが頂点Eにある確率を求めよ。

12 大小2個のサイコロを同時に投げて，大きいサイコロの目をa，小さいサイコロの目をbとするとき，$a+2b=9$になる確率を求めよ。

13 大小2個のサイコロを同時に投げて，大きいサイコロの目をa，小さいサイコロの目をbとするとき，$3a+2b$が8の倍数になる確率を求めよ。

14 大小2個のサイコロを同時に投げる。大きいサイコロの目をa，小さいサイコロの目をbとして，座標上にP(a, b)をとる。点Pと点Q$(1, 2)$，点R$(5, 2)$を結んで△PQRをつくるとき，各問いに答えよ。

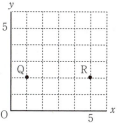

(1) △PQRの面積が2になる確率を求めよ。
(2) △PQRが，PQ＝PRの二等辺三角形になる確率を求めよ。

15 大小2個のサイコロを同時に投げて，大きいサイコロの目をa，小さいサイコロの目をbとするとき，$(a-1)x=b$の解が整数になる確率を求めよ。

第5章　算数②

13 規則性

解答➡ P.77

要点の再確認！ 要点理解（赤の小学校全科） P. 184〜185

1 ある決まりに従って，整数を下のように並べた。

$$-7, \ -3, \ 1, \ 5, \ 9, \ 13, \ 17, \ \cdots\cdots$$

この数列の15番目の数を求めよ。

2 ある決まりに従って，整数を下のように並べた。

$$-11, \ -5, \ 1, \ 7, \ 13, \ 19, \ \cdots\cdots$$

この数列の最初の項から12番目の項までの和を求めよ。

3 自然数を1から順に100まで足した和を求めよ。

4 1から奇数を順に足していくと，361になった。足した奇数は全部で何個か。1も含めた個数を，(ア)〜(オ)から選べ。

(ア)16個　　(イ)17個　　(ウ)18個　　(エ)19個　　(オ)20個

5 ある決まりに従って，整数を下のように並べた。

$$-5, \ -4, \ -2, \ 1, \ 5, \ 10, \ 16, \ \cdots\cdots$$

この数列の20番目の数を求めよ。

6 ある決まりに従って，整数を下のように並べた。

$$1, \ 4, \ 9, \ 16, \ 25, \ 36, \ 49, \ \cdots\cdots$$

324は，この数列の何番目の数か。(ア)〜(オ)から選べ。

(ア)16番目　　(イ)17番目　　(ウ)18番目　　(エ)19番目　　(オ)20番目

7 ある決まりに従って，整数を下のように並べた。

$$3, \ 12, \ 48, \ 192, \ \boxed{}, \ 3072, \ \cdots\cdots$$

$\boxed{}$ に当てはまる数を求めよ。

第5章

8 右のように，それぞれの段に，段の数を表す数からはじめて，奇数個ずつ順に数を書いていく。19段目に並んだ数の合計と20段目に並んだ数の合計の差を求めよ。

1段目	1
2段目	2，3，4
3段目	3，4，5，6，7
4段目	4，5，6，7，8，9，10

9 右のように，ある規則に従って連続する自然数を，1から順に100まで並べる。上から3段目で左から4列目の数は14である。上から7段目で左から9列目の数を求めよ。

	1列目	2列目	3列目	4列目	…
1段目	1	4	9	16	
2段目	2	3	8	15	
3段目	5	6	7	14	
4段目	10	11	12	13	
⋮					

10 右のように，同じ大きさの正三角形の板を，重ならないようにすき間なく並べ，大きな正三角形をつくる。正三角形の板には上から順に1段目には「1」，2段目には「2，3，4」，3段目には「5，6，7，8，9」と順に自然数を書いていくとき，各問いに答えよ。

(1) n 段目の正三角形の板に書かれている自然数のうち，最も大きな数を n を使って表せ。

(2) 正三角形の板を784枚しきつめて大きな正三角形をつくった。このとき，最も下の段の左端の正三角形の板に書かれた数はいくつか，求めよ。

11 右の図のように，碁石を並べて正三角形をつくっていく。碁石を66個使うのは何番目の正三角形か，求めよ。

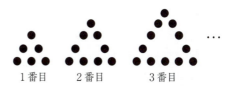

12 ある決まりに従って，黒と白の碁石を右の図のように並べていく。各問いに答えよ。

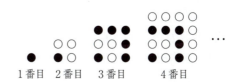

(1) 10番目の図形では，どちらの碁石が何個多いか，求めよ。

(2) 碁石の差が25個のとき，碁石は全部で何個あるか，求めよ。

第5章 算数②

14 集合・論理・資料①

解答➡ P.79

要点の再確認！ 要点理解（赤の小学校全科） P.186〜187

1 図形を右の図のように分類するとき，Bに当てはまるものを(ア)〜(カ)からすべて選べ。

(ア)二等辺三角形
(イ)正三角形
(ウ)正方形　　(エ)長方形　　(オ)ひし形　　(カ)平行四辺形

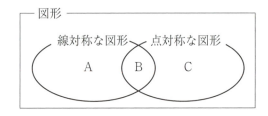

2 1から100までの自然数を，右の図のように分類する。Cに当てはまる自然数の個数を(ア)〜(オ)から選べ。

(ア)5個　　(イ)6個
(ウ)9個　　(エ)11個　　(オ)16個

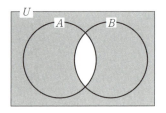

3 集合 U の部分集合 A，B がある。右の図で影を付けた部分を表すものを，(ア)〜(エ)から選べ。

(ア) $A \cap B$ 　　(イ) $A \cup B$
(ウ) $\overline{A \cap B}$ 　　(エ) $\overline{A \cup B}$

4 集合 U が1けたの自然数で，その部分集合 A，B がある。$A = \{1, 3, 6, 8\}$，$B = \{3, 4, 5\}$ のとき，次の集合の要素を求めよ。

(1) $\overline{B}$
(2) $\overline{A} \cap \overline{B}$
(3) $\overline{A} \cup \overline{B}$

5 集合 A, B がある。$(A \cap B) \cap (A \cup B)$ と等しい集合を，(ア)～(エ)から選べ。

(ア)A　　(イ)B　　(ウ)$A \cap B$　　(エ)$A \cup B$

6 集合 A は24の正の約数，集合 B は20の正の約数，集合 C は16の正の約数である。次の集合の要素を求めよ。

(1) $A \cap B \cap C$　　　　　　　　(2) $A \cup B \cup C$

(3) $A \cap (B \cup C)$

7 101から200までの整数のうち，次の整数の個数を求めよ。

(1) 8かつ12の倍数

(2) 8または12の倍数

(3) 8でも12でも割り切れない整数

8 100人の生徒に，英語が「好きか，好きでないか」および「得意か，得意でないか」について調べた。「好き」と答えた生徒は38人，「得意」と答えた生徒は26人，「好きでもなく得意でもない」と答えた生徒は47人だった。各問いに答えよ。

(1) 英語が「好きであり得意である」と答えた生徒は何人か，求めよ。

(2) 英語が「好きだが得意ではない」と答えた生徒は何人か，求めよ。

9 100人の生徒に，A，B，Cの映画を見たことがあるかどうか調べた。Aの映画を見たことがある人は25人，Bの映画を見たことがある人は22人，Cの映画を見たことがある人は20人であった。AとBの映画を見たことのある人は5人，AとCの映画を見たことのある人は4人，AとBとCの映画をすべて見たことがある人は2人，すべて見たことがない人は43人だった。BとCの映画を見たことがある人の人数を求めよ。

10 1から100の自然数のうち，集合 A は4の倍数，集合 B は6の倍数，集合 C は9の倍数である。次の集合の要素の個数を求めよ。

(1) $A \cap B \cap C$

(2) $A \cup B \cup C$

算数②

集合・論理・資料①

179

第5章　算数②

15 集合・論理・資料②

解答➡ P.80

要点の再確認! 要点理解(赤の小学校全科) P.188〜189

1 x, y を実数とするとき，次の命題の真偽を答えよ。

(1) $x^2 = 16$ ならば $x = 4$

(2) $x + y < 0$ ，$xy > 0$ ならば $x < 0$ ，$y < 0$

2 次の文について，□ に当てはまるものを，(ア)〜(エ)から選べ。

(1) 2つの集合 A, B がある。x が $A \cup B$ の要素であることは，x が B の要素であるための □ である。

(2) 整数 n が18の倍数でかつ24の倍数であることは，n が9の倍数であるための □ である。

(ア)必要条件であるが十分条件でない。

(イ)十分条件であるが必要条件でない。

(ウ)必要十分条件である。

(エ)必要条件でも十分条件でもない。

3 「6の倍数ならば3の倍数である。」という命題の逆，対偶を述べ，それぞれの真偽を答えよ。

4 「$x + y = 5$ ならば $x = -2$ かつ $y = 7$ である。」という命題の逆を述べ，真偽を答えよ。

5 次の①〜③の調査は，標本調査，全数調査のどちらで行うのが適切か。該当する組み合わせを，(ア)〜(エ)から選べ。

①学校での身体測定　　②ある植物の発芽率の調査　　③世論調査

(ア)　①標本調査　　②全数調査　　③全数調査

(イ)　①標本調査　　②標本調査　　③全数調査

(ウ)　①全数調査　　②全数調査　　③標本調査

(エ)　①全数調査　　②標本調査　　③標本調査

6 ある工場で作った製品の中から250個を無作為に抽出して調べたら，その中の3個が不良品だった。この工場で作った製品5万個の中には，およそ何個の不良品が含まれていると考えれるか，答えよ。

7 下の資料は，ある中学3年生10人のくつのサイズ(cm)を調べたものである。各問いに答えよ。

24, 23, 25, 24, 26, 23, 25, 24, 25, 25

(1) 最頻値（モード）を求めよ。

(2) 中央値（メジアン）を求めよ。

(3) 平均値を求めよ。

8 右の表は，ある中学校の2年女子50名の50m走の記録を度数分布表に整理したものである。各問いに答えよ。

(1) 階級の幅を答えよ。

(2) 7.8以上8.2秒以下の階級の相対度数を答えよ。

(3) 中央値が含まれる階級を階級値で答えよ。

記録（秒） 以上　未満	度数（人）
7.0 ～ 7.4	2
7.4 ～ 7.8	5
7.8 ～ 8.2	9
8.2 ～ 8.6	14
8.6 ～ 9.0	11
9.0 ～ 9.4	6
9.4 ～ 9.8	3
合計	50

9 右の表は，ある中学校の1年生40名のクラスで，最近3カ月に読んだ本の冊数を調べ，整理したものである。各問いに答えよ。

(1) 表の　ア　に当てはまる数を答えよ。

(2) 最頻値（モード）を答えよ。

(3) 中央値（メジアン）を答えよ。

(4) 平均値を答えよ。

冊数（冊）	度数（人）
0	2
1	4
2	5
3	9
4	8
5	ア
6	5
合計	40

第6章

理科①

※学習指導要領については,
すべて平成29年版小学校学習指導要領
(平成29年3月告示)によります。

第6章　理科①

1 学習指導要領①　解答➡P.81

第6章

要点の再確認! 要点理解(赤の小学校全科) P.194〜195

1 次は，平成29年版小学校学習指導要領の「理科」の「目標」である。
（　）に適語を入れよ。

> 自然に親しみ，理科の見方・（①）を働かせ，（②）をもって観察，実験を行うことなどを通して，自然の事物・現象についての問題を（③）的に解決するために必要な資質・（④）を次のとおり育成することを目指す。
> (1) 自然の事物・現象についての（⑤）を図り，観察，実験などに関する基本的な（⑥）を身に付けるようにする。
> (2) 観察，実験などを行い，問題（⑦）の力を養う。
> (3) 自然を愛する（⑧）や（⑨）的に問題解決しようとする態度を養う。

2 次は，平成29年版小学校学習指導要領の「理科」の〔第3学年〕「生命・地球」の「目標」の一部をまとめたものである。（　）に入る適語の組み合わせとして正しいものを(a)〜(c)から選べ。

> 身の回りの生物，太陽と地面の様子についての理解を図り，観察，実験などに関する基本的な技能を身に付けるようにする。また，それらを追究する中で，主に（①）を基に，（②）や，（③）や主体的に問題解決しようとする態度を養う。

(a) ①予想や仮説　　②解決の方法を発想する力
　　③生命を尊重する態度

(b) ①差異点や共通点　　②問題を見いだす力
　　③生物を愛護する態度

(c) ①既習の内容や生活経験
　　②根拠のある予想や仮説を発想する力
　　③生物を愛護する態度

184

3 次は，平成29年版小学校学習指導要領の「理科」の〔第4学年〕の「物質・エネルギー」の「目標」の一部をまとめたものである。（　）に入る適語の組み合わせを(a)～(c)から選べ。

空気，水及び金属の性質，電流の働きについての理解を図り，観察，実験などに関する基本的な技能を身に付けるようにする。また，それらを追究する中で，主に（ ① ）を基に，（ ② ）や，主体的に問題解決しようとする態度を養う。

(a) ①差異点や共通点　　②問題を見いだす力
(b) ①予想や仮説　　　　②解決の方法を発想する力
(c) ①既習の内容や生活経験　　②根拠のある予想や仮説を発想する力

4 次は，平成29年版小学校学習指導要領の「理科」の〔第5学年〕の「生命・地球」の「目標」の一部をまとめたものである。（　）に入る適語を(ア)～(カ)から選べ。

生命の連続性，流れる水の働き，気象現象の規則性についての理解を図り，観察，実験などに関する基本的な技能を身に付けるようにする。また，それらを追究する中で，主に（ ① ）を基に，（ ② ）や，（ ③ ）や主体的に問題解決しようとする態度を養う。

(ア)予想や仮説　　　　　(イ)より妥当な考えをつくりだす力
(ウ)既習の内容や生活経験　(エ)解決の方法を発想する力
(オ)生命を尊重する態度　　(カ)生物を愛護する態度

5 次は，平成29年版小学校学習指導要領の「理科」の〔第6学年〕の「物質・エネルギー」の「目標」の一部をまとめたものである。（　）に入る適語を(ア)～(エ)から選べ。

燃焼の仕組み，水溶液の性質，てこの規則性及び電気の性質や働きについての理解を図り，観察，実験などに関する基本的な技能を身に付けるようにする。また，それらを追究する中で，主にそれらの仕組みや性質，規則性及び働きについて，（　）や，主体的に問題解決しようとする態度を養う。

(ア)問題を見いだす力　　　(イ)より妥当な考えをつくりだす力
(ウ)解決の方法を発想する力　(エ)根拠のある予想や仮説を発想する力

第6章 理科①

2 学習指導要領②

解答 ➡ P.82

要点の再確認！ 要点理解（赤の小学校全科） P.196～197

1 次の文は，平成29年版小学校学習指導要領の「理科」に示されている〔第3学年〕の「内容」の一部である。（　）に適語を入れよ。

A　物質・エネルギー
(2) 風とゴムの力の働き
　(ア) 風の力は，物を（ ① ）ことができること。また，風の力の大きさを変えると，物が動く様子も変わること。
　(イ) ゴムの力は，物を（ ① ）ことができること。また，ゴムの力の大きさを変えると，物が動く様子も変わること。
(3) 光と音の性質
　(ア) 日光は直進し，集めたり（ ② ）させたりできること。
　(イ) 物に日光を当てると，物の（ ③ ）や暖かさが変わること。
　(ウ) 物から音が出たり伝わったりするとき，物は震えていること。また，音の大きさが変わるとき物の震え方が変わること。
B　生命・地球
(1) 身の回りの生物
　(ア) 生物は，色，形，大きさなど，姿に違いがあること。また，周辺の（ ④ ）と関わって生きていること。
　(イ) 昆虫の育ち方には一定の（ ⑤ ）があること。また，成虫の体は頭，胸及び腹からできていること。
(2) 太陽と地面の様子
　(ア) 日陰は太陽の光を遮るとでき，日陰の位置は太陽の位置の変化によって変わること。
　(イ) 地面は（ ⑥ ）によって暖められ，日なたと日陰では地面の暖かさや湿り気に違いがあること。
---

2 次の文は，平成29年版小学校学習指導要領の「理科」に示されている〔第4学年〕の「内容」の一部である。（　　）に適語を入れよ。

A　物質・エネルギー
(1)　空気と水の性質
　(イ)　閉じ込めた空気は圧し縮められるが，水は圧し縮められないこと。
(2)　金属，水，空気と温度
　(ア)　金属，水及び空気は，温めたり冷やしたりすると，それらの（　①　）が変わるが，その程度には違いがあること。
　(イ)　金属は熱せられた部分から順に温まるが，水や空気は熱せられた部分が（　②　）して全体が温まること。
　(ウ)　水は，温度によって（　③　）や氷に変わること。また，水が氷になると体積が増えること。
(3)　電流の働き
　(ア)　乾電池の数やつなぎ方を変えると，電流の（　④　）や向きが変わり，豆電球の（　⑤　）やモーターの回り方が変わること。
B　生命・地球
(3)　雨水の行方と地面の様子
　(ア)　水は，高い場所から低い場所へと流れて集まること。
　(イ)　水のしみ込み方は，土の粒の（　⑥　）によって違いがあること。
(5)　月と星
　(ア)　月は日によって（　⑦　）が変わって見え，1日のうちでも時刻によって（　⑧　）が変わること。
　(イ)　空には，明るさや（　⑨　）の違う星があること。
　(ウ)　星の集まりは，1日のうちでも時刻によって，並び方は変わらないが，位置が変わること。

3 次は，平成29年版小学校学習指導要領の「理科」の〔第3学年〕と〔第4学年〕の「内容」である。〔第4学年〕の内容をすべて選べ。

(ア)物と重さ　　　　(イ)電気の通り道　　　　(ウ)天気の様子
(エ)季節と生物　　　(オ)人の体のつくりと運動　　(カ)磁石の性質

187

第6章　理科①

3 学習指導要領③　解答➡ P.82

要点の再確認！　要点理解（赤の小学校全科）　P. 198〜199

1 次の文は，平成29年版小学校学習指導要領の「理科」に示されている〔第5学年〕の「内容」の一部である。（　　）に適語を入れよ。

> A　物質・エネルギー
>
> (2)　振り子の運動
>
> ㋐　振り子が1往復する時間は，おもりの重さなどによっては変わらないが，振り子の（ ① ）によって変わること。
>
> (3)　電流がつくる磁力
>
> ㋐　電流の流れているコイルは，鉄心を磁化する働きがあり，電流の向きが変わると，電磁石の（ ② ）も変わること。
>
> ㋑　電磁石の強さは，電流の大きさや導線の（ ③ ）によって変わること。
>
> B　生命・地球
>
> (1)　植物の発芽，成長，結実
>
> ㋐　植物は，種子の中の養分を基にして発芽すること。
>
> ㋑　植物の発芽には，水，空気及び（ ④ ）が関係していること。
>
> ㋒　植物の成長には，日光や肥料などが関係していること。
>
> ㋓　花にはおしべやめしべなどがあり，花粉がめしべの先に付くとめしべのもとが実になり，実の中に種子ができること。
>
> (3)　流れる水の働きと土地の変化
>
> ㋐　流れる水には，土地を（ ⑤ ）したり，石や土などを運搬したり堆積させたりする働きがあること。
>
> ㋑　川の上流と下流によって，川原の石の（ ⑥ ）や形に違いがあること。
>
> ㋒　雨の降り方によって，流れる水の速さや（ ⑦ ）は変わり，増水により土地の様子が大きく変化する場合があること。

2 次の文は，平成29年版小学校学習指導要領の「理科」に示されている〔第6学年〕の「内容」の一部である。（　　）に適語を入れよ。

A　物質・エネルギー

(2)　水溶液の性質

　(ア)　水溶液には，酸性，（　①　）性及び中性のものがあること。

　(イ)　水溶液には，気体が溶けているものがあること。

　(ウ)　水溶液には，金属を変化させるものがあること。

(4)　電気の利用

　(ア)　電気は，つくりだしたり蓄えたりすることができること。

　(イ)　電気は，光，音，（　②　），運動などに変換することができること。

　(ウ)　身の回りには，電気の性質や働きを利用した道具があること。

B　生命・地球

(2)　植物の養分と水の通り道

　(ア)　植物の葉に日光が当たると（　③　）ができること。

　(イ)　根，茎及び葉には，水の通り道があり，根から吸い上げられた水は主に（　④　）から蒸散により排出されること。

(3)　生物と環境

　(ア)　生物は，水及び（　⑤　）を通して周囲の環境と関わって生きていること。

　(イ)　生物の間には，食う食われるという関係があること。

　(ウ)　人は，環境と関わり，工夫して生活していること。

(5)　月と太陽

　(ア)　月の輝いている側に（　⑥　）があること。また，月の形の見え方は，太陽と月との位置関係によって変わること。

3 次は，平成29年版小学校学習指導要領の「理科」の〔第5学年〕と〔第6学年〕の「内容」である。〔第6学年〕の内容をすべて選べ。

(ア)物の溶け方　　　(イ)土地のつくりと変化　　　(ウ)燃焼の仕組み

(エ)動物の誕生　　　(オ)人の体のつくりと働き　　　(カ)てこの規則性

(キ)天気の変化

第6章 理科①

4 学習指導要領④

解答 ➡ P.82

要点の再確認！ 要点理解（赤の小学校全科） P.200〜201

1 次の文は，平成29年版小学校学習指導要領の「理科」の指導計画の作成における配慮事項である。（ ）に入る適語を(ア)〜(ケ)から選べ。

1 指導計画の作成に当たっては，次の事項に配慮するものとする。
(1) 単元など内容や時間のまとまりを見通して，その中で育む資質・（ ① ）の育成に向けて，児童の（ ② ）・対話的で深い学びの実現を図るようにすること。その際，理科の学習過程の特質を踏まえ，理科の見方・（ ③ ）を働かせ，（ ④ ）をもって観察，実験を行うことなどの，問題を（ ⑤ ）に解決しようとする学習活動の充実を図ること。
(2) 各学年で育成を目指す思考力，（ ⑥ ），表現力等については，該当学年において育成することを目指す力のうち，主なものを示したものであり，実際の指導に当たっては，他の学年で掲げている力の育成についても十分に配慮すること。
(3) 障害のある児童などについては，学習活動を行う場合に生じる困難さに応じた指導内容や指導方法の工夫を計画的，（ ⑦ ）に行うこと。
(4) 第1章総則の第1の2の(2)に示す道徳教育の目標に基づき，道徳科などとの関連を考慮しながら，第3章特別の教科道徳の第2に示す内容について，理科の特質に応じて適切な指導をすること。
3 観察，実験などの指導に当たっては，（ ⑧ ）に十分留意すること。また，（ ⑨ ）に十分配慮するとともに，使用薬品についても適切な措置をとるよう配慮すること。

(ア)主体的　(イ)科学的　(ウ)組織的　(エ)考え方　(オ)見通し
(カ)事故防止　(キ)能力　(ク)環境整備　(ケ)判断力

2 次の文は，平成29年版小学校学習指導要領の「理科」の内容の取扱いにおける配慮事項である。（　）に入る適語を㋐～㋛から選べ。

2　内容の取扱いについては，次の事項に配慮するものとする。

(1)　問題を見いだし，予想や（ ① ），観察，実験などの（ ② ）について考えたり説明したりする学習活動，観察，実験の（ ③ ）を整理し考察する学習活動，（ ④ ）な言葉や概念を使用して考えたり説明したりする学習活動などを重視することによって，（ ⑤ ）が充実するようにすること。

(2)　観察，実験などの指導に当たっては，指導内容に応じてコンピュータや情報通信ネットワークなどを適切に活用できるようにすること。また，第1章総則の第3の1の(3)のイに掲げるプログラミングを体験しながら（ ⑥ ）を身に付けるための学習活動を行う場合には，児童の負担に配慮しつつ，例えば第2の各学年の内容の［第6学年］の「A物質・エネルギー」の(4)における電気の性質や働きを利用した道具があることを捉える学習など，与えた条件に応じて動作していることを考察し，更に条件を変えることにより，動作が変化することについて考える場面で取り扱うものとする。

(3)　生物，天気，川，土地などの指導に当たっては，野外に出掛け地域の自然に親しむ活動や（ ⑦ ）な活動を多く取り入れるとともに，生命を（ ⑧ ）し，自然環境の（ ⑨ ）に寄与する態度を養うようにすること。

(4)　天気，川，土地などの指導に当たっては，（ ⑩ ）に関する基礎的な理解が図られるようにすること。

(5)　個々の児童が主体的に問題解決の活動を進めるとともに，日常生活や他教科等との関連を図った学習活動，目的を設定し，計測して制御するという考え方に基づいた学習活動が充実するようにすること。

(6)　（ ⑪ ）や科学学習センターなどと連携，協力を図りながら，それらを積極的に活用すること。

㋐方法　　㋑仮説　　㋒科学的　　㋓体験的
㋔主体的　㋕論理的思考力　㋖博物館　㋗災害
㋘尊重　　㋙保全　　㋚言語活動　㋛結果

第6章　理科①

第6章

5 気体の性質

解答➡ P.82

要点の再確認！　要点理解（赤の小学校全科）　P. 202〜203

1 二酸化炭素について，各問いに答えよ。

(1) 空気中に含まれている二酸化炭素の割合を(ア)〜(エ)から選べ。

(ア)約0.01%　　(イ)約0.04%　　(ウ)約1%　　(エ)約3%

(2) 二酸化炭素を発生させる方法を選べ。

(ア) 酸化銀を加熱する。

(イ) 亜鉛に薄い塩酸を加える。

(ウ) 石灰石に薄い塩酸を加える。

(エ) 二酸化マンガンに薄い過酸化水素水を加える。

(3) 二酸化炭素を集めたびんに水を入れて振り，リトマス紙をつけたときの変化として正しいものを(ア)〜(エ)から選べ。

(ア) 赤色リトマス紙が青色になる。

(イ) 赤色リトマス紙が黄色になる。

(ウ) 青色リトマス紙が赤色になる。

(エ) 青色リトマス紙の色は変化しない。

2 酸素について，各問いに答えよ。

(1) 空気中に含まれている酸素の割合を(ア)〜(エ)から選べ。

(ア)約12%　　(イ)約21%　　(ウ)約28%　　(エ)約78%

(2) 酸素の性質として誤っているものを(ア)〜(エ)から選べ。

(ア) 水に溶けやすく，ものを燃やすはたらきがある。

(イ) 火のついた線香を入れると，炎を上げて燃える。

(ウ) 空気よりも少し重く，水上置換法によって集める。

(エ) 二酸化マンガンに薄い過酸化水素水を加えると発生する。

(3) 加熱すると酸素を発生する物質を(ア)〜(エ)から選べ。

(ア)酸化マグネシウム　　　　(イ)酸化銀

(ウ)酸化銅　　　　　　　　　(エ)炭酸水素ナトリウム

3 図のような装置で，亜鉛に薄い塩酸を加えて気体を発生させ，試験管に集めた。各問いに答えよ。
(1) 発生した気体の名称を答えよ。
(2) 気体の集め方の名称を答えよ。
(3) 発生した気体の性質として誤っているものを(ア)～(エ)から選べ。
  (ア) 水に溶けにくい。
  (イ) 無色で，においがない。
  (ウ) 気体の中で最も密度が大きい。
  (エ) 空気中で爆発的に燃え，水ができる。

4 図のようにして，アンモニアの入ったフラスコにスポイトの水を押し入れると，フラスコ内に赤い噴水ができる。各問いに答えよ。
(1) 噴水ができる理由を(ア)～(ウ)から選べ。
  (ア) アンモニアは空気より軽いから。
  (イ) アンモニアは水に溶けやすいから。
  (ウ) アンモニアは刺激臭があるから。
(2) 噴水が赤くなる理由を述べた文の，〔　〕に入る語句を答えよ。
  アンモニアは，水に溶けて〔　〕性を示し，フェノールフタレイン溶液を赤く染めるから。

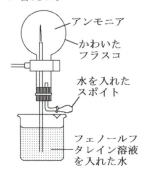

5 気体A～Eについて，実験1～4を行った。気体A～Eをそれぞれ選べ。
(実験1) 同じ温度，同じ圧力で，同じ体積をとったとき，Aが最も軽い。
(実験2) 気体を水に溶かしたとき，AとEはほとんど溶けなかったが，BとDはわずかに溶け，Cはよく溶けた。
(実験3) B，Cが溶けた水溶液にリトマス紙を入れると，Cの水溶液は赤色が青色に，Bは青色が赤色に変わった。
(実験4) 石灰水を入れてよく振ったら，Bは白く濁った。
  (ア)水素　　(イ)酸素　　(ウ)二酸化硫黄
  (エ)二酸化炭素　　　(オ)アンモニア

第6章 理科①

6 水溶液の性質

解答 ➡ P.83

要点の再確認！ 要点理解(赤の小学校全科) P.204〜205

1 (ア)〜(カ)の水溶液について，各問いに答えよ。
(ア)食塩水　(イ)薄い塩酸　(ウ)石灰水　(エ)砂糖水
(オ)薄いアンモニア水　(カ)薄い水酸化ナトリウム水溶液

(1) 中性の水溶液をすべて選べ。
(2) 塩基（アルカリ）性の水溶液をすべて選べ。
(3) 気体が溶けている水溶液をすべて選べ。
(4) マグネシウムリボンを入れると気体を発生する水溶液を選べ。
(5) スライドガラスに1滴とって加熱すると固体が残り，その固体を熱すると黒くこげる水溶液を選べ。

2 右のグラフは，食塩と硝酸カリウムの溶解度と温度の関係を表している。各問いに答えよ。

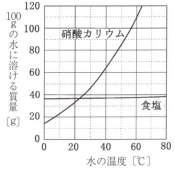

(1) 混合物を(ア)〜(エ)から選べ。
(ア)窒素　(イ)硫化鉄
(ウ)塩酸　(エ)水酸化ナトリウム

(2) 食塩30gと硝酸カリウム30gをそれぞれ60℃の水100gにすべて溶かしたのち，10℃まで冷やした。このとき観察される現象を(ア)〜(エ)から選べ。

(ア) 食塩を溶かしたものだけから白い結晶が出てくる。
(イ) 硝酸カリウムを溶かしたものだけから白い結晶が出てくる。
(ウ) ともに白い結晶が出てくるが，その質量は食塩の方が大きい。
(エ) ともに白い結晶が出てくるが，その質量は硝酸カリウムの方が大きい。

(3) (2)で，水溶液を冷やすと溶質の結晶が出てきた理由を(ア)〜(エ)から選べ。

(ア) 温度が低いほど結晶が小さい。
(イ) 温度が低いほど溶解度が大きい。
(ウ) 温度が低いほど溶解度が小さい。
(エ) 温度に関係なく溶解度は一定である。

3 次のグラフは，食塩，ミョウバン，ホウ酸の溶解度と温度との関係を表したものである。各問いに答えよ。

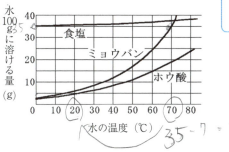

(1) 70℃の水100gに最も多く溶けるものを(ア)～(ウ)から選べ。
   (ア)食塩　　(イ)ミョウバン
   (ウ)ホウ酸

(2) 70℃の水100gに溶けるだけ溶かした後，水温を20℃まで下げたとき，出てくる結晶が最も多いものを(ア)～(ウ)から選べ。
   (ア)食塩　　　(イ)ミョウバン　　　(ウ)ホウ酸

(3) (2)で，出てくる結晶は何gか。(ア)～(エ)から選べ。
   (ア) 4 g　　(イ)13 g　　(ウ)28 g　　(エ)35 g

(4) (2)のようにして結晶を取り出す方法を何というか，答えよ。

4 次の各問いに答えよ。

(1) 砂糖60gを水に溶かして400gの砂糖水をつくった。この砂糖水の質量パーセント濃度を求めよ。

(2) 砂糖40gを水160gに溶かした。この砂糖水の質量パーセント濃度を求めよ。

(3) 15%の食塩水300g中には，食塩が何g溶けているか，求めよ。

(4) 食塩24gを水に溶かして20%の食塩水をつくりたい。何gの水に溶かせばよいか，求めよ。

5 12%の食塩水が容器に200g入っている。この食塩水に何gの水を加えると5%の食塩水になるか，(ア)～(エ)から選べ。
   (ア)100 g　　(イ)120 g　　(ウ)280 g　　(エ)480 g

第6章 理科①

7 物質の状態変化　解答➡ P.83

要点の再確認！ 要点理解（赤の小学校全科） P. 206〜207

1 図1は物質の三態変化の様子を，図2は固体のロウを加熱して液体にする様子を表している。各問いに答えよ。

(1) 次の変化を図1のa〜fからそれぞれ選べ。
① 氷をとかして水にする。
② ドライアイスを放置しておくとなくなってしまう。
③ 洗濯物が乾く。

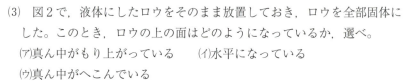

(2) 図2で固体のロウを液体にしたとき，体積，質量，密度がどうなるか，それぞれ選べ。
(ア)増加する　(イ)減少する　(ウ)変わらない

(3) 図2で，液体にしたロウをそのまま放置しておき，ロウを全部固体にした。このとき，ロウの上の面はどのようになっているか，選べ。
(ア)真ん中がもり上がっている　(イ)水平になっている
(ウ)真ん中がへこんでいる

2 右のグラフは，氷を加熱したときの温度変化を記録したものである。各問いに答えよ。

(1) 水の状態変化で，0℃，100℃はそれぞれ何と呼ばれるか，答えよ。

(2) 液体としての水が存在しない部分を2つ選べ。
(ア) ab 間　(イ) bc 間
(ウ) cd 間　(エ) de 間
(オ) ef 間

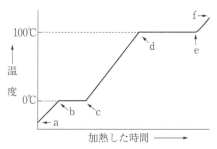

(3) 液体としての水と水蒸気が混在している部分を選べ。

(ア) ab 間　　(イ) bc 間　　(ウ) cd 間

(エ) de 間　　(オ) ef 間

(4) 氷がすべてとけ終わった点を選べ。

(ア) a　　(イ) b　　(ウ) c　　(エ) d　　(オ) e　　(カ) f

3 右の表は，いろいろな物質の1気圧における融点・沸点をまとめたものである。各問いに答えよ。

(1) 1気圧0℃のとき気体であるものを選べ。

(2) 1気圧100℃のとき固体であるものをすべて選べ。

(3) 1気圧1000℃のとき液体であるものを選べ。

	物質	融点〔℃〕	沸点〔℃〕
(ア)	銅	1083	2567
(イ)	アルミニウム	660	2467
(ウ)	水銀	−39	357
(エ)	パルミチン酸	63	351
(オ)	エタノール	−115	78
(カ)	窒素	−210	−196

4 図1のような装置で水とエタノールの混合液を加熱した。図2はそのときの時間と温度変化の関係をグラフに表したものである。各問いに答えよ。

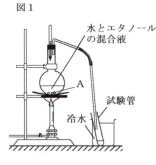
図1

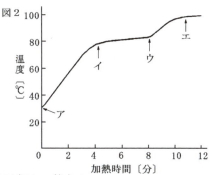
図2

(1) 危険を防止するために入れるAは何か，答えよ。

(2) 沸騰を始めるのはア〜エのどの点か，答えよ。

(3) この混合物からできるだけ多くのエタノールを分けて取り出すには，実験を始めてから何分後にガスバーナーの火を止めるとよいか，(ア)〜(エ)から選べ。

(ア) 4分後　　(イ) 6分後　　(ウ) 8分後　　(エ) 10分後

(4) このようにして混合物から物質を分離する方法を何というか，答えよ。

第6章 理科①

8 化学変化と化学反応式 解答 ➡ P.84

要点の再確認！ 要点理解（赤の小学校全科） P. 208〜209

1 ケーキやカルメ焼きをつくるときに加える重曹（炭酸水素ナトリウム）を加熱してその様子を調べた。各問いに答えよ。

(1) 重曹を加熱するとき，図のように試験管の口を少し下げる理由を㈎〜㈣から選べ。

　㈎ 試験管がとけるのを防ぐため。
　㈏ 気体が試験管内にたまるのを防ぐため。
　㈰ 加熱を止めたあとの水の逆流を防ぐため。
　㈣ 液体が加熱部に流れるのを防ぐため。

(2) 気体を集めた試験管に石灰水を入れて振ると，白く濁った。発生した気体を化学式で答えよ。

(3) 重曹は加熱によりいくつの物質に分解されるか，㈎〜㈣から選べ。
　㈎ 2つ　㈏ 3つ　㈰ 4つ　㈣ 5つ

(4) 重曹を化学式で書くと，何種類の原子を含むか，㈎〜㈣から選べ。
　㈎ 3種類　㈏ 4種類　㈰ 5種類　㈣ 6種類

2 図のような電気分解装置に薄い水酸化ナトリウム水溶液を入れ，電流を流した。各問いに答えよ。

(1) 水酸化ナトリウムが電離する様子をイオン反応式で答えよ。

(2) 電流を流してしばらくすると，電極Aと電極Bに，気体が2：1の割合で集まった。電極A，電極Bに発生した気体を，それぞれ化学式で答えよ。

(3) この実験では，何が電気分解されるか。

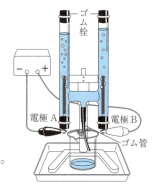

198

(4) (3)の化学変化を，化学反応式で答えよ。

3 図のように，食塩水で湿らせた台紙の上にA〜Dの試験紙を置いた。次に中央に薄い塩酸をしみ込ませたろ紙を置き，両端から電圧をかけた。各問いに答えよ。

(1) 塩化水素が電離する様子をイオン反応式で答えよ。

(2) 色が変化する試験紙を選べ。
　(ア)A　(イ)B　(ウ)C　(エ)D
　(オ)AとC　(カ)AとD
　(キ)BとC　(ク)BとD

(3) (2)のようになる理由を選べ。
　(ア)Na^+が移動したから。　(イ)Cl^-が移動したから。
　(ウ)H^+が移動したから。　(エ)OH^-が移動したから。

4 塩酸20cm³にＢＴＢ溶液を加え，水酸化ナトリウム水溶液を加えていくと，水酸化ナトリウム水溶液30cm³加えたところで液は緑色になり，さらに水酸化ナトリウム水溶液を加えた。各問いに答えよ。

(1) 塩酸に水酸化ナトリウム水溶液を加えたときの化学反応式を答えよ。

(2) この化学反応は何と呼ばれるか答えよ。

(3) 次のA〜Dは，このときのイオンの数の変化を表している。それぞれを表すイオンの記号を選べ。

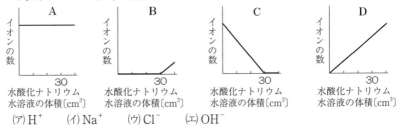

　(ア)H^+　(イ)Na^+　(ウ)Cl^-　(エ)OH^-

(4) この実験で，混合液の色はどのように変化していくか，(ア)〜(エ)から選べ。
　(ア)赤色→緑色→青色　(イ)黄色→緑色→青色
　(ウ)青色→緑色→赤色　(エ)青色→緑色→黄色

(5) 混合液が緑色になったとき，混合液は何の水溶液になっているか。物質名を答えよ。

第6章 理科①

9 化学変化と質量の変化　解答→ P.85

要点の再確認！ 要点理解（赤の小学校全科） P.210〜211

1 図1のように，銅粉をステンレス皿に入れ，よくかき混ぜながら熱する実験を6つの班で行い，その測定結果を基にして図2のグラフに表した。各問いに答えよ。

(1) よくかき混ぜながら熱する理由を(ア)〜(エ)から選べ。　図1
　(ア) 銅粉をゆっくり反応させるため。
　(イ) 銅粉の温度を一定にするため。
　(ウ) 銅粉を空気に十分に触れさせるため。
　(エ) 銅粉を十分に乾燥させるため。

(2) この反応を化学反応式で表せ。

(3) この実験から分かる，銅と酸素が結び付くときの質量の比（銅：酸素）を(ア)〜(エ)から選べ。
　(ア) 4：5　　(イ) 4：1
　(ウ) 5：4　　(エ) 1：4

(4) 8gの銅と化合する酸素の質量を求めよ。

(5) 銅10gを熱すると，何gの酸化銅ができるか，求めよ。

(6) 16gの銅と5gの酸素から酸化銅をつくるとき，何gの酸化銅ができるか，(ア)〜(エ)から選べ。
　(ア) 18g　　(イ) 19g　　(ウ) 20g　　(エ) 21g

2 図のような装置を使って，筒の中に入れた水素と酸素の混合気体に点火した。あとの表は，水素の体積を一定にし，混合する酸素の体積を変化させていったときの，水素と酸素の体積と点火後に残る気体の体積を示したものである。各問いに答えよ。

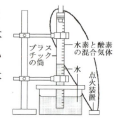

200

(1) 表中のa〜cに当てはまる残った気体の体積の組を選べ。

水素の体積〔cm³〕	4	4	4	4	4
酸素の体積〔cm³〕	0	1	2	3	4
残った気体の体積〔cm³〕	4	2	a	b	c

(ア) a－2　b－2　c－2　　(イ) a－0　b－0　c－1
(ウ) a－2　b－3　c－4　　(エ) a－0　b－1　c－2

(2) cで残った気体の名前を答えよ。

(3) 酸素の体積とできた水の質量との関係を表すグラフを選べ。

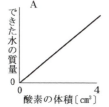
A

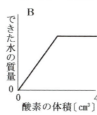
B

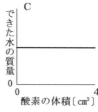
C

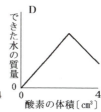
D

3 酸化銅4.0gに炭素0.4gを加えてよくかき混ぜ、図のようにして加熱すると、石灰水は白く濁り、酸化銅はすべて反応して銅が3.2g得られた。各問いに答えよ。

(1) この化学変化を化学反応式で表せ。

(2) この化学変化を説明した次の文の（　）に適語を入れよ。

> 酸化銅は（ ① ）されて銅になり、炭素は（ ② ）されて（ ③ ）になった。

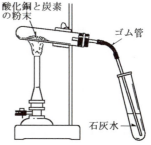

(3) 次に、酸化銅8.0gに炭素0.6gを加えて加熱すると、酸化銅も炭素もすべて反応した。このとき、次の①、②を求めよ。
　① 何gの銅ができるか。
　② 発生する(2)の③の気体の質量。

(4) 酸化銅12.0gに炭素1.0gを加えて加熱したところ、酸化銅はすべて反応して、銅と、(2)の③の気体が3.3g発生した。このとき反応に使われなかった炭素の質量を求めよ。

第6章 理科①

10 力のはたらき

解答 ➡ P.85

要点の再確認！ 要点理解(赤の小学校全科) P.212〜213

1 図は，天井からつり下げた糸におもりをつるして静止させた状態を表している。A〜Eの矢印は，天井や糸やおもりにはたらく力の一部を示している。各問いに答えよ。

(1) Eはおもりにはたらく何という力か，答えよ。
(2) 次の関係にある力を選べ。
・力のつり合いの関係にあるのは，
 糸にはたらく力である（ ① ）と，
 おもりにはたらく力である（ ② ）。
・作用・反作用の関係にあるのは，
 天井と糸の間ではたらく（ ③ ）と，
 糸とおもりの間ではたらく（ ④ ）。
 (ア)AとB　　(イ)AとD
 (ウ)CとD　　(エ)CとE

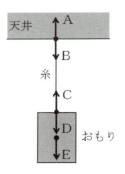

2 0.1Nのおもりで1cm伸びる同じばねA，B，Cがある。これらを使ってア〜ウのようなつなぎ方をし，0.6Nのおもりをつるした。このとき，ばねは下方向に全体で何cm伸びるかそれぞれ答えよ。ただし，ばねや棒の質量は考えない。

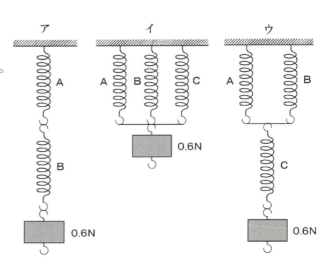

3 図のように、同じ形のペットボトルA、Bにそれぞれ水450gを入れてスポンジの上に置き、へこみ方を調べた。各問いに答えよ。ただし、100gの物体にはたらく重力の大きさを1Nとし、ペットボトルの重さは考えず、ペットボトルの底の面積は50cm^2、ふたの面積は10cm^{2}であるとする。

(1) A、Bのペットボトルがスポンジに及ぼす圧力は何Paか、それぞれ求めよ。

(2) Bのペットボトルがスポンジに及ぼす圧力をAと同じにするには、Bのペットボトルに水を何g入れればよいか、求めよ。

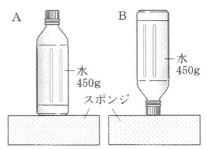

4 質量800g、縦5cm、横4cm、高さ10cmの直方体を用いた実験について、各問いに答えよ。ただし、100gの物体にはたらく重力の大きさを1Nとする。

(1) この直方体を水中に沈めたとき、直方体にはたらく水圧のようすを表しているものを、右図のA〜Dから選べ。

(2) この直方体をばねにつるし、水中に沈めた。このとき、100gで1cm伸びるばねの伸びは、6cmであった。糸がばねを引いている力は何Nか、答えよ。

(3) (2)のとき、直方体の物体が受けている浮力の大きさを選べ。

　(ア) 2N　(イ) 4N　(ウ) 6N　(エ) 8N

(4) (2)の実験を、水に変えて、密度0.8g/cm^{3}の油で行った。このとき、直方体が受ける浮力の大きさを選べ。ただし、水の密度は1.0g/cm^{3}とする。

　(ア) 0.8N　(イ) 1.6N　(ウ) 2.4N　(エ) 4.8N

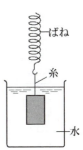

第6章 理科①

11 てこの原理

解答 ➡ P.86

要点の再確認！ 要点理解（赤の小学校全科） P.214〜215

1 次の道具について，各問いに答えよ。

① たちばさみ　② 栓抜き　③ ピンセット　④ バール

(1) 支点が力点と作用点の間にあるものをすべて選べ。
(2) 手で加えた力より作用点ではたらく力の方が小さくなるものを選べ。
(3) 加えた力より作用点ではたらく力の方が大きくなるときは，(ア)，(イ)のどちらか。
　(ア)力点から支点までの距離が，支点から作用点までの距離より小さい。
　(イ)力点から支点までの距離が，支点から作用点までの距離より大きい。

2 次のア，イのとき，A点，B点にそれぞれ何Nの力を加えればてこがつり合うか，求めよ。ただし，棒やひもの重さは考えないものとする。

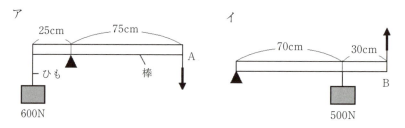

3 ある長さのストローの中心Aに糸を付け，糸を手で持ったところ，ストローは水平になった。図は，ストローの中心から左右に等間隔で印を付けていき，図の位置に質量 x 〔g〕の物体 a と質量 y 〔g〕の物体 b をつるし，

水平になった状態を模式的に表したものである。このとき，x と y の関係はどのような式で表されるか，次から選べ。ただし，ストローの重さは考えないものとする。

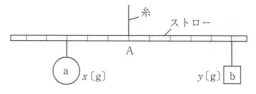

(ア) $5x = 3y$　　(イ) $3x = 5y$　　(ウ) $3x = 8y$　　(エ) $8x = 5y$

4 てこがつり合うものをア～ウからすべて選べ。ただし，おもりはすべて10gとし，糸の重さは考えないものとする。

5 図のように，水平に保たれているモビールがある。A，Bの質量及び a の長さを求めよ。ただし，糸や棒の重さは考えないものとする。

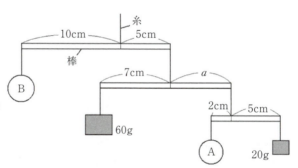

6 長さ1m，質量100gの太さの一様な棒を使って，図のようにおもりをつるしたところ，つり合った。おもりの質量を求めよ。ただし，糸の重さは考えないものとする。

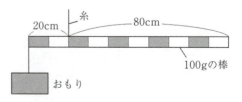

205

第6章 理科①

12 仕事とエネルギー 解答 ➡ P.87

要点の再確認！ 要点理解（赤の小学校全科） P.216〜217

1 図のように，動滑車を使い，質量200gの物体を床面から真上にゆっくりと20cm引き上げた。このとき，ばねばかりが示した値は1.2Nであった。各問いに答えよ。ただし，質量100gの物体にはたらく重力の大きさを1Nとする。

(1) 動滑車の質量は何gか，求めよ。

(2) 物体を20cm引き上げるとき，手が引くひもの長さは何cmか，答えよ。

(3) 物体と動滑車を引き上げる力がする仕事は何Jか，求めよ。

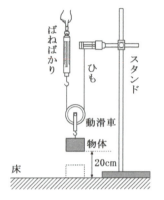

2 図のように，斜面上で質量200gの物体にばねばかりをつなぎ，斜面に沿ってゆっくりと80cm引き上げた。このとき，物体は元の位置より32cm高い位置にあった。各問いに答えよ。ただし，質量100gの物体にはたらく重力の大きさを1Nとする。

(1) 物体を直接真上に引き上げても，斜面を使って引き上げても仕事の量は変わらないことを何というか。

(2) 物体をゆっくり引き上げているときばねばかりが示す値は何Nか。

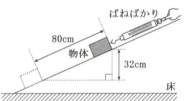

3 図のような装置を使い，小球をPの位置から静かに転がしたところ，小球はQ，Rの位置を通過していった。各問いに答えよ。ただし，小球と面との摩擦は考えないものとする。

(1) 小球のもつ位置エネルギーが最も大きいのは，P，Q，Rのどの

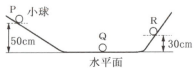

位置にあるときか，答えよ。

(2) Pの位置からRの位置を通過するまでの運動で，小球のもつ運動エネルギーの変化を表すグラフを①～④から選べ。

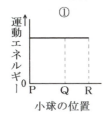  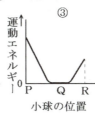 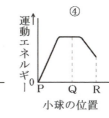

4 図は，ふりこの運動を表している。0.1秒ごとにストロボを発光させながら撮った写真をもとに描いたもので，P点，R点は両端の点，Q点は固定したO点の真下にある。これについて，各問いに答えよ。

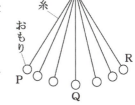

(1) おもりのもつ力学的エネルギーについて，正しいものを(ア)～(ウ)から選べ。
    (ア) どの位置にあっても一定である。
    (イ) P点からQ点までは増加，Q点からR点までは減少。
    (ウ) P点からQ点までは減少，Q点からR点までは増加。

(2) 次のとき，周期（1往復にかかる時間）はどうなるか，それぞれ選べ。
    ① おもりの質量を大きくする。
    ② Pの位置を高くし，振れ幅を大きくする。
    ③ 糸の長さを長くする。
        (ア)大きくなる　　(イ)小さくなる　　(ウ)変わらない

5 次の①～③は，火力発電での段階を表している。それぞれどのようなエネルギーの移り変わりを表しているか，(ア)～(ウ)から選べ。

① 石油の燃焼で水蒸気を発生させる。　② 水蒸気でタービンを回す。
③ タービンを回して発電機で発電する。

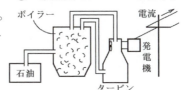

   (ア)運動エネルギー　⟶　電気エネルギー
   (イ)化学エネルギー　⟶　熱エネルギー
   (ウ)熱エネルギー　⟶　運動エネルギー

第6章 理科①

13 電流回路

解答 ➡ P.88

要点の再確認！ 要点理解（赤の小学校全科） P.218〜219

1 図1のような器具を用いて，回路に流れる電流の強さや豆電球に加わる電圧を調べるための回路をつくった。各問いに答えよ。

(1) 図1のZ点を流れる電流の向きを，ア，イから選べ。

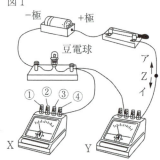

図1

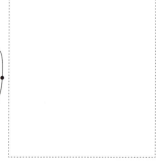

(2) 図のX，Yの計器は，それぞれ電流計，電圧計のどちらであるか，答えよ。

(3) 図1のXで，＋端子を①〜④から選べ。

(4) 右上の点線内に，図1の装置を電気用図記号を用いて，回路図で表せ。

(5) スイッチを入れたとき，電流計，電圧計の針はそれぞれ図2，図3のように振れた。

図2　　※－端子…500mA

図3　　※－端子…3V

ア　この回路に流れる電流は，何mAか，答えよ。
イ　豆電球にかかる電圧は何Vか，答えよ。

2 図は，2本の電熱線XとYのそれぞれについて，電熱線に加わる電圧と

流れる電流との関係を調べ，その結果をグラフに表したものである。各問いに答えよ。

(1) 抵抗の値が大きいのは，電熱線Xと電熱線Yのどちらか，答えよ。
(2) 電熱線Xと電熱線Yの抵抗の値は，それぞれ何Ωか，答えよ。
(3) 電熱線Xに10Vの電圧を加えると，何Aの電流が流れるか，答えよ。
(4) 電熱線Yに0.6Aの電流が流れているとき，電圧は何Vか，答えよ。
(5) 2本の電熱線に同じ電圧を加えたとき，電熱線Xに流れる電流の大きさは，電熱線Yに流れる電流の大きさの何倍か，答えよ。
(6) 2本の電熱線に同じ大きさの電流を流すには，電熱線Xに加える電圧の何倍の電圧を，電熱線Yに加えればよいか，答えよ。

3 図1，2の回路図を見て，各問いに答えよ。

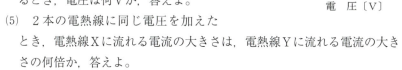

(1) 図1で，回路全体の抵抗は何Ωか。
(2) 図1で，回路を流れる電流は何Aか。
(3) 図1で，2Ωの抵抗に加わる電圧は何Vか。

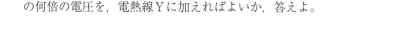

(4) 図2で，6Ωの抵抗に加わる電圧は何Vか。
(5) 図2で，A点を流れる電流は何Aか。
(6) 図2で，回路全体の抵抗は何Ωか。

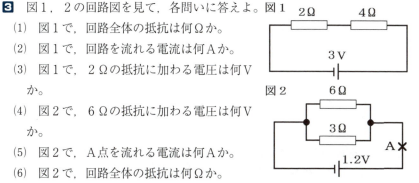

4 右の回路図を見て，各問いに答えよ。
(1) ab間の電圧は何Vか。
(2) 電流計は何Aを示すか。
(3) bc間の電圧は何Vか。
(4) 電源の電圧は何Vか。
(5) この回路の全抵抗は何Ωか。

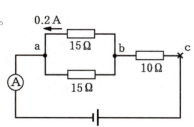

209

第6章 理科①

14 電流のはたらき　解答➡ P.88

要点の再確認！　要点理解（赤の小学校全科）　P. 220〜221

1 図のような100Ｖ用1500Ｗのドライヤーと，100Ｖ用1000Ｗの湯わかし器がある。各問いに答えよ。

(1) このドライヤーと湯わかし器を同時に家庭の100Ｖの電源につなぐと，この家庭での電流は何Ａ増加するか，(ア)〜(エ)から選べ。
　(ア) 6 Ａ　　(イ) 10 Ａ　　(ウ) 15 Ａ　　(エ) 25 Ａ

(2) この湯わかし器に一定量の水を入れて，家庭の100Ｖの電源につなぐと，約10分後に沸騰し始めた。同じ量の水を入れたこの湯わかし器を50Ｖで使用した場合の説明として正しいものを(ア)〜(エ)から選べ。
　(ア) 電流が半分になるので，沸騰し始めるまでの時間は約2倍になる。
　(イ) 抵抗が半分になるので，沸騰し始めるまでの時間は約2倍になる。
　(ウ) 電力が半分になるので，沸騰し始めるまでの時間は約2倍になる。
　(エ) 電流・電圧ともに半分になるので，沸騰し始めるまでの時間は約4倍になる。

2 次の各問いに答えよ。

(1) 磁石による磁界の向きは(ア)，(イ)のどちらか。
　(ア) Ｎ極から出てＳ極に入る向き。　　(イ) Ｓ極から出てＮ極に入る向き。

(2) 図1で，真っすぐな導線に電流を流したときにできる磁界の向きとして，正しいものをすべて選べ。

図1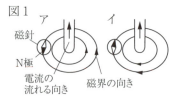
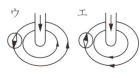

(3) 図2で，コイルに電流を流したときにできる磁界の向きとして，正しいものをア，イから選べ。

(4) コイルに生じる磁界を強める方法を2つ答えよ。

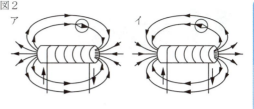
図2

3 右の図のようなコイルをつくり，U字形磁石を置いてスイッチを入れると，コイルはある向きに傾いたまま動かなくなった。各問いに答えよ。

(1) コイルが動く向きを図のア，イから選べ。

(2) 電源装置の＋極と－極を入れかえてスイッチを入れたときのコイルの動きを，(ア)〜(エ)から選べ。

　(ア) 最初アの方へ傾いて元の位置へ戻り，動かなくなる。
　(イ) 最初イの方へ傾いて元の位置へ戻り，動かなくなる。
　(ウ) アの方へ傾いたまま動かなくなる。
　(エ) イの方へ傾いたまま動かなくなる。

(3) この原理を応用しているものを(ア)〜(エ)から選べ。
　(ア)発電機　　(イ)真空放電管　　(ウ)電熱器　　(エ)モーター

4 右の図のようにして，棒磁石のN極をコイルに近づけると，検流計の針が＋側に振れた。各問いに答えよ。

(1) このようにして電流を取り出すしくみを何というか，答えよ。

(2) コイルに棒磁石のN極を急に差し込んで，コイルの中で棒磁石を静止させたときの検流計の針の動きを選べ。
　(ア)0を指したままである。　(イ)針が＋側に振れ，その位置で止まる。
　(ウ)針が左右に振れ続ける。　(エ)針が＋側に振れ，すぐに0に戻る。

(3) 同じようにして，棒磁石のS極をコイルから遠ざけたときの検流計の針の動きを選べ。
　(ア)針が＋側に振れる。　(イ)針が－側に振れる。　(ウ)針は振れない。

第6章 理科①

15 光と音

解答➡ P.89

要点の再確認！ 要点理解（赤の小学校全科） P.222〜223

1 図1は光が空気中から水中へ，図2は光が水中から空気中へ進むときの進み方を表している。各問いに答えよ。

(1) 図1で，入射角，反射角，屈折角をそれぞれa〜fから選べ。

(2) 図2で，入射角，屈折角をそれぞれa〜eから選べ。

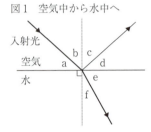

2 次の文の下線部のように物体が見えるのは，光の性質のうち，どれと最も関係が深いか。(ア)〜(ウ)から選べ。ただし，同じものを何回選んでもよい。

① 湖の水面に，向こう岸の景色が映っていた。
② 校庭に立つと，太陽と反対側に自分の影ができた。
③ 金魚のいる水そうを下からのぞくと，水面に金魚が映って見えた。
④ 水の入った茶わんの中に箸をつけると，箸が折れ曲がって見えた。
⑤ 鏡を2枚使って，頭の後ろを見た。
⑥ 風呂に入り，湯の中の風呂桶の壁に手をつけると，指が短く見えた。
　(ア)光の直進　　(イ)光の反射　　(ウ)光の屈折

3 ろうそく，凸レンズ，スクリーンを図のような位置に置くと，スクリーンに像が映った。これについて，各問いに答えよ。

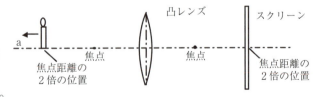

(1) スクリーンに映った像の大きさを(ア)～(ウ)から選べ。
　(ア)ろうそく（実物）より大きい。　(イ)ろうそくより小さい。
　(ウ)ろうそくと同じ大きさ。
(2) スクリーンに映った像を(ア)～(エ)から選べ。
　(ア)逆さまの実像　　(イ)逆さまの虚像
　(ウ)同じ向きの実像　(エ)同じ向きの虚像
(3) ろうそくをaの向きに動かし，スクリーンを移動させて像の映る位置をさがした。スクリーンの位置と映る像の大きさについて，当てはまるものを，(ア)～(エ)から選べ。
　(ア) スクリーンは凸レンズに近づき，像はろうそく（実物）より大きい。
　(イ) スクリーンは凸レンズに近づき，像はろうそくより小さい。
　(ウ) スクリーンは凸レンズから遠ざかり，像はろうそくより大きい。
　(エ) スクリーンは凸レンズから遠ざかり，像はろうそくより小さい。

4 図のようなモノコードを使って，音の性質を調べた。各問いに答えよ。
(1) 弦のはじき方は変えずに，おもりを重くして弾くと，音がどうなるか，(ア)～(エ)から選べ。
　(ア)大きくなる。　(イ)小さくなる。
　(ウ)高くなる。　　(エ)低くなる().
(2) A～Cの位置にことじを置いてはじいたとき，最も低い音が出るのはどの位置か，答えよ。
(3) 図は，コンピュータを使って調べた音の波形である。各問いに答えよ。

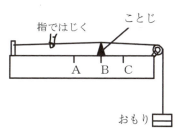

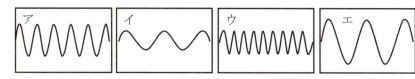

① 最も大きい音の波形をア～エから選べ。
② 最も高い音の波形をア～エから選べ。
③ 同じ高さの音の波形をア～エから1組選べ。

第7章

理科②

第7章　理科②

1 植物の分類

解答➡ P.90

要点の再確認！ 要点理解（赤の小学校全科） P. 228〜229

1 アブラナとマツの花について観察した。各問いに答えよ。

(1) A〜Dの名前をそれぞれ答えよ。ただし，おしべ，めしべは答えではない。

(2) B，Dは成長してそれぞれ何になるか，答えよ。

(3) 図の①，②は，アブラナの花のどの部分に当たるか。それぞれA〜Dから選べ。

(4) アブラナのようにDの中にBがある植物の仲間を何というか，答えよ。

(5) マツの仲間をすべて選べ。

　(ア)タケ　　(イ)イチョウ　　(ウ)ソテツ　　(エ)ケヤキ　　(オ)スギ

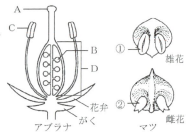

2 図のように，ＢＴＢ溶液を加えて青色になった水溶液に息を吹き込んで緑色にし，A〜Cの3本の試験管に入れた。A，Cにはオオカナダモを入れ，Cはアルミニウムはくでおおい，Bには何も入れなかった。そしてA〜Cの試験管に30分間光を当て，溶液の色の変化を調べると，次のようになった。

〔結果〕

　A　(ア)　　B　緑色　　C　(イ)

各問いに答えよ。

(1) (ア)，(イ)はそれぞれ何色か，答えよ。

(2) 試験管Aの色が(1)のように変わる理由を述べた次の文の（　）に適語を入れよ。

　試験管Aでは，オオカナダモが（ ① ）を行い，溶液中の（ ② ）を取り入れたから。

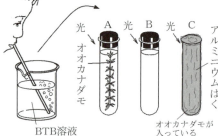

(3) 試験管Cの色が(1)のように変わる理由を述べた次の文の（　）に適語を入れよ。

　　試験管Cでは，オオカナダモが（ ① ）を行い，溶液中に（ ② ）を出したから。

3 図のように，水を入れた試験管に，葉の大きさや枚数などの条件がほぼ同じ植物の枝をさしたものを4本用意し，それぞれ条件を変えて，水の減り方を調べた。各問いに答えよ。

(1) 水の減り方の多いものから順に，A〜Dを並べよ。

(2) この実験は，植物の何というはたらきを調べるためのものか，答えよ。

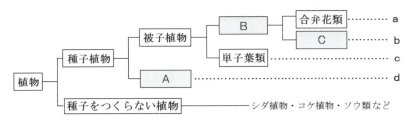

4 図は植物を仲間分けしたものである。各問いに答えよ。

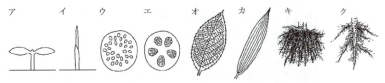

(1) 図のA〜Cに当てはまる語を答えよ。
(2) 単子葉類の特徴について，ア〜クから4つ選べ。
(3) 図のa〜dに当てはまる植物を，それぞれ2つずつ選べ。
　(ア)サクラ　　(イ)イネ　　(ウ)イチョウ　　(エ)トウモロコシ
　(オ)アサガオ　(カ)ソテツ　(キ)タンポポ　　(ク)アブラナ

第7章　理科②

2 動物の分類

解答 ➡ P.90

要点の再確認！ 要点理解(赤の小学校全科) P.230〜231

1 次の各問いに答えよ。

(1) 背骨をもたない動物を何というか。

(2) バッタやトンボなどの昆虫類，エビやカニの仲間，クモ類，ムカデの仲間などは，体やあしに節があることから，何動物と呼ばれるか。

(3) (2)の仲間の体をおおっているかたい殻を何というか。

(4) エビやカニの仲間は，何類と呼ばれるか。

(5) 昆虫類，エビやカニの仲間は，それぞれ体がいくつの部分に分かれているか。

(6) 昆虫類，クモの仲間は，それぞれあしを何本もつか。

(7) 昆虫の腹部にある気門は，どのようなはたらきに役立っているか。

(8) さなぎの期間がある昆虫をすべて選べ。

　(ア)トンボ　　(イ)バッタ　　(ウ)モンシロチョウ
　(エ)ミツバチ　(オ)カブトムシ　(カ)カマキリ

2 次のa〜gの動物について，各問いに答えよ。

| a | カエル | b | スズメ | c | タイ | d | ウミガメ |
| e | ワニ | f | フナ | g | サル | | |

(1) 肺で呼吸することが，一生のどの時期にもない動物をすべて選べ。

(2) aとcに共通している事柄をすべて選べ。

　ア　卵生である。　　　　　　イ　体がうろこでおおわれている。
　ウ　肺で呼吸する時期がある。　エ　体が外骨格でおおわれている。
　オ　体温がまわりの温度によって変わる。

(3) dとeは，同じ仲間に分類される。何類か，答えよ。

(4) まわりの温度変化に関係なく体温を一定に保つ動物を何というか。また、そのような動物をa～gからすべて選べ。

3 次の表は、6種類の生物のA～Cの特徴について調べた結果である。表中の○は、その特徴をもっていることを示している。各問いに答えよ。

	ウサギ	ウグイス	イワシ	トカゲ	イモリ	バッタ
A	○	○	○	○	○	
B		○	○	○	○	○
C	○	○			○	

(1) 特徴A～Cに当てはまるものをそれぞれ選べ。
  ① 背骨をもたない　② 背骨をもつ
  ③ 卵を産む　④ 卵を陸上に産む　⑤ 卵を水中に産む
  ⑥ 一生肺呼吸する　⑦ 一生えら呼吸する
  ⑧ 体温がほぼ一定である　⑨ 体温が外界の温度によって変わる
  ⑩ 親の体内で育てた子を産む

(2) 親の体内で育てた子を産んでふえることを、何というか。

4 ヒマワリの咲いている花壇に、昆虫やクモなどがいて、ときどき鳥もやってくる。そこでの食べる・食べられるの関係を調べたところ、図のようになった。各問いに答えよ。

(1) 自然界では、多くの生物が食べる・食べられるの関係でつながっている。このようなつながりを何というか。

(2) 図のAに当てはまる生物を選べ。
  (ア)スズメ　(イ)バッタ　(ウ)トンボ
  (エ)チョウ　(オ)ダンゴムシ

(3) ミツバチやハナアブは、次のどちらに当たるか、選べ。
  (ア)消費者　(イ)生産者

(4) 次の中から分解者に当たるものをすべて選べ。
  (ア)アオカビ　(イ)ミミズ　(ウ)イヌワラビ　(エ)大腸菌

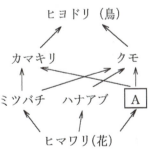

3 生殖と遺伝

第7章 理科②

解答 ➡ P.91

要点の再確認！ 要点理解(赤の小学校全科) P.232〜233

1 細胞分裂の観察について，各問いに答えよ。

図1 　　　図2

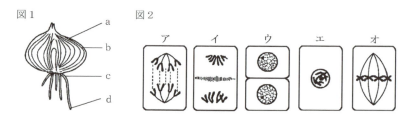

(1) 図1で，細胞分裂の観察に適している部分をa〜dから選べ。
(2) 図2のア，イ，エ，オで見られる糸状のものの名前を答えよ。
(3) 図2のア〜オを，正しい順に並べ替えよ。

2 図は，植物の受精のしくみを表したものである。各問いに答えよ。

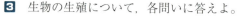

(1) 花粉がめしべの柱頭につくと，花粉から糸のようなものが伸びてくる。これを何というか。
(2) a，bの生殖細胞の名前を答えよ。
(3) aとbの細胞が受精すると，aは何になっていくか。㋐〜㋓から選べ。
　(ア)種子　　(イ)胚珠　　(ウ)胚　　(エ)子房

3 生物の生殖について，各問いに答えよ。

(1) 右の図は，ゾウリムシが分裂により新しい個体をつくる様子を表している。このようなふえ方を何生殖というか。
(2) (1)のふえ方でできた子の特徴を選べ。
　(ア) 親とは違った特徴をもつ。

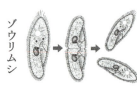

(イ)　親とまったく同じ特徴をもつ。
　(ウ)　親と同じ特徴のものもあれば，違う特徴のものもある。
(3)　ジャガイモのいもやオニユリのむかごなど，養分をたくわえた根・茎・葉の一部から新しい個体ができるものがある。このようなふえ方は特に何と呼ばれるか。
(4)　次の図のAはカエルの受精卵である。Aはこの後，どのように変化していくかア～カを正しい順に並べ替えよ。

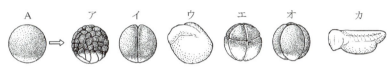

4　図は，丸い種子をつくる純系のエンドウと，しわのある種子をつくる純系のエンドウを受粉させ，エンドウの種子の形質が親から子，子から孫へと伝わっていく様子を模式的に表したものである。各問いに答えよ。

(1)　できたエンドウ（子）の種子の特徴として正しいものを選べ。
　(ア)すべて丸。
　(イ)すべてしわ。
　(ウ)丸としわがほぼ3：1の割合。
　(エ)丸としわがほぼ1：1の割合。
(2)　子どうしを受粉させてできた孫では，丸い種子としわの種子がおよそ何対何の比でできるか。整数比で答えよ。
(3)　種子を丸にする遺伝子をA，しわにする遺伝子をaとする。
　①　子の遺伝子の組み合わせを選べ。
　　(ア) AA　　(イ) Aa　　(ウ) aa
　②　孫での遺伝子の組み合わせ，AA：Aa：aaの比を選べ。
　　(ア) 1：1：1　　(イ) 1：2：1　　(ウ) 2：1：1
(4)　形質を伝える遺伝子の正体は何という物質か。英字3文字で答えよ。

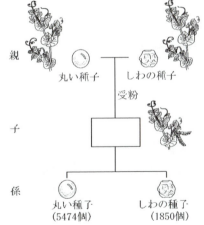

第7章　理科②

4 ヒトの体のつくり①　解答➡P.92

要点の再確認！　要点理解（赤の小学校全科）　P.234〜235

1 次の図は，植物と動物の細胞を顕微鏡で観察したときのスケッチである。各問いに答えよ。

(1) 図のA，Bのスケッチは何の細胞を観察したものか，それぞれ選べ。

(ｱ)オオカナダモの葉の細胞
(ｲ)タマネギの表皮の細胞
(ｳ)ヒトのほおの内側の粘膜の細胞
(ｴ)ヒトの血液

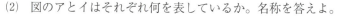

(2) 図のアとイはそれぞれ何を表しているか。名称を答えよ。

(3) 植物の細胞だけに見られるつくりを選べ。
(ｱ)細胞膜　　(ｲ)核　　(ｳ)細胞壁　　(ｴ)細胞質

2 だ液のはたらきと温度の関係を調べるため，3本の試験管a・b・cにそれぞれ薄いデンプンのりとだ液を混ぜ合わせたものを入れ，図1のように0℃の氷水，40℃の湯，100℃の湯にそれぞれつけた。5分後，a・b・cの各液を2等分し，一方にはヨウ素液を加え，もう一方にはベネジクト液を加えて加熱し，反応を見たところ，表1のような結果になった。各問いに答えよ。

〔図1〕

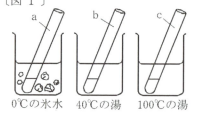

0℃の氷水　40℃の湯　100℃の湯

〔表1〕

試験管	a	b	c
ヨウ素液	○	×	○
ベネジクト液	×	○	×

（○＝反応あり，×＝反応なし）

(1) だ液に含まれる消化酵素の名称を答えよ。

(2) だ液のはたらきについて，正しいものをすべて選べ。

(ア) だ液のはたらきは，0℃と100℃で活発になる。
(イ) だ液のはたらきは，40℃で活発になる。
(ウ) だ液はデンプンをアミノ酸に変え，ベネジクト液で赤褐色になる。
(エ) だ液はデンプンを糖に変え，ベネジクト液で赤褐色になる。

3 次の図を見て，各問いに答えよ。

(1) だ液，すい液が分泌される消化器官を，それぞれ図中のア〜ケから選べ。
(2) 胃液に含まれる消化酵素がはたらくものを選べ。
　(ア)デンプン　(イ)タンパク質　(ウ)脂肪
(3) 胃液に含まれている消化酵素の名称を答えよ。
(4) デンプンが消化酵素によって完全に分解されると，何になるか。
(5) 脂肪を分解するリパーゼを含む消化液を選べ。
　(ア)だ液　(イ)胆汁　(ウ)すい液
　(エ)小腸の壁から出される消化液
(6) 肝臓を図のア〜ケから選べ。また肝臓のはたらきについて，正しいものをすべて選べ。
　(ア) 養分をたくわえる。　(イ) 尿素をこし取り排出する。
　(ウ) 胆汁をつくる。　(エ) 赤血球をつくる。
　(オ) 体内でできたアンモニアを尿素に変える。

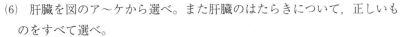

4 次の図は，小腸の内側の壁を拡大した模式図である。各問いに答えよ。

(1) 小腸の内側の壁にあるたくさんのAのひだの名前を答えよ。
(2) Aがたくさんあることは，どのようなことに都合がよいか。
(3) Aの内部にあるア，イの名称を答えよ。
(4) Aのひだの中に取り込まれ，アの中に入って運ばれる栄養分をすべて選べ。
　(ア)脂肪酸　(イ)アミノ酸
　(ウ)ブドウ糖　(エ)モノグリセリド

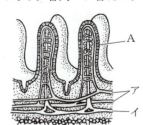

第7章 理科②

5 ヒトの体のつくり② 解答➡ P.92

要点の再確認！ 要点理解(赤の小学校全科) P.236〜237

1 次の図は，ヒトの心臓の断面を表した模式図である。各問いに答えよ。

(1) 次の①，②の血液の流れる経路を，それぞれ選べ。

① 肺から心臓に戻り全身に出ていく。
② 全身から心臓に戻り肺に出ていく。

(ア) A→ア→右心室→C
(イ) C→右心室→ア→A
(ウ) D→ウ→イ→B
(エ) B→イ→ウ→D

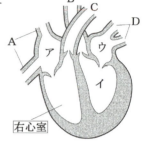

(2) 血管Cの名称を答えよ。

(3) 心臓はどのような収縮を繰り返すか，正しいものを選べ。

(ア) 右心房と左心房が同時に収縮，次に右心室と左心室が同時に収縮。
(イ) 右心房と左心室が同時に収縮，次に左心房と右心室が同時に収縮。
(ウ) 右心房→右心室→左心房→左心室の順に収縮。
(エ) 左心房→右心室→右心房→左心室の順に収縮。

2 次の図は，ヒトの血液の成分を模式的に表したものである。各問いに答えよ。

(1) 固形成分ア，イの名称を答えよ。
(2) 液体成分ウの名称を答えよ。
(3) ア，イ，ウのはたらきをそれぞれ次から選べ。

(ア) 出血した血液を固める。
(イ) 体に入った細菌などの異物を分解する。
(ウ) 栄養分や二酸化炭素を溶かして運ぶ。
(エ) 酸素と結び付き，酸素を運ぶ。

(4) 血液が赤く見えるのはアが赤い色素を含むためである。この色素の名称を答えよ。

3 次の図は，生きているメダカの尾びれの部分を顕微鏡で観察したときのスケッチである。矢印は，丸い粒が動く向きを示している。各問いに答えよ。

(1) この観察で見られるAやBの細い血管の名称を答えよ。

(2) 血管の中を流れる丸い粒の名称と流れるようすについて，正しいものを選べ。
   (ア) 赤血球で，一定の方向に流れる。
   (イ) 白血球で，一定の方向に流れる。
   (ウ) 赤血球で，一定の時間間隔で流れる方向が変わる。
   (エ) 白血球で，一定の時間間隔で流れる方向が変わる。

(3) AとBで，酸素を多く含む血液が流れているのはどちらか選べ。

(4) メダカの心臓は1心房1心室である。メダカの血液の流れとして正しいものを選べ。
   (ア) 心房→心室→全身→えら→
   (イ) 心房→心室→えら→全身→
   (ウ) 心室→心房→全身→えら→
   (エ) 心室→心房→えら→全身→

4 次の図を見て，各問いに答えよ。

(1) 血液を循環させるポンプの役目をする器官名を答えよ。

(2) アは肺から心臓に血液が流れる血管，イは心臓から全身に血液が流れる血管である。それぞれの名称を答えよ。

(3) 次のような血液が流れる血管を，それぞれア〜カから選べ。
   ① 酸素が最も多く含まれる
   ② 養分が最も多く含まれる
   ③ 二酸化炭素が最も多く含まれる
   ④ 不要物が最も少ない
   ⑤ 静脈血が流れている動脈

(4) 血管の壁が薄く，ところどころに逆流を防ぐための弁があるのは，動脈，静脈のどちらか。

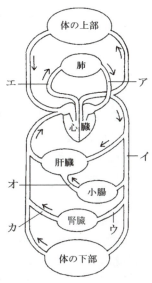

第7章 理科②

6 地震と火山

解答 ➡ P.93

要点の再確認！ 要点理解（赤の小学校全科） P.238〜239

1 次の図は，同じ地震をP，Qの2地点で地震計が記録したものである。各問いに答えよ。

(1) 地震の規模を表すものを選べ。
　(ア)ジュール　　(イ)震度
　(ウ)パスカル　　(エ)マグニチュード

(2) 図のイのゆれを何というか，(ア)〜(エ)から選べ。
　(ア)主要動　　(イ)余震
　(ウ)初期微動　(エ)地震波

(3) アとイのゆれが起こる理由を選べ。
　(ア) アのゆれを起こす波が発生し，次にイのゆれを起こす波が発生する。
　(イ) イのゆれを起こす波が発生し，次にアのゆれを起こす波が発生する。
　(ウ) 同時に2つのゆれを起こす波が発生し，アのゆれを起こす波の方が速く伝わる。
　(エ) 同時に2つのゆれを起こす波が発生し，イのゆれを起こす波の方が速く伝わる。

(4) P，Qの地点は，どちらの方が震源に近いか。

2 右のグラフは，10時15分に発生した地震について，震源からの距離とP波，S波が届いた時刻との関係を表している。各問いに答えよ。

(1) 震源から300km地点での初期微動継続時間を求めよ。

(2) 初期微動継続時間が30秒の地点は，震源から何km離れているか。

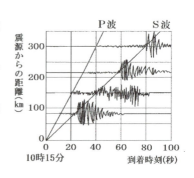

(3) S波の平均の速さはおよそ何km/sか。小数第2位を四捨五入して答えよ。

3 次の表は、ある地震をA～Cの3地点で観測したときの震源からの距離と最初のゆれが始まった時刻を表している。図は、Bの地点の地震計の記録である。各問いに答えよ。

(1) この地震の最初のゆれを起こす波の伝わる速さは何km/sか。整数で答えよ。

地点	震源からの距離	最初のゆれが始まった時刻
A	a	5時46分55秒
B	60km	5時47分00秒
C	120km	5時47分10秒

(2) 表中のaに入る震源からの距離を求めよ。
(3) Cの地点での初期微動継続時間を求めよ。
(4) 地震が発生した時刻を求めよ。

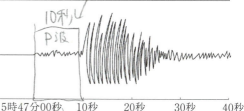

4 火山の形や色などについて、次の図を見て、各問いに答えよ。

(1) 火山の形がA～Cの3つのタイプに分けられるのは、マグマのどのような性質によるか、答えよ。

(2) Bの火山の噴火の様子を表すものを選べ。
　(ア) 噴火はおだやかで、大量の溶岩が流れ出る。
　(イ) 大量の火山灰を噴出する激しい噴火で、火砕流を起こすことがある。
　(ウ) 多量の火山ガスを含み、爆発による火山灰と溶岩の流出が繰り返される。
(3) 火山灰や溶岩などの噴出物が黒っぽいものをA～Cから選べ。
(4) Bの形の火山として代表的なものをすべて選べ。
　(ア)富士山　(イ)雲仙普賢岳　(ウ)キラウエア（ハワイ）
　(エ)浅間山　(オ)昭和新山　(カ)三原山（伊豆大島）

第7章 理科②

7 火成岩と堆積岩　解答➡ P.93

要点の再確認！　要点理解(赤の小学校全科)　P.240〜241

1 次の図は，2種類の火成岩の断面を観察したスケッチである。Aは全体的に灰色っぽく，黒い粒がところどころに見られた。Bは全体的に白っぽく，同じくらいの粒がきっちりと組み合わさっていた。各問いに答えよ。

(1) Aのつくりをもつ火成岩は，火山岩，深成岩のどちらか。
(2) Bのような岩石のつくりを何というか。
(3) Aのつくりで，aの部分，bの部分の名称をそれぞれ答えよ。

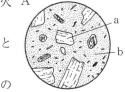

(4) Bのつくりをもつ火成岩はどのようにしてできたか，㋐〜㋓から選べ。
　㋐　マグマが地表や地表近くで急に冷えてできた。
　㋑　マグマが地表近くの地中でゆっくり冷えてできた。
　㋒　マグマが地下の深いところで急に冷えてできた。
　㋓　マグマが地下の深いところでゆっくり冷えてできた。

2 図1はある地点の地層を観察しその結果を示したもので，図2は図1の地層に含まれていた示準化石を表している。各問いに答えよ。

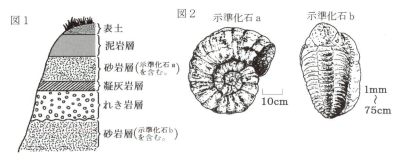

(1) れき岩，砂岩，泥岩は何によって分類されるか，㋐〜㋒から選べ。

(ア)粒の色　　(イ)粒の大きさ　　(ウ)粒のかたさ
(2) 凝灰岩の層があることから，当時の自然環境に何があったことが分かるか，(ア)〜(エ)から選べ。
　　(ア) 土地が沈降し海底になった。　(イ) 土地が隆起し陸上になった。
　　(ウ) 火山の噴火が起こった。　　　(エ) 大量の雨で洪水が起こった。
(3) 示準化石aの名称を答えよ。
(4) 示準化石bが示す地質年代を(ア)〜(ウ)から選べ。
　　(ア)古生代　　(イ)中生代　　(ウ)新生代
(5) 示準化石の特徴として当てはまるものを(ア)〜(エ)から選べ。
　　(ア) 広い範囲に住み，長い期間栄えた生物の化石。
　　(イ) 広い範囲に住み，短い期間栄えた生物の化石。
　　(ウ) せまい範囲に住み，長い期間栄えた生物の化石。
　　(エ) せまい範囲に住み，短い期間栄えた生物の化石。

3 図1は，ボーリング調査が行われたA，B，Cの3地点とその標高を示す地図であり，図2は，各地点の柱状図である。なお，この地域では凝灰岩の層は1つしかなく，地層はある一定の方向に傾いている。各問いに答えよ。

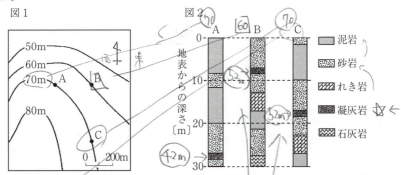

(1) B地点の石灰岩の層からサンゴの化石が見つかった。この層が堆積した当時，この地域はどのような環境であったか。
(2) C地点で，れき岩，砂岩，泥岩の順に堆積していったことから，当時この地域の海の深さはどのように変化していったと推測できるか。
(3) この地域の地層が傾いて低くなっている方角を(ア)〜(エ)から選べ。
　　(ア)東　　(イ)西　　(ウ)南　　(エ)北

第7章 理科②

8 天気の変化①

解答 ➡ P.94

要点の再確認！ 要点理解（赤の小学校全科） P.242〜243

1 次の各問いに答えよ。

(1) 観測時，降水はなく，雲量は8，風力は3であった。またビニールひもを棒につけた吹き流しをつくり風になびかせたところ，真上から見ると図1のようになった。このときの天気図記号を図2から選べ。

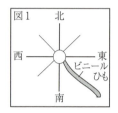

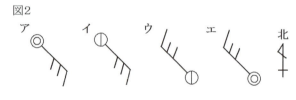

(2) 図3は，乾湿計と湿度表の一部を表している。このときの湿度は何％か。

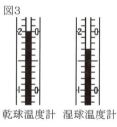

乾球温度計の示度〔℃〕	乾球温度計と湿球温度計の示度の差〔℃〕						
	0.0	1.0	2.0	3.0	4.0	5.0	6.0
24	100	91	83	75	68	60	53
22	100	91	82	74	66	58	50
20	100	91	81	73	64	56	48
18	100	90	80	71	62	53	44
16	100	89	79	69	59	50	41

2 次の図は，ある日の日本付近の天気図である。各問いに答えよ。

(1) 図中の曲線の名称を答えよ。

(2) 低気圧の中心はア，イのどちらか。

(3) A地点の気圧を，単位をつけて答えよ。

(4) A地点とB地点では，どちらが強い風が吹いているか。

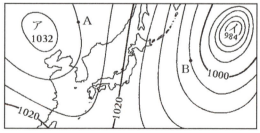

3 次の図は，ある日の日本付近の天気図の一部を示している。各問いに答えよ。

(1) 風の吹き方として正しいものを選べ。
   (ア) 気圧の低いところから高いところに向かって吹く。
   (イ) 気圧の高いところから低いところに向かって吹く。

(2) P地点の地表付近の空気の流れを選べ。

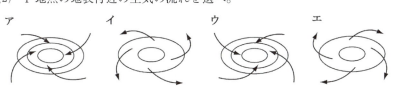

(3) Q地点は，高気圧の中心，低気圧の中心のどちらか。
(4) a地点，b地点の風向をそれぞれ選べ。
   (ア)東　(イ)西　(ウ)南　(エ)北

4 室温25℃の部屋で，図のように，表面が乾いている金属製のコップにくみ置きの水を入れ，氷水をかき混ぜながら少しずつ加えていき，金属製のコップの表面がくもり始めるときの温度を調べると15℃であった。これについて，各問いに答えよ。ただし，表は温度と飽和水蒸気量との関係を表したものである。

温度〔℃〕	0	5	10	15	20	25	30
飽和水蒸気量〔g/m^3〕	4.8	6.8	9.4	12.8	17.3	23.1	30.4

(1) 金属製のコップの表面がくもり始めたときの温度を，その空気の何というか。
(2) この部屋の湿度を選べ。
   (ア)約41%　(イ)約55%　(ウ)約65%　(エ)約74%
(3) この部屋の温度を10℃まで下げたとき，部屋全体で何gの水滴が出てくるか，求めよ。ただし，この部屋の体積を40m^{3}とする。

第7章 理科②

9 天気の変化②

解答 ➡ P.94

要点の再確認！ 要点理解(赤の小学校全科) P.244〜245

1 図1は，ある日の日本付近における低気圧と前線の様子を表した模式図である。各問いに答えよ。

(1) aの前線の名称を答えよ。

(2) 図2は，図1のX－Yで切った前線付近の大気の断面の様子を表した模式図で，暖気と寒気が接している前線面を曲線PQで示してある。曲線PQを境にして，寒気の部分はX，Yのどちら側か。

(3) 図1のA，B，C，Dの各地点の様子について説明した文として最も適当なものを(ア)〜(エ)から選べ。

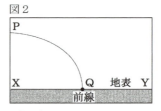

(ア) A地点の天気は晴れ，B地点の天気は雨である。
(イ) A地点とB地点では，B地点の方が気温が高い。
(ウ) C地点で発達する雲は，乱層雲である。
(エ) D地点の風向は，ほぼ南東である。

2 右の図は，ある地点の8時から20時までの気温・湿度・気圧・風向・風力・天気を調べたものである。なお，この間に前線が通過している。各問いに答えよ。

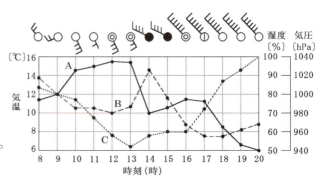

(1) 湿度と気圧を表しているグラフを，A〜Cからそれぞれ選べ。
(2) 前線が通過したと考えられる時間を(ア)〜(エ)から選べ。
　(ア) 9時から10時の間　　(イ) 11時から12時の間
　(ウ) 13時から14時の間　　(エ) 17時から18時の間
(3) 通過した前線の名称を答えよ。

3 　右の図は，ある日の日本付近の天気図の一部を示している。各問いに答えよ。

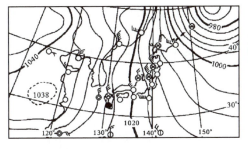

(1) どの季節の天気図か，(ア)〜(エ)から選べ。
　(ア)春　　(イ)梅雨（つゆ）
　(ウ)夏　　(エ)冬
(2) この気圧配置の特徴は何と呼ばれるか，(ア)〜(エ)から選べ。
　(ア)北高南低　　(イ)西高東低　　(ウ)南高北低　　(エ)東高西低
(3) この季節に大きな影響を与えている気団名を答えよ。

4 　右の図は，太平洋高気圧が日本全体をおおっている様子を示す天気図から，風力，風向，天気をとり除いたものである。各問いに答えよ。

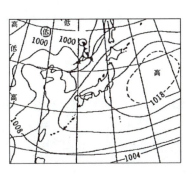

(1) 太平洋高気圧をもたらす気団名を答えよ。
(2) どの季節の天気図か，(ア)〜(エ)から選べ。
　(ア)春　　(イ)梅雨（つゆ）　　(ウ)夏　　(エ)冬
(3) この天気図での日本の天気を説明したものを(ア)〜(エ)から選べ。
　(ア) 太平洋側では晴れ，日本海側では気温が低く大雪である。
　(イ) 山間部では少し雲があるが，全国的に晴れまたは快晴である。
　(ウ) 日本全国，雨またはくもりの天気で，大雨のところもある。
　(エ) 湿った空気の流入により太平洋側では霧，日本海側は雨である。

233

第7章　理科②

10 地球と宇宙

解答➡ P.95

要点の再確認！　要点理解（赤の小学校全科）　P. 246～247

1 透明半球の使い方と太陽の動きについて，各問いに答えよ。

(1) 図1で，サインペンの先の影が，どの点にくるようにするか。

(2) 図2で，AとBの方位をそれぞれ答えよ。

(3) 図2のG点は，太陽が真南にきたときである。このときを太陽の何というか。

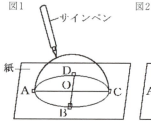
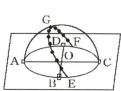

(4) 図2で，日の出，日の入り地点はそれぞれどの点か，答えよ。

(5) 図2から分かることで，誤っているものを(ア)～(エ)から選べ。

　(ア) 1時間ごとに測定した点の間隔は一定である。

　(イ) 太陽の高さが最も高くなるのはG点を記録したときである。

　(ウ) この日の昼の長さは夜の長さより短い。

　(エ) この日の太陽は真東より北寄りからのぼる。

2 星の1日の動きについて，各問いに答えよ。

(1) 図A，B，Cは，東西南北のうち，それぞれどの方位のものか，また，ア～カのどちらに動くか，答えよ。

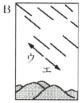
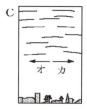

(2) 図Aで，円の中心にある星の名称を答えよ。

(3) 図Aで，星は1時間に，円の中心から何度動くか。

(4) 星の1日の動きは，次のどちらの動きと関係があるか，選べ。

　(ア)地球の自転　　(イ)地球の公転

3 図は，春分・夏至・秋分・冬至の日の地球の位置と地球の自転の様子を表したものである。各問いに答えよ。

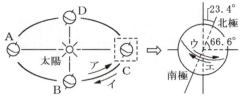

(1) 地球の公転の向きをア，イから選べ。
(2) 地球の自転の向きをウ，エから選べ。
(3) 北半球で太陽の南中高度が最も高い日の地球の位置を，A～Dから選べ。
(4) 秋分の日の地球の位置を，A～Dから選べ。
(5) 地球上で季節の変化が起こる理由について，次の文の〔　〕に適語を入れよ。ただし，同じ番号には同じ語句が入る。

> 地球は〔　①　〕面に立てた垂線に対し，〔　②　〕を23.4°傾けたまま〔　①　〕しているので，位置により太陽の南中高度が変化し，季節の変化が起こる。

4 ある日，肉眼で月を観察したところ，月が図1のように見えた。各問いに答えよ。

(1) 月は地球のまわりを回っている。このような天体を何というか，答えよ。

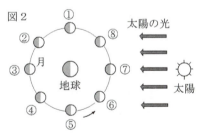

(2) 図1の月の名称を答えよ。
(3) 図1のように見えるときの月の位置を，図2の①～⑧から選べ。
(4) 図1の月のおよその南中時刻を(ア)～(エ)から選べ。
　(ア)午前0時ごろ　　(イ)午前6時ごろ　　(ウ)正午ごろ　　(エ)午後6時ごろ
(5) ある日，月が図2の⑤の位置にあった。この日から22日後の月の位置に近いものを，図2の①～⑧から選べ。
(6) 日食が見られることがある月の位置を，図2の①～⑧から選べ。

第7章 理科②

11 実験器具の使い方① 解答➡ P.96

要点の再確認！ 要点理解（赤の小学校全科） P.248〜249

1 アルコールランプの使い方について，各問いに答えよ。
(1) 芯の長さ，アルコールの量として正しいものを(ア)〜(エ)から選べ。
　(ア) 芯の長さは5mm程度，アルコールの量は5分目くらい。
　(イ) 芯の長さは5mm程度，アルコールの量は8分目くらい。
　(ウ) 芯の長さは10mm程度，アルコールの量は5分目くらい。
　(エ) 芯の長さは10mm程度，アルコールの量は8分目くらい。
(2) アルコールランプの火の消し方として正しいものを(ア)〜(エ)から選べ。
　(ア) ぬれた布をかぶせる。　(イ) 息で吹き消す。
　(ウ) キャップを横からかぶせる。
　(エ) キャップを上からかぶせる。

2 ガスバーナーの使い方について，図を見て，各問いに答えよ。
(1) ガスの量を調節するねじはA，Bのどちらか答えよ。
(2) AやBのねじをゆるめるには，図の中の矢印ア，イのどちら向きに回せばよいか。
(3) ガスバーナーの火のつけ方について，次の(ア)〜(オ)を正しい順序に並べ替えよ。
　(ア) 元栓を開く。
　(イ) 上下2つのねじが閉まっているか確かめる。
　(ウ) マッチの火をつけ，ガスの調節ねじをゆるめて火をつける。
　(エ) 空気の量を調節して，炎に青色の三角形の部分ができるようにする。
　(オ) ガスの量を調節して，炎の大きさを適当にする。
(4) 火を消すとき，A，Bどちらのねじから先に閉めるか。

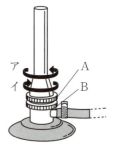

3 上皿てんびんの使い方について，各問いに答えよ。

(1) 左右の皿がつり合っていないとき，どこを動かして調節するか答えよ。

(2) 分銅は，何を使ってつまむか。

(3) 分銅をのせるときの正しい順序を(ア)〜(ウ)から選べ。

　(ア) 質量の小さい分銅からのせる。

　(イ) 質量の大きい分銅からのせる。

　(ウ) 特に決まってはいない。

(4) ある物体の質量をはかったところ，右の図のような分銅でつり合った。この物体の質量は何gか。

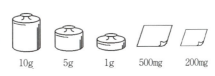
10g　5g　1g　500mg　200mg

(5) 測定後しまうとき，皿はどのようにしておかなくてはならないか，(ア)〜(ウ)から選べ。

　(ア) 両方に皿をのせたままにしておく。

　(イ) 一方に皿を重ねておく。

　(ウ) 両方の皿をはずしておく。

4 次の図は，100cm³用のメスシリンダーに水を入れた様子である。各問いに答えよ。

(1) 水の体積をはかるときの目の位置をア〜ウから選べ。

(2) 読み取る水面の位置をa〜cから選べ。

(3) 水の体積を(ア)〜(ウ)から選べ。
　(ア)58.5cm³　(イ)57.5cm³　(ウ)57.0cm³

(4) 100cm³用のメスシリンダーに水を50cm³入れ，右の図のようにして，この中にある金属を入れたところ，水面が59.2cm³まで上昇した。

　① この金属の体積を求めよ。

　② この金属の質量は81.9gであった。この金属の密度を小数第2位を四捨五入して求めよ。

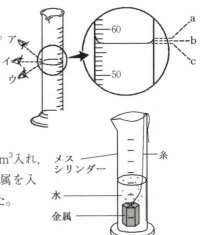

第7章　理科②

12 実験器具の使い方②　解答⇒ P.96

要点の再確認！ 要点理解（赤の小学校全科） P. 250〜251

1 ルーペの使い方として正しいものを(ア)，(イ)から選べ。
(ア) ルーペを観察するものに近づけて持ち，ルーペを前後させてよく見える位置を探す。
(イ) ルーペを目に近づけて持ち，観察するものを前後させてよく見える位置を探す。

2 顕微鏡の使い方について，図を見て，各問いに答えよ。
(1) C，E，Fの名称を答えよ。
(2) レンズをとりつけるとき，接眼レンズと対物レンズのうち，どちらを先につけるか答えよ。
(3) 次の①〜⑤の文を，顕微鏡を使うときの正しい順序に並べ替えよ。
　① 倍率を必要に応じて変える。
　② 顕微鏡を光源の近くに置く。
　③ Aからのぞきながら Bを回して，ピントを合わせる。
　④ Eにプレパラートをのせ，横から見ながらDとプレパラートを近づける。
　⑤ Aからのぞきながら Fを動かし，視野全体が明るく見えるようにする。
(4) Fを動かしても視野が暗いときは何を調節するか。
(5) Aの部分が×15，Dの部分が×40のとき，この顕微鏡の倍率は何倍か。
(6) 顕微鏡観察では最初，低倍率，高倍率のどちらから始めるとよいか。

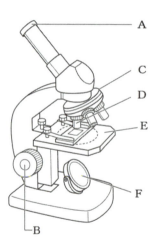

3 ゾウリムシのいる水を1滴とってプレパラートをつくり，顕微鏡で観察した。各問いに答えよ。

(1) プレパラートのつくり方で，スライドガラスにカバーガラスをかけるとき，何が入らないように注意するか。

(2) プレパラートを顕微鏡で観察したとき，低倍率から高倍率にかえた。このとき，観察するものの見える範囲と視野はどのように変わるか，(ア)～(エ)から選べ。

(ア) 見える範囲は狭くなり，視野は明るくなる。
(イ) 見える範囲は狭くなり，視野は暗くなる。
(ウ) 見える範囲は広くなり，視野は明るくなる。
(エ) 見える範囲は広くなり，視野は暗くなる。

(3) 右の図のように見えているゾウリムシを視野の中央に移動するときは，プレパラートをa～hのどの方向に移動すればよいか，答えよ。

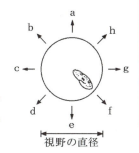

4 次の各問いに答えよ。

(1) 図の器具の名称を答えよ。

(2) 次の①～③の文を，図の器具を使うときの正しい順番に並べ替えよ。
  ① 左目だけでのぞきながら，視度調節リングを回してピントを合わせる。
  ② 鏡筒の間隔を目の幅に合わせ，左右の視野を1つに重ねる。
  ③ 右目だけでのぞきながら，調節ねじを回してピントを合わせる。

(3) 視度調節リングを，図のア～エから選べ。

(4) この器具は，普通の顕微鏡と違い，観察したいものがどのように見えるか，(ア)～(エ)から選べ。
  (ア) 色がはっきり見える。　(イ) 明るく見える。
  (ウ) 立体的に見える。　　(エ) 形のりんかくがはっきり見える。

(5) この器具は，何倍くらいの観察に適しているか，(ア)～(エ)から選べ。
  (ア) 3～10倍　　(イ) 20～30倍　　(ウ) 100～150倍　　(エ) 600倍

第7章 理科②

13 実験器具の使い方③　解答→P.97

要点の再確認！ 要点理解（赤の小学校全科） P.252〜253

1 次の図は，気体をその性質によって分けていき，どのような集め方が適しているかをまとめたものである。各問いに答えよ。

(1) 図の①〜④に当てはまる語をそれぞれ選べ。
　(ア)溶けにくい
　(イ)溶けやすい
　(ウ)大きい
　(エ)小さい

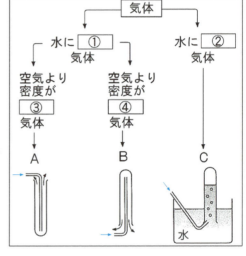

(2) 図のA〜Cの気体の集め方を，それぞれ何というか。

(3) Bの方法で集める気体を選べ。
　(ア)酸素
　(イ)水素
　(ウ)アンモニア
　(エ)二酸化炭素

(4) Aの方法でもCの方法でも集めることができる気体を，次から選べ。
　(ア)酸素　　　(イ)水素
　(ウ)アンモニア　(エ)二酸化炭素

(5) 気体を最も純粋に集められる方法はA〜Cのうちのどれか答えよ。

2 図のような気体検知管の使い方について，各問いに答えよ。

(1) 気体検知管は気体の何を調べることができるか，次から選べ。
　(ア)色　　(イ)濃度　　(ウ)種類　　(エ)pH

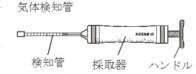

(2) 検知管は両端を折り，一方は採取器に差し込むが，もう一方の折り口には安全のために何をつけるか，次から選べ。
　(ア)脱脂綿　　(イ)布　　(ウ)輪ゴム　　(エ)ゴムキャップ
(3) 調べるところに先を向け，ハンドルを引いた後，どのようにするか，次から選べ。
　(ア)　すぐに色が変化した目盛りを読む。
　(イ)　すぐに採取器からはずし，一定時間後に色が変化した目盛りを読む。
　(ウ)　そのまま一定時間待ち，採取器からはずし，色が変化した目盛りを読む。
(4) 使用済の検知管はどのようにするか，次から選べ。
　(ア)　不燃ごみとして出す。
　(イ)　プラスチックごみとして出す。
　(ウ)　まとめてメーカーへ送り返す。

3 次の図を見て，各問いに答えよ。
(1) 図のA～Dの名称を，それぞれ答えよ。ただし，CはBの中に入れる紙である。
(2) 図は，Cや布などを使って固体と液体を分ける方法を表している。この方法を何というか。
(3) Cは，初めどのようにしておくか，次から選べ。
　(ア)　4つに折り，Bの中に入れる。
　(イ)　4つに折り，Bの中に入れ，水でぬらしてBにつけておく。
(4) Bのあしの部分は，下のビーカーに対してどのようにしておくか。次から選べ。
　(ア)　あしの長い方（とがった方）をビーカーの壁につけておく。
　(イ)　あしの長い方（とがった方）をビーカーの壁につかないようにしておく。
(5) 水溶液中に溶けている砂糖は，Cを通り抜けることができるか。

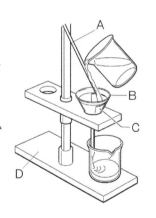

第7章　理科②

14 実験器具の使い方④ 解答➡ P.97

要点の再確認！ 要点理解（赤の小学校全科） P. 254〜255

1 実験に使われる指示薬について，各問いに答えよ。

(1) リトマス紙について，正しいものをすべて選べ。

(ア) 青色リトマス紙は，酸性の液をつけると赤くなる。

(イ) 青色リトマス紙は，塩基（アルカリ）性の液をつけると赤くなる。

(ウ) 赤色リトマス紙は，酸性の液をつけると青くなる。

(エ) 赤色リトマス紙は，塩基性の液をつけると青くなる。

(2) ＢＴＢ溶液について，正しいものをすべて選べ。

(ア) ＢＴＢ溶液は，酸性で青色になる。

(イ) ＢＴＢ溶液は，酸性で黄色になる。

(ウ) ＢＴＢ溶液は，塩基性で緑色になる。

(エ) ＢＴＢ溶液は，塩基性で青色になる。

(3) フェノールフタレイン溶液について，正しいものをすべて選べ。

(ア) フェノールフタレイン溶液は，酸性で赤色になる。

(イ) フェノールフタレイン溶液は，酸性で無色になる。

(ウ) フェノールフタレイン溶液は，塩基性で赤色になる。

(エ) フェノールフタレイン溶液は，塩基性で無色になる。

(4) 次の溶液の中で，最も塩基性が強い液を選べ。

(ア) pH2.5の溶液　　(イ) pH5.5の溶液

(ウ) pH9.5の溶液　　(エ) pH12.5の溶液

2 物質の有無を確認する試薬について，各問いに答えよ。

(1) ヨウ素液について，正しいものを選べ。

(ア) デンプンにヨウ素液をつけると青紫色になる。

(イ) デンプンにヨウ素液をつけると赤褐色になる。

(ウ) タンパク質にヨウ素液をつけると青紫色になる。

(エ) タンパク質にヨウ素液をつけると赤褐色になる。

242

(2) 石灰水について，正しいものをすべて選べ。
　(ア) 石灰水は，水酸化ナトリウムの水溶液である。
　(イ) 石灰水は，水酸化カルシウムの水溶液である。
　(ウ) 石灰水は，二酸化炭素を通すと白く濁る。
　(エ) 石灰水は，二酸化炭素を通すと赤褐色に濁る。
(3) ベネジクト液について，正しいものをすべて選べ。
　(ア) アミノ酸やタンパク質の検出液である。
　(イ) 麦芽糖，果糖など，糖の検出液である。
　(ウ) 検出できる物質があると加熱することにより，赤褐色になる。
　(エ) 検出できる物質があると加熱することにより，青紫色になる。
(4) 酢酸カーミン液や酢酸オルセイン液は，細胞を観察するときに使う染色液である。細胞のどの部分を染色するか，すべて選べ。
　(ア)細胞膜　　(イ)核
　(ウ)葉緑体　　(エ)細胞分裂のときに現れる染色体
(5) 塩化コバルト紙は通常は青色だが，ある物質に触れると赤くなる。塩化コバルト紙で検出できる物質を，(ア)～(エ)から選べ。
　(ア)酸性の気体　　(イ)アルカリ性の気体
　(ウ)水　　　　　　(エ)酸素

3 こまごめピペットについて，各問いに答えよ。
(1) 液体を取ったり，滴下するときに用いるこまごめピペットの持ち方として正しいものを，ア～エから選べ。

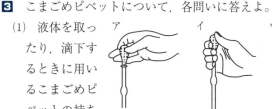

(2) こまごめピペットの扱い方として正しいものをすべて選べ。
　(ア) 先端が細く割れやすいので注意する。
　(イ) 液体をたくさんとるときは，安全球やゴム球の中まで液体を入れ，横に寝かせて持つ。
　(ウ) 中和の実験では，液を滴下したら先端でかき混ぜる。
　(エ) 液体が入ったままの状態で，先端を上に向けない。

第7章 理科②

15 実験器具の使い方⑤ 解答⇒ P.98

要点の再確認！ 要点理解（赤の小学校全科） P. 256〜257

1 実験上の事故防止について，各問いに答えよ。
(1) ガラス器具の扱い方について，誤っているものを選べ。
　(ア) ガラス器具は薬品に強く，透明なので中が見やすい。
　(イ) ガラス器具は，使用する前にひびが入っていないか注意する。
　(ウ) ピペット類は先端が割れやすいので，ビーカーに入れて立てかけて保管する。
　(エ) ガラス器具を洗うときは，力を入れすぎないように注意する。
(2) 薬品を扱うときの注意点について，誤っているものをすべて選べ。
　(ア) 薬品が皮膚についたときは，ぬれぞうきんでよくふく。
　(イ) 気体が発生する実験では，換気をよくする。
　(ウ) 取り出した固体薬品が余ったときは，元のびんに戻す。
　(エ) 実験でできた溶液は，決められた容器に集め，下水に流さない。
(3) 加熱をする実験での注意点について，誤っているものをすべて選べ。
　(ア) 加熱をする実験は実験台の端で行い，水道に近い位置がよい。
　(イ) 周囲に燃えやすいものを置かないで，ぬれぞうきんを用意しておく。
　(ウ) 試験管で液体を加熱するときは沸騰石を入れ，試験管ばさみを使う。
　(エ) 試験管で液体を加熱するとき，液量は試験管の3分の1程度にする。

2 炭酸水素ナトリウムを加熱する実験について，各問いに答えよ。

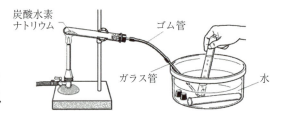

(1) 図では発生する二酸化炭素を集めているが，最初に出てくる気体は集めない。その理由として正しいものを選べ。
　(ア) 最初の気体には水素が含まれているから。

244

(イ) 最初の気体には酸素が含まれているから。

(ウ) 最初の気体には二酸化炭素が含まれていないから。

(エ) 最初の気体には二酸化炭素とともに，試験管内の空気が含まれているから。

(2) 加熱する試験管の口を下げている理由を選べ。

(ア) ガスバーナーで試験管を加熱しやすくするため。

(イ) 生じた水によって試験管が割れるのを防ぐため。

(ウ) 発生した二酸化炭素が試験管から出やすくするため。

(3) ガスバーナーの火を消す前にガラス管を水から出しておく必要がある。その理由を選べ。

(ア) 発生した気体が液体に戻り，試験管の底に流れるから。

(イ) 試験管の中に空気が入り，試験管の中の物質が早く冷えるから。

(ウ) 試験管の中に空気が入り，試験管の中の化学反応が止まるから。

(エ) 水が試験管の中を逆流してしまうから。

3 実験時の注意事項について，各問いに答えよ。

(1) 試薬びんから試験管に試薬を注ぐ方法として，正しいものを選べ。

(ア) できるだけ目から離し，実験台に近い位置で行う。

(イ) 目の高さで，両方を傾けて行う。

(2) 試薬びんからビーカーに試薬を注ぐ方法として，正しいものを選べ。

(ア) ラベルのついた面を上に向けて持ち，ビーカーのふちに試薬びんの口をつけて注ぎ入れる。

(イ) ラベルのついた面を手前に向けて持ち，ビーカーのふちに試薬びんの口をつけて注ぎ入れる。

(ウ) ラベルのついた面を上に向けて持ち，ガラス棒に試薬を伝わらせて注ぎ入れる。

(エ) ラベルのついた面を手前に向けて持ち，ガラス棒に試薬を伝わらせて注ぎ入れる。

(3) 濃硫酸を水でうすめてうすい硫酸をつくるとき，どちらの方法で行うか，次から選べ。

(ア) 濃硫酸の中に水を少しずつ注ぎ，ガラス棒でかき混ぜる。

(イ) 水の中に濃硫酸を少しずつ注ぎ，ガラス棒でかき混ぜる。

第8章
音楽・図画工作

※学習指導要領については，
　すべて平成29年版小学校学習指導要領
　（平成29年3月告示）によります。

第8章 音楽・図画工作

1 学習指導要領（音楽①） 解答➡P.98

要点の再確認！ 要点理解（赤の小学校全科） P.262～263

1 次の文は，平成29年版小学校学習指導要領の「音楽」の「目標」である。（　）に適語を入れよ。

> 表現及び鑑賞の活動を通して，音楽的な見方・考え方を働かせ，生活や（①）の中の音や音楽と豊かに関わる（②）・能力を次のとおり育成することを目指す。
>
> (1) 曲想と音楽の構造などとの関わりについて理解するとともに，表したい音楽表現をするために必要な（③）を身に付けるようにする。
>
> (2) 音楽表現を（④）することや，音楽を味わって聴くことができるようにする。
>
> (3) 音楽活動の楽しさを体験することを通して，音楽を（⑤）する心情と音楽に対する（⑥）を育むとともに，音楽に親しむ態度を養い，豊かな（⑦）を培う。

2 次の文は，平成29年版小学校学習指導要領の「音楽」の各学年の目標の一部である。（　）に適語を入れよ。また，(1)～(3)はそれぞれ何学年のものか。第1，2学年，第3，4学年，第5，6学年で答えよ。

(1) （①）音楽に関わり，（②）音楽活動をする楽しさを感じながら，様々な音楽に親しむとともに，音楽経験を生かして生活を明るく潤いのあるものにしようとする態度を養う。

(2) （①）音楽に関わり，協働して音楽活動をする楽しさを（②），様々な音楽に親しむとともに，音楽経験を生かして生活を明るく潤いのあるものにしようとする態度を養う。

(3) （①）音楽に関わり，協働して音楽活動をする楽しさを感じながら，（②）様々な音楽に親しむとともに，音楽経験を生かして生活を明るく潤いのあるものにしようとする態度を養う。

248

3 次の文は，平成29年版小学校学習指導要領の「音楽」の「内容」の「Ａ表現」（歌唱）について，学年別の内容をまとめたものである。それぞれ何学年のものか。第１，２学年，第３，４学年，第５，６学年に分けて選べ。

(1) 曲想と音楽の構造や歌詞の内容との関わりについて理解すること。

(2) 曲想を感じ取って表現を工夫し，どのように歌うかについて思いをもつこと。

(3) 曲想と音楽の構造や歌詞の内容との関わりについて気付くこと。

(4) 曲想と音楽の構造との関わり，曲想と歌詞の表す情景や気持ちとの関わりについて気付くこと。

(5) 範唱を聴いて歌ったり，階名で模唱したり暗唱したりする技能を身に付けること。

(6) 曲の特徴を捉えた表現を工夫し，どのように歌うかについて思いや意図をもつこと。

(7) 各声部の歌声や全体の響き，伴奏を聴いて，声を合わせて歌う技能を身に付けること。

(8) 曲の特徴にふさわしい表現を工夫し，どのように歌うかについて思いや意図をもつこと。

(9) 互いの歌声や副次的な旋律，伴奏を聴いて，声を合わせて歌う技能を身に付けること。

(10) 範唱を聴いたり，ハ長調の楽譜を見たりして歌う技能を身に付けること。

4 次の各問いに答えよ。

(1) 次の文は，平成29年版小学校学習指導要領の「音楽」の「内容」の「Ａ表現」（歌唱）の歌唱指導の取り扱いについて述べたものである。（　　）に適語を入れよ。

ア　歌唱教材については，我が国や（　①　）に愛着がもてるよう，共通教材のほか，長い間親しまれてきた（　②　），それぞれの地方に伝承されている（　③　）や（　④　）など日本のうたを含めて取り上げる。

イ　相対的な音程感覚を育てるために，適宜，（　⑤　）を用いる。

ウ　（　⑥　）以前から自分の声の特徴に関心をもたせるとともに，（　⑥　）期の児童に対して適切に配慮する。

(2) (1)のウについて，（　⑥　）のような児童に対して行う指導方法について，2つ挙げよ。

249

第8章　音楽・図画工作

2 学習指導要領（音楽②）　解答➡ P.98

要点の再確認！　要点理解（赤の小学校全科）　P. 264～265

1 平成29年版小学校学習指導要領の「音楽」で示された各学年の「A表現」の楽器について，学年と取り扱う楽器が最も適切であるものを選べ。

(1) リコーダー，オルガン――――第5，6学年

(2) 和楽器，ハーモニカ――――第1，2学年

(3) 鍵盤楽器，オルガン――――第3，4学年

(4) 電子楽器，和楽器――――第5，6学年

(5) 打楽器，鍵盤ハーモニカ――第3，4学年

(6) リコーダー，電子楽器――――第1，2学年

2 次の文は，平成29年版小学校学習指導要領の「音楽」の「A表現」の「音楽づくり」についての第1，2学年の内容である。（　　）に適語を入れよ。

〔第1，2学年〕

ア　音楽づくりについての知識や技能を得たり生かしたりしながら，次の(ア)及び(イ)をできるようにすること。

　(ア)　（　①　）を通して，音楽づくりの発想を得ること。

　(イ)　どのように音を音楽にしていくかについて思いをもつこと。

イ　次の(ア)及び(イ)について，それらが生み出す面白さなどと関わらせて気付くこと。

　(ア)　（　②　）や身の回りの様々な音の特徴

　(イ)　音や（　③　）のつなげ方の特徴

ウ　発想を生かした表現や，思いに合った表現をするために必要な次の(ア)及び(イ)の技能を身に付けること。

　(ア)　設定した（　④　）に基づいて，即興的に音を（　⑤　）つなげたりして表現する技能

　(イ)　音楽の仕組みを用いて，簡単な音楽をつくる技能

3 次の文は，平成29年版小学校学習指導要領の「音楽」の「Ａ表現」の「音楽づくり」についての第５，６学年の内容である。（　　）に適語を入れよ。

〔第５，６学年〕
ア　音楽づくりについての知識や技能を得たり生かしたりしながら，次の(ｱ)及び(ｲ)をできるようにすること。
　(ｱ)（　①　）に表現することを通して，音楽づくりの（　②　）発想を得ること。
　(ｲ)　音を音楽へと構成することを通して，どのように（　③　）を意識した音楽をつくるかについて思いや意図をもつこと。
イ　次の(ｱ)及び(ｲ)について，それらが生み出すよさや面白さなどと関わらせて理解すること。
　(ｱ)　いろいろな（　④　）やそれらの組合せの特徴
　(ｲ)　音や（　⑤　）のつなげ方や重ね方の特徴
ウ　発想を生かした表現や，思いや意図に合った表現をするために必要な次の(ｱ)及び(ｲ)の技能を身に付けること。
　(ｱ)　設定した条件に基づいて，（　①　）に音を（　⑥　）したり組み合わせたりして表現する技能
　(ｲ)　音楽の（　⑦　）を用いて，音楽をつくる技能

4　次の(1)～(14)は，平成29年版小学校学習指導要領の「音楽」の鑑賞教材に関する「内容の取扱い」に使われている語句である。何学年のものか，(ｱ)～(ｳ)にそれぞれ分けて選べ。

(1)合奏　　　(2)民謡　　　(3)遊びうた　　(4)諸外国の音楽
(5)独唱　　　(6)劇の音楽　　(7)独奏　　　(8)わらべうた
(9)重唱　　　(10)行進曲　　(11)踊り　　　(12)合唱
(13)重奏　　　(14)郷土の音楽
　(ｱ)第１学年及び第２学年　　　　(ｲ)第３学年及び第４学年
　(ｳ)第５学年及び第６学年

251

第8章 音楽・図画工作

3 音楽記号・用語

解答➡ P.99

要点の再確認！ 要点理解(赤の小学校全科) P.266〜267

1 次の（　）に当てはまる，正しい長さの音符，休符を答えよ。

(1) ♩. = ♪ + (　) + (　)　　(2) 𝅗𝅥. = ♪ + (　) + (　)

(3) 𝅝 = ♩ + (　) + (　)　　(4) ▬ = 𝄾 + (　) + (　)

2 次の楽譜を見て，各問いに答えよ。

(1) 楽譜中の①〜⑦の記号の名称を答えよ。
(2) この曲を演奏するのに適切な速度を選べ。

　　(ア) ♩ = 70　　(イ) ♩ = 50　　(ウ) 𝅗𝅥. = 90　　(エ) 𝅗𝅥. = 60

3 次の記号の名称を答えよ。

(1) 　　(2) 　　(3) ♩̇　　(4)

(5) ♩̲　　(6) V

4 次の速度記号の意味を表すものをそれぞれ選べ。

(1) **Moderato**　　(2) **Allegro**　　(3) **Andante**
(4) **Adagio**　　(5) **Allegretto**

　　(ア)ゆっくりと歩く速さで　　(イ)やや速く　　(ウ)速く
　　(エ)ゆったりと　　(オ)中くらいの速さで　　(カ)急速に

5 次の楽譜の反復記号に従って，演奏順序をそれぞれ順番に並べよ。

(1)

(2)

(3)

(4)

(5)

6 次の楽譜を見て，問いに答えよ。

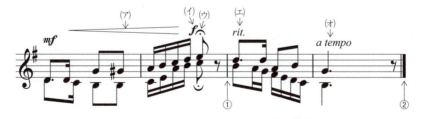

(1) この曲の拍子を答えよ。
(2) 楽譜中の(ア)～(オ)の記号の名称を答えよ。
(3) (エ)，(オ)の意味を答えよ。
(4) ①，②の線を何というか。

第8章 音楽・図画工作

4 第1,2学年の音楽　解答→P.99

要点の再確認！　要点理解（赤の小学校全科）　P.268〜269

1 次の楽譜を見て，各問いに答えよ。

(1) この曲の曲名を答えよ。
(2) この曲の作詞者と作曲者を答えよ。
(3) この曲は何調か答えよ。
(4) この曲は何分の何拍子か。
(5) ①の小節に当てはまる音符を答えよ。

2 次の楽譜を見て，各問いに答えよ。

(1) この曲の曲名を答えよ。
(2) この曲の作曲者を答えよ。
(3) この曲は何分の何拍子か。
(4) (イ)，(ウ)，(エ)の記号を何というか，答えよ。
(5) (ア)，(オ)を鍵盤で弾くとき，下の鍵盤のどこを弾けばよいか。番号を選べ。

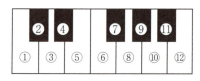

3 次のリズム譜を見て，各問いに答えよ。

(1) 上の拍子を説明した文の（　）に数字を入れよ。
　　♩を（ ① ）拍として，1小節に（ ② ）拍ある拍子。
(2) 上のリズム譜を正しい小節に区切って，縦線を書き入れよ。
(3) (ア)の音符を何というか，答えよ。
(4) (イ)を何というか，答えよ。

4 次の楽譜を見て，各問いに答えよ。

(1) この曲の曲名を答えよ。
(2) この曲の作詞者と作曲者を答えよ。
(3) ①に当てはまる歌詞を答えよ。
(4) ②の小節に当てはまる音符を答えよ。
(5) この曲の形式を(ア)～(ウ)から選べ。
　　(ア) 1部形式　　(イ) 2部形式　　(ウ) 3部形式

5 次の楽譜を見て，各問いに答えよ。

(1) この曲を移動ド唱法で歌う場合の階名を，1～4小節の音符の順に答えよ。
(2) この曲を次の調に移調したとき，1小節目の1番目の音符を書け。

第8章　音楽・図画工作

5　第3, 4学年の音楽　解答➡ P.100

要点の再確認！　要点理解（赤の小学校全科）　P. 270〜271

1 次の楽譜を見て、各問いに答えよ。

(1) この曲の曲名を答えよ。
(2) この曲は文部省唱歌であるが、第4学年で習う文部省唱歌を1つ答えよ。
(3) この曲の平行調を答えよ。
(4) ①の小節に当てはまる音符を答えよ。
(5) この曲は、小節の第2拍目から始まっているが、このような曲を何というか答えよ。
(6) ②に当てはまる歌詞を答えよ。

2 次の楽譜を見て、各問いに答えよ。

(1) この曲は何分の何拍子か。
(2) 次の文に当てはまる語句を答えよ。
　　この曲は、管弦楽組曲（ ① ）の第13曲で、題名は（ ② ）である。
　　（ ③ ）の独奏と、（ ④ ）の伴奏で演奏される。
(3) この曲の作曲者を答えよ。
(4) この作曲者が当てはまる時代区分として、正しいものを(ア)〜(カ)から選べ。
　　(ア)バロック　　(イ)古典派　　(ウ)ロマン派　　(エ)国民楽派
　　(オ)近代　　(カ)現代

3 次の楽譜を見て，各問いに答えよ。

(1) この曲の曲名を答えよ。
(2) この曲の作詞者，作曲者名が同じである教材を(ア)〜(エ)から選べ。
　　(ア)うさぎ　　(イ)茶つみ　　(ウ)春の小川　　(エ)ふじ山
(3) この曲は何調か，答えよ。
(4) この曲に最もふさわしい速度を，(ア)〜(オ)から選べ。
　　(ア)♩=72　　(イ)♪=75　　(ウ)♩=82　　(エ)♪=90　　(オ)♩=92
(5) ①の音を，ソプラノリコーダー（ジャーマン式）で演奏する場合の運指を答えよ。※●：閉じる　○：開ける

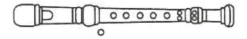

(6) ②の小節に当てはまる音符を答えよ。

4 次の楽譜を見て，各問いに答えよ。

(1) 上の楽譜に使われる楽器の組み合わせとして，正しいものを(ア)〜(エ)から選べ。
　　(ア)三味線・胡弓・鼓　　(イ)竜笛・箏・鉦鼓
　　(ウ)尺八・箏・三味線　　(エ)横笛・かね・締太鼓
(2) この曲は何分の何拍子か。
(3) ①の記号を何というか，答えよ。
(4) この曲はどの地方の民謡か。

第8章 音楽・図画工作

6 第5,6学年の音楽　解答➡P.101

要点の再確認！ 要点理解（赤の小学校全科） P.272〜273

1 次の楽譜はある曲の一部分である。各問いに答えよ。

(1) 曲名を答えよ。
(2) ①に当てはまる記号の名称を(ア)〜(エ)から選べ。
　　(ア)スタッカート　(イ)テヌート　(ウ)スラー　(エ)タイ
(3) ②に当てはまる歌詞を答えよ。
(4) ③の小節に当てはまる音符を答えよ。
(5) この曲について述べた次の(ア)〜(エ)のうち，誤っているものを選べ。
　(ア) 雅楽と呼ばれる合奏の曲の旋律に，歌詞が付けられている。
　(イ) 雅楽は管楽器，弦楽器によって演奏される。
　(ウ) 平安時代，宮廷の行事やお花見などの行事で演奏された。
　(エ) 歌詞は，七五のリズムでできている。

2 次の楽器の名称を答えよ。また，雅楽に使われる楽器を選べ。

3 次の楽譜を見て，各問いに答えよ。

(1) この曲はある歌曲を基にしてつくられたが，曲名を答えよ。
(2) 作曲家を答えよ。
(3) この曲は，主題のメロディーが形を変えながら，繰り返して演奏されるが，このような曲を何というか答えよ。
(4) この曲はピアノ五重奏曲となっているが，ピアノ以外の楽器をすべて答えよ。
(5) この曲は何分の何拍子かを答えよ。

4 次の文を読み，当てはまる曲を①〜④から，当てはまる作詞者 – 作曲者を(ア)〜(エ)からそれぞれ選べ。

> この曲は，詩を声に出して読んだときの言葉のリズムや発音などがそのまま生かされるような旋律となっている。詩は「韓非子」の中の中国の説話を基にして作られている。

① 「箱根八里」　② 「赤とんぼ」　③ 「待ちぼうけ」　④ 「ふるさと」
(ア) 三木露風 – 山田耕筰　(イ) 高野辰之 – 岡野貞一
(ウ) 鳥居忱 – 滝廉太郎　(エ) 北原白秋 – 山田耕筰

5 楽譜を見て，次の文の（　）に当てはまる語句を答えよ。

この曲は，（①）の代表作で，（②）である。（③）と，（④）の楽器の二重奏曲として作曲された。A – B – Aの3つの部分からなる（⑤）をとっている。

第8章 音楽・図画工作

1 音楽の基礎

解答➡ P.101

要点の再確認！ 要点理解（赤の小学校全科） P.274〜275

1 次の楽譜を見て，各問いに答えよ。

(1) この曲の曲名を答えよ。
(2) この曲の1〜4小節までに入る和音を，Ⅰ〜Ⅴの和音記号からそれぞれ答えよ。
(3) この曲をヘ長調に移調したとき，2小節目に当てはまる音符を書け。

2 次の(1)〜(8)に当てはまる調を答えよ。音符はそれぞれ主音を指す。

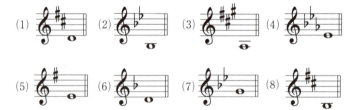

3 次の楽譜を見て，各問いに答えよ。

(1) この曲における指揮の基本図形を示せ。
(2) この曲を混声四部合唱で歌うとき，声の種類を声の高い順に答えよ。

4 次の楽譜を見て，移動ド唱法で歌うときの階名を答えよ。

5 次の文は，それぞれ何について述べた文であるか，(ア)〜(ク)から選べ。
(1) 独奏楽器と管弦楽によって合奏される，多楽章からなる楽曲。
(2) フランスで興った3拍子のテンポの舞曲。
(3) 主に管弦楽によって演奏される，多楽章からなる楽曲。
(4) スペインで興った3拍子のテンポの舞曲。
(5) オペラや組曲の冒頭に演奏される器楽曲。
(6) 主題のメロディーが形を変えながら，繰り返して演奏される曲。
(7) ソナタ形式の楽曲をもつ，多楽章からなる独奏曲，または室内楽曲。
(8) ドイツ，オーストリアでおこった3拍子のテンポの舞曲。

　(ア)ボレロ　　(イ)ソナタ　　(ウ)ワルツ　　(エ)メヌエット
　(オ)変奏曲　　(カ)コンチェルト（協奏曲）　　(キ)序曲　　(ク)交響曲

6 次の楽譜を見て，各問いに答えよ。

(1) この曲の曲名を答えよ。
(2) この曲の作曲者名を答えよ。
(3) この曲の形式は何形式か。
(4) ①の2音間の音程は何度か。
(5) ②の音を，1オクターブ低くして，ヘ音譜表に全音符で書け。
(6) ③の音を音名で答えよ。

第8章　音楽・図画工作

8 音楽史

解答➡ P.102

要点の再確認！　要点理解（赤の小学校全科）　P. 276〜277

1 音楽史について書かれた次の文を読み，各問いに答えよ。

（　①　）音楽が終わる18世紀の中頃から（　②　）音楽が出現する19世紀の初め頃までの音楽で，古代ギリシャ・ローマ芸術を形式の調和，美の模範とする。単純，明快な和音に支えられた旋律が歌われ，主題要素とその展開を求めて（　③　）形式，ロンド形式が完成する。a 交響曲のような緊密な音楽的一貫性をもつ楽章配置も確立した。この音楽は，b 3 人の音楽家によって完成され，音楽の中心も（　④　）に移った。

(1)　この文は，何の音楽について述べているか。

(2)　（　　　）に当てはまる適語を答えよ。

(3)　下線部 a について，この時代の交響曲は純粋な器楽曲であったが，新しい試みとして声楽が導入された交響曲を答え，その作曲家も答えよ。

(4)　下線部 b の 3 人の音楽家を答えよ。

(5)　①の音楽を代表する作曲家で，音楽の父と呼ばれる作曲家を答えよ。

(6)　②の音楽を代表する作曲家で，歌曲の王と呼ばれる作曲家を答えよ。

2　次の各問いに答えよ。

㋐ハイドン：オラトリオ「メサイヤ」，管弦楽曲「水上の音楽」

㋑ドビュッシー：ピアノ曲集「子どもの情景」，「謝肉祭」

㋒ブラームス：「ハンガリー舞曲」，「子守歌」

㋓ヘンデル：オラトリオ「天地創造」，弦楽四重奏「皇帝」

㋔グリーグ：管弦楽組曲「ペール・ギュント」，「ノルウェー舞曲」

(1)　㋐〜㋔の作曲家と作品のうち，正しい組み合わせを 2 つ選べ。

(2)　上の 5 人の作曲家を音楽史の時代区分に分け，それぞれに当てはまる音楽区分名を答えよ。

(3)　5 人の作曲家㋐〜㋔を年代の古い順から並べよ。

3 次の楽譜を見て，各問いに答えよ。

(1) 次の文の（　）に当てはまる適語や数字を答えよ。
　　この曲は，（ ① ）の交響曲第（ ② ）番，「（ ③ ）」第2楽章である。作曲家として成功し（ ④ ）へ招かれ，この曲を作った。（ ③ ）とは（ ④ ）を指している。第2楽章は故郷への思いが感じられる。（ ① ）は，（ ⑤ ）に属し，ロマン主義に根ざしながらも，伝統的な民謡，民俗舞曲の要素を用い，民族の歴史などから音楽の題材を求めた。ロシアでは，ロシア（ ⑤ ）の（ ⑥ ）が有名で，チェコでは，（ ① ）とAが（ ⑤ ）を大成した。

(2) ロシアの（ ⑥ ）のうちの1人で，オペラ「ボリスゴドノフ」，交響詩「はげ山の一夜」を作った作曲家を答えよ。

(3) 下線部Aに当たるチェコの作曲家を答えよ。

(4) この曲は，日本でも堀内敬三の作詞で歌われている。その曲の題名を答えよ。

4 次の作曲家の作品を，①〜⑧からそれぞれ選べ。
(1)シューマン　　(2)アンダソン　　(3)プロコフィエフ　　(4)ビゼー
(5)リスト
　　①子犬のワルツ　　②ピーターと狼　　③愛の夢
　　④オペラ「カルメン」　　⑤トロイメライ　　⑥白鳥
　　⑦オペラ「椿姫」　　⑧おどる子ねこ

5 次の原曲の演奏形態として，最も当てはまるものを(ア)〜(オ)からそれぞれ選べ。
(1)アイネクライネナハトムジーク　　(2)ハンガリー舞曲　第5番
(3)管弦楽組曲「惑星」　　(4)ピアノ組曲「展覧会の絵」
(5)行進曲「双頭のわしの旗の下に」
　　(ア)吹奏楽　　(イ)弦楽合奏　　(ウ)ピアノ連弾　　(エ)ピアノ独奏
　　(オ)オーケストラ

第8章 音楽・図画工作

9 学習指導要領（図画工作①）解答➡P.103

要点の再確認！ 要点理解（赤の小学校全科） P.278〜279

1 次の文は，平成29年版小学校学習指導要領の「図画工作」の「目標」である。（　）に適語を入れよ。

> 表現及び鑑賞の活動を通して，造形的な見方・考え方を働かせ，生活や社会の中の（　①　）や（　②　）などと豊かに関わる資質・能力を次のとおり育成することを目指す。
>
> (1) 対象や事象を捉える造形的な（　③　）について自分の感覚や行為を通して理解するとともに，材料や用具を使い，表し方などを工夫して，（　④　）につくったり表したりすることができるようにする。
>
> (2) （　⑤　）なよさや美しさ，表したいこと，表し方などについて考え，創造的に発想や（　⑥　）をしたり，作品などに対する自分の見方や感じ方を深めたりすることができるようにする。
>
> (3) つくりだす喜びを味わうとともに，（　⑦　）を育み，楽しく豊かな生活を創造しようとする態度を養い，豊かな情操を培う。

2 次の文は，平成29年版小学校学習指導要領の「図画工作」の第5，6学年の「目標」である。（　）に入る適語を(ア)〜(ス)から選べ。

(1) （　①　）を捉える造形的な視点について自分の感覚や行為を通して理解するとともに，材料や用具を活用し，表し方などを工夫して，創造的につくったり表したりすることができるようにする。

(2) 造形的な（　②　），表したいこと，表し方などについて考え，（　③　）に発想や構想をしたり，（　④　）作品などから自分の見方や感じ方を（　⑤　）することができるようにする。

(3) （　⑥　）表現したり鑑賞したりする活動に取り組み，つくりだす喜びを味わうとともに，形や色などに関わり楽しく豊かな生活を創造しようとする態度を養う。

(ア)面白さや楽しさ 　(イ)楽しく 　(ウ)対象や事象

(エ)よさや美しさ 　(オ)親しみのある 　(カ)よさや面白さ

264

㋖身の回りの　　　　　㋘進んで　　　　　㋙身近にある

㋚創造的　　　　　　　㋛主体的に　　　　　㋜深めたり

㋝豊かに

3 次の文は，平成29年版小学校学習指導要領の「図画工作」の「内容」の
「A表現」の発想や構想について，学年別の内容をまとめたものである。
（　　）に入る適語を語群から選べ。また，(1)～(3)はそれぞれ何学年のも
のか。第1，2学年，第3，4学年，第5，6学年で答えよ。

(1)　ア　造形遊びをする活動を通して，身近な（①）や人工の材料の
（②）などを基に造形的な活動を思い付くことや，（③）を生かしな
がら，どのように活動するかについて考えること。

　イ　絵や立体，工作に表す活動を通して，感じたこと，想像したこと
から，表したいことを見付けることや，（④）形や色を選んだり，いろ
いろな形や色を考えたりしながら，どのように表すかについて考えること。

(2)　ア　造形遊びをする活動を通して，材料や場所，（①）などの特徴
を基に造形的な活動を思い付くことや，（②）したり周囲の様子を考
え合わせたりしながら，どのように活動するかについて考えること。

　イ　絵や立体，工作に表す活動を通して，感じたこと，想像したこと，
見たこと，（③）ことから，表したいことを見付けることや，形や色，
材料の特徴，構成の美しさなどの感じ，用途などを考えながら，どのよ
うに（④）を表すかについて考えること。

(3)　ア　造形遊びをする活動を通して，身近な（①）などを基に造形的
な活動を思い付くことや，（②）形や色などを思い付きながら，どの
ように活動するかについて考えること。

　イ　絵や立体，工作に表す活動を通して，感じたこと，想像したこと，
見たことから，表したいことを見付けることや，表したいことや
（③）などを考え，形や色，材料などを生かしながら，どのように表
すかについて考えること。

> 〈語群〉
>
> 感覚や気持ち　　構成　　　　　好きな　　　　主題
> 材料や場所　　　自然物　　　　用途　　　　　形や色
> 新しい　　　　　空間　　　　　伝え合いたい

265

第8章 音楽・図画工作

10 学習指導要領（図画工作②）解答➡ P.103

要点の再確認！ 要点理解（赤の小学校全科） P.280〜281

1 次の文は，平成29年版小学校学習指導要領の「図画工作」の「内容」の「A表現」の第3，4学年の，技能についての内容である。各問いに答えよ。

ア 造形遊びをする活動を通して，材料や用具を（ ① ）とともに，前学年までの材料や用具についての（ ② ）を生かし，〔 a 〕，〔 b 〕，〔 c 〕するなどして，手や体全体を（ ③ ）働かせ，活動を（ ④ ）してつくること。

イ 絵や立体，工作に表す活動を通して，材料や用具を（ ① ）とともに，前学年までの材料や用具についての（ ② ）を生かし，手や体全体を（ ③ ）働かせ，表したいことに合わせて表し方を（ ④ ）して表すこと。

(1) （ ）に適語を入れよ。なお，アとイの同じ番号には同じ語句が入る。

(2) 〔 〕に入る適語を(ア)〜(ケ)から選べ。

　(ア)生かしたり　　(イ)形を変えたり　　(ウ)並べたり

　(エ)つないだり　　(オ)切ってつないだり　(カ)積んだり

　(キ)広げたり　　　(ク)組み合わせたり　　(ケ)想像したり

2 次の用具・材料は，平成29年版小学校学習指導要領の「図画工作」で示されているものである。それぞれ何学年で最初に使うのが適当であるか。最初に使う学年を，第1，2学年，第3，4学年，第5，6学年に分けて選べ。

(1)のり　　(2)針金　　(3)クレヨン　　(4)木切れ

(5)小刀　　(6)はさみ　　(7)糸のこぎり　(8)金づち

(9)粘土　　(10)紙　　(11)釘　　(12)水彩絵の具

(13)土　　(14)パス　　(15)使いやすいのこぎり

(16)板材　(17)簡単な小刀類

3 次の文は，平成29年版小学校学習指導要領の「図画工作」の「内容」の「B鑑賞」の各学年の内容である。（　）に入る適語を語群から選べ。

(1) 第1，2学年…（①）の作品などを鑑賞する活動を通して，自分たちの作品や身近な（②）などの造形的な（③），表したいこと，（④）などについて，感じ取ったり考えたりし，自分の見方や感じ方を（⑤）こと。

(2) 第3，4学年…（①）作品などを鑑賞する活動を通して，自分たちの作品や身近な（②），（③）などの造形的な（④），表したいこと，（⑤）などについて，感じ取ったり考えたりし，自分の見方や感じ方を広げること。

(3) 第5，6学年…（①）作品などを鑑賞する活動を通して，自分たちの作品，我が国や（②）の親しみのある美術作品，生活の中の（③）などの造形的な（④），（⑤），（⑥）などについて，感じ取ったり考えたりし，自分の見方や感じ方を深めること。

> 〈語群〉
>
> | | | |
> |---|---|---|
> | 製作の過程 | 造形 | 材料 |
> | よさや美しさ | よさや面白さ | 面白さや楽しさ |
> | 親しみのある | 身近にある | 身の回り |
> | 表し方の変化 | 表し方 | いろいろな表し方 |
> | 美術作品 | 広げる | 諸外国 |
> | 表現の意図や特徴 | 深める | |

4 次の文は，平成29年版小学校学習指導要領の「図画工作」の各学年の共通事項である。それぞれ第1，2学年，第3，4学年，第5，6学年のどれに当たるか，答えよ。

(1) 形や色などの感じを基に，自分のイメージをもつこと。

(2) 自分の感覚や行為を通して，形や色などの造形的な特徴を理解すること。

(3) 形や色などを基に，自分のイメージをもつこと。

(4) 自分の感覚や行為を通して，形や色などの感じが分かること。

(5) 形や色などの造形的な特徴を基に，自分のイメージをもつこと。

(6) 自分の感覚や行為を通して，形や色などに気付くこと。

第8章　音楽・図画工作

11　色彩

解答 ➡ P.103

要点の再確認！ 要点理解(赤の小学校全科) P.282〜283

1 次の文の（　）に入る適語を(ア)〜(ス)から選べ。
(1) 黒，白，灰色のような色を（①）といい，（②）のみをもつ。
(2) 色味や色合いをもつ色を（　）という。
(3) 色の三要素には，明るさの度合いを表す（①），鮮やかさの度合いを表す（②），色合いを表す（③）がある。
(4) 純色に灰色を混ぜた色を（　）という。
(5) 濁りのない鮮やかな色で，最も彩度の高い色を（　）という。
(6) 純色に白か黒が混ざった色を（　）という。

(ア)清色　(イ)濁色　(ウ)補色　(エ)暖色　(オ)寒色
(カ)純色　(キ)有彩色　(ク)無彩色　(ケ)色相
(コ)彩度　(サ)中性色　(シ)明度　(ス)混合

2 次の図を見て，問いに答えよ。
(1) 右図を何というか。
(2) 図の(ア)〜(エ)に当てはまる色を答えよ。
(3) 紫と黄緑のように，互いに向かい合う色のことを何というか。
(4) この図のうち，最も明度が高いのは何色か。
(5) この図のうち，最も彩度が高いのは何色か。

3 色彩について述べた文として，誤っているものを選べ。
(1) 補色関係にある色を混ぜ合わせると，無彩色になる。
(2) 高彩度の色どうしを組み合わせると，派手でにぎやかな感じになる。
(3) 寒色系で明度や彩度の低い色は，一般的に進出したり，膨張したりして見える。

(4) 中性色（中間色）とは，暖色，寒色のどちらでもない色である。
(5) 補色関係にある色を組み合わせると，最も目立つ色調になる。

4 次の各問いに答えよ。
(1) 図中の①〜③が示している，場所の色を答えよ。
(2) 図が表している，色の混合のことを何というか。
(3) 図中の③では，色を混ぜると，混ぜ合わせる元の色の明度より低くなる。このことを何というか。

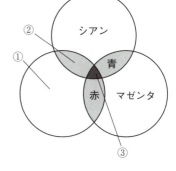

5 次の各問いに答えよ。
(1) 図中の①〜③が示している，場所の色を答えよ。
(2) 図が表している，色の混合のことを何というか。
(3) 図中の③では，色を混ぜると，混ぜ合わせる元の色の明度より高くなる。このことを何というか。

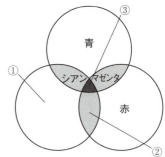

6 次の文は，色彩の性質についての記述である。それぞれ何を表しているか。
(1) 明度の異なった2色は，相手の色を暗く見せたり明るく見せたりすること。
(2) 補色の関係にある色が接すると，互いの彩度が増したように見えること。
(3) 色を混ぜてできた色の明度は，元の色の平均明度に近くなる混合のこと。
(4) 色こまや風車のように，早く回転することで混合した色ができる混合のこと。

第8章　音楽・図画工作

12 絵画・立体表現 解答➡P.104

要点の再確認！｜要点理解（赤の小学校全科）｜P. 284〜285

1 次の文に当てはまる版画の種類を答えよ。

(1) 型紙を作り，ローラーやタンポでインクを刷り込み下の紙に写す。かっぱ版といわれる孔版。

(2) 銅板などに薬品を塗り，下絵をニードルなどで描き，希硝酸で腐食して版をつくる凹版。

(3) 筆の線がそのまま表せる最も描写的な方法。平版で石版画ともいう。

(4) ニスとシルクをアイロンで密着させ，インクを付け，版の上からへらで押して刷る孔版。

(5) セルロイド板，塩化ビニル板に直接彫って凹部をつくり，刷る。凹版の中では最も簡単な方法で，薬品に浸さない凹版。

2 木版画について，（　　）に適語を入れよ。

(1) （　　）木版…版木には木を横に切断した面を使う。西洋で発展。細かい表現に適している。ほう，シナベニアなどの材料を使う。

(2) （　　）木版…版木には木を縦に切断した面を使う。日本で発達。浮世絵などに用いた。ツゲなどの材料を使う。

(3) （　　）…線の部分を残して彫り込むこと。

(4) （　　）…線の部分を彫り込むこと。

3 粘土と石膏についての記述として，誤っているものを(1)〜(4)から選べ。

(1) 粘土の再生方法は，容器に入れた水にそのまま浸し，水分を吸収させてからよく練る。

(2) 粘土の未完成の作品は，乾燥しないように固くしぼった布でくるみ，ビニール袋で包んでおく。

(3) 石膏は湿気を防ぐため，ビニール袋や空き缶などに入れて保管する。

(4) 石膏は粘土に比べると，固まり方が遅い。

270

4 焼き物について，（　）に適語を入れよ。
　手順…土練り→成形→乾燥→（①）→絵付け→（②）→乾燥→本焼き
　成形には，粘土の塊をひねり出す（③），ひも状にして積み上げる（④），粘土を板状にして組み立てる（⑤），ろくろづくりがある。

5 次の(1)～(3)の構成美に当てはまるものを(ア)～(カ)から選べ。

(1) 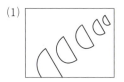　(2) 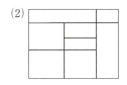　(3)

(ア)リピテーション　　(イ)プロポーション　　(ウ)コントラスト
(エ)グラデーション　　(オ)シンメトリー　　　(カ)アクセント

6 次の文を読み，それぞれの技法をカタカナで答えよ。
(1) クレヨンなどで色を塗り，尖ったものでひっかく。
(2) 紙や布などいろいろな材料を貼って画面を構成する。
(3) クレヨンやろうで図柄を描き，その上から水彩絵の具で彩色する。
(4) 鉛筆やコンテなどでものの上からこすり，表面の様子を移し取る。
(5) 絵具をつけたブラシで網をこすり，霧吹きのような効果を出す。
(6) 水面に絵具をたらし，水面にできた模様を紙に移し取る。
(7) 紙に絵具をたらして，吹いたり傾けたりして模様を作る。
(8) 紙に絵具をたらして，紙を二つ折りにする。

7 幼児の描画の発達段階について，各問いに答えよ。
(1) 次の各文が述べている発達段階の時期を答えよ。
　①円や線などによって何かを表そうとする時期。頭足人など。
　②なぐりがき期ともいい，点や線，渦巻などが描かれる時期。
　③基底線の上に描かれる。透視されたように描いたり，真上から見たように描いたりする時期。
(2) 右の絵に描かれている図法を何というか，答えよ。

第8章　音楽・図画工作

13 日本美術史

解答➡ P.105

要点の再確認！ 要点理解（赤の小学校全科） P. 286〜287

1 次の各文は，日本美術について述べたものである。（　）に適語を入れよ。

(1) （ ① ）は室町時代の禅僧で，明（中国）で画法を学び，日本独自の水墨画を大成した。

(2) （ ② ）によって建立された慈照寺銀閣は，（ ③ ）と禅宗様が組み合わされた二層の建物である。

(3) 戦国時代から安土桃山時代にかけて活躍した（ ④ ）は，堺の商人でわび茶の完成者として知られる。

(4) 鹿苑寺金閣は，（ ⑤ ）によって建立された。（ ⑥ ）と禅宗様が組み合わされた三層の建物である。

(5) （ ⑦ ）は室町時代に完成された庭園様式で，水を用いず，石や砂などにより風景を表現する。

(6) 戦国大名の権力を誇示するように，壮大な城郭が建てられた。国宝の（ ⑧ ）は白鷺城とも呼ばれる。

2 次の作品の作者を(ア)〜(ソ)から選べ。

(1)「竜虎図」　　　　　(2)「雪松図屏風」　　　(3)「鮭」

(4)「大徳寺方丈襖絵」　(5)「舟橋蒔絵硯箱」　　(6)「悲母観音」

(7)「色絵吉野山図茶壺」(8)「落葉」　　　　　　(9)「鷹見泉石像」

　(ア)狩野探幽　　　　(イ)尾形光琳　　　　(ウ)橋本雅邦　　　　(エ)俵屋宗達

　(オ)菱田春草　　　　(カ)狩野永徳　　　　(キ)長谷川等伯　　　(ク)野々村仁清

　(ケ)円山応挙　　　　(コ)狩野芳崖　　　　(サ)渡辺崋山　　　　(シ)高橋由一

　(ス)本阿弥光悦　　　(セ)横山大観　　　　(ソ)葛飾北斎

3 次の文に当てはまる人物名を答えよ。

(1) 江戸時代に日本の四季の風景を，風景版画として表した。代表作「名

272

所江戸百景」から「亀戸梅屋舗，大はしあたけの夕立」は，浮世絵に魅せられたゴッホが油絵で模写した作品である。
(2) 急激な西洋化が押し寄せた明治時代に，日本の伝統美術の優れた価値を認め，近代日本美術史学研究の開拓者となった。東京美術学校の設立に尽力し，校長となった。
(3) 明治時代の洋画家で，ヨーロッパで学んだ油彩画に桃山美術や琳派などの日本の伝統的な美術を取り入れ，装飾的な世界を展開した。フランスに留学し，ルノワールに師事した。「紫禁城」「桜島」など。
(4) アメリカの東洋美術史家，哲学者。明治時代に来日し，日本美術を評価した。東京美術学校の設立にも尽力した。
(5) 工部美術学校で西洋画をフォンタネージに学び，明治美術会を設立した。脂派ともいわれる。「収穫」「春畝」など。

4 次の作品の作者名を答えよ。

(1)

(2)

(3)

(4)

(5)

(6)

第8章　音楽・図画工作

14 西洋美術史

解答 ➡ P.105

要点の再確認！　要点理解（赤の小学校全科）　P.288〜289

1 次の文の（　）に適語を入れよ。

(1) Aの建築は2つの高い尖塔があり，古いものは1140年に建設されたものである。正面のバラ窓やキリストの生涯を描いた（①）はこの時代の特徴である。このフランスにある（②）様式の建物は，（③）である。

A

(2) Bの絵の作品名は（①）である。神話，宗教画を多く描いた画家（②）の代表作である。14世紀，イタリアから始まった人間性の開放を目指す文化革新運動である（③）が起こり，この画家も大富豪（④）の保護を受け，多くの傑作を残した。

B

2 次の作品は，19世紀を代表する画家の作品である。それぞれの流派，作者を答えよ。

(1) 　(2) 　(3)

3 流派，作者，作品の組み合わせで誤っているものを(1)〜(6)から選べ。

　　　　流派　　　　　　作者　　　　　　　作品
(1)　新古典主義　　　ダヴィッド　　　「ナポレオンの戴冠式」

274

(2) マニエリスム　　　エル・グレコ　　　「受胎告知」
(3) フォーヴィスム　　マティス　　　　　「赤い画室」
(4) バロック美術　　　フェルメール　　　「牛乳を注ぐ女」
(5) 印象派　　　　　　マネ　　　　　　　「エトワール」
(6) パリ派　　　　　　モディリアーニ　　「裸婦」

4 次の作品の作品名と作者を答えよ。

(1)

(2)

(3) 　(4) 　(5)

5 次の文に当てはまる人物名を答えよ。また，（　）に適語を入れよ。
(1) 当初は印象派だったが，伝統的な絵画にとらわれない独自の絵画様式を探求し，後期印象派に属する。（　）をはじめとする20世紀の美術に大きな影響を与えたことから，「近代絵画の父」と呼ばれる。静物画の安定した建築構図，青や橙色を基調とする明快な色彩感覚などが特徴。
(2) ロココ美術の末期のスペインの画家。スペインのカルロス4世の宮廷画家となり，国王一家の肖像画を描いた。繊細な自然光を多用した明暗に富む作風である。2点の「着衣の（　）」「裸の（　）」は傑作といわれる。フランスとの戦争を描いた「1808年5月3日」などがある。

第8章 音楽・図画工作

15 道具の使い方

解答➡ P.106

要点の再確認！ 要点理解（赤の小学校全科） P.290〜291

1 彫刻刀について，各問いに答えよ。

(1) 次の彫刻刀の名称を答えよ。

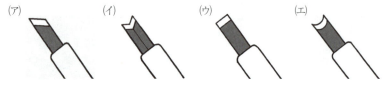

(2) 次の文が表す彫り方は，どの彫刻刀を使っているか，(1)の(ア)〜(エ)から選べ。
① 溝を彫るときは，同じ場所に方向を変えて二度切り込みを入れる。
② 広い部分を彫ったり，平らに削り取ったりする。刃を立てて使うとぼかした感じの線が彫れる。

2 両刃のこぎりについて，各問いに答えよ。

(1) 次ののこぎりの刃の名称を答えよ。

(2) 両刃のこぎりを使って板を木目に沿って切る場合，(ア)，(イ)のどちらを使うか答えよ。

(3) のこぎりの使い方について，（ ）に入る適語を選べ。
　硬い材料や厚い材料を切る場合，刃を引き込む角度をやや①（ 小さく　大きく ）する。反対に柔らかい材料や薄い材料を切る場合は，角度をやや②（ 小さく　大きく ）する。のこぎりは，③（ 引く　押す ）ときに切れるので，③のときに力を入れて切る。

3 電動糸のこぎりについて，各問いに答えよ。

(1) 電動糸のこぎりの使い方について，誤っているものを①〜⑤から選べ。

①刃先は手前につけ，刃の向きを下向きに取り付けるようにする。
②刃を取り付けるときは，上の締め具から留める。
③切断する前に，板押さえを正確に合わせる。
④曲線を切るときは，必ず板を回して切る。
⑤板材の切断を始める前に，きりなどで穴を開けておく。
(2) 電動糸のこぎりの安全な使い方を，児童に指導する注意点として2つ述べよ。

4 きりについて，各問いに答えよ。
(1) 次のきりの図を見て，その名称を(ア)～(エ)から選べ。

(ア)つぼぎり　(イ)ねずみ歯ぎり　(ウ)三つ目ぎり　(エ)四つ目ぎり

(2) 釘を打つとき，下穴を開けるのに適しているきりは，①～③のうちどれか。
(3) 大きな穴を開けるときに適しているきりは，①～③のうちどれか。

5 げんのうについて，(　)に入る適語を(ア)～(オ)から選べ。
　打つ前に，きりで軽く穴を開ける。釘を入れ，始めに(①)の方で打つ。打ち終わるときに(②)の方で打つ。(③)打つときは柄の下の方を，(④)打つときは柄の頭に近い方を持つ。
　(ア)軽く　(イ)曲面　(ウ)正面　(エ)平面　(オ)強く

6 道具の使い方について述べた次の文のうち，誤っているものを(1)～(4)から選べ。
(1) 釘を抜くときは，当て木をして釘抜きの下の方をもって手前に倒す。
(2) 彫刻刀は，反対側の人差指と中指を彫刻刀の柄の先に置く。
(3) きりは，木材を固定し必ず両手で扱う。
(4) 両刃のこぎりの切り始めは，刃がずれないように切る位置に親指を当てがう。

第9章
家庭・体育

※学習指導要領については,
すべて平成29年版小学校学習指導要領
(平成29年3月告示)によります。

9章　家庭・体育

1 学習指導要領（家庭①）解答➡ P.107

要点の
再確認！　要点理解（赤の小学校全科）　P. 296〜299

1　次は，平成29年版小学校学習指導要領の「家庭」の「目標」の一部である。（　　）に入る適語を(ア)〜(カ)から選べ。

> 　生活の営みに係る見方・考え方を働かせ，（　①　）などに関する実践的・（　②　）な活動を通して，生活をよりよくしようと工夫する資質・能力を次のとおり育成することを目指す。
> (1)　家族や（　③　），（　①　），消費や（　④　）などについて，日常生活に必要な基礎的な理解を図るとともに，それらに係る技能を身に付けるようにする。
> (2)　日常生活の中から問題を見いだして課題を設定し，様々な解決方法を考え，実践を評価・（　⑤　），考えたことを表現するなど，課題を解決する力を養う。
> (3)　家庭生活を大切にする心情を育み，家族や（　⑥　）の人々との関わりを考え，家族の一員として，生活をよりよくしようと工夫する実践的な態度を養う。

(ア)家庭　　　(イ)改善し　　　(ウ)衣食住　　　(エ)環境
(オ)地域　　　(カ)体験的

2　次は，平成29年版小学校学習指導要領の「家庭」の「第2　各学年の内容」「1　内容」「A　家族・家庭生活」の内容の一部である。（　　）に適語を入れよ。

> (1)　自分の（　①　）と（　②　）・家庭生活
> 　ア　自分の（　①　）を自覚し，家庭生活と（　②　）の大切さや家庭生活が（　②　）の協力によって営まれていることに気付くこと。
> (2)　家庭生活と（　③　）
> 　ア　家庭には，家庭生活を支える（　③　）があり，互いに協力し分担する必要があることや生活時間の有効な使い方について理解すること。

第9章

3 次は，平成29年版小学校学習指導要領の「家庭」の「第2　各学年の内容」「1　内容」「A　家族・家庭生活」「(3)家族や地域の人々との関わり」の内容の一部である。各問いに答えよ。

> ア　次のような知識を身に付けること。
> 　(ア)　（　①　）との触れ合いや団らんの大切さについて理解すること。
> 　(イ)　家庭生活は（　②　）の人々との関わりで成り立っていることが分かり，地域の人々との協力が大切であることを理解すること。
> イ　（　①　）や（　②　）の人々とのよりよい関わりについて考え，工夫すること。

(1)　（　）に適語を入れよ。

(2)「内容の取扱い」では，（　②　）の人々として，具体的にどのような人々を示しているか。(ア)～(オ)からすべて選べ。

　(ア)先生　　　(イ)高齢者　　　(ウ)同級生

　(エ)幼児　　　(オ)低学年の児童

4 次は，平成29年版小学校学習指導要領の「家庭」の「第2　各学年の内容」「1　内容」「B　衣食住の生活」の内容の一部である。各問いに答えよ。

> 　次の(1)から(6)までの項目について，課題をもって，（　①　）・快適・安全で豊かな（　②　）に向けて考え，（　③　）する活動を通して，次の事項を身に付けることができるよう指導する。
> (1)　食事の役割
> 　ア　食事の（　④　）が分かり，日常の食事の大切さと食事の仕方について理解すること。
> 　イ　（　⑤　）食べるために日常の食事の仕方を考え，（　③　）すること。

(1)　（　①　），（　③　），（　④　），（　⑤　）に入る適語を(ア)～(オ)から選べ。

　(ア)工夫　　　(イ)健康　　　(ウ)役割　　　(エ)静かに　　　(オ)楽しく

(2)　（　②　）に入る3つの生活を答えよ。

(3)「内容の取扱い」では，「B　衣食住の生活」で取り扱うべきものとして，日本のどのような生活を示しているか，答えよ。

次は，平成29年版小学校学習指導要領の「家庭」の「第2　各学年の内容」「1　内容」「B　衣食住の生活」「(2)調理の基礎」の内容の一部である。各問いに答えよ。

> ア　次のような知識及び技能を身に付けること。
> 　(ｱ)　調理に必要な（　①　）の分量や手順が分かり，調理計画について理解すること。
> 　(ｲ)　調理に必要な（　②　）や食器の安全で衛生的な取扱い及び（　③　）の安全な取扱いについて理解し，適切に使用できること。
> 　(ｳ)　材料に応じた（　④　），調理に適した（　⑤　），味の付け方，盛り付け，（　⑥　）及び後片付けを理解し，適切にできること。
> 　(ｴ)　材料に適したゆで方，（　⑦　）を理解し，適切にできること。
> 　(ｵ)　伝統的な日常食である（　⑧　）の調理の仕方を理解し，適切にできること。

(1)　（　①　）～（　⑦　）に入る適語を(ｱ)～(ｷ)から選べ。

　(ｱ)用具　　(ｲ)洗い方　　(ｳ)材料　　(ｴ)切り方
　(ｵ)加熱用調理器具　　(ｶ)いため方　　(ｷ)配膳

(2)　（　⑧　）に入る伝統的な日常食を2つ答えよ。

(3)　「内容の取扱い」では，上記の(ｴ)のゆでる材料として扱うものを2つ指定している。2つとも答えよ。

6　次は，平成29年版小学校学習指導要領の「家庭」の「第2　各学年の内容」「1　内容」「B　衣食住の生活」「(3)栄養を考えた食事」の内容の一部である。各問いに答えよ。

> ア　次のような知識を身に付けること。
> 　(ｱ)　体に必要な（　①　）の種類と主な（　②　）について理解すること。
> 　(ｲ)　食品の栄養的な特徴が分かり，（　③　）や食品を組み合わせてとる必要があることを理解すること。
> 　(ｳ)　<u>（　④　）を構成する要素</u>が分かり，1食分の（　④　）作成の方法について理解すること。

(1)　（　　）に入る適語を(ｱ)～(ｴ)から選べ。

　(ｱ)働き　　(ｲ)栄養素　　(ｳ)料理　　(ｴ)献立

(2)　「内容の取扱い」では，(ｳ)の下線部の構成する要素として3つ示している。すべて答えよ。

7　平成29年版小学校学習指導要領の「家庭」の「第2　各学年の内容」
「1　内容」「B　衣食住の生活」「⑸生活を豊かにするための布を用いた
製作」の内容について，各問いに答えよ。

⑴　2つの縫い方の目的に応じた縫い方及び用具の安全な取扱いについて
理解することが示されている。2つの縫い方とは何か，答えよ。

⑵　「内容の取扱い」で，制作物として日常生活で使用するものを示して
いる。それは何か，答えよ。

8　次は，平成29年版小学校学習指導要領の「家庭」の「第2　各学年の内
容」「1　内容」「B　衣食住の生活」「⑹快適な住まい方」である。各問い
に答えよ。

> ア　次のような知識及び技能を身に付けること。
> 　㋐　住まいの主な働きが分かり，（　①　）の変化に合わせた生活の大
> 　　切さや住まい方について理解すること。
> 　㋑　住まいの（　②　）・整頓や（　③　）の仕方を理解し，適切にでき
> 　　ること。
> イ　（　①　）の変化に合わせた住まい方，（　②　）・整頓や（　③　）の仕
> 　方を考え，快適な住まい方を工夫すること。

⑴　（　）に適語を入れよ。

⑵　「内容の取扱い」では，上記の㋐で取り上げることを4つ示している。
暑さ・寒さ，通風・換気のほかの2つを答えよ。

9　次は，平成29年版小学校学習指導要領の「家庭」の「第2　各学年の内
容」「1　内容」「C　消費生活・環境」「⑴物や金銭の使い方と買物」の
内容の一部である。各問いに答えよ。

> ㋐　（　①　）の仕組みや（　②　）の役割が分かり，物や金銭の大切さと
> 　計画的な使い方について理解すること。
> ㋑　身近な物の選び方，買い方を理解し，（　③　）するために必要な情
> 　報の収集・整理が適切にできること。

⑴　（　）に適語を入れよ。

⑵　「内容の取扱い」では，上記の㋐のについて，ある契約の基礎につい
て触れるように示している。何の契約か，答えよ。

9章　家庭・体育

2 学習指導要領（家庭②）解答➡P.108

要点の再確認！ 要点理解（赤の小学校全科） P.300〜301

1 次は，平成29年版小学校学習指導要領の「家庭」の「第3　指導計画の作成と内容の取扱い」の内容の一部である。（　　）に入る適語を(ア)〜(エ)から選べ。

> 1　指導計画の作成に当たっては，次の事項に配慮するものとする。
> (1)　題材など内容や（　①　）のまとまりを見通して，その中で育む（　②　）・能力の育成に向けて，児童の（　③　）・対話的で深い学びの実現を図るようにすること。その際，生活の営みに係る見方・考え方を働かせ，知識を（　④　）等と関連付けてより深く理解するとともに，日常生活の中から問題を見いだして様々な解決方法を考え，他者と意見交流し，実践を評価・改善して，新たな課題を見いだす過程を重視した学習の充実を図ること。

(ア)主体的　　　(イ)生活体験　　　(ウ)資質　　　(エ)時間

2 平成29年版小学校学習指導要領の「家庭」の「第3　指導計画の作成と内容の取扱い」について，各問いに答えよ。

(1)「A　家族・家庭生活」の中で，第5学年の最初に履修させる項目を(ア)〜(エ)から選べ。

　　(ア)自分の成長と家族・家庭生活　　　(イ)　家庭生活と仕事
　　(ウ)家族や地域の人々との関わり
　　(エ)家族・家庭生活についての課題と実践

(2)「A　家族・家庭生活」の中で，実践的な活動を家庭や地域などで行うことができるよう配慮し，2学年間で一つ又は二つの課題を設定して履修させることとしている項目を(ア)〜(エ)から選べ。

　　(ア)自分の成長と家族・家庭生活　　　(イ)家庭生活と仕事
　　(ウ)家族や地域の人々との関わり
　　(エ)家族・家庭生活についての課題と実践

第9章

3 次は，平成29年版小学校学習指導要領の「家庭」の「第3　指導計画の作成と内容の取扱い」の内容の一部である。（　）に入る適語を(ｱ)～(ｵ)から選べ。

(5) 題材の構成に当たっては，児童や学校，（ ① ）の実態を的確に捉えるとともに，内容相互の関連を図り，指導の（ ② ）を高めるようにすること。その際，他教科等との関連を明確にするとともに，中学校の学習を見据え，（ ③ ）に指導ができるようにすること。
(6) （ ④ ）のある児童などについては，学習活動を行う場合に生じる困難さに応じた指導内容や指導方法の工夫を計画的，（ ⑤ ）に行うこと。

(ｱ)系統的　　(ｲ)組織的　　(ｳ)障害　　(ｴ)地域　　(ｵ)効果

4 次は，平成29年版小学校学習指導要領の「家庭」の「第3　指導計画の作成と内容の取扱い」で「内容の取扱い」についての配慮事項を示した文である。各問いに答えよ。

(1) 指導に当たっては，衣食住など生活の中の様々な（ ① ）を（ ② ）を伴って理解する学習活動や，自分の生活における課題を解決するために（ ① ）や（ ③ ）などを用いて生活をよりよくする方法を考えたり，説明したりするなどの学習活動の充実を図ること。

(1) （　）に入る適語を(ｱ)～(ｵ)から選べ。

(ｱ)行動　　(ｲ)音楽　　(ｳ)言葉　　(ｴ)実感　　(ｵ)図表

(2) 指導に当たって，積極的に活用すべきと示されているものすべてを(ｱ)～(ｵ)から選べ。

(ｱ)テレビ　　(ｲ)携帯電話　　(ｳ)コンピュータ
(ｴ)ラジオ　　(ｵ)情報通信ネットワーク

5 平成29年版小学校学習指導要領の「家庭」の「第3　指導計画の作成と内容の取扱い」で実習の指導に当たって配慮するものについて，各問いに答えよ。

(1) 事故防止のために取扱いに注意すべきものが3つ示されている。機械のほかの2つを答えよ。
(2) 調理に用いる食品で扱わないように示されているものを2つ答えよ。

家庭・体育

学習指導要領
（家庭②）

第9章 家庭・体育

3 縫い方，裁ち方　解答→P.109

要点の再確認！　要点理解（赤の小学校全科）　P.302～303

1 次の各問いに答えよ。

(1) 次の文は，手縫いについて説明したものである。（　）に適語を入れよ。

　手縫いをするときは，縫いつけた糸が抜けないように（①）をする。糸を引き抜くときは，安全のため針先の向きに気をつけ，縫い終わるときは，（②）をしてから糸を切る。

(2) 次の③，④の縫い方の名前をそれぞれ答えよ。

③基本的な縫い方であり，表裏に交互に目が出る。

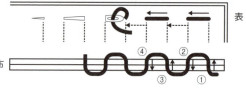

④少し，しっかりと縫っておきたいときに使う。

2 次の布を縫うとき，最も適したミシン針と糸の組み合わせをそれぞれ選べ。

(1) デニムの厚い布地
(2) ローンの薄い布地

　(ア)ミシン針：9番　　糸：80番カタン糸
　(イ)ミシン針：9番　　糸：50番カタン糸
　(ウ)ミシン針：14番　　糸：50番カタン糸
　(エ)ミシン針：14番　　糸：80番カタン糸

3 次の文は，ミシンを使って縫い始めるときの操作について述べたものである。（　）に当てはまる各部の名称を，右の図から選んで答えよ。

（図中の名称）上糸調節装置，糸立て，下糸巻軸，糸案内，てんびん，はずみ車，送り調節ダイヤル，押さえ，返し縫いレバー

(1)　下糸と上糸の準備ができたら，布を（　①　）の下に置き，糸と布を左手で押さえる。

(2)　（　②　）を手前に回し，縫い始めの位置に針を刺す。レバーを下げて（　①　）を下げ，ゆっくりと縫い始める。

(3)　縫い目の大きさは（　③　）で調節する。

4 ミシンの調子がよくないとき，その現象と原因について適当でないものを選べ。

(ア)　針が折れるのは，針止めねじがゆるんでいるのが主な原因である。

(イ)　上糸が切れるのは，上糸のかけ方が正しくないか，上糸調節装置の数字が大きくなり過ぎているのが主な原因である。

(ウ)　布が進まないのは，送り調節ダイヤルの数字が最大になっているのが主な原因である。

(エ)　縫い目が飛ぶのは，針のつけ方が正しくないのが主な原因である。

5 布を用いた制作について，各問いに答えよ。

(1)　ミシンの各部の名称とはたらきについて，誤っているものを選べ。

①　「てんびん」は上糸を引き締めたり，たぐり出したりする。

②　「送り調節ダイヤル」は針を手動で上げ下げする。

③　「上糸調節装置」は上糸の強さを調節する。

④　「返し縫いレバー」は縫い始めや終わりのほつれ止めをする。

(2)　袋を製作する場合に注意することについて，誤っているものを２つ選べ。

①　布は，丈夫でほつれにくく，かつ縫いやすい厚さのものを選ぶ。

②　布を裁つときは，横方向に伸びにくい性質を考えて方向を決める。

③　型紙の布目線を布の縦に合わせるように配置する。

④　布の横の両端の部分を耳といい，ほつれにくい。

⑤　布を二つ折りにした山の部分を輪という。

第9章　家庭・体育

4 衣服と手入れ

解答➡ P.110

要点の再確認！ 要点理解(赤の小学校全科) P. 304〜305

1 衣服の機能について説明した次の文の（　　）に入る適語を(ア)〜(オ)から選べ。

衣服のはたらきには，大きく分けて，体を守るための（ ① ）上のはたらきと，立場や気持ちなどを表すための（ ② ）上のはたらきの2つがある。

（ ① ）上の主なはたらきには，（ ③ ）から体を保護するはたらき，生活や活動をしやすくして（ ④ ）を防ぐはたらきがある。

(ア)乾燥　　(イ)暑さや寒さ　　(ウ)怪我　　(エ)保健衛生　　(オ)社会活動

2 繊維について，各問いに答えよ。

(1) 繊維について述べた文の（　　）に適語を入れよ。

繊維は，大きく分けて（ ① ）繊維と（ ② ）繊維に分けられる。
（ ① ）繊維は，さらに毛などの（ ③ ）繊維と麻などの（ ④ ）繊維に分けられる。

(2) 次の文が説明している繊維を(ア)〜(オ)から選べ。

① しなやかな感触で光沢に富むが，塩素系漂白剤やアルカリ性の洗剤に弱い。白地のものは黄変する。スカーフなどに使われる。

② 乾きやすい。熱で縮みやすいのでアイロンの温度は低いのが適している。ストッキングや水着などに使われる。

③ 水をはじく。塩素系漂白剤は使えず，中性の洗剤が適している。虫の害を受けやすい。セーターやコートなどに使われる。

④ 肌触りがよく，水をよく吸う。弱アルカリ性の洗剤が適し，塩素系漂白剤が使える。肌着や寝具などに使われる。

⑤ しわになりにくく，摩擦や引っ張りに強い。燃やすと，溶けながら黒い煙を出して燃える。ブラウスなどに使われる。

(ア)綿　　(イ)毛　　(ウ)絹　　(エ)ポリエステル　　(オ)ナイロン

3 洗濯と漂白に関する次の取扱い絵表示を見て，正しい取り扱いを(ア)～(キ)から選べ。

(1) 　(2) 　(3)

- (ア) 塩素系及び酸素系漂白剤による漂白処理ができる。
- (イ) 酸素系漂白剤による漂白はできるが，塩素系漂白剤による漂白はできない。
- (ウ) 家庭洗濯はできない。
- (エ) 液温は30℃を上限として，洗濯機で通常の洗濯ができる。
- (オ) 液温は30℃を下限として，洗濯機で通常の洗濯ができる。
- (カ) 液温は30℃を上限として，洗濯機で非常に弱い洗濯ができる。
- (キ) 液温は30℃を下限として，洗濯機で非常に弱い洗濯ができる。

4 アイロン仕上げと自然乾燥に関する次の取扱い絵表示を見て，正しい取り扱いを(ア)～(キ)から選べ。

(1)　(2)　(3)　(4)
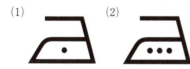

- (ア) 底面温度200℃を限度としてアイロン仕上げができる。
- (イ) 底面温度150℃を限度としてアイロン仕上げができる。
- (ウ) 底面温度110℃を限度としてアイロン仕上げができる。
- (エ) 日陰で濡れつり干し乾燥がよい。　　(オ) つり干し乾燥がよい。
- (カ) 日陰で濡れ平干し乾燥がよい。　　(キ) 平干し乾燥がよい。

5 洗剤のはたらきについて説明した次の文の（　　）に入る適語を(ア)～(オ)から選べ。

汚れた衣服を洗濯液に浸すと，（ ① ）作用によって繊維と汚れの間に（ ② ）が入り込み，それをもんだりして物理的に刺激することで，（ ③ ）作用と分散作用が起こり，汚れは繊維から離れていく。

(ア)乳化　(イ)活性化　(ウ)界面活性剤　(エ)浸透　(オ)収縮

第9章　家庭・体育

5 五大栄養素，6つの基礎食品群　解答➡P.111

要点の再確認！　要点理解（赤の小学校全科）　P. 306〜307

1 次の文は，食品に含まれる五大栄養素について述べたものである。それぞれの栄養素の名前を答え，その栄養素を多く含むグループを(ア)〜(オ)から選べ。

(1) 食品中に含まれる量は少ないが，骨や歯や血液をつくったり，体の調子を整えるはたらきをする。

(2) 脂肪酸とモノグリセリドに分解されてエネルギー源として利用される。細胞膜の成分となったり，皮下に蓄えられたりする。

(3) 主に体の調子を整えるはたらきをし，他の栄養素のはたらきを助ける。

(4) 体内で分解されて主にぶどう糖となり，エネルギー源として利用される。

(5) 筋肉や臓器など体の組織をつくるもととなる。体内で分解されてエネルギー源としても利用される。

(ア)小魚，海藻類，牛乳　　(イ)肉，魚，卵，大豆

(ウ)野菜，果物　　　　　　(エ)バター，なたね油，ラード

(オ)白米，小麦粉，穀類，いも類，砂糖

2 次の表は，ある児童の朝食である。これについて，各問いに答えよ。

料理名	主な材料
ごはん	白米
みそ汁	みそ，豆腐，油揚げ
ハムエッグ	ハム，卵，バター
サラダ	きゅうり，トマト，レタス，フレンチソース

(1) 五大栄養素のうち，この朝食で足りない栄養素を答えよ。

(2) この朝食に不足している栄養素を補うにはどうすればよいか。(ア)〜(エ)から選べ。

(ア)サラダにりんごを入れる　　(イ)サラダにゆで卵を入れる

(ウ)みそ汁にねぎを入れる　　　(エ)みそ汁にわかめを入れる

3 食品は，含んでいる栄養素の種類や量の違いから３つのグループに分けることができる。それぞれのグループの主なはたらきを答えよ。

(1) 緑黄色野菜，果物　　(2) 穀類，いも類，砂糖，油脂

(3) 魚，肉，卵，牛乳，小魚

4 ６つの基礎食品群について，各問いに答えよ。

(1) 次の①〜④の中で，異なる食品群に属する食品を(ア)〜(エ)から選べ。また，ほかの３つに共通する主な栄養素を答えよ。

①　(ア)にんじん　　(イ)ピーマン　　(ウ)きゅうり　　(エ)かぼちゃ

②　(ア)豚肉　　　　(イ)さんま　　　(ウ)納豆　　　　(エ)米

③　(ア)うどん　　　(イ)豆腐　　　　(ウ)パン　　　　(エ)じゃがいも

④　(ア)チーズ　　　(イ)バター　　　(ウ)マーガリン　(エ)マヨネーズ

(2) 次の献立について説明した文として正しいものを下から選べ。（　　）内は主な材料を示している。

> ごはん（白米），卵スープ（卵，にら），
> トンカツ（豚肉，キャベツ，サラダ油）

(ア)　無機質が不足しているので，デザートとしてヨーグルトを補うとよい。

(イ)　ビタミンＣが不足しているので，オレンジを補うとよい。

(ウ)　カロテンが不足しているので，ほうれん草を補うとよい。

5 次のビタミンのはたらきとそれを多く含む食品について，はたらきは(ア)〜(ウ)から，食品群は(a)〜(c)から選べ。

(1) ビタミンＢ$_2$　　(2) ビタミンＤ

(ア)　脂質のエネルギー代謝を助ける。目の働きを助け，皮膚を健全に保つ。

(イ)　骨や歯の発育を助け，丈夫にする。

(ウ)　免疫力を高める。

　　(a)魚，卵黄，きのこ　　(b)野菜，果物　　(c)卵，納豆，チーズ

6 生鮮食品と加工食品について，各問いに答えよ。

(1) 生鮮食品が多く出回る時期を何というか。

(2) おおむね５日以内で劣化しやすい食品に表示されている期限を何というか。

291

第9章 家庭・体育

6 調理

解答 ➡ P.111

要点の再確認！ 要点理解（赤の小学校全科） P.308〜309

1 米の炊飯について，各問いに答えよ。

(1) 次の文は，吸水と水加減について説明したものである。（ ）に入る適語をそれぞれ(ア)〜(エ)から選べ。

> 米を量って，3〜4回水をかえてといだ後，（ ① ）吸水させる。1人分の米の目安は（ ② ）で，水の量は米の体積の（ ③ ）である。

① (ア) 5〜10分　(イ) 10〜20分　(ウ) 20〜30分　(エ) 30分以上
② (ア) 60g　(イ) 70g　(ウ) 80g　(エ) 90g
③ (ア) 1倍　(イ) 1.2倍　(ウ) 1.4倍　(エ) 1.6倍

(2) 炊飯の火加減について，最も適切な説明を(ア)〜(エ)から選べ。
(ア) 最初は中火→沸騰したら弱火→水がなくなったら強火→蒸らす
(イ) 最初は中火→沸騰したら強火→水がなくなったら弱火→蒸らす
(ウ) 最初は強火→沸騰したら中火→水がなくなったら弱火→蒸らす
(エ) 最初は強火→沸騰したら弱火→水がなくなったら中火→蒸らす

2 米飯とじゃがいものみそ汁を調理することにした。各問いに答えよ。

(1) 右の図は，もみの断面図である。玄米，白米には，それぞれ(ア)〜(エ)のどの部分が含まれているか。すべて選べ。

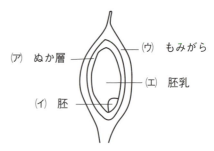

(2) みそ汁のだしをとるのに，かつお節を使った。だしのとり方について具体的に述べよ。

(3) じゃがいもをみそ汁に入れるとき，芽や皮の緑色の部分を取り除く。その理由を答えよ。

3 卵について，各問いに答えよ。
(1) かたゆで卵をつくる場合，沸騰後何分ゆでるとよいか。(ア)〜(エ)から選べ。

(ア) 3〜5分　　(イ) 6〜8分　　(ウ) 8〜10分　　(エ) 11〜13分

(2) マヨネーズソースは卵黄のどのような性質を利用したものか，答えよ。

4 調理実習について，各問いに答えよ。
(1) だしのとり方の説明文で正しいものを(ア)〜(エ)から2つ選べ。
   (ア) 煮干しは頭と腹わたを除き，水が沸騰したら入れ，約1分加熱してからおろし，上澄みをとる。
   (イ) 煮干しは頭と腹わたを除き，水から入れて火にかけ，沸騰後3分煮てから取り出す。
   (ウ) こんぶは水に45分程浸した後に加熱し，沸騰直前になったら取り出す。
   (エ) こんぶは，水から入れて火にかけ，沸騰後3分煮てから取り出す。
(2) まな板を使用する前に水で濡らし，水気をふき，使う主な理由を(ア)〜(エ)から選べ。
   (ア) 食品のあくがまな板につくのを防ぐため。
   (イ) 食品の雑菌がまな板につくのを防ぐため。
   (ウ) 食品の栄養がまな板につくのを防ぐため。
   (エ) 食品のにおいがまな板につくのを防ぐため。

5 次の(1)〜(3)の野菜の切り方の名称を答えよ。

6 和食の配膳について，各問いに答えよ。
(1) 米飯と汁ものとおかず3品をそろえたものを何というか。
(2) (1)の配膳について，図中のB，D，Eに当てはまるものをそれぞれ選べ。

(ア)主食　　(イ)汁　　(ウ)副菜　　(エ)主菜

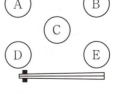

第9章　家庭・体育

7 商品のマーク，環境　解答➡P.112

要点の再確認！　要点理解(赤の小学校全科)　P. 310〜311

1 次のマークの中で，安全を保障する製品に付けられているマークを(ア)〜(オ)から選べ。

(ア) 　(イ) 　(ウ) 　(エ) 　(オ) JAS

2 次の(1)〜(3)は，製品や商品に付いているマークについて説明したものである。それぞれどのマークについて説明したものか。それぞれ(ア)〜(エ)から選べ。

(1) ペットボトルのリサイクル品であることを示すマーク
(2) 製品安全協会が安全と認定した製品に付き，製品の欠陥による事故には損害賠償が行われるマーク
(3) 原料に規定以上の古紙を使用した製品に付くマーク

(ア) 　(イ) 　(ウ) 　(エ)

3 次の包装容器の原料を示すマークを，それぞれ(ア)〜(オ)から選べ。
(1) ペット　(2) アルミ　(3) 塩化ビニール

(ア) 　(イ) 　(ウ) 　(エ) 　(オ)

4 次のマークの中で，環境に配慮した製品に付けられているマークを，(ア)〜(エ)からすべて選べ。

(ア)　　　　(イ)　　　　(ウ)　　　　(エ)

5 快適な住まいについて，各問いに答えよ。
(1) JIS では明るさの基準を設けている。学校での①，②の場所の照度について，適切なものを，それぞれ(ア)〜(エ)から選べ。
　①被服教室
　②教室
　　(ア)200ルクス以上　　(イ)300ルクス以上
　　(ウ)500ルクス以上　　(エ)750ルクス以上
(2) 心地よい室内環境の主な4つの要素は，明るさ，温度，音以外に何があるか，答えよ。

6 次の各問いに答えよ。
(1) 次の文は，ごみ減量のための3Rについて説明したものである。（　）に適語を入れよ。

> 3Rとは，廃棄物の（①）であるリサイクル，廃棄物の発生抑制である（②），部品・製品などの再使用である（③）である。

(2) 家電リサイクル法で，必ずリサイクルしなければならない電化製品は，テレビ（液晶，プラズマ含む），冷蔵庫（冷凍庫），洗濯機（衣類乾燥機）の他に何があるか，1つ答えよ。

7 次の各問いに答えよ。
(1) 消費者が製品の欠陥により被害を受けた場合，製造者に損害賠償の責任を負わせ，被害者救済を行う法律を何というか，答えよ。
(2) 訪問販売など，店頭以外で契約や購入したものを，法律に定められた一定の期間なら無条件で解約できる制度を何というか，答えよ。

第9章　家庭・体育

8 学習指導要領（体育①）解答➡P.113

要点の再確認！ 要点理解（赤の小学校全科） P. 312〜313

1 次は，平成29年版小学校学習指導要領の「総則」の一部である。（　　）に入る適語を(ア)〜(ク)から選べ。

(3) 学校における体育・健康に関する指導を，児童の発達の段階を考慮して，学校の教育活動全体を通じて適切に行うことにより，健康で（　①　）な生活と豊かな（　②　）の実現を目指した教育の充実に努めること。特に，学校における（　③　）並びに体力の向上に関する指導，安全に関する指導及び（　④　）の保持増進に関する指導については，体育科（中略），各教科（中略）の特質に応じて適切に行うよう努めること。また，それらの指導を通して，家庭や地域社会との連携を図りながら，（　⑤　）において適切な体育・健康に関する活動の実践を促し，生涯を通じて健康・安全で活力ある生活を送るための基礎が培われるよう配慮すること。

(ア)安全　　(イ)学校生活　　(ウ)心身の健康　　(エ)日常生活
(オ)静か　　(カ)スポーツライフ　　(キ)食育の推進　　(ク)身辺の安全

2 次は，平成29年版小学校学習指導要領の「体育」の「目標」である。（　　）に入る適語の組み合わせとして正しいものを(ア)〜(オ)から選べ。

体育や保健の見方・考え方を働かせ，課題を見付け，その解決に向けた学習過程を通して，心と体を一体として捉え，生涯にわたって心身の健康を（　①　）し豊かなスポーツライフを実現するための資質・能力を次のとおり育成することを目指す。

(1) その特性に応じた各種の運動の行い方及び身近な生活における（　②　）について理解するとともに，（　③　）を身に付けるようにする。

(2) 運動や健康についての自己の課題を見付け，その解決に向けて思

考し判断するとともに，（　④　）力を養う。

(3) 運動に親しむとともに健康の（　①　）と体力の向上を目指し，楽しく明るい生活を営む態度を養う。

(ア) ①保持増進　②健康・安全　③基本的な動きや体力
④他者に伝える

(イ) ①維持強化　②健康・食育　③基本的な動きや技能
④他者に伝える

(ウ) ①維持強化　②健康・安全　③基本的な動きや体力
④課題を解決する

(エ) ①保持増進　②健康・食育　③課題を解決する
④課題を解決する

(オ) ①保持増進　②健康・安全　③基本的な動きや技能
④他者に伝える

3 次は，平成29年版小学校学習指導要領の「体育」の各学年の目標の一部である。（　）に適語を入れよ。

〔第3学年及び第4学年〕

(3) 各種の運動に進んで取り組み，きまりを守り誰とでも仲よく運動をしたり，（　①　）を認めたり，場や用具の安全に留意したりし，最後まで努力して運動をする態度を養う。

〔第5学年及び第6学年〕

(1) 各種の運動の（　②　）や（　③　）を味わい，その行い方及び心の健康やけがの防止，病気の予防について理解するとともに，各種の運動の特性に応じた基本的な技能及び健康で安全な生活を営むための技能を身に付けるようにする。

(3) 各種の運動に積極的に取り組み，約束を守り助け合って運動をしたり，仲間の考えや取組を認めたり，場や用具の安全に留意したりし，自己の（　④　）を尽くして運動をする態度を養う。また，健康・安全の大切さに気付き，自己の健康の保持増進や（　⑤　）に進んで取り組む態度を養う。

家庭・体育

学習指導要領
（体育①）

297

第9章 家庭・体育

9 学習指導要領（体育②）解答➡ P.114

要点の再確認！ 要点理解（赤の小学校全科） P.314〜317

1 次の表は，平成29年版小学校学習指導要領の「体育」に示されている領域構成をまとめたものである。（　）に適語を入れよ。なお，同じ数字には同じ言葉が入る。

学年	1・2	3・4	5・6
領域	体つくりの運動（ ① ）	体つくり運動	
	器械・器具を使っての運動（ ① ）	（ ② ）	
	走・跳の運動（ ① ）	走・跳の運動	陸上運動
	水（ ① ）	水泳運動	
	（ ③ ）		ボール運動
	表現リズム（ ① ）	表現運動	
		（ ④ ）	

2 次は，平成29年版小学校学習指導要領の「体育」の各学年の内容における各領域の運動を示したものである。各領域で〔第3学年年及び第4学年〕の運動に当たるものをすべて選べ。

(1) 陸上運動系

　(ｱ)短距離走・リレー　　　(ｲ)小型ハードル走　　　(ｳ)走の運動遊び

　(ｴ)高跳び　　　　　　　　(ｵ)走り幅跳び　　　　　(ｶ)跳の運動遊び

(2) 水泳運動系

　(ｱ)浮いて進む運動　　　　(ｲ)平泳ぎ　　　　　　　(ｳ)クロール

　(ｴ)もぐる・浮く運動　　　(ｵ)もぐる・浮く運動遊び

(3) 表現運動系

　(ｱ)表現遊び　　　　　　　(ｲ)リズム遊び　　　　　(ｳ)リズムダンス

　(ｴ)フォークダンス　　　　(ｵ)表現

298

3 次は，平成29年版小学校学習指導要領の「体育」の内容の体つくりの運動遊びや体つくりの運動に関するものである。内容と指導する学年の組み合わせとして誤っているものを選べ。

(ア) 〔第1学年及び第2学年〕
・体ほぐしの運動遊びでは，手軽な運動遊びを行い，心と体の変化に気付いたり，みんなで関わりあったりすること。

(イ) 〔第1学年及び第2学年〕
・多様な動きをつくる運動遊びでは，体のバランスをとる動き，体を移動する動き，用具を操作する動き，力試しの動きをすること。

(ウ) 〔第3学年及び第4学年〕
・体の動きを高める運動では，ねらいに応じて，体の柔らかさ，巧みな動き，力強い動き，動きを持続する能力を高めるための運動をすること。

(エ) 〔第3学年及び第4学年〕
・運動に進んで取り組み，きまりを守り誰とでも仲よく運動をしたり，友達の考えを認めたり，場や用具の安全に気を付けたりすること。

(オ) 〔第5学年及び第6学年〕
・自己の体の状態や体力に応じて，運動の行い方を工夫するとともに，自己や仲間の考えたことを他者に伝えること。

4 次は，平成29年版小学校学習指導要領の「体育」の内容の一部である。（　　）に入る適語をそれぞれ(ア)～(エ)から選べ。

(1) 〔第1学年及び第2学年〕C　走・跳の運動遊び
走ったり跳んだりする簡単な（　　）を工夫するとともに，考えたことを友達に伝えること。

(ア)練習　　(イ)遊び方　　(ウ)ルール　　(エ)運動

(2) 〔第1学年及び第2学年〕D　水遊び
水の中を（　　）運動遊びでは，水につかって歩いたり走ったりすること。

(ア)後退する　　(イ)泳ぐ　　(ウ)歩く　　(エ)移動する

(3) 〔第3学年及び第4学年〕B　器械運動
跳び箱運動では，（　　）の基本的な技をすること。

(ア)切り返し系や回転系　　(イ)支持系　　(ウ)切り返し系　　(エ)回転系や巧技系

家庭・体育

学習指導要領
（体育②）

(4) 〔第3学年及び第4学年〕D　水泳運動

　　浮いて進む運動では，（　　）や初歩的な運動をすること。

　　㋐かえる足　　　㋑ばた足　　　㋒け伸び　　　㋓背浮き

(5) 〔第5学年及び第6学年〕F　表現運動

　　（　　）では，日本の民踊や外国の踊りから，それらの踊り方の特徴を捉え，音楽に合わせて簡単なステップや動きで踊ること。

　　㋐創作ダンス　　　　　　　㋑フォークダンス

　　㋒ヒップホップダンス　　　㋓リズムダンス

5　平成29年版小学校学習指導要領の「体育」の中学年の「体つくり運動」について，各問いに答えよ。

(1)　多様な動きをつくる運動では，次の5つの運動で構成されている。（　　）に適語を入れよ。

　　①体の（　A　）をとる動き

　　②体を移動する動き

　　③（　B　）を操作する動き

　　④力試しの動き

　　⑤基本的な動きを組み合わせる運動

(2)　(1)の⑤の動きは，低学年にはなく，中学年で加えられている。そのねらいは『小学校学習指導要領解説　体育編』（平成29年7月）でどのように示されているか，答えよ。

6　次は，平成29年版小学校学習指導要領の「体育」の「各学年の目標及び内容」の第3学年及び第4学年の一部である。（　　）に入る適語の組み合わせとして正しいものを㋐〜㋔から選べ。

(1)　健康な生活について，（略），次の事項を身に付けること。

　　ア　健康な生活について理解すること。

　　　（ア）　心や体の調子がよいなどの健康の状態は，（　①　）や周囲の環境の要因が関わっていること。

　　　（イ）　毎日を健康に過ごすには，運動，食事，休養及び睡眠の調和のとれた生活を続けること，また，（　②　）を保つことなどが必要であること。

(ウ) 毎日を健康に過ごすには，（　③　），換気などの生活環境を整えることなどが必要であること。

(2) 体の発育・発達について，課題を見付け，その解決を目指した活動を通して，次の事項を身に付けること。

ア　体の発育・発達について理解すること。

(ア) 体は，年齢に伴って変化すること。また，体の発育・発達には，（　④　）があること。

(ア)①ストレス　　　②心の健康　　　③室温調節　　　④男女差

(イ)①主体の要因　　②体の清潔　　　③明るさの調節　　④男女差

(ウ)①行動　　　　　②心の健康　　　③室温調整　　　④個人差

(エ)①主体の要因　　②体の清潔　　　③明るさの調節　　④個人差

(オ)①ストレス　　　②体の清潔　　　③洗濯　　　　　　④個体差

7 平成29年版小学校学習指導要領の「体育」の〔第5学年及び第6学年〕の「保健」で扱う内容として適切なものを選べ。

(ア)「健康な生活」と「心の健康」と「けがの防止」

(イ)「健康な生活」と「病気の予防」と「けがの防止」

(ウ)「健康な生活」と「体の発育・発達」と「病気の予防」

(エ)「心の健康」と「体の発育・発達」と「けがの防止」

(オ)「心の健康」と「けがの防止」と「病気の予防」

8 平成29年版小学校学習指導要領の「体育」の〔第5学年及び第6学年〕の「保健」に示されている内容の一部である。（　　）に適語を入れよ。

ア　けがの防止に関する次の事項を理解するとともに，けがなどの簡単な手当をすること。

(ア) 交通事故や身の回りの生活の危険が原因となって起こるけがの防止には，（　①　）の危険に気付くこと，的確な（　②　）の下に安全に行動すること，環境を安全に整えることが必要であること。

(イ) けがなどの簡単な手当は，（　③　）に行う必要があること。

イ　けがを防止するために，危険の予測や（　④　）の方法を考え，それらを表現すること。

第9章　家庭・体育

10 学習指導要領（体育③）解答➡P.115

要点の
再確認！　要点理解（赤の小学校全科）　P. 318〜319

1　次は，平成29年版小学校学習指導要領の「体育」の「指導計画の作成と内容の取扱い」の最初の項目である。（　　）に適語を入れよ。

1　指導計画の作成に当たっては，次の事項に配慮するものとする。
(1)　単元など内容や時間のまとまりを見通して，その中で育む資質・能力の育成に向けて，児童の主体的・対話的で深い（　①　）を図るようにすること。その際，体育や保健の見方・考え方を働かせ，（　②　）についての自己の課題を見付け，その解決のための活動を選んだり工夫したりする活動の充実を図ること。また，運動の（　③　）を味わったり，（　④　）を実感したりすることができるよう留意すること。

2　次は，平成29年版小学校学習指導要領の「体育」の「保健」の内容等をまとめたものである。（　　）に入る数字を算用数字で答えよ。

領　　域	【保健】			
学　　年	第３学年	第４学年	第５学年	第６学年
内　　容	健康な生活	体の発育・発達	心の健康，けがの防止	病気の予防
授業時数	（　①　）単位時間程度		（　②　）単位時間程度	

3　平成29年版小学校学習指導要領の「体育」の「指導計画の作成」の内容の(5)に低学年に関する記述がある。そこでは，「幼児期の終わりまでに育ってほしい姿との関連を考慮すること」と，特に何の教科との関連を中心とした「合科的・関連的な指導」を工夫することが求められているか。その教科名を答えよ。

4 次は，平成29年版小学校学習指導要領の「体育」の「指導計画の作成と内容の取扱い」の「内容の取扱い」(6)〜(10)を抜粋したものである。（　　）に入る適語をそれぞれ(ア)〜(エ)から選べ。

(6) 第2の内容の「D水遊び」及び「D水泳運動」の指導については，適切な水泳場の確保が困難な場合にはこれらを取り扱わないことができるが，これらの（　①　）については，必ず取り上げること。

(ア)心得　　(イ)技　　(ウ)方法　　(エ)事故防止

(7) オリンピック・パラリンピックに関する指導として，フェアなプレイを大切にするなど，児童の発達の段階に応じて，各種の運動を通してスポーツの（　②　）や価値等に触れることができるようにすること。

(ア)楽しさ　　(イ)交流　　(ウ)重要性　　(エ)意義

(8) （　③　），整頓，列の増減などの行動の仕方を身に付け，能率的で安全な（　④　）としての行動ができるようにするための指導については，第2の内容の「A体つくりの運動遊び」及び「A体つくり運動」をはじめとして，各学年の各領域（保健を除く。）において適切に行うこと。

(ア)クラス　　(イ)個人　　(ウ)集合　　(エ)集団

(9) 自然との関わりの深い雪遊び，氷上遊び，スキー，スケート，（　⑤　）などの指導については，学校や地域の実態に応じて積極的に行うことに留意すること。

(ア)水辺活動　　(イ)野外活動　　(ウ)海浜活動　　(エ)自然体験活動

(10) 保健の内容のうち運動，食事，休養及び睡眠については，（　⑥　）の観点も踏まえつつ，健康的な（　⑦　）の形成に結び付くよう配慮するとともに，保健を除く第3学年以上の各領域及び（　⑧　）に関する指導においても関連した指導を行うようにすること。

(ア)体力増進　　(イ)学校給食　　(ウ)食育　　(エ)生活習慣

第9章　家庭・体育

11 体つくり運動・器械運動 解答→P.115

要点の再確認！ 要点理解（赤の小学校全科） P.320〜321

1 平成29年版小学校学習指導要領の「体育」の〔第1学年及び第2学年〕の「内容」の「体つくりの運動遊び」は，2つの内容で構成されている。1つは「体ほぐし運動遊び」であるが，もう1つは何か。その名称を答えよ。

2 次は，『小学校学習指導要領解説　体育編』（平成29年7月）に示された〔第3学年及び第4学年〕の「2　内容」「A　体つくり運動」の一部である。（　　）に適語を入れよ。

> 　（　　）では，その行い方を知るとともに，体のバランスをとったり，移動をしたり，用具を操作したり，力試しをしたりするとともに，それらを組み合わせる運動をすること。
> 　（　　）は，次の運動で構成される。
> 　㋐　体のバランスをとる運動
> 　㋑　体を移動する運動
> 　㋒　用具を操作する運動
> 　㋓　力試しの運動
> 　㋔　基本的な動きを組み合わせる運動

3 次は，跳び箱運動における台上前転の動きのポイントを順番に記述したものである。動きのポイントとして適切でないものを㋐〜㋔から選べ。
　㋐　跳び箱の手前側に両手を着く。
　㋑　両手でしっかりと体を支える。
　㋒　あごを引いて背中を丸める。
　㋓　手を着いた場所のそばに頭の後ろを着け，前転する。
　㋔　胸を膝から離すようにしながら，回転し着地する。

4 次の文が説明している技を(ア)～(エ)からそれぞれ選べ。

(1) しゃがみ立ちの姿勢から尻を着いて後方に回転し，脚を左右に大きく開き両手でマットを押して開脚立ちをすること。
　(ア)伸膝後転　　(イ)側方倒立回転　　(ウ)開脚後転　　(エ)ロンダート

(2) 前後開脚の姿勢から片逆手で体を支えて，後方の足を前に抜いて下りる。
　(ア)片足踏み越し下り　　(イ)転向前下り　　(ウ)両膝掛け振動下り
　(エ)両膝掛け倒立下り

(3) 踏み切った後，あごを引き，膝をしっかり伸ばして「くの字」姿勢で着台する。勢いよく体を開くとともに力強く両手で押して空中にはね出し，体を伸ばしたまま着地する。
　(ア)台上前転　　(イ)首はね跳び　　(ウ)かかえ込み跳び　　(エ)開脚跳び

5 次の図を見て，各問いに答えよ。

(1) この技は，〔第5学年及び第6学年〕の「鉄棒運動」の後転グループ技として例示されている。この技の名前を(ア)～(エ)から選べ。

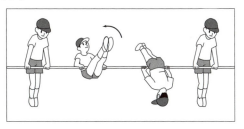

(2) この技の前段階の技として〔第3学年及び第4学年〕に示されている技として適切なものを，同じく(ア)～(エ)から選べ。
　(ア)前方片膝かけ回転　　(イ)逆上がり　　(ウ)後方支持回転
　(エ)かかえ込み後ろ回り

6 〔第3学年及び第4学年〕における器械運動の跳び箱運動について，各問いに答えよ。

(1) 「開脚跳び」「大きな開脚跳び」以外の切り返し系の技を1つ答えよ。

(2) 開脚跳びが安定してできるようになるための動きのポイントを，①踏み切り，②着手，③着地に分けて簡潔に答えよ。

第9章　家庭・体育

12 陸上運動・水泳運動 解答➡ P.116

要点の
再確認！ 要点理解（赤の小学校全科） P. 322〜323

1 「走の運動遊び」や「小型ハードル走」の学習について，各問いに答えよ。

(1) 低い障害物を用いてのリレー遊びや小型ハードル走の学習に用いる障害物にはどのようなものが考えられるか。2つ答えよ。

(2) 中学年で，一定の間隔で並べられた小型ハードル（障害物）を一定のリズムで走り越えることができない児童に対して，どのような場を設定し，どのような練習を行わせればよいか。簡単に説明せよ。

2 陸上運動について，各問いに答えよ。

(1) 陸上運動の短距離走の説明について，（　）に適語を入れよ。

短距離走のスタートの形としては，スタンディングスタートとクラウチングスタートがある。スタンディングスタートからすばやく走り始めるには，次のような注意が必要である。

・体を前に傾け，前足に体重をかける。

・（ ① ）姿勢で走り出す。

・目線を（ ② ）。

また，上体をリラックスさせて全力で走るために，次の点に注意する。

・（ ③ ）の余分な力は抜く。

・真っすぐ前を見る。

・手は（ ④ ）握る。

(2) リレーの「テークオーバーゾーン」とは何か。簡単に述べよ。

3 次の各文は，「ハードル走」における，ハードルの走り越しについて説明したものである。正しい順に並べたものを(ア)〜(オ)から選べ。

①振り上げ足をまっすぐ前に出し，上体を前傾させる。

②ぬき足を開きひざを上げる。

③遠くから踏み切る。

④振り上げ足をハードルの近くに振り下ろすように着地する。

(ア) ①→④→②→③　　(イ) ②→③→①→④　　(ウ) ③→①→②→④

(エ) ①→③→④→②　　(オ) ③→④→②→①

4 高学年を対象に，リズミカルな助走からの走り幅跳びを行うときの指導内容として誤っているものを選べ。

(ア) 跳ぶ直前のリズムは速くなるように指導する。

(イ) 幅が15cm 程度の踏み切りゾーンで踏み切ることを目指して指導する。

(ウ) かがみ跳びから両足で着地することを目指して指導する。

(エ) 動画などを撮り，資料や友達の動きと自分の動きを比較する。

5 運動領域の水泳系について，各問いに答えよ。

(1) 次は，『小学校学習指導要領解説　体育編』（平成29年7月）に示された〔第1学年及び第2学年〕の「2　内容」「D　水遊び」の一部である。（　　）に適語を入れよ。

　　低学年の水遊びは，「（　①　）」及び「（　②　）」で構成され，水につかって歩いたり走ったり，水にもぐったり浮いたりする楽しさに触れることができる運動遊びである。

　　低学年では，水遊びの楽しさに触れ，その行い方を知るとともに，水慣れを通して（　③　）を取り除き，水の心地よさを味わうことからはじめ，水の中を移動すること，もぐる・浮くことなどの基本的な動きを身に付けるようにし，中学年の水泳運動の学習につなげていくことが求められる。

(2) 次は，水泳のクロールの動きを順に述べたものである。動きのポイントとして誤っているものを(ア)～(オ)から選べ。

(ア) できるだけ手を前方に入れて，水をつかむ。

(イ) ひじを伸ばして，おなかの下の水をかく。

(ウ) 手を後ろに押すように，ももまでしっかりかく。

(エ) ひじから手を上げて，顔を横に上げる。

(オ) 手をできるだけ前方にもどす（入水する）。

家庭・体育

陸上運動・水泳運動

307

第9章　家庭・体育

13 ゲーム・表現運動 解答→P.117

要点の
再確認！｜ 要点理解（赤の小学校全科）｜ P. 324〜325

1 平成29年版小学校学習指導要領の「体育」の第3学年及び第4学年の運動領域の「ゲーム」では，「次の運動の楽しさや喜びに触れ，その行い方を知るとともに，易しいゲームをすること」として3つの型によるゲームを示している。「ゴール型ゲーム」「ベースボール型ゲーム」と，もう1つは何か。

2 次の文は，『小学校学習指導要領解説　体育編』（平成29年7月）の「第2章　体育科の目標及び内容」「第1節　教科の目標及び内容」「4　各領域の内容」「(1)　運動領域の内容」「オ　ボール運動系」の一部である。（　　）に適語を入れよ。

　ゲームの学習指導では，友達と（ ① ）してゲームを楽しくする（ ② ）や楽しいゲームをつくり上げることが，児童にとって重要な（ ③ ）となってくる。集団で（ ④ ）を競うゲームでは，規則を（ ② ）したり（ ⑤ ）を選んだりすることを重視しながら，基本的な（ ⑥ ）とボールを持たないときの動きを身に付け，ゲームを一層楽しめるようにすることが学習の中心となる。また，（ ⑦ ）に行動する態度，特に（ ④ ）をめぐって（ ⑧ ）態度や行動がとれるようにすることが大切である。

3 次の各文の（　　）に適語を入れよ。
(1)　中学年のネット型ゲームでは「（ ① ）バレーボール」と「（ ② ）ボール」を基にした易しいゲーム等が例示されている。
(2)　中学年の「ベースボール型ゲーム」では，ボールを（ ③ ）打ったりしてゲームをさせるようにする。

4 次の各文は，「ルールや形式が一般化されたゲーム（スポーツ）」に関する説明である。（　　）に入る適語をそれぞれ(ア)〜(エ)から選べ。
(1)　ソフトボールで，投手が腕を風車のように大きく一回転させて投げる投法を（　　）投法という。

308

(ア)ストップ　　(イ)ウインドミル　　(ウ)スリングショット

(エ)スタンダード

(2)　バスケットボールの守備で，場所を決めて守る方法を（　　）ディフェンスという。

(ア)リバウンド　　(イ)ピボット　　(ウ)マンツーマン　　(エ)ゾーン

(3)　サッカーで，相手を引っかけてつまずかせると（　　）という反則になる。

(ア)オブストラクション　　(イ)キッキング　　(ウ)トリッピング

(エ)ホールディング

(4)　バレーボールのポジションで，安定したレシーブで守備を専門とするプレーヤーは（　　）である。

(ア)セッター　　(イ)アタッカー　　(ウ)センター　　(エ)リベロ

5　次の表は，平成29年版小学校学習指導要領の「体育」に示された表現リズム遊び，表現運動の技能の内容をまとめたものである。（　　）に適語を入れよ。

年	技能の内容
低学年	ア　表現遊びでは，（　①　）な題材の特徴を捉え，（　②　）で踊ること。 イ　リズム遊びでは，軽快なリズムに乗って踊ること。
中学年	ア　表現では，（　①　）な生活などの題材からその主な特徴を捉え，表したい感じをひと流れの動きで踊ること。 イ　リズムダンスでは，軽快なリズムに乗って（　②　）で踊ること。
高学年	ア　表現では，いろいろな題材からそれらの主な特徴を捉え，表したい感じをひと流れの動きで（　③　）的に踊ったり，簡単なひとまとまりの動きにして踊ったりすること。 イ　フォークダンスでは，日本の民謡や外国の踊りから，それらの踊り方の（　④　）を捉え，音楽に合わせて簡単なステップや動きで踊ること。

6　次は，『小学校学習指導要領解説　体育編』（平成29年7月）に示されたフォークダンスである。それぞれのフォークダンスを説明した文を(ア)～(ウ)から選べ。

(1)　グスタフス・スコール　　(2)　コロブチカ　　(3)　マイム・マイム

(ア)　シングルサークルで踊る力強いイスラエルの踊り。

(イ)　パートナーチェンジのあるロシアの軽快な踊り。

(ウ)　特徴的な隊形と構成のスウェーデンの踊り。

家庭・体育

ゲーム・表現運動

309

第9章　家庭・体育

14 保健

解答➡ P.118

要点の
再確認！ 要点理解（赤の小学校全科） P. 326〜327

1 次は，平成29年版小学校学習指導要領の「体育」における「保健」領域の内容と指導される学年について記したものである。正しいものの組み合わせを(ア)〜(ク)から選べ。

①けがの防止（4年）　　②体の発育・発達（5年）

③心の健康（6年）　　④病気の予防（6年）

⑤健康な生活（3年）

(ア)　①，②　　　　(イ)　②，③　　　　(ウ)　③，④　　　　(エ)　④，⑤

(オ)　①，②，③　　(カ)　②，③，④　　(キ)　③，④，⑤　　(ク)　④，⑤，⑥

2 次は，「思春期の体の変化」の項目である。平成29年版小学校学習指導要領の「体育」の〔第3学年及び第4学年〕の「保健」領域に「思春期の体の変化」として記述されているものを(ア)〜(カ)からすべて選べ。

(ア)体つきが変わること　　(イ)初経　　(ウ)発毛　　(エ)精通

(オ)異性への関心　　　　　(カ)変声

3 次は，「体育」の「けがの手当」として，正しいものを(ア)〜(エ)からすべて選べ。

(ア)　やけどは特にすばやい応急手当が必要である。その原因に限らず，すぐに水で冷やすことが大切である。冷やすことは炎症を抑え，水ぶくれの拡大を防ぐ。また痛みを和らげる効果もある。

(イ)　鼻血が出たら，顔を上にして頭を反らせ，鼻を強く押さえるか，鼻の穴に清潔な脱脂綿を詰める。口の方に回った鼻血は飲み込まず吐き出す。時々鼻をかんで，出血が止まったかどうかを確かめる。

(ウ)　突き指をしたら，突いた指を隣の指と一緒に固定する。氷のうなどで冷やしたり，心臓より高く上げたりすることで内出血や腫れをおさえる。突いた指を引っ張ったり，もんだりすることも痛みを和らげる。

㈢　擦り傷ができたら，汚れた手で傷口に触れたりごしごしこすったりしないで，まずは手をきれいに洗い，傷口やその周りを水道水（流水）で洗い流す。必要に応じて，ばんそうこうなどを貼って傷口を保護する。

4　「けがの防止」の関連で自然災害から身を守る指導を行うとき，正しい対応のものを㈠～㈥からすべて選べ。

㈠　津波は引き波から始まるので，海岸や河口付近で地震を感じた場合は，海の様子や川の水位をよく見て，あわてずに落ち着いて行動する。

㈡　津波が起きた時に海の中にいる場合は，すぐに海から上がり，高台のほうに向かって，できるだけ早く海から遠くに避難する。

㈢　帰宅途中に地震が起きたら，急いで近くの建物の中か軒下に避難し，地震がおさまるのを待つ。

㈣　エレベーターに乗っていて地震が起きたときは，最寄りの階に停止させて，急いでエレベーターから出る。

㈤　雷が鳴ったら，落雷の危険を避けるために，急いで建物の中か大きな木の下に避難し，かみなりが鳴り止むまでその場所で待つ。

㈥　強風のときは，窓ガラスが割れる危険があるので，カーテンをしめ，窓に近づかないようにする。

5　次の文は，「病気の予防」について，『小学校学習指導要領解説　体育編』（平成29年7月）で示されたものである。（　　）に入る適語の組み合わせとして正しいものを㈠～㈤から選べ。

本内容は，病気の予防には，（①）が体に入るのを防ぐこと，病原体に対する（②）を高めること及び望ましい（③）を身に付けることが必要であること，また，喫煙，飲酒，（④）などの行為は健康を損なう原因となること，さらに，（⑤）において保健に関わる様々な活動が行われていることなどの知識と病気の予防に関する課題を解決するための思考力，判断力，表現力等を中心として構成している。

㈠　①細菌　　　②体の免疫力　　③生活規範　　④薬物乱用　　⑤学校
㈡　①細菌　　　②体の免疫力　　③生活習慣　　④夜間外出　　⑤地域
㈢　①病原体　　②体の抵抗力　　③生活行動　　④麻薬吸引　　⑤学校
㈣　①病原体　　②体の抵抗力　　③生活習慣　　④薬物乱用　　⑤地域
㈤　①細菌　　　②体の免疫力　　③生活規範　　④夜ふかし　　⑤学校

家庭・体育

保健

第9章　家庭・体育

15 新体力テスト

解答➡ P.119

要点の
再確認！ | 要点理解（赤の小学校全科） | P. 328〜329

1 次は，「新体力テスト実施要項（6歳〜11歳）」の実施上の一般的注意及びテスト項目について述べたものの一部である。下線部A〜Gについて，正しいものを○，誤っているものを×としたときの正しい組み合わせを(ア)〜(オ)から選べ。

【実施上の一般的注意】

1　テスト実施に当たっては，被測定者の健康状態を十分把握し，事故防止に万全の注意を払う。／なお，1年生については，A健康診断実施前に行う。

2　テストは定められた方法のとおり正確に行う。／また，低学年の場合は，あらかじめB測定機材に慣らしておくことが望ましい。

3　テスト前後には，適切なC準備運動及び整理運動を行う。

5　テストの順序は定められてはいないが，D50m走は最後に実施する。

【テスト項目】

○上体起こし

　　マット上で仰臥姿勢をとり，両手を軽く握り，両腕を胸の前で組む。両膝の角度をE90°に保つ。補助者は，被測定者のF両足首を押さえ，固定する。

○20mシャトルラン（往復持久走）

　　テスト終了時（電子音についていけなくなった直前）の折り返しの総回数を記録とする。ただし，G2回続けてどちらかの足で線に触れることができなかったときは，最後に触れることができた折り返しの総回数を記録する。

	A	B	C	D	E	F	G
(ア)	×	×	○	○	○	×	×
(イ)	○	○	×	×	○	×	○
(ウ)	×	○	○	×	×	○	×
(エ)	○	×	×	○	×	○	○
(オ)	×	×	○	×	○	×	○

2 「新体力テスト」のテスト項目（上段【　　】で示したもの）と体力評価（下段〈　　〉で示したもの）の組み合わせとして正しいものを選べ。

(ア)	【反復横跳び】〈巧緻性〉	【長座体前屈】〈瞬発力〉	【上体起こし】〈筋力・筋持久力〉
(イ)	【上体起こし】〈筋力・柔軟性〉	【握力】〈筋力〉	【20mシャトルラン】〈全身持久力〉
(ウ)	【反復横跳び】〈敏捷性〉	【立ち幅跳び】〈巧緻性〉	【長座体前屈】〈柔軟性〉
(エ)	【長座体前屈】〈柔軟性〉	【上体起こし】〈筋力・筋持久力〉	【立ち幅跳び】〈瞬発力〉
(オ)	【20mシャトルラン】〈全身持久力〉	【握力】〈筋力〉	【立ち幅跳び】〈敏捷性〉

3 「新体力テスト」の次のテストのうち，「2回実施してよい方の記録をとる」テストはどれか。(ア)〜(カ)からすべて選べ。

(ア)上体起こし　　　　　　(イ)長座体前屈　　　(ウ)反復横跳び

(エ)20mシャトルラン　　　(オ)立ち幅跳び　　　(カ)ソフトボール投げ

4　次は，「新体力テスト」の「テスト項目」や「実施上の一般的注意」について述べた文である。（　　）に適語を入れよ。

(1)　50m走は1回行い，記録をとる。その記録は（　①　）分の1秒単位とする。

(2)　50m走のスタートは，（　②　）スタートで行う。

(3)　ソフトボール投げでは，平坦な平面上に直径2mの円を描き，円の中心から（　③　）度になるように直線を2本引き，その間に同心円弧を1m間隔に引く。

(4)　（　④　）のテストでは，被測定者の健康に十分注意し，疾病及び障害の有無を確かめ，医師の治療を受けている者や実施が困難と認められる者については実施しない。

(5)　握力のテストは左右の握力を測定するが，（　⑤　）の順に行う。

(6)　長座体前屈では，前屈姿勢をとったとき，（　⑥　）が曲がらないように注意する。

(7)　テストの順序は定められていないが，（　⑦　）は最後に実施する。

家庭・体育　新体力テスト

313

第10章

生活・外国語・外国語活動

※学習指導要領については，
すべて平成29年版小学校学習指導要領
（平成29年3月告示）によります。

第10章　生活・外国語・外国語活動

1 学習指導要領（生活①）解答➡P.119

要点の再確認！ 要点理解（赤の小学校全科） P.334〜337

1 次は，平成29年版小学校学習指導要領の「生活」の「目標」である。
（　　）に入る適語の組み合わせとして正しいものを(ｱ)〜(ｵ)から選べ。

> 　具体的な活動や体験を通して，身近な生活に関わる見方・考え方を生かし，（ ① ）し生活を豊かにしていくための資質・能力を次のとおり育成することを目指す。
>
> (1) 活動や体験の（ ② ）において，自分自身，身近な人々，社会及び自然の特徴やよさ，それらの関わり等に（ ③ ）とともに，生活上必要な習慣や技能を身に付けるようにする。
>
> (2) 身近な人々，社会及び自然を自分との（ ④ ）で捉え，自分自身や自分の生活について考え，表現することができるようにする。
>
> (3) 身近な人々，社会及び自然に自ら働きかけ，意欲や（ ⑤ ）をもって学んだり生活を豊かにしたりしようとする態度を養う。

(ｱ)　①自立　　②過程　　③こたえる　　④関わり　　⑤目標
(ｲ)　①成長　　②過程　　③気付く　　　④関係性　　⑤自信
(ｳ)　①自立　　②結果　　③こたえる　　④関係性　　⑤目標
(ｴ)　①成長　　②結果　　③気付く　　　④関係性　　⑤目標
(ｵ)　①自立　　②過程　　③気付く　　　④関わり　　⑤自信

2 次は，平成29年版小学校学習指導要領の「生活」の「目標」である。
（　　）にはそれぞれ共通の言葉が入る。①は2字，②は3字，③は6字で答えよ。

> 　具体的な活動や（ ① ）を通して，（ ② ）生活に関わる見方・考え方を生かし，自立し生活を豊かにしていくための資質・能力を次のとおり育成することを目指す。
>
> (1) 活動や（ ① ）の過程において，自分自身，（ ② ）人々，（ ③ ）の特徴やよさ，それらの関わり等に気付くとともに，生活上

316

必要な習慣や技能を身に付けるようにする。

(2) （ ② ）人々，（ ③ ）を自分との関わりで捉え，自分自身や自分の
生活について考え，表現することができるようにする。

(3) （ ② ）人々，（ ③ ）に自ら働きかけ，意欲や自信をもって学んだ
り生活を豊かにしたりしようとする態度を養う。

3 次は，平成29年版小学校学習指導要領の「生活」の各学年の「目標」で
ある。（　　）に入る適語の組み合わせとして正しいものを(ｱ)～(ｵ)から選べ。

(1) 学校，家庭及び地域の生活に関わることを通して，自分と身近な
人々，社会及び自然との関わりについて考えることができ，それらの
よさやすばらしさ，自分との関わりに（ ① ），地域に愛着をもち自
然を大切にしたり，集団や社会の一員として（ ② ）で適切な行動を
したりするようにする。

(2) 身近な人々，社会及び自然と触れ合ったり関わったりすることを通
して，それらを（ ③ ）たり楽しんだりすることができ，活動のよさ
や大切さに（ ① ），自分たちの遊びや生活をよりよくするようにす
る。

(3) 自分自身を見つめることを通して，自分の生活や成長，身近な人々
の（ ④ ）について考えることができ，自分のよさや可能性に
（ ① ），意欲と自信をもって生活するようにする。

(ｱ) ①注意し　②快適　③調べ　④協力
(ｲ) ①気付き　②公平　③工夫し　④支え
(ｳ) ①気付き　②安全　③工夫し　④支え
(ｴ) ①気付き　②公平　③調べ　④協力
(ｵ) ①注意し　②安全　③調べ　④支え

4 平成29年版小学校学習指導要領の「生活」の内容は，3つの階層から成
っているが，そのうちの第1の階層を「○○と生活」の形ですべて答えよ。

5 次の図は，平成29年版小学校学習指導要領の「生活」の内容の3階層を
表したものである。図中のA～Eに当てはまる言葉を答えよ。

317

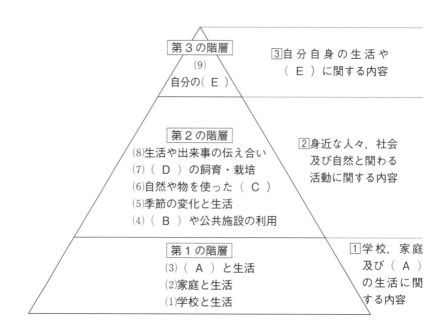

6 次は，平成29年版小学校学習指導要領の「生活」の「内容」の一部である。（　）に入る適語をそれぞれ(ア)～(サ)から選べ。

第1の階層

(1) （①）に関わる活動を通して，学校の（②）の様子や（①）を支えている人々や友達，通学路の様子やその（③）を守っている人々などについて考えることができ，学校での生活は様々な人や（②）と関わっていることが分かり，楽しく安心して遊びや生活をしたり，（③）な登下校をしたりしようとする。

(2) （④）に関わる活動を通して，家庭における（⑤）のことや自分でできることなどについて考えることができ，家庭での生活は互いに支え合っていることが分かり，自分の（⑥）を積極的に果たしたり，規則正しく健康に気を付けて生活したりしようとする。

(3) （⑦）に関わる活動を通して，（⑦）の場所やそこで生活したり働いたりしている人々について考えることができ，自分たちの生活は様々な人や場所と関わっていることが分かり，それらに親しみや（⑧）をもち，適切に接したり（③）に生活したりしようとする。

(ア)愛着　　(イ)学校生活　　(ウ)施設　　(エ)家族　　(オ)地域
(カ)自由　　(キ)安全　　(ク)家庭生活　　(ケ)希望　　(コ)教室
(サ)役割

第2の階層

(4) 公共物や公共施設を利用する活動を通して それらのよさを感じたり働きを捉えたりすることができ，身の回りにはみんなで使うものがあることやそれらを支えている人々がいることなどが分かるとともに，それらを大切にし，安全に気を付けて正しく利用しようとする。

(5) （ ① ）を観察したり，（ ② ）や地域の行事に関わったりするなどの活動を通して，それらの違いや特徴を見付けることができ，自然の様子や四季の変化，（ ② ）によって生活の様子が変わることに気付くとともに，それらを取り入れ自分の生活を楽しくしようとする。

(6) （ ① ）を利用したり，身近にある物を使ったりするなどして遊ぶ活動を通して，遊びや遊びに使う物を工夫してつくることができ，その面白さや自然の（ ③ ）に気付くとともに，みんなと楽しみながら遊びを創り出そうとする。

(7) （ ④ ）を飼ったり（ ⑤ ）を育てたりする活動を通して，それらの育つ場所，変化や成長の様子に関心をもって働きかけることができ，それらは（ ⑥ ）をもっていることや成長していることに気付くとともに，生き物への（ ⑦ ）をもち，大切にしようとする。

(8) 自分たちの生活や地域の出来事を身近な人々と伝え合う活動を通して，相手のことを想像したり伝えたいことや伝え方を選んだり，することができ，身近な人々と関わることのよさや楽しさが分かるとともに，進んで触れ合い交流しようとする。

(ｱ)学校　　(ｲ)地域の里山　　(ｳ)愛情　　(ｴ)季節

(ｵ)安全　　(ｶ)不思議さ　　(ｷ)植物　　(ｸ)身近な自然

(ｹ)生命　　(ｺ)動物　　(ｻ)親しみ

第3の階層

(9) 自分自身の生活や（ ① ）を振り返る活動を通して，自分のことや（ ② ）てくれた人々について考えることができ，自分が大きくなったこと，自分でできるようになったこと，（ ③ ）が増えたことなどが分かるとともに，これまでの生活や（ ① ）を（ ② ）てくれた人々に（ ④ ）の気持ちをもち，これからの（ ① ）への願いをもって，（ ⑤ ）に生活しようとする。

(ｱ)感謝　　(ｲ)助け　　(ｳ)成長　　(ｴ)支え　　(ｵ)親切

(ｶ)積極的　　(ｷ)人生　　(ｸ)意欲的　　(ｹ)役割　　(ｺ)信条

(ｻ)見守っ

第10章　生活・外国語・外国語活動

2 学習指導要領（生活②）解答➡P.120

要点の再確認！ 要点理解（赤の小学校全科） P. 338～339

1 次は，平成29年版小学校学習指導要領の「生活」の「指導計画の作成と内容の取扱い」の一部である。（　　　）に入る適語を(ｱ)～(ｹ)から選べ。

(1) 年間や，単元など内容や時間のまとまりを見通して，その中で育む資質・能力の育成に向けて，児童の主体的・対話的で深い（　①　）を図るようにすること。その際，児童が具体的な活動や体験を通して，身近な生活に関わる見方・考え方を生かし，自分と地域の人々，（　②　）との関わりが具体的に把握できるような学習活動の充実を図ることとし，（　③　）を積極的に取り入れること。

(3) 第2の内容の(7)については，2学年間にわたって取り扱うものとし，（　④　）への関わり方が深まるよう継続的な飼育，栽培を行うようにすること。

(4) （略）小学校入学当初においては，幼児期における遊びを通した総合的な学びから他教科等における学習に円滑に移行し，主体的に自己を発揮しながら，より（　⑤　）に向かうことが可能となるようにすること。（略）

(ｱ)自覚的な学び　　(ｲ)人間性の実現　　(ｳ)動物や植物
(ｴ)学びの実現　　(ｵ)社会及び自然　　(ｶ)積極的な学習
(ｷ)地域及び社会　　(ｸ)飼育農家や栽培農家　　(ｹ)校外での活動

2 次は，平成29年版小学校学習指導要領の「生活」の「指導計画の作成と内容の取扱い」の内容の取扱いに当たっての配慮事項の一部である。（　　　）に適語を入れよ。

(1) 地域の人々，社会及び自然を生かすとともに，それらを（　①　）に扱うよう学習活動を工夫すること。

(2) 身近な人々，社会及び自然に関する活動の（　②　）を味わうととも

に，それらを通して気付いたことや楽しかったことなどについて，言葉，絵，動作，劇化などの多様な方法により表現し，考えることができるようにすること。また，このように表現し，考えることを通して，（ ③ ）を確かなものとしたり，気付いたことを関連付けたりすることができるよう工夫すること。

(4) 学習活動を行うに当たっては，（ ④ ）などの情報機器について，その特質を踏まえ，児童の発達の段階や特性及び生活科の特質などに応じて適切に活用するようにすること。

3 次の平成29年版小学校学習指導要領の「生活」の「指導計画の作成と内容の取扱い」について，各問いに答えよ。

(1) 「自分と地域の人々，社会及び自然との関わりが具体的に把握できるような学習活動」を行うために配慮することは何か。

(2) 小学校入学当初においては，弾力的な時間割の設定のほか，どのような指導の工夫をするか。

(3) 具体的な活動や体験を行うに当たっては，多様な人々と触れ合うことができるようにすると示されているが，どのような人を挙げているか。挙げられている3つをすべて答えよ。

4 平成29年版小学校学習指導要領の「生活」の「指導計画の作成と内容の取扱い」に示された内容の趣旨に合致しないものを(ア)～(エ)から選べ。

(ア) 具体的な活動や体験を通して気付いたことを基に考えることができるようにするため，見付ける，比べる，たとえる，試すなどの多様な学習活動を工夫すること。

(イ) 自分と地域の人々，社会及び自然との関わりが具体的に把握できるような学習活動の充実を図ることとし，校外での活動を積極的に取り入れること。

(ウ) 自然体験，ものづくり，観察・実験，見学や調査などの学習活動を積極的に取り入れること。

(エ) 国語科，音楽科，図画工作科などの他教科との関連を積極的に図り，指導の効果を高め，低学年における教育全体の充実を図ること。

第10章 生活・外国語・外国語活動

3 生活科の学習活動例　解答→P.120

要点の再確認！　要点理解（赤の小学校全科）　P.340〜343

1 次は，平成29年版小学校学習指導要領の「生活」の「内容」の「(2)家庭生活に関わる活動」，「(3)地域に関わる活動」に関して述べたものである。正しいものには○を，誤っているものには×を付けたときの正しい組み合わせを(ア)〜(オ)から選べ。

(1) 家族や家庭のことを振り返る中で，自分でできることなどについて考え，自分のペースで生活できるようにする。

(2) 成長の節目に当たる家族の行事など，家族がしてくれたことに気付くことが，規則正しく健康に気を付けて生活しようとする意欲や態度の育成につながる。

(3) 家族や家庭生活に関わる活動を行うときは，各家庭のプライバシーを尊重するためにも，家庭の理解や協力を得て，学校と家庭との連携をはかる。

(4) 地域に出かけるなどの活動を通して，地域で生活したり働いたりしている人々に支えられていることに気付くことができる。

(5) 地域に出かける活動は，地域の人々の迷惑にならないように，一度で終わらせるとよい。

(ア) (1)○ (2)○ (3)○ (4)○ (5)×　　(イ) (1)× (2)× (3)○ (4)○ (5)○
(ウ) (1)× (2)○ (3)○ (4)○ (5)×　　(エ) (1)○ (2)× (3)× (4)○ (5)○
(オ) (1)○ (2)○ (3)× (4)× (5)○

2 次の植物を使ってできる遊びをそれぞれ答えよ。

(1)　　　　　　　　　(2)　　　　　　　　　(3)

オオバコの茎

シロツメクサの花

クヌギの実

3 第1学年の植物の栽培で，いろいろな植物の種を観察した。各問いに答えよ。

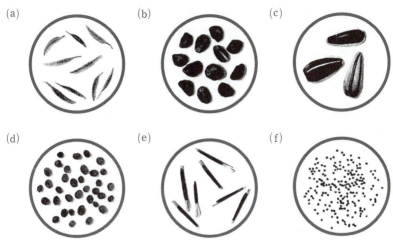

(1) (a)～(f)の図から，①アサガオの種，②ヒマワリの種を選べ。
(2) 栽培する植物の選択に際しては，「植物の成長の様子や特徴がとらえやすいもの」や「確かな実りを実感でき満足感や成就感を得られるもの」が挙げられるが，そのほかに考慮すべきことを1つ示せ。

4 次は，「わたしのはな」の単元における「活動や体験についての思考・表現」に関する評価の基準と，児童の行動観察を基に行った評価の表である。各問いに答えよ。
〈評価の基準〉アサガオの変化や成長について考え，アサガオの立場に立って世話の仕方を工夫している。
〈児童の行動観察を基に行った評価〉A…十分満足できる。 B…おおむね満足できる。 C…努力を要する。

対象児童	児童の行動観察	評価
児童①	毎日，アサガオの様子を観察し，必ず水やりをしている。	B
児童②	友達に誘われたときだけ，水やりをしている。	C
児童③	天候や土の湿り具合から必要な日を考えて，水やりをしている。	A

(1) 児童③を「A　十分満足できる。」と評価したのは，どのような理由からと考えられるか。「評価の基準」に即して答えよ。

(2) 児童②の「C　努力を要する」状況を改善するために，どのような手立てをとればよいか。評価基準を踏まえた手立てとして適切なものを2つ選べ。

(ア) アサガオの水やりは毎日しないと成長が遅れることを教え，水やりを毎日するように注意する。

(イ) アサガオの世話の仕方を，人に聞いたり本で調べたりすることを勧める。

(ウ) 友達が世話をしているアサガオと比較しながら，観察をしたり世話をしたりすることを促す。

(エ) アサガオの様子を教師が観察して，水やりなどの世話を適切にすることを指示する。

5 動植物の飼育・栽培について，正しいものを(ア)～(エ)からすべて選べ。

(ア) 関心をもって動物や植物に関わる児童からは，多くの気付きが生まれ，その気付きには，成長や変化に関する気付き，生命をもっていることへの気付き，自分との関わり方に対する気付きなどがある。このような気付きが児童の中に生まれるためには，繰り返し動植物と関わる息の長い活動を設定することが大切である。

(イ) 活動の前後には，必ず手洗いをする習慣をつけ，感染症などの病気の予防に努めることも大切であり，児童のアレルギーなどについても，事前に保護者に尋ねるなどして十分な対応を考えておく必要がある。

(ウ) 動物を飼ったり植物を育てたりする際には，2年間の見通しをもちながら確実に行っていく。ただし，学校環境によっては，飼育と栽培のどちらか一方でよい。

(エ) 動物の飼育に当たっては，管理や繁殖，施設や環境などについて配慮する必要があり，その際，専門的な知識をもった地域の専門家や獣医師などの多くの支援者と連携して，よりよい体験を与える環境を整える必要がある。

6 右の作文と絵は、児童が継続的にモルモットの世話をし、繰り返し関わる活動を通して記述したものである。この作文と絵から、児童のどのような「気付き」を見てとることができるか。簡潔に2つ答えよ。

> ぴこちゃんはぬいぐるみみたいです。でも生きています。ぴこちゃんは、はじめより大きくなりました。だっこするとあたたかいです。ちょうしんきをむねにあてたらとっくんとっくん音がしました。まい日、水やえさをあげます。水いれは、きれいにあらっています。

7 動植物の飼育・栽培に関する次の各文のうちで、誤っているものを㈠～㈢から選べ。

㈠ アサガオの種を植えるとき、土の深さは、1～2cm程度にし、丸い方を上にする。

㈡ サツマイモは、5～6月に苗を植え付け、収穫は霜が降りる前までに済ませるのが一般的である。

㈢ 飼育する動物は、身近な環境に生育しているもの、児童が安心して関わるもの等が考えられるが、地域の自然環境や生態系の破壊につながらないよう、外来生物等の取扱いに注意する必要がある。

㈣ 「モルモットとのふれあい」のねらいの1つとして「身近な動物に興味・関心をもち、それらが生命をもっていることや成長していることに気付く」ことがあげられる。

㈤ 動植物の飼育・栽培は、児童の発達の段階を考え、第1学年で植物の栽培、第2学年で動物の飼育を行うことが望ましい。

8 図の動物は、ウサギとチャボである。持つときにはどのようにするか。それぞれ答えよ。

第10章　生活・外国語・外国語活動

4 学習指導要領（外国語①）解答→P.121

要点の
再確認！ 要点理解（赤の小学校全科） P. 344〜345

1 次は，平成29年版小学校指導要領の「外国語」の「目標」である。
（　　）に入る適語を(ア)〜(オ)から選べ。

外国語による（ ① ）を働かせ，外国語による聞くこと，読むこと，
話すこと，書くことの言語活動を通して，（ ② ）となる資質・能力を
次のとおり育成することを目指す。

(1) 外国語の音声や文字，語彙，表現，文構造，言語の働きなどについ
て，日本語と外国語との違いに気付き，これらの知識を理解するとと
もに，読むこと，書くことに慣れ親しみ，聞くこと，読むこと，話す
こと，書くことによる実際の（ ③ ）を身に付けるようにする。

(2) （ ④ ）や場面，状況などに応じて，身近で簡単な事柄について，
聞いたり話したりするとともに，音声で十分に慣れ親しんだ外国語の
語彙や基本的な表現を推測しながら読んだり，語順を意識しながら書
いたりして，自分の考えや気持ちなどを伝え合うことができる基礎的
な力を養う。

(3) 外国語の背景にある文化に対する理解を深め，他者に配慮しなが
ら，主体的に外国語を用いて（ ⑤ ）を養う。

(ア) コミュニケーションを行う目的

(イ) コミュニケーションにおいて活用できる基礎的な技能

(ウ) コミュニケーションを図ろうとする態度

(エ) コミュニケーションを図る基礎

(オ) コミュニケーションにおける見方・考え方

2 次は，平成29年版小学校指導要領の「外国語」（英語）の５つの領域うち
の３つの領域の「目標」を示したものである。（　　）に入る適語の組み
合わせとして正しいものをそれぞれ(ア)〜(エ)から選べ。また，〔　　〕には

適語を入れよ。

(1) 聞くこと
　ア　ゆっくりはっきりと話されれば，自分のことや身近で簡単な事柄について，（ ① ）や基本的な表現を聞き取ることができるようにする。
　イ　ゆっくりはっきりと話されれば，日常生活に関する身近で簡単な事柄について，（ ② ）を聞き取ることができるようにする。
　ウ　ゆっくりはっきりと話されれば，日常生活に関する身近で簡単な事柄について，（ ③ ）を捉えることができるようにする。

(ア)　①簡単な語句　　②基本的な情報　　③短い話の中心
(イ)　①重要な語句　　②具体的な情報　　③短い話の概要
(ウ)　①重要な語句　　②重要な情報　　　③短い話の中心
(エ)　①簡単な語句　　②具体的な情報　　③短い話の概要

(3) 話すこと［やり取り］
　ア　基本的な表現を用いて（ ④ ）をしたり，それらに応じたりすることができるようにする。
　イ　日常生活に関する身近で簡単な事柄について，自分の（ ⑤ ）などを，簡単な語句や基本的な表現を用いて伝え合うことができるようにする。
　ウ　自分や相手のこと及び身の回りの物に関する事柄について，簡単な語句や基本的な表現を用いてその場で（ ⑥ ）して，伝え合うことができるようにする。

(ア)　④指示，依頼　　⑤考えや気持ち　　⑥質問をしたり質問に答えたり
(イ)　④指示，伝達　　⑤主張や心情　　　⑥質問をしたり質問に答えたり
(ウ)　④指示，依頼　　⑤考えや気持ち　　⑥疑問を出したり疑問に答えたり
(エ)　④指示，伝達　　⑤主張や心情　　　⑥疑問を出したり疑問に答えたり

(5) 書くこと
　ア　大文字，小文字を〔 Ａ 〕で書くことができるようにする。また，語順を意識しながら音声で十分に慣れ親しんだ簡単な語句や基本的な表現を〔 Ｂ 〕ことができるようにする。
　イ　自分のことや身近で簡単な事柄について，例文を参考に，〔 Ｃ 〕で十分に慣れ親しんだ簡単な語句や基本的な表現を用いて書くことができるようにする。

第10章　生活・外国語・外国語活動

5 学習指導要領（外国語②）解答➡ P.122

要点の再確認！ 要点理解（赤の小学校全科） P.346〜349

1 次は，平成29年版小学校学習指導要領の「外国語」（英語）の「内容」の「英語の特徴やきまりに関する事項」の一部である。（　　）に入る適語を(a)〜(n)から選べ。

ア　音声

　　次に示す事項のうち基本的な語や句，文について取り扱うこと。

(ア)　現代の標準的な（　①　）

(イ)　語と語の連結による音の（　②　）

(ウ)　語や句，文における基本的な強勢

(エ)　文における基本的な（　③　）

(オ)　文における基本的な区切り

イ　文字及び符号

(ア)　活字体の大文字，小文字

(イ)　終止符や疑問符，コンマなどの基本的な（　④　）

ウ　語，連語及び慣用表現

(ア)　1に示す五つの領域別の目標を達成するために必要となる，第3学年及び第4学年において第4章外国語活動を履修する際に取り扱った語を含む（　⑤　）程度の語

(イ)　連語のうち，get up, look at などの（　⑥　）の高い基本的なもの

(ウ)　慣用表現のうち，excuse me, I see, I'm sorry, thank you, you're welcome などの（　⑥　）の高い基本的なもの

(a)変化　　　　　　　(b)質問　　　　　　　(c)出現頻度

(d)活用頻度　　　　　(e)発音　　　　　　　(f)符号

(g)600〜700語　　　(h)700〜800語　　　(i)900〜1000語

(j)1000〜1100語　　(k)疑問　　　　　　　(l)単語

(m)イントネーション　(n)アクセント

2 次は，平成29年版小学校学習指導要領の「外国語」（英語）の「内容」の「英語の特徴やきまりに関する事項」の一部である。（　　）に入る適語を(a)〜(h)から選べ。

エ　文及び文構造

　　次に示す事項について，日本語と英語の（　①　）の違い等に気付かせるとともに，基本的な表現として，意味のある文脈でのコミュニケーションの中で繰り返し触れることを通して活用すること。

　(ア)　文

　a　単文

　b　肯定，否定の平叙文

　c　肯定，否定の命令文

　d　疑問文のうち，be動詞で始まるものや（　②　）（can, do など）で始まるもの，（　③　）（who, what, when, where, why, how）で始まるもの

　e　（　④　）のうち，I, you, he, she などの基本的なものを含むもの

　f　動名詞や過去形のうち，活用頻度の高い基本的なものを含むもの

(a)不定詞　　　(b)助動詞　　　(c)疑問詞　　　(d)一般動詞

(e)形容詞　　　(f)代名詞　　　(g)語順　　　(h)考え方

3 次は，平成29年版小学校学習指導要領の「外国語」（英語）の「内容」の「言語活動及び言語の働きに関する事項」の「言語活動に関する事項」の一部である。（　　）に入る適語を(a)〜(k)から選べ。

---

①　言語活動に関する事項

ア　聞くこと

　(ア)　自分のことや学校生活など，身近で簡単な事柄について，簡単な語句や基本的な表現を聞いて，それらを表す（　①　）などと結び付ける活動。

　(イ)　日付や時刻，値段などを表す表現など，日常生活に関する身近で簡単な事柄について，（　②　）を聞き取る活動。

　(ウ)　友達や家族，学校生活など，身近で簡単な事柄について，簡単な語句や基本的な表現で話される短い会話や説明を，（　①　）などを参

考にしながら聞いて，（　③　）を得る活動。

イ　読むこと

(ア)　（　④　）で書かれた文字を見て，どの文字であるかやその文字が大文字であるか小文字であるかを（　⑤　）活動。

(イ)　（　④　）で書かれた文字を見て，その読み方を適切に発音する活動。

(ウ)　日常生活に関する身近で簡単な事柄を内容とする（　⑥　）などから，自分が必要とする情報を得る活動。

(エ)　音声で十分に慣れ親しんだ簡単な語句や基本的な表現を，絵本などの中から（　⑤　）活動。

(a)掲示やパンフレット	(b)筆記体	(c)活字体
(d)学級新聞や学校放送	(e)具体的な情報	(f)必要な情報
(g)インターネット	(h)正確な情報	(i)イラストや写真
(j)判読する	(k)識別する	

4　次は，平成29年版小学校学習指導要領の「外国語」（英語)の「内容」の「言語活動及び言語の働きに関する事項」の「言語活動に関する事項」の一部である。（　　）に入る適語の組み合わせをそれぞれ(a)～(d)から選べ。

ウ　話すこと［やり取り］

(ア)　初対面の人や知り合いと挨拶を交わしたり，相手に（　①　）をして，それらに応じたり断ったりする活動。

(イ)　（　②　）に関する身近で簡単な事柄について，自分の考えや気持ちなどを伝えたり，簡単な質問をしたり質問に答えたりして伝え合う活動。

(ウ)　自分に関する簡単な質問に対してその場で答えたり，相手に関する簡単な質問をその場でしたりして，（　③　）をする活動。

(a)　①指示や依頼　　②学校生活　　③短い会話

(b)　①指示や伝達　　②学校生活　　③適切な会話

(c)　①指示や依頼　　②日常生活　　③短い会話

(d)　①指示や伝達　　②日常生活　　③適切な会話

エ　話すこと［発表］

(ｱ)　（　④　），場所など，日常生活に関する身近で簡単な事柄を話す活動。

(ｲ)　簡単な語句や基本的な表現を用いて，自分の（　⑤　）などを含めた自己紹介をする活動。

(ｳ)　簡単な語句や基本的な表現を用いて，（　⑥　）に関することなど，身近で簡単な事柄について，自分の考えや気持ちなどを話す活動。

(a)　④時刻や日時　　　　⑤性格や趣味　　　　　⑥学校生活や家族

(b)　④時刻や日時　　　　⑤趣味や得意なこと　　⑥学校生活や地域

(c)　④季節や天気　　　　⑤趣味や得意なこと　　⑥適切な会話

(d)　④季節や天気　　　　⑤性格や趣味　　　　　⑥学校生活や家族

オ　書くこと

(ｱ)　文字の読み方が発音されるのを聞いて，活字体の（　⑦　）を書く活動。

(ｲ)　相手に伝えるなどの目的をもって，身近で簡単な事柄について，音声で十分に慣れ親しんだ簡単な語句を（　⑧　）活動。

(ｳ)　相手に伝えるなどの目的をもって，（　⑨　）に注意して，身近で簡単な事柄について，音声で十分に慣れ親しんだ基本的な表現を（　⑧　）活動。

(ｴ)　相手に伝えるなどの目的をもって，名前や年齢，趣味，好き嫌いなど，自分に関する簡単な事柄について，音声で十分に慣れ親しんだ簡単な語句や基本的な表現を用いた例の中から（　⑩　）活動。

(a)　⑦アルファベット　　⑧聞き取る　　⑨語と語のつながり
　　　⑩言葉を考えて書く

(b)　⑦大文字，小文字　　⑧聞き取る　　⑨語と語の区切り
　　　⑩言葉を考えて書く

(c)　⑦アルファベット　　⑧書き写す　　⑨語と語のつながり
　　　⑩言葉を選んで書く

(d)　⑦大文字，小文字　　⑧書き写す　　⑨語と語の区切り
　　　⑩言葉を選んで書く

第10章　生活・外国語・外国語活動

6 学習指導要領（外国語③）解答➡P.123

要点の再確認！　要点理解（赤の小学校全科）　P. 350〜351

1 平成29年版小学校学習指導要領の「外国語」（英語）の「3　指導計画の作成と内容の取扱い」には，次の(1)に続けて7つの事項が示されている。実際に示されているものを(a)〜(g)から4つ選べ。

> (1)　指導計画の作成に当たっては，第3学年及び第4学年並びに中学校及び高等学校における指導との接続に留意しながら，次の事項に配慮するものとする。

(a)　第3学年及び第4学年において第4章外国語活動を履修する際に扱った簡単な語句や基本的な表現などの学習内容を繰り返し指導し定着を図ること。

(b)　文法の用語や用法の指導に偏ることがないよう配慮して，言語活動と効果的に関連付けて指導すること。

(c)　言語活動で扱う題材は，児童の興味・関心に合ったものとし，国語科や音楽科，図画工作科など，他の教科等で児童が学習したことを活用したり，学校行事で扱う内容と関連付けたりするなどの工夫をすること。

(d)　児童が身に付けるべき資質・能力や児童の実態，教材の内容などに応じて，視聴覚教材やコンピュータ，情報通信ネットワーク，教育機器などを活用し，児童の興味・関心をより高め，指導の効率化や言語活動の更なる充実を図るようにすること。

(e)　外国語科においては，英語を履修させることを原則とすること。

(f)　学年ごとの目標を適切に定め，2学年間を通じて外国語科の目標の実現を図るようにすること。

(g)　授業を実施するに当たっては，ネイティブ・スピーカーや英語が堪能な地域人材などの協力を得る等，指導体制の充実を図るとともに，指導方法の工夫を行うこと。

2 次は，平成29年版小学校学習指導要領の「外国語」（英語）の「指導計画の作成と内容の取扱い」の「(2) 内容の取扱いについては，次の事項に配慮するものとする」として示された内容の一部である。（　）に入る適語を(a)～(l)から選べ。

> ア　2の(1)に示す言語材料については，平易なものから難しいものへと（　①　）指導すること。また，児童の発達の段階に応じて，聞いたり読んだりすることを通して意味を（　②　）できるように指導すべき事項と，話したり書いたりして（　③　）できるように指導すべき事項とがあることに留意すること。
>
> イ　音声指導に当たっては，日本語との違いに留意しながら，発音練習などを通して2の(1)のアに示す言語材料を指導すること。また，音声と（　④　）とを関連付けて指導すること。
>
> ウ　文や文構造の指導に当たっては，次の事項に留意すること。
>
> （ア）　児童が日本語と英語との（　⑤　）や，関連のある文や文構造のまとまりを認識できるようにするために，効果的な指導ができるよう工夫すること。
>
> （イ）　文法の用語や用法の指導に（　⑥　）よう配慮して，言語活動と効果的に関連付けて指導すること。
>
> エ　身近で簡単な事柄について，友達に質問をしたり質問に答えたりする力を育成するため，ペア・ワーク，（　⑦　）などの学習形態について適宜工夫すること。（略）
>
> オ　児童が身に付けるべき資質・能力や児童の実態，教材の内容などに応じて，視聴覚教材やコンピュータ，（　⑧　），教育機器などを有効活用し，児童の興味・関心をより高め，指導の効率化や言語活動の更なる充実を図るようにすること。
>
> カ　各単元や各時間の指導に当たっては，コミュニケーションを行う（　⑨　）などを明確に設定し，言語活動を通して育成すべき資質・能力を明確に示すことにより，児童が学習の見通しを立てたり，振り返ったりすることができるようにすること。

(a)目的，場面，状況	(b)情報通信ネットワーク	(c)理解
(d)偏ることがない	(e)語順等の違い	(f)作文
(g)細かく	(h)グループ・ワーク	(i)文字
(j)段階的に	(k)ホーム・ワーク	(l)表現

第10章　生活・外国語・外国語活動

7 単語①

解答➡ P.123

要点の再確認！ 要点理解(赤の小学校全科) P. 352〜353

1 次の各英文の（　）に入る適語を，それぞれ(ア)〜(エ)から選べ。

(1) I didn't (　) your name. Could you repeat it?

　(ア) understand　(イ) catch　(ウ) know　(エ) take

(2) I really enjoy my life in Japan, but sometimes I (　) my family in Canada.

　(ア) miss　(イ) remind　(ウ) forget　(エ) think

(3) I'm sorry to (　) you, but could you step aside?

　(ア) bother　(イ) confuse　(ウ) please　(エ) order

(4) I can't see words near me these days. I need reading (　).

　(ア) glass　(イ) glasses　(ウ) chair　(エ) chairs

(5) I would like to express my (　) to you for your hard work.

　(ア) pride　(イ) gratitude　(ウ) hesitation　(エ) performance

(6) We can find (　) kinds of information on the Internet.

　(ア) much　(イ) large　(ウ) various　(エ) difference

(7) My father gets up (　) in the morning. He runs before breakfast.

　(ア) slowly　(イ) early　(ウ) hard　(エ) fast

2 次の各英文で説明されている語を，それぞれ(ア)〜(エ)から選べ。

(1) the tenth month of the year

　(ア) February　(イ) July　(ウ) October　(エ) November

(2) a building where courts of law are regularly held

　(ア) courthouse　(イ) factory　(ウ) city hall　(エ) tennis court

(3) a food made of two slices of bread, with egg, cheese, ham, etc. between them

　(ア) omelet　(イ) pizza　(ウ) salad　(エ) sandwich

(4) the part that bends in the middle of your arm

(ア) chest　　(イ) elbow　　(ウ) wrist　　(エ) knee

(5) a game played by two teams in which each team tries to carry or kick an oval ball over the other team's goal line

(ア) basketball　　(イ) soccer　　(ウ) baseball　　(エ) rugby

(6) someone who treats sick or injured animals

(ア) hunter　　(イ) vet　　(ウ) dentist　　(エ) doctor

(7) someone who designs buildings and advises in their construction

(ア) architect　　(イ) carpenter　　(ウ) farmer　　(エ) counselor

(8) a feeling of great sadness when something very bad has happened

(ア) grief　　(イ) joy　　(ウ) satisfaction　　(エ) hatred

3 次の各英文の（　　）に入る英単語を答えよ。ただし，それぞれの英単語は示された文字で始まるものとする。

(1) I didn't have breakfast this morning, so I'm very (h　　) now.

(2) What's the (d　　) today? — It's August 23.

(3) Eat lots of (f　　) fruit and vegetables. It's good for your health.

(4) I'm planning to go hiking tomorrow. If it's (r　　), I'll go to the gym.

4 次の各英文の下線部の意味に最も近いものを，それぞれ(ア)～(エ)から選べ。

(1) My experience as an editor helped me to get my current job.

(ア) first　　(イ) present　　(ウ) past　　(エ) future

(2) We found this beach while we were sailing around here.

(ア) lost　　(イ) searched　　(ウ) discovered　　(エ) swam

5 次の単語の下線部と同じ音を持つ語を，それぞれ(ア)～(エ)から選べ。

(1) trash　　{(ア) space　(イ) walk　(ウ) happen　(エ) rate }

(2) publish　{(ア) full　(イ) suffer　(ウ) humid　(エ) tube }

(3) local　　{(ア) glove　(イ) drop　(ウ) lose　(エ) ocean }

(4) gentle　{(ア) goat　(イ) guess　(ウ) village　(エ) fight }

(5) throat　{(ア) feather　(イ) those　(ウ) though　(エ) north }

335

第10章　生活・外国語・外国語活動

解答➡ P.124

要点の再確認！ 要点理解（赤の小学校全科） P.354〜355

1 次の各英文の（　）に入る適語を，それぞれ(ア)〜(エ)から選べ。

(1) Listen carefully. I'll (　) you a hint.
　(ア) get　(イ) bring　(ウ) describe　(エ) give

(2) Thank you for your speech. That was (　) and remarkable.
　(ア) confusing　(イ) excellent　(ウ) interested　(エ) boring

(3) Ms. Jones, what's the first (　) of our school?
　(ア) expression　(イ) impression　(ウ) entrance　(エ) friend

(4) Smart phones have had a huge (　) on students' lifestyles.
　(ア) cause　(イ) result　(ウ) influence　(エ) reason

(5) It's (　) to sing English songs in order to help students develop their listening skills.
　(ア) best　(イ) demanding　(ウ) moral　(エ) effective

(6) I can't hear what you are saying. Can you speak a little (　)?
　(ア) fluently　(イ) faster　(ウ) aloud　(エ) louder

(7) Are you (　) or against the proposal?
　(ア) on　(イ) with　(ウ) for　(エ) under

2 次の各英文が表しているものを，それぞれ(ア)〜(エ)から選べ。

(1) something sticky that is used for joining things together
　(ア) glue　(イ) ruler　(ウ) pencil　(エ) eraser

(2) not different or special in any way
　(ア) same　(イ) unusual　(ウ) basic　(エ) ordinary

(3) to tell someone about something in a way that makes it easy to understand
　(ア) inform　(イ) review　(ウ) explain　(エ) prefer

3 次の英文は，外国語活動の授業の中で指導者による活動の説明内容である。（　）に入る適語を，それぞれ(ア)～(エ)から選べ。

Let's play a game. It's like karuta. First, push your desks and chairs back. OK. (①) groups of five and sit on the floor in a circle. I'll give 30 picture cards to (②) group. Spread the picture cards out on the floor. I will say a word twice. Touch the (③) card quickly. Are you ready?

(1) (ア) Take　　(イ) Become　　(ウ) Make　　(エ) Get
(2) (ア) one　　(イ) other　　(ウ) another　　(エ) each
(3) (ア) colorful　　(イ) correct　　(ウ) big　　(エ) wrong

4 次の英文の下線部の意味に最も近いものを(ア)～(エ)から選べ。

Mr. Smith, do you have any <u>suggestions</u> to make our class better?
(ア) variation　　(イ) proposals　　(ウ) activities　　(エ) education

5 次の場合，英語で何と言うか。（　）に適語を入れよ。
(1) 授業で，新任の ALT に自己紹介を促すとき。
Please (　) yourself to the class.
(2) 児童に質問があれば手を挙げるように言うとき。
(　) your (　) if you have any questions.
(3) 児童にがんばったことを褒めるとき。
You did a (　) (　).
(4) 児童に間違えても大丈夫だと伝えるとき。
It's OK to (　) (　).

6 次の単語の中で，最も強く発音する位置が他の 3 つと異なるものを(ア)～(エ)から選べ。
(1) (ア) cal-en-dar　　(イ) cab-bage　　(ウ) des-sert　　(エ) soc-cer
(2) (ア) i-de-a　　(イ) choc-o-late　　(ウ) ho-tel　　(エ) mu-si-cian
(3) (ア) kan-ga-roo　　(イ) es-ca-la-tor　　(ウ) cof-fee　　(エ) ath-lete
(4) (ア) e-vent　　(イ) gar-den-ing　　(ウ) to-ma-to　　(エ) po-lice

337

第10章　生活・外国語・外国語活動

9 イディオム

解答➡ P.125

要点の再確認！ 要点理解(赤の小学校全科) P. 356〜357

1 次の各英文の（　）に入る適語を，それぞれ(ア)〜(エ)から選べ。

(1) Please turn （　） your mobile phones near the priority seats.

　(ア) for　　(イ) off　　(ウ) on　　(エ) in

(2) I haven't （　） Meg lately. I wonder how she is getting along.

　(ア) looked after　　(イ) put off　　(ウ) seen off　　(エ) heard from

(3) It's important for elementary school students to get familiar （　） English through various linguistic activities.

　(ア) in　　(イ) about　　(ウ) to　　(エ) with

(4) （　） to the charity concert, many people were saved from hunger.

　(ア) Thanks　　(イ) According　　(ウ) Because　　(エ) Contrary

(5) What the teacher said made no （　） to me.

　(ア) sense　　(イ) worth　　(ウ) effect　　(エ) meaning

2 次の会話文の（　）に入る英単語を答えよ。ただし，それぞれの英単語は示された文字で始まるものとする。

(1) A : You should find more time to relax.

　　B : I (a　　) with you. I've been tired from overwork.

(2) A : I want to be a baseball player in the future.

　　B : Good! Your dream will (c　　) true if you try hard.

(3) A : It's time to go to class, Ms. White. Are you (r　　) for the lesson?

　　B : Of course. Let's go.

3 次の各組の文が同じ意味になるように（　）に適語を入れよ。

(1) You must submit your essay by next Friday.

　= You must hand （　） your essay by next Friday.

第10章

338

(2) I'll tell him to call you back immediately.

= I'll tell him to call you back (　　) away.

(3) I'm sorry, but I can't attend the meeting.

= I'm sorry, but I'm (　　) to attend the meeting.

(4) My grandfather died last month at the age of 92.

= My grandfather (　　) away last month at the age of 92.

4 次の｜　｜内の語（句）を意味が通るように並べ替え，英文を完成させよ。

(1) I｜care, all, little sister, took, my, of｜day.

(2) This math problem was very difficult. It took me about one hour ｜it, out, figure, to｜.

(3) A : Did you break the vase, John?

B : No. I｜to, it, nothing, do, had, with｜. The vase was blown down.

5 次の場合，英語で何と言うか。(　　) に適語を入れよ。

(1) 相手に，歴史に興味があるかどうか尋ねるとき。

(　　) you (　　) (　　) history?

(2) 相手に，会うのが楽しみと言うとき。

I'm (　　) (　　) to seeing you.

(3) 授業で，教科書とノートをしまうように言うとき。

(　　) (　　) your textbooks and notebooks.

(4) 授業で，ペアになって向き合うように言うとき。

(　　) pairs and face (　　) (　　).

6 次の日本文に合うように，(　　) に適語を入れよ。

(1) 失敗することを恐れないでください。

Please don't be (　　) of (　　) mistakes.

(2) あきらめないで。

Don't (　　) up.

(3) 黒板の前に立ってください。

Stand (　　) (　　) (　　) the board.

第10章　生活・外国語・外国語活動

10 文法①

解答➡ P.126

要点の再確認！ 要点理解（赤の小学校全科） P. 358〜359

1 次の各英文の（　）に入る適語を，それぞれ㋐〜㋑から選べ。

(1) I hear wild boar population is （　） rapidly in Japan.

㋐ grows 　㋑ will grow 　㋒ growing 　㋓ grew

(2) Could you wait over there. Your table （　） ready in a few minutes.

㋐ was 　㋑ is 　㋒ will be 　㋓ has been

(3) I come from India. Have you （　） been there?

㋐ ever 　㋑ yet 　㋒ already 　㋓ still

(4) We （　） a fry *chigyo* in Japanese.

㋐ say 　㋑ speak 　㋒ tell 　㋓ call

(5) Teachers should encourage their pupils to feel （　） to learn English.

㋐ motivating 　㋑ motivated 　㋒ motivate 　㋓ motivation

2 次の各英文は，どの質問に対する答えになるか。それぞれ㋐〜㋔から選べ。

(1) To study.

(2) To Ryan.

(3) Next Thursday.

(4) It's behind the library.

㋐ Where is the parking area?

㋑ When will he return?

㋒ Who did you give the cap to?

㋓ Why will you visit?

㋔ Did you go to the library?

3 次の英文の（　）に当てはまる英単語を答えよ。ただし，それぞれの英単語は示された文字で始まるものとする。

(1) Beth likes reading. She always （c　） a book whenever she goes out.

(2) A : What language is （s　） in Brazil?

B : They use Portuguese.

340

4 次の対話文の下線部の意味として最も適切なものを選べ。

A : I visited Seattle last week.

B : Oh, did you? I used to go there on business in my early 20s. I haven't visited the city for a long time.

(ア) I didn't visit the city in my early 20s.

(イ) It's been a long time since I last visited the city.

(ウ) I have never visited the city.

(エ) I didn't stay in the city for a long time.

5 次の｛ ｝内の語（句）を意味が通るように並べ替え，英文を完成させよ。

(1) Dad, ｛ take, to, does, how, get, long, it ｝ to your office by car?

(2) Ms. Harris, ｛ tell, about, country, could, the students, you, your ｝ in easy English?

(3) *Uchiwa* is a Japanese traditional fan. It ｛ to, usually, is, a light wind, used, create ｝ to stay cool in hot weather.

(4) Read this book. You'll ｛ story, very, the, interesting, find ｝.

6 「好きな動物」について，英語で尋ねたり答えたりする授業をしている。教師の質問に対して子供が，「I like cats.」と答えた。教師は何と質問したのか。教師の質問を英語で答えよ。

7 次の場合，英語で何と言うか。（   ）に適語を入れよ。

(1) 相手に，何がほしいのか丁寧に尋ねるとき。

What (   ) you (   ) ?

(2) 久しぶりに会った人に，ずっと元気だったかどうか尋ねるとき。

How (   ) you (   ) ?

(3) 生徒に，家でスキットを練習したか尋ねるとき。

(   ) you (   ) the skit at home?

(4) 生徒に，顔色が悪いから，保健室に行った方がよいというとき。

You (   ) pale. You (   ) go to the nurse room.

第10章　生活・外国語・外国語活動

11 文法②

解答➡ P.127

要点の再確認！ 要点理解（赤の小学校全科） P. 360〜361

1 次の各英文の（　　）に入る適語を，それぞれ(ア)〜(エ)から選べ。

(1) I think the problem needs (　　) more effectively.

(ア) to solve　　(イ) solve　　(ウ) been solved　　(エ) to be solved

(2) Our baseball team is (　　) than all the others in the city.

(ア) more strong　　(イ) the strongest　　(ウ) stronger　　(エ) strong

(3) Would you mind (　　) down the TV?

(ア) to turn　　(イ) turn　　(ウ) turned　　(エ) turning

(4) Let's have a cup of coffee, (　　) ?

(ア) will you　　(イ) shall we　　(ウ) do you　　(エ) can we

(5) I'll wait here until he (　　) back.

(ア) will come　　(イ) come　　(ウ) comes　　(エ) has come

(6) Alan, keep calm and don't speak (　　) your mouth full.

(ア) with　　(イ) in　　(ウ) on　　(エ) of

(7) If I (　　) in Paris, I would go to the Louvre Museum every weekend.

(ア) have lived　　(イ) lived　　(ウ) living　　(エ) will live

(8) During his presentation, he spoke with confidence (　　) gestures.

(ア) used　　(イ) be used　　(ウ) to use　　(エ) using

2 次の日本語の意味を表す英文になるように（　　）内の語句を並べ替えたとき，正しい順に並んでいるものを，それぞれ(ア)〜(エ)から選べ。なお，文頭にくる文字も小文字にしてある。

(1) いつあなたがシドニーに着くのか，私たちに知らせてください。

(① arrive　② know　③ you　④ us　⑤ when　⑥ let　⑦ will) in Sydney.

(ア) ⑤→③→②→④→⑦→⑥→①　　(イ) ⑥→④→②→⑤→③→⑦→①

(ウ) ⑤→⑦→③→①→⑥→②→④　　(エ) ⑦→③→⑥→④→②→⑤→①

342

(2) 私たちはスペイン語が堪能な人を探しています。

(① is ② someone ③ we're ④ who ⑤ for ⑥ proficient

⑦ looking) in Spanish.

(ア) ③→⑥→⑤→②→④→①→⑦ (イ) ③→⑦→②→④→①→⑥→⑤

(ウ) ②→①→⑦→④→③→⑥→⑤ (エ) ③→⑦→⑤→②→④→①→⑥

3 次の日本文に合うように，下の│ │内の語を並べ替えたとき，│ │
内の2番目と5番目にくる語を，それぞれ選べ。

(1) 私たちの市の人口は名古屋のそれの半分だ。

The population of our city is │(ア) large (イ) as that (ウ) half (エ) of
(オ) as │ Nagoya.

(2) 私は高速道路を運転するのに慣れていない。

I'm │(ア) to (イ) used (ウ) on (エ) not (オ) driving │ freeways.

(3) 映画はとても退屈だったので，私は眠ってしまった。

The movie was │(ア) boring (イ) fell (ウ) that (エ) so (オ) I │ into
sleep.

4 次の│ │内の語（句）を意味が通るように並べ替え，英文を完成させよ。

(1) Pick up │ quickly, you, as, the, can, as, cards │.

(2) This curry │ hot, is, me, too, eat, to, for │.

(3) There │ bus, a, in, coat, the, was, left │.

(4) Jim, are you still watching TV? It's │ time, went, bed, you, to │.

5 次の日本文に合うように，（ ）に適語を入れよ。

(1) 京都が日本でいちばん有名な観光地だと思う。

I think Kyoto is （   ）（   ）（   ） tourist spot in Japan.

(2) あなたに今必要なのは十分な睡眠だ。

（   ） you need now is enough sleep.

(3) このゲームのやり方を生徒に説明し，やって見せてください。

Please tell the students （   ）（   ） play this game and （   ）
it.

343

第10章　生活・外国語・外国語活動

12 会話文①

解答➡ P.128

要点の再確認！ 要点理解(赤の小学校全科) P.362〜363

❶ 次の会話文の（　　）に当てはまる英単語を答えよ。ただし，それぞれの英単語は示された文字で始まるものとする。

(1)　A : What's（w　　）with you?

　　　B : I have a slight headache.

(2)　A : Can you carry this bag?

　　　B : No（p　　）!

(3)　A : Dinner is ready, Sharon.

　　　B : I'm（c　　）.

❷ 次の会話文の（　　）に入る英文の正しい組み合わせを(ア)〜(エ)から選べ。

(1)　A : Did you enjoy your trip to Kamakura, Kenta?

　　　B :（　　）It was raining there all day.

(2)　A : It's nice to meet you.

　　　B :（　　）

(3)　A : I take a piano lesson on Saturday mornings.

　　　B :（　　）I go to the swimming club on Saturday afternoons.

(ア)　(1)　Not yet.　　　　　　(2)　I'm glad to hear that.

　　　(3)　Are you?

(イ)　(1)　Not really.　　　　　(2)　It's my pleasure.

　　　(3)　Do you?

(ウ)　(1)　I didn't go to the city.　(2)　I'm fine, thank you.

　　　(3)　Do I?

(エ)　(1)　No, I wasn't.　　　　(2)　I'm doing well so far.

　　　(3)　Will you?

344

3 次の会話文の（ ① ）と（ ② ）に入る適切な英文を，それぞれ(ア)〜(エ)から選べ。

(1) A : Hello? This is Sally. May I speak to Haruka, please?

   B : Hello, Sally. This is Ms. Ueda. （ ① ）

   A : Can I leave a message?

   B : （ ② ）

   A : I want her to call me back as soon as she can.

   (ア) Sure. Go ahead.　　(イ) You must have the wrong number.

   (ウ) Hold on, please.　　(エ) She is taking a bath now.

(2) A : Mari, are there any *ramen* restaurants in this town?

   B : Yes, there are a lot. （ ① ）

   A : （ ② ）

   B : Yes, of course.　The *ramen* restaurant next to the bank is the best. It's my father's

   (ア) Where is the restaurant?　(イ) Do you know which is the best?

   (ウ) One of them is popular.　　(エ) Three of them are popular.

4 次の会話文の（　）に入る適語を(ア)〜(ク)から選べ。

HRT　: Hi, everyone. Today I have good news.

　　　　Your parents can visit our English class next Friday.

　　　　So, what shall we （ ① ） on that day? Do you have any ideas?

Shota : I want to sing English songs.

Chiho : Me, too.

HRT　: That's a nice idea.　You can sing some English songs very well.

　　　　Any （ ② ） ideas?

Hina　: How about games?

Kaito : I （ ③ ） with Hina. I want to play 'who am I'.

HRT　: You have excellent ideas. Let's do those things.

　　　　I'm sure the （ ④ ） will enjoy our English class very much.

   (ア) visitors　　(イ) another　　(ウ) plays　　(エ) teachers

   (オ) different　　(カ) agree　　(キ) do　　(ク) right

345

第10章　生活・外国語・外国語活動

13 会話文②

解答➡ P.129

要点の
再確認！　要点理解（赤の小学校全科）　P. 364〜365

❶ 次の会話文の（　　）に入る英文の正しい組み合わせを(ア)〜(ウ)から選べ。

(1) A : I don't like to go to movie theaters.

B : (①) I prefer to watch DVDs at home.

(2) A : This salad is so good.

B : Thanks. (②)

(3) A : Your kimono is gorgeous! (③)

B : By all means.

(ア)　①　Me, too.　　　　　②　Do you have anything else?

　　　③　Do you take a picture?

(イ)　①　So did I.　　　　　②　I'm a vegetarian.

　　　③　Please take a picture of me.

(ウ)　①　Me, neither.　　　　②　Please help yourself to more.

　　　③　Let me take a picture.

❷ 次の会話文の（　　）に入る適切な英文をそれぞれ(ア)〜(エ)から選べ。

(1) A : I'd like to make an appointment for the next visit.

　　　（　　）

B : Let's see. That day, August 5, is your dentist's day off.
　　How about August 12?

A : That'll be fine with me. What time?

B : At 3:00p.m.

(ア) I'd like to reschedule it.　　(イ) I will come here again.

(ウ) When is my dentist's day off?

(エ) Is there an opening next Monday?

(2) A : Is there anything you're looking for in particular?

B : Yes. This shirt is size nine. Do you have one in size seven?

346

A : We don't have this color in size seven. （　　）

(ア)　Can I try on a bigger one in this color?

(イ)　Would you like to try a different color in size seven?

(ウ)　This shirt will be very suitable for the coming season.

(エ)　Would you like to try a jacket in this color?

3　次の会話文を読み，各問いに答えよ。

Man : Excuse me.　Could you tell me how to get to Green Hotel?

Kim : Sure.　　Go straight down this street, and turn right at the second junction.　（　①　）　You can't （　A　） it.

Man : （　②　）

Kim : About thirty minutes.

Man : （　③　）

Kim : Yes.　Get on the bus at the bus stop over there.　（　④　）

Man : （　⑤　）

Kim : （　⑥　）

Man : Good!　Thank you very much.　That's very kind of you.

(1)　会話文が成り立つように下の(a)〜(f)の英文を①〜⑥に入れるとき，最も適当な組み合わせを選べ。

(a)　Every ten minutes.

(b)　It stops in front of the hotel.

(c)　How often do the buses come?

(d)　Is it possible to take a bus to the hotel?

(e)　How long does it take from here to the hotel?

(f)　Go past the convenience store.

(ア)　①—(f)　②—(e)　③—(c)　④—(d)　⑤—(a)　⑥—(b)

(イ)　①—(b)　②—(c)　③—(f)　④—(e)　⑤—(a)　⑥—(d)

(ウ)　①—(f)　②—(e)　③—(d)　④—(b)　⑤—(c)　⑥—(a)

(エ)　①—(b)　②—(c)　③—(d)　④—(f)　⑤—(e)　⑥—(a)

(2)　（　A　）に入る適語を選べ。

(ア)　get　　　(イ)　miss　　　(ウ)　find　　　(エ)　lose

347

第10章　生活・外国語・外国語活動

14 読解

解答➡ P.130

要点の再確認！ 要点理解（赤の小学校全科） P.366〜367

❶ 次の英文を読み，各問いに答えよ。

Akiko is a Japanese junior high school student. She got interested in Australia in her English class. Last winter, she visited there for the first time. Australia was in the height of summer just then, so it was so hot. After a 3-hour drive from the airport, Akiko arrived at her host Jane's house in the countryside. She stayed with her for 10 days. During her stay, she learned an important thing about the Australian way of life. It was to （　　） water. In some areas of Australia, it does not rain much. So people living there can not use too much water. They can't even water some flowers in their garden. Akiko was surprised to know that. She understood their problem and tried to finish taking a shower within 5 minutes during her stay in Australia.

(1)　（　　）に入る適語を選べ。

　(ｱ) protect　　(ｲ) save　　(ｳ) give　　(ｴ) use

(2)　本文の内容に合っているものを選べ。

　(ｱ) Akiko went to Australia to learn the problems Australia had.

　(ｲ) They are short of water in Australia because it is hot in summer.

　(ｳ) Akiko was surprised that Jane's host family had no garden.

　(ｴ) Akiko took as quick a shower as possible at Jane's home.

❷ 次の（　　）に入る英語の正しい組み合わせを(ｱ)〜(ｴ)から選べ。

At first glance, Issac Newton and Albert Einstein have several things in common.　They both were geniuses who made fundamental discoveries in physics and they both did their most important work before the age of 26.　But there the similarities end.　Newton cared

348

what people thought about him, and disapproved of improper behavior. Einstein, on the other hand, enjoyed being different and did not care what others thought. (①), Newton spent his later years working as the director of the English Mint, a well-paid government job. (②), Einstein remained a full-time scientist to the end of his life.

(ア) ① For instance ② Therefore
(イ) ① Furthermore ② However
(ウ) ① For instance ② However
(エ) ① Furthermore ② Therefore

3 次の英文を読み，各問いに答えよ。

Mistakes are a part of learning. It is impossible for students to get better without using expressions again and again. They shouldn't worry about making mistakes. You should create a classroom atmosphere where there is no laughing at mistakes or strange pronunciation. If teachers point out each mistake that students make and make the students say it again, they will become shy about speaking English. If what the student wants to say is understandable despite the mistake, it is OK for the teacher to say the correct expression to let the student hear the correct English. As much as possible, teachers should teach students in a way that encourages them to see their mistakes by themselves and try to use the expression correctly the next time.

(1) 生徒が間違いを恐れないために，教師は何をすべきだと筆者は述べているか。日本語で答えよ。

(2) 次の会話は，第5学年の外国語の場面である。生徒に正しい言い方を促すために，教師は（　）の部分でどのように言うのが適切か。本文の下線部の内容に即して，2語の英語で答えよ。

Mr. Hara : How many notebooks?
Minato　 : Six notebook.
Mr. Hara : Oh, (　　).
Minato　 : Six notebooks.

第10章　生活・外国語・外国語活動

15 学習指導要領（外国語活動） 解答➡ P.132

要点の再確認！ 要点理解（赤の小学校全科） P. 368〜369

1 次は，平成29年版小学校学習指導要領の「外国語活動」の「目標」である。（　　）に入る適語を(ア)〜(ク)から選べ。

> 　外国語によるコミュニケーションにおける見方・考え方を働かせ，外国語による聞くこと，（　①　）の言語活動を通して，コミュニケーションを図る（　②　）となる資質・能力を次のとおり育成することを目指す。
>
> 　(1)　外国語を通して，言語や文化について体験的に理解を深め，日本語と外国語との（　③　）の違い等に気付くとともに，外国語の（　③　）や基本的な表現に（　④　）ようにする。
>
> 　(2)　身近で簡単な事柄について，外国語で聞いたり話したりして自分の考えや気持ちなどを伝え合う力の（　②　）を養う。
>
> 　(3)　外国語を通して，言語やその背景にある文化に対する理解を深め，相手に配慮しながら，（　⑤　）に外国語を用いてコミュニケーションを図ろうとする（　⑥　）を養う。

(ア)経験的　　　　(イ)慣れ親しむ　　　(ウ)素地　　　(エ)書くこと

(オ)話すこと　　　(カ)主体的　　　　　(キ)音声　　　(ク)態度

2 平成29年版小学校学習指導要領の「外国語活動」の英語の「目標」は，3つの領域で構成されている。3つの領域を(ア)〜(オ)から選べ。

(ア)話すこと［発表］　　　(イ)話すこと［やり取り］　　　(ウ)書くこと

(エ)読むこと　　　　　　　(オ)聞くこと

3 次は，平成29年版小学校学習指導要領の「外国語活動」の英語の「目標」である。領域別の空欄に当てはまる言葉をそれぞれ選べ。

第10章

350

(1) 聞くこと

ア　ゆっくりはっきりと話された際に，自分のことや身の回りの物を表す（ ① ）を聞き取るようにする

イ　ゆっくりはっきりと話された際に，身近で簡単な事柄に関する（ ② ）の意味が分かるようにする。

ウ　文字の読み方が（ ③ ）のを聞いた際に，どの文字であるかが分かるようにする。

㋐大体の意味　　㋑基本的な表現　　㋒簡単な語句

㋓詳しい内容　　㋔説明される　　㋕発音される

(2) 話すこと［やり取り］

ア　基本的な表現を用いて（ ④ ），感謝，簡単な指示をしたり，それらに応じたりすることができるようにする。

イ　自分のことや身の回りの物について，（ ⑤ ）を交えながら，自分の考えや気持ちなどを，簡単な語句や基本的な表現を用いて（ ⑥ ）ようにする。

ウ　（ ⑦ ）を受けて，自分や相手のこと及び身の回りの物に関する事柄について，簡単な語句や基本的な表現を用いて質問をしたり質問に答えたりするようにする。

㋐動作　　　㋑日本語　　㋒話し合う　　㋓サポート

㋔伝え合う　　㋕挨拶　　㋖助言

(3) 話すこと［発表］

ア　（ ⑧ ）について，人前で実物などを見せながら，（ ⑨ ）を用いて話すようにする。

イ　（ ⑩ ）のことについて，人前で実物などを見せながら，（ ⑨ ）を用いて話すようにする。

ウ　（ ⑪ ）に関する身近で簡単な事柄について，人前で実物などを見せながら，自分の考えや気持ちなどを，（ ⑨ ）を用いて話すようにする。

㋐簡単な語句や慣用的な表現　　㋑身の回りの物　　㋒学校生活

㋓簡単な語句や基本的な表現　　㋔日常生活　　㋕相手

㋖思い出の物　　　　　　　　㋗自分

351

■読者の皆さんへ──お願い──

　時事通信出版局教育事業部では，本書をより充実させ，これから教員を目指す人の受験対策に資するため，各県の教員採用試験の試験内容に関する情報を求めています。

　①受験都道府県市名と小・中・高・養・特の別
　　（例／東京都・中学校・国語）
　②論文・作文のテーマ，制限時間，字数
　③面接試験の形式，時間，質問内容
　④実技試験の実施内容
　⑤適性検査の種類，内容，時間
　⑥受験の全般的な感想，後輩へのアドバイス

　ご提出にあたっては，形式，用紙などいっさい問いませんので，下記の住所またはメールアドレスにお送りください。また，下記サイトの入力フォームからもお送りいただけます。

　◆〒104-8178　東京都中央区銀座 5 -15- 8
　　　　　　　　時事通信ビル 8 F
　　時事通信出版局　教育事業部　教員試験係
　　　　　　workbook@book.jiji.com
　◆時事通信出版局　教員採用試験対策サイト
　　http://book.jiji.com/research/

〈Twin Books 完成シリーズ⑥〉

小学校全科の演習問題

発　行	2020年 9 月 1 日
編　集	時事通信出版局
発行人	武部　隆
発行所	株式会社　時事通信出版局
発　売	株式会社　時事通信社
	〒104-8178
	東京都中央区銀座 5-15-8
	販売に関する問い合わせ　電話　03-5565-2155
	内容に関する問い合わせ　電話　03-5565-2164
印刷所	株式会社　太平印刷社
編集協力	株式会社　群企画
定　価	本体1400円＋税

Printed in Japan　　　　　　　© Jijitsushinshuppankyoku
ISBN978-4-7887-1725-1　C2337
落丁・乱丁はお取り替えいたします。無断複製・転載を禁じます。

教員採用試験 Twin Books 完成シリーズ❻

小学校全科の演習問題
【解答・解説】

時事通信出版局／編

時事通信社

Contents 目次

第 1 章	国語	1
第 2 章	社会①	14
第 3 章	社会②	27
第 4 章	算数①	38
第 5 章	算数②	58
第 6 章	理科①	81
第 7 章	理科②	90
第 8 章	音楽・図画工作	98
第 9 章	家庭・体育	107
第10章	生活・外国語・外国語活動	119

国語 **1** 学習指導要領①　　▶問題 P.8〜9

1 (1)A：理解　B：表現　C：尊重　(2)①—(ウ)　②—(エ)　③—(カ)　➡平成29年版小学校学習指導要領の教科の目標は，国語に限らず，暗記しておくようにする。「国語で正確に理解し適切に表現する」の「理解」「表現」の言葉も重要だし，この問題では空欄になっていないが，「思考力や想像力」の部分も大切である。なお，空欄補充の問題では，暗記していなかったとしても，前後の文脈を丁寧に読めば正解を絞り込むことがあるので，前後の意味を丁寧に考えて判断することも大事である。

2 〔第1学年及び第2学年〕：①—(カ)　②—(イ)　③—(エ)　④—(ア)　〔第3学年及び第4学年〕：①—(ウ)　②—(オ)　③—(キ)　④—(カ)　〔第5学年及び第6学年〕：①—(ア)　②—(ウ)　③—(キ)　④—(ク)　➡〔第1学年及び第2学年〕〜〔第5学年及び第6学年〕まで，それぞれ対応させた「目標」となっている。

国語 **2** 学習指導要領②　　▶問題 P.10〜13

1 (1)—(ア)　(2)—(イ)　(3)—(ア)　(4)—(ア)　(5)—(ア)　(6)—(イ)　(7)—(ウ)　(8)—(ア)　(9)—(ウ)　(10)—(ウ)

2 ①1　②2　③1　④2　A：読み　B：書き　C：書き　D：当該　E：読む　F：書き　G：当該　H：書き　➡「学年別漢字配当表」の漢字の読み，書きの能力の育成の目安を述べた部分である。要は，当該学年の漢字までは読めて，相当数を書くことが求められている。また，当該学年の前までの配当漢字は書けて文や文章の中で使うことが求められている。なお，「第3　指導計画の作成と内容の取扱い」には，「学年ごとに配当されている漢字は，児童の学習負担に配慮しつつ，必要に応じて，当該学年以前の学年又は当該学年以降の学年において指導することもできること。」とされている。

3 ①—(キ)　②—(オ)　③—(イ)　④—(エ)　⑤—(カ)　⑥—(ウ)　⑦—(ア)　➡少し空欄が多いが，これで「情報の扱い方」はすべてである。

4 ①伝承　②言葉遊び　③文語　④ことわざ　⑤故事成語　⑥漢字　⑦情報　⑧古文　⑨古典　⑩時間　⑪世代　⑫方言　⑬仮名　⑭日常　➡とにかく何度も読んで内容をつかむこと。省略した書写に関しては次の **5**・**6** を参照。

5 (1)—(ア)　(2)—(ウ)　(3)—(イ)　(4)—(ア)　(5)—(ウ)　(6)—(ウ)

別冊◆解答・解説

6 (1)①—(イ)　②—(ウ)　③—(オ)　(2)①曲がり　②はらい(左はらい)　③折れ
④はね　➡(2)ほかに，「止め」「そり」「点」がある。**5**と**6**で「我が国の言語文化」にある書写に関する内容はすべてである。

国語 **3** 学習指導要領③　　▶問題 P.14～17

1 (1)—(イ)　(2)—(ア)　(3)—(ウ)　(4)—(ウ)　(5)—(イ)　(6)—(ア)　(7)—(イ)　(8)—(ウ)　(9)
—(ウ)　(10)—(イ)　(11)—(ア)　➡「身近な」は〔第1学年及び第2学年〕，「目的」
は〔第3学年及び第4学年〕，「意図」「目的と意図」は〔第5学年及び第6
学年〕。

2 (1)①—(カ)　②—(エ)　③—(イ)　④—(ウ)　⑤—(オ)　⑥—(ア)　(2)①—(エ)　②—(イ)
③—(カ)　④—(オ)　⑤—(ウ)　⑥—(ア)　⑦—(キ)　➡暗記していなくても，何度も
読み込み，学年ごとの違いの大体を理解しておくことが必要である。

3 (1)①—(オ)　②—(イ)　③—(ア)　④—(エ)　⑤—(ウ)　(2)①—(イ)　②—(ア)　③—(オ)
④—(エ)　⑤—(ウ)　(3)①—(オ)　②—(イ)　③—(ウ)　④—(ア)　⑤—(エ)

4 ①行動　②行動　③行動や気持ち　④気持ちの変化や性格　⑤相互関係や
心情　⑥人物像　➡長い言葉もあり難しいが，学年の対比で覚えることが大
切である。

5 (1)—(ウ)　(2)—(ア)　(3)—(イ)

国語 **4** 学習指導要領④　　▶問題 P.18～19

1 ①能力　②学びの実現　③見方・考え方　④特徴や使い方

2 1—(ウ)　2—(エ)　➡1は，指導計画の作成に当たっての読書意欲や学校図
書館との関連，他教科との関連を述べたもの，2は，内容の取扱いに当たっ
てのコンピュータや情報通信ネットワークの活用，学校図書館の計画的な利
用と指導について述べたもの。特に2の「コンピュータや情報通信ネットワー
クを積極的に活用する機会を設ける」の部分には注目しておきたい。

3 ①35　②30　③25　④100　⑤85　⑥55　➡指導計画の作成に当たっての
配当時間の目安を具体的な数字で示してあるのが，「A話すこと・聞くこと」，
B「書くこと」である。「C読むこと」に関しては数字は示されていない。

4 ①160字　②202字　③191字　➡平成29年版小学校学習指導要領の「国語」

2

では，漢字の配当数が変わった。第１〜３学年は変わらず，第４学年が＋２字の202字，第５学年が＋８字の193字，第６学年が＋10字の191字である。

国語 **5** 漢字と熟語① ▶問題 P.20〜21

1 (1)—(エ) (2)—(イ) (3)—(ア) (4)—(エ) (5)—(ア) (6)—(ウ) ➡(1)従属 (ア)重税 (イ)充足 (ウ)縦隊 (エ)従前 (2)過程 (ア)書架 (イ)過失 (ウ)渦中 (エ)仮設 (3)鳴動 (ア)共鳴 (イ)感銘 (ウ)聡明 (エ)同盟 (4)介 (ア)怪奇 (イ)皆無 (ウ)改正 (エ)介抱 (5)規則 (ア)反則 (イ)即応 (ウ)目測 (エ)催促 (6)愉快 (ア)説諭 (イ)教諭 (ウ)愉悦 (エ)快癒

2 (1)—(ア) (2)—(イ) (3)—(エ) (4)—(ウ) (5)—(ウ) (6)—(ア) (7)—(イ) ➡(1)会得 (2)滞納 (3)首脳 (4)輪郭 (5)閑散 (6)究極 (7)懸垂

3 (1)—(エ) (2)—(ア) (3)—(イ) (4)—(ウ) (5)—(ウ) (6)—(イ) (7)—(ウ) (8)—(ア) (9)—(イ) (10)—(ア) (11)—(イ) ➡(1)解放 (2)歓心 (3)規制 (4)新興 (5)講演 (6)口承 (7)干渉 (8)精算 (9)生起 (10)更生 (11)対照

4 (1)—(イ) (2)—(エ) (3)—(エ) ➡(1)の「薬がきく（効く）」は「効能」，(2)の「商品をおさめる（納める）」は「納品」の熟語を思い浮かべる。(3)の「快刀乱麻を断つ」（もつれたことを見事に解決する）は，覚えてしまう。

国語 **6** 漢字と熟語② ▶問題 P.22〜23

1 (1)—(オ) (2)—(イ) (3)—(エ) (4)—(エ) (5)—(ウ) (6)—(オ) (7)—(カ) (8)—(ウ) (9)—(エ) (10)—(イ) (11)—(ア) (12)—(オ) (13)—(ア) (14)—(エ) (15)—(オ) (16)—(ク) (17)—(オ) (18)—(エ) (19)—(キ) (20)—(ア) ➡(ア)寒冷：意味が似ている漢字の組み合わせ……(11)搭乗，(13)補助，(20)容姿 (イ)強弱：意味が対になる漢字の組み合わせ……(2)往還，(10)善悪 (ウ)船出：主語と述語の関係になる……(5)地震，(8)人造 (エ)着地：後の漢字が前の漢字の目的や対象を示す……(3)就職，(4)養豚，(9)臨海，(14)兼職，(18)造園 (オ)濃霧：前の漢字が後の漢字を修飾する……(1)山頂，(6)水路，(12)運賃，(15)乱世，(17)最深 (カ)無敵：後の漢字を「不・無・未・非」などの接頭語で打ち消す……(7)非常 (キ)劇的：「性・的・化」などの接尾語が付く……(19)品性 (ク)喜々：同じ字を重ねる……(16)黙々

2 (1)—(イ) (2)—(エ) (3)—(ア) (4)—(ウ) (5)—(イ) (6)—(ウ)

3

別冊◆解答・解説

3 〔解答例〕前の漢字が「乗る」という動作を表し，後の漢字が「車に」という，何に乗るかを表しています。➡「乗る」「車に」という言葉を入れて，「動作＋動作の目的や対象」の構成であることを説明する。

4 (エ)　➡「傷病」と「疾病」は，対義語ではなく，類義語の関係である。

5 (ウ)　➡「全身（体全体）」と「単身（自分一人であること）」は，類義の関係とはいえない。

6 (1)いぶき　(2)だし　(3)かたず　(4)てんません　(5)ざこ　(6)さじき　(7)ゆかた　(8)あま　(9)こじ　(10)おみき　(11)かや　(12)じゅず　(13)のりと　(14)かぐら　(15)とあみ　(16)もさ　(17)ちご　(18)おもや　(19)とえはたえ　(20)どきょう

7 (1)心地　(2)小豆　(3)草履　(4)木綿　(5)意気地　(6)寄席　(7)為替　(8)竹刀　(9)日和　(10)時雨　(11)雪崩　(12)紅葉　(13)玄人　(14)吹雪　(15)早乙女　(16)白髪　(17)硫黄　(18)老舗　(19)足袋　(20)芝生　(21)鍛冶　(22)野良　(23)五月雨　(24)相撲　(25)砂利　(26)素人

国語 **7** 漢字と熟語③ ▶問題 P.24〜25

1 (1)右：一画目―イ，二画目―ア　左：一画目―ア　二画目―イ　(2)(ア)，(エ)，(オ)　➡(1)「右」と「左」では，左はらいと横画を書く順が反対で，「右」が〈左はらい→横画〉の順，「左」が〈横画→左はらい〉の順。(2)「右」のように左はらいから書くのは「布・感・成」。これらは筆順に注意が必要である。

2 (1)四　(2)四　(3)一　(4)二　➡(1)「発」の→の画は，三画目や五画目で書く誤りが多い。(2)「別」の→の画を五画目で書くと誤り。(3)「版」の左端の画は一画目で書く。(4)「必」は，〈「心」を書いてから→の画〉と考えると誤り。→の画は二画目に書く。

3 (1)8　(2)11　(3)12　(4)4　(5)4　(6)12　(7)12　(8)12　(9)8　(10)4　➡それぞれの漢字で総画数を間違えた場合，必ず確認して覚えてしまうこと。(1)「乳」の「子」の部分は三画。(2)「郷」の「糹」「阝」の部分は三画で書く。(4)「収」の「丩」は二画。(5)「比」の左の部分は二画。三画ではない。(7)「距」の「𧾷」は「足」であり，七画で書く。(9)「芽」の「牙」の部分は五画で書く。

4 (1)れっか（れんが）　(2)そうにょう　(3)あなかんむり　(4)りっしんべん　(5)こざとへん　(6)がんだれ　(7)おおがい　(8)おいかんむり　(9)おおざと　(10)く

4

にがまえ ⑾ぎょうにんべん ⑿にくづき ⒀おのづくり ⒁るまた ⒂ぎ ょうがまえ（ゆきがまえ） ⒃しめすへん ⒄まだれ ⒅やまいだれ ⒆りっ とう ⒇さんづくり ➡⑿は「つきへん」ではない。体に関係した漢字は 「にくづき」。

5 (1)千千 (2)一一 (3)七八 (4)一 (5)三四 (6)千万 (7)一千 (8)一一 (9)千 ⑽一二 ➡(4)の「乾坤一擲」は，のるかそるかの思い切った行動のこと。

6 (1)霧 (2)霧 (3)離 (4)身 (5)網 (6)機 (7)偏 (8)深 ➡**7**と同様に，いず れも間違えやすい漢字を含む。(1)五里夢中・五里無中 (2)雲散無消 (3)不即 不利 (4)粉骨砕心 (5)一毛打尽 (6)心気一転 (7)不変不党 (8)意味伸長

7 (1)句→口 (2)同→道 (3) 人→尽 (4) 対→体 ➡このほか，「厚顔無恥」 （恥知らずでずうずうしいこと）にも注意。「厚顔無知」は誤り。

8 (1)がでんいんすい・自分の利益になる言動をすること。 (2)どうこういき ょく・ちょっと見ると違っているようだが，実際にはたいした違いがないこ と。 (3)しゅかくてんとう・人や物の立場や順序などが逆になること。 (4)せ っしゃくわん・歯ぎしりし腕をつかんで，くやしがったり怒ったりすること。

9 晴耕雨読・再三再四・以心伝心・大器晩成・完全無欠・半信半疑・喜怒哀 楽・内憂外患・換骨奪胎

10 (ウ)，(エ)，(キ) ➡その他の正しい意味は次のとおり。(ア)空前絶後…以前には まったく例がないこと。(イ)枝葉末節…本質からはずれた取るに足らない細か い部分。(オ)深謀遠慮…先のことまで考えを深くめぐらすこと。(カ)艱難辛苦… 大変な苦労や困難。問題にある意味は「臥薪嘗胆」の意味。(ク)有名無実… 名だけがあって，その実質がないこと。

11 〔解答例〕結局同じものであることが分からないこと。➡春秋時代の宋の 国の狙公が飼っている猿に「どんぐりの実を朝三つ，夜四つにしたい」と言 うと，猿たちが怒った。そこで「朝四つ，夜三つではどうか」と言うと，猿 たちは大いに喜んだという故事からできた四字熟語。

国語 **8** ことわざ・慣用句・故事成語 ▶ 問題 P.26〜27

1 (1)—(ウ) (2)—(エ) (3)—(ア) ➡(1)「浅い川も深く渡れ」は「油断をするな。」 の意味になるので「石橋をたたいて渡る」。(2)「豆腐にかすがい」は，「豆腐 はやわらかすぎるのでかすがい（掛け金）がきかない。」，つまり「手ごたえが

別冊◆解答・解説

ない。」の意味。よって「のれんに腕押し」。(3)「河童の川流れ」は、「得意なものでも時には失敗をする。」という意味。よって「弘法も筆の誤り」が似たことわざである。

2 (1)—(エ) (2)—(ウ) (3)—(ウ) ➡正解でないことわざで意味が分からないものは、調べて覚えてしまうこと。

3 〔解答例〕情けを人にかけておけば、巡り巡って自分によい報いとなって返ってくる。 ➡「情けをかけることは、その人のためにむしろよくないので、やたらに情けをかけてはいけない」の意味で誤用されることがある。

4 (1)鼻 (2)腰 (3)足 (4)胸(腹) (5)歯 (6)口 (7)手 (8)顔 ➡慣用句は、語と語が結び付いて全く別の意味を表すようになった言葉。ことわざも同様だが、ことわざが教訓性をもつのに対し、慣用句は教訓性をもたない。体の一部を用いた慣用句は多い。意味の不確かなものは確認して覚えておくこと。(1)鼻もちならない…言うことやすることががまんができないほどきざでいやらしい。(2)腰を折る…よけいなことを言って、続ける気分を失わせる。(3)足が出る…予算を超えて赤字になる。(4)胸(腹)に一物ある…心の中にたくらみがある。(5)歯に衣を着せない…思ったことをずけずけと言う。(6)口を割る…犯人などが白状する。(7)手が焼ける…何かと面倒を見るのに苦労する。(8)顔が広い…世間に知り合いが多い。

5 〔解答例〕(1)この荷物を二階に運び込むのは、骨の折れる仕事だ。 (2)他人とは思えないほど瓜二つの顔だ。

6 〔解答例〕遠慮したり、気を遣ったりすることもなく、気楽に安心してつきあえること。 ➡「気が置けない」は、「油断ができないので用心する必要がある。」とむしろ反対の意味で誤用されることがある。

7 (1)—(エ) (2)—(ア) (3)—(ク) (4)—(イ) (5)—(ウ) (6)—(コ) (7)—(サ) (8)—(カ) (9)—(オ) (10)—(ケ) (11)—(キ) ➡(7)は「画竜点睛を欠く」という形で使われることが多い。

国語 **9** 言葉のきまり　　　▶問題 P.28〜29

1 (ア), (ウ), (エ) ➡文節と単語に区切ると次のようになる（／が文節の区切り、＿が単語の区切り）。

「この／美しい／地球・は／太陽・の／熱・を／受け・て／温め・られる。」
連体詞　形容詞　名詞　助詞　名詞　助詞　名詞　助詞　動詞　助詞　動詞　助動詞

6

七文節，十二単語でできた文である。用言（動詞・形容詞・形容動詞）のうち，含まれていないものは形容動詞。助詞は「は・の・を・て」の四つ，助動詞は「られる」の一つである。「この」は「地球」を修飾している連体詞。

2 (1)感動詞 (2)連体詞 (3)形容詞 (4)名詞 (5)形容動詞 (6)動詞 (7)副詞 (8)接続詞 ➡「大きな」は，活用せず，主に連体修飾語になるので連体詞。「大きい」は，活用する形容詞。

3 (1)—(エ)，C (2)—(ウ)，A (3)—(ア)，A (4)—(ウ)，E (5)—(オ)，B (6)—(イ)，D ➡動詞の活用の種類を考えるときは「ない」をつけてみて，直前が五十音図の何段の文字になるかをみて判断する。ア段の文字になるのが五段活用，イ段になるのが上一段活用，エ段になるのが下一段活用の動詞。サ行変格活用（サ変）は「する」「－する」となる語，カ行変格活用（カ変）は「来る」の一語である。活用形は，後に続く言葉で判断する。上から順に「ナイヤウ・マス・。・コト・バ・！」と覚えておく。

4 (1)—D (2)—B (3)—A ➡形容動詞の後に続く言葉に注目する。(1)は「場所」という体言に続いているので連体形，(2)は助動詞の「た」に続いているので連用形，(3)は「う」に続いているので未然形である。

5 (イ) ➡(ア)終助詞。(イ)主語を表す格助詞。(ウ)連体詞「あの」の一部。(エ)連体修飾語を表す格助詞の「の」。(オ)体言の代用を表す。「のもの」と言い換えられる。「母の作った」は「母が作った」と言えるので，(イ)と同じ。

6 (1)—(ウ) (2)—(エ) (3)—(ア) (4)—(イ) ➡(1)は，「あどけない」が一語の形容詞。(2)は，「ない」を否定（打消）の助動詞「ぬ」に置き換えられるので，否定の助動詞。(3)の「ない」は，「ぬ」に置き換えられないので形容詞の「ない」。(4)は，「ぬ」に置き換えられず，かつ「おもしろくはない」のように言えるので，形式形容詞（補助形容詞）の「ない」である。

7 (エ) ➡助動詞の「れる・られる」には，受け身・尊敬・可能・自発の意味がある。「問題用紙が配られる」の「れる」は受け身。(ア)の「十分に間に合わせられる」の「られる」は，「（間に合わせることが）できる」の意味なので可能。(イ)の「懐かしく思い出される」は，自然にそうなるという意味で自発。(ウ)の「先生が話される」は，先生に対する尊敬の意味。(エ)の「うなぎに逃げられる」は受け身。

8 (1)(ア)名詞 (イ)形容動詞 (ウ)形容詞 (2)(ア)名詞＋助動詞 (イ)形容動詞 (ウ)助動詞 (3)(ア)形容詞 (イ)連体詞 ➡(1)「暖かさ」は，形容詞「暖かい」から

7

別冊◆解答・解説

転成した名詞。「暖かな」は形容動詞の連体形。「とても」を前につけて自然に意味が通じるものが形容動詞である。(2)の「自然だ」は名詞「自然」に助動詞「だ」(断定の意味)がついたもの。「ようだ」は助動詞で「推定」の意味。(3)**2**の解説参照。

国語 **10** 表現技法・敬語 ▶問題 P.30〜31

1 (1)—(ウ) (2)—(ア) (3)—(エ) (4)—(イ) (5)—(ク) (6)—(カ) (7)—(オ) (8)—(キ) ➡
表現技法の問題は，詩の読解や，散文の読解の表現の特徴を問う問いの中で出題されるので，一通り覚えておく必要がある。(4)は「もうみんななくしたと　僕は思ふだろう」を倒置した表現。(ア)「体言止め」は，文の終わりを名詞(体言)で終止する方法。言い切らないので余情が生じるとされる。(イ)「倒置」は，文の成分の通常の順序を逆にしたもの。(エ)「対句」は，言葉を対応するように並べる表現方法。リズムを生み，意味の対比のおもしろさを生む。(カ)「直喩」は「(まるで) 〜ような」を用いたたとえ。(キ)「隠喩」は，「(まるで) 〜ような」を用いないたとえ。(ク)「擬人法」は，人間でないものを人間にたとえる方法。

2 (1)—(イ)，(ウ) (2)—(ア) (3)—(イ)，(ウ) ➡(1)は「お届けする」が自分の行為なので謙譲語。「ます」が丁寧語。(2)は「いらっしゃる」が「来る・いる」の尊敬語。(3)は「参る」が「来る」の謙譲語。「ました」が丁寧語。

3 Ⅰ：拝見する Ⅱ：おっしゃる A—(ク) B—(ウ) C—(エ) D—(ア) ➡尊敬語・謙譲語になる動詞は覚える。

4 (イ)，(オ)，(ク)，(ス) ➡敬語の問題では，敬語の誤りを選択肢から選ぶ問題が多い(ここでは，誤りを多く出すため，正しいものを選ぶ問題とした)。ほとんどが，尊敬語を使うべきところを謙譲語にしてしまった誤り，あるいはその逆である。誰が誰に対しての敬意かを考えて判断する。(ア)「うかがう」は「聞く」の謙譲語。相手に謙譲語を用いた誤り。「お聞きになってください。」「お聞きください。」とすべきところ。(ウ)「いたす」は謙譲語。「参加する」のは先生の行為であり，先生に対する敬意であるから，「先生も参加なさいますか。」「先生もご参加になりますか。」とする。(エ)「申される」が誤り。「申す」は謙譲語で，そこに尊敬の助動詞「れる」をつけた誤り。「…とおっしゃる方がいらっしゃいました。」とする。(カ)「いただく」は謙譲語。「召し

8

上がってください。」「お召し上がりください。」とする。(キ)も尊敬語を使うべきところ謙譲語を用いた誤り。「拝見する」は「見る」の謙譲語。尊敬語「ご覧になる」を用いる。(ケ)先生に対して，身内である父に尊敬語を用いた誤り。(コ)「おる」は謙譲語。「いらっしゃいましたら」とする。(サ)「兄貴」は尊敬語。「兄が上京しますので」というべきところ。(シ)尊敬語を使うべきところ謙譲語の「参る」用いた誤り。(セ)「お～する」は謙譲表現。「あなたがお聞きになる」とすべきところ。

5 (1)―(イ) (2)―(ウ) ➡「敬語の種類」という場合，当然「尊敬語」「謙譲語」「丁寧語」を念頭に考える。(1)は名詞の敬語で，(イ)が尊敬語，他は謙譲語である。(2)は「尊敬語＋丁寧語」あるいは「謙譲語＋丁寧語」の表現。(ウ)が「謙譲語＋丁寧語」，他は「尊敬語＋丁寧語」である。

国語 11 国語常識

▶問題 P.32～33

1 (イ) ➡月の呼称は暗記しておく。一月＝睦月，二月＝如月，三月＝弥生，四月＝卯月，五月＝皐月，六月＝水無月，七月＝文月，八月＝葉月，九月＝長月，十月＝神無月，十一月＝霜月，十二月＝師走。

2 (1)―(エ) (2)―(ア) (3)―(ウ) ➡(1)(エ)の『方丈記』は鴨長明が書いた鎌倉時代初期の随筆。(2)(ア)の『とはずがたり』は後深草院二条の日記・紀行。鎌倉後期。(3)(ウ)の『大鏡』は平安時代後期成立の歴史物語。

3 (ア) ➡(1)『おらが春』は小林一茶の句文集。他はすべて松尾芭蕉の作品。

4 (1)『方丈記』，鴨長明 (2)『源氏物語』，紫式部 (3)『枕草子』，清少納言 (4)『徒然草』，兼好法師 (5)『おくのほそ道』，松尾芭蕉 (6)『平家物語』
➡冒頭文・作品・作者はセットにして覚えておく。『平家物語』の作者は信濃前司行長ともいわれるが，異説も多く，確定していない。

5 (1)―(エ) (2)―(ウ) (3)―(ウ) ➡(1)『風姿花伝』(『花伝書』)は世阿弥の作。観阿弥は世阿弥の父。(2)『雨月物語』は九編の怪談・奇談。作者は上田秋成。(3)『山家集』は西行の歌集。

6 (1)―(ア) (2)―(ウ) (3)―(キ) (4)―(ウ) (5)―(ウ) ➡(1)『浮雲』は言文一致を唱えた二葉亭四迷の作。(2)『金色夜叉』は尾崎紅葉の作。(3)『田舎教師』は自然主義の小説家田山花袋の作。(4)『みだれ髪』は，与謝野晶子の歌集。(5)『暗夜行路』は小説の神様と呼ばれた志賀直哉の作品。

別冊◆解答・解説

7 (1)ダンテ (2)シェークスピア (3)ゲーテ (4)ドストエフスキー (5)トルストイ (6)ヘッセ (7)カフカ (8)ヘミングウェイ (9)スタインベック ➡外国文学に関する問いは比較的少ないが，これ以外の作家についても代表的な作品は覚えておきたい。

国語 **12** 説明的文章の読解　　▶問題 P.34〜35

1 (1)—(ウ) ➡接続詞の補充問題は，必ずといっていいぐらいよく出題される。多くは，複数の空欄に入る接続詞をそれぞれ考え，適切な接続詞を選ぶ形式である。（　①　）：前文の「旅は確かに彼を解放してくれるであろう」と後の文の「〜彼が真に自由になることができると考えるなら，間違いである。」は相反する内容。（　②　）：前文の「旅は我々の好奇心を活発にする。」と「好奇心は真の研究心，真の知識欲とは違っている」も反対の内容と考えてよい。よって，(ウ)の逆接の接続詞「けれども」が入る。

(2)—D ➡「動即静，静即動というものである。」という記述は，前に似たようなことをいっていると予想できる。〈A〉〜〈E〉の前を探すと，〈D〉の前に「それは単に動くことでなく，動きながらとどまることであり，とどまりながら動くことである」とある。ここは易しいが，このような文補充の問題では，前後の論理のつながり（文章の流れ）をつかんで判断することが必要である。

(3)てゆくこと ➡類似の部分や言い換えの部分を読み取る問題もよく出題される。文脈をつかみ，意味の対応を考える。「一つの所にとどまり，一つの物の中に深く入ってゆくことなしに，いかにして真に物を知ることができるであろうか」とあり，—の下線部が「深く認識すること」の意味。

(4)—(イ) ➡「人間到る処に青山あり」は，幕末の僧 釈月性の七言絶句の中の結句。「この世界どこに行っても青々とした山がある（そこに骨を埋めてもらえばいい）」という意味。(ア)「空しくはかない」とはどこにも述べていない。(ウ)「自然豊かな」「旅情」という意味の叙述はない。(エ)「漂泊」という言葉は出てくるが，「先人たちの漂泊」とは述べていない。

(5)真の自由は，も ➡段落分けのない1段落構成の文章であるが，前半が「解放の自由（解放を求めての旅）」について「消極的な自由」「出来心」「気まぐれ」「好奇心」「感傷的」と述べ，否定的に論じている。そして，後半に「（それに対して）真の自由は〜」と説明している構成である。

10

(6)——(エ) ➡(ア), (イ), (ウ), (オ)の選択肢は, いずれも, 文章の前半で否定的に述べられた内容を含んでおり, 誤りである。

国語 13 文学的文章の読解　▶問題 P.36〜37

1 (1)〔解答例〕見送りに来ている三人の弟を見過ごさないため。(22字) ➡
隧道（トンネル）の中なのに窓を開ける娘に「私」は怒りに近い不快な気持ち抱くが, 娘自身は, 見送りに来ているだろう弟たちを見過ごさないようにと必死なのである。単に「見る」ではなく「見やっている」となっていることにも注意する。

(2)陰惨たる風物　➡天気は暗い。暮色を帯びた町はずれの風景もまた暗い。それを作者は「陰惨たる風物」と表現した。この暗さは「(たちまち心を躍らすばかりの) 暖かな日の色に染まっている蜜柑」を際立たせている。

(3)〔解答例〕弟たちへの温かい気持ち。(12字)　➡(5)にも関連する問いだが, この語句を含む一文と, 「暮色を帯びた〜通り過ぎた。が, 私の心の上には, 切ないほどはっきりと, この光景が焼きつけられた。」の二文は, 重要である。

(4)空から降ってきた　➡通常なら「降っていった」のようになるが, 「降ってきた」と, 子供たちから蜜柑を見ている表現になっている。

(5)——(エ)　➡(ア)「貧しい中でもたくましく生きる」は「貧しさ」「たくましく」に中心はないので誤り。(イ)「社会に対する強い怒り」が誤り。社会を批判する主題ではない。(ウ)作者は, 初め娘に対して不快な感情をもっている。また, その娘の行動が意表をついたものだったことも事実だが, その行動に対する単なる「驚き」とするのは不十分。その行為, 鮮やかな蜜柑の印象を通して感じた娘の気持に言及した(エ)が最も適切である。

国語 14 古文の読解　▶問題 P.38〜39

1 (1)——B, E　➡主語を示す「が」に置き換えられるものはBとEの「の」。AとCは連体修飾語を作る「の」。Dは, 「ものす」という動詞の一部。

(2)いうよう　➡語頭にない「はひふへほ」は「わいうえお」と読むので, 「いふ」は「いう」と読む。「やう」は「よう」と読む。(長音で「ア段」+

11

別冊◆解答・解説

「う・ふ」は,「オ段」の長音にして読むが,読み慣れるのが早い。)

(3)〔解答例〕命を惜しまず戦った(命を惜しまないで戦った) ➡「かく戦ひし」(このように戦った)の様子を答える問い。前に「命を惜しまず戦ひて」とあるので,その言葉をもとにまとめればよい。

(4)——(ウ) ➡「召す」には,「そばにお呼びになる」「食べ物を召しあがる」「着物をお召しになる」「車にお乗りになる」などの意味がある。ここは「食す」ことなので,(ウ)の「お食べになっていた」が正解。

(5)——(ア) ➡「こそ+活用語の已然形」の係り結びの結びが省略された形。已然形なのは(ア)の「あれ」のみである。

(6)——(イ) ➡読解ではなく,文学史の問いだが,古典の最後の問いでよく問われる。『徒然草』と『方丈記』は随筆。『大鏡』は歴史物語,『義経記』は軍記物語,『日本霊異記』は(仏教)説話集,『風姿花伝』は能楽書。

〔全訳〕

　　筑紫の国に,誰それとかいう押領使などという役目の者がいたが,だいこんをすべての病気によく効く薬だといって,毎朝二切れずつ焼いて食べることが長年になっていた。あるとき,屋敷の中に人がいなかった隙をねらって,敵が襲いかかってきて,屋敷を囲んで攻めたときに,武士が二人現れて,命を惜しまず戦って,皆追い返してしまった。大変不思議に思って,「日頃ここに住んでなさるとも思われない人々が,このように戦いなさるのは,いったいどういうお方ですか」と尋ねたところ,「長年信頼して,毎朝召しあがっていた,だいこんらでございます」と言って消え失せてしまった。深く信じ切っていたからこそ,このような功徳もあったわけであろう。

2 (1)やわら ➡**1**の解説参照。「やはら」は「やわら」。

(2)——(イ) ➡「やはら(に)」は,「ゆっくりと。静かに。おもむろに」の意味。

(3)——(ウ) ➡この文章は,「風流の心で桜が散るのを児が悲しんでいると思った僧が,児を慰め諭したが,稚児は実利的な意味で悲しんでいた」ことにおもしろみがある。

(4)——(ア) ➡動作主(主語)を問う問いは多い。誰の行為かを考えて読む。

(5)——(エ) ➡(3)にあったように,僧の考えたことに反して,児の答えは,風流心とは関係ない散文的な答えだった。興ざめた意味の僧の感想が入るのが適当。「うたてし」(幻滅だ。興ざめだ。気にくわない)がよい。

(6)——(エ)・(オ) ➡同じ説話集は(エ)の『今昔物語集』と(オ)の『古今著聞集』。『枕

草子』と『方丈記』は随筆，『栄花物語』は歴史物語，『山家集』は西行の歌集，『風姿花伝』は世阿弥の書いた能楽書。

〔全訳〕

　これも今は昔，田舎出の稚児が比叡の山に登って修行していたが，桜の花がみごとに咲いていたところに，風がはげしく吹きつけているのを見て，この稚児がさめざめと泣いていた。それを見て，僧がそっと歩み寄って，「なぜそのように泣かれるか，この桜の花が散るのを惜しいとお思いか。桜は，はかないもので，このようにすぐに散ってしまうのです。だが，それだけのことです。嘆くこともありません」と慰めたところ，稚児は「桜が散るのはどうもできないことですから，苦しくありません。ただ，私の父親が作った麦の花が散って，実が入らないのではないかと思うと，それが悲しいのです」と言って，しゃくりあげておいおい泣いたというのだが，がっかりさせられる話ではないか。

国語 15 短歌・俳句の読解　▶問題 P.40～41

1 a—h　b—k　c—g　d—j　e—i　f—l　➡いずれも有名な歌なので，知識として知っておきたいが，知らない歌でも上の句と下の句の情景のつながりを考えて判断する。作者は，a 天智天皇，b 紀貫之，c 藤原定家，d 安倍仲麻呂，e 柿本人麻呂，f 藤原敏行。

2　b，e　➡枕詞は，ある決まった言葉を導き出す五音の言葉。bは「ひさかたの」→「光」。eは「ちはやぶる」→「神（神代）」。普通，枕詞は解釈の際には訳さない。

3　(1)正岡子規　➡正岡子規は，近代短歌・近代俳句では重要なので，漢字で書けるようにしておくこと。

(2)二句切れ　➡「白鳥はかなしからずや。空の青海のあをにも染まずただよふ」のように「白鳥はかなしくないのだろうか。」で切れる（句点を入れることができる）ので二句切れの歌。

(3)足乳根の　➡「たらちねの（足乳根の・垂乳根の）」が「母」を導く枕詞。

(4)—(イ)，(ウ)　➡通常の語順なら「泣けとごとくに／北上の岸辺が目に見ゆ」となるところ，逆になっているので「倒置」が使われている。また，「北上川の岸辺が，泣けとでも言うように」であり，人間でないものを人間のよう

13

別冊◆解答・解説

にたとえる「擬人法」も用いられている。

4 〔解答例〕病床の作者が，病気の重さを自覚し，今年の春が最後だと思い，終わり行く春に痛切な哀惜の情を感じている。（50字）➡子規の病中歌。重い肺結核を患った子規は三十五歳で没したが，文学の近代化に果たした役割は大きい。

5 (1)a・b―(ウ)　c―(イ)　d―(エ)　➡江戸時代の俳人で，芭蕉・蕪村・一茶は重要。山口素堂もまた江戸期の俳人で，芭蕉と同門の人。「目には青葉山ほととぎす初がつを」の句で有名。

(2)a―季語：菜の花，季節：春　b―季語：冬こだち，季節：冬　c―季語：天の河，季節：秋　d―季語：名月，季節：秋　➡これらの句の季語と季節は比較的易しい。季語の理解は俳句の鑑賞では必須である。

(3)a：初句切れ　b：二句切れ　c：初句切れ　d：句切れなし　➡句切れは意味上で切れるところ。切れ字のあるところには句切れがある。

(4)―や・かな　➡切れ字では，「や」「かな」「けり」の３つは覚える。

6 (1)―(イ)　➡「金剛の」の句の季語は「露」（秋）。(ア)～(オ)の季語と季節は次のとおり。(ア)椿（春），(イ)すすき（秋），(ウ)大根（冬），(エ)山ほととぎす（夏），(オ)菫（春）

(2)―(イ)　➡「金剛の露ひとつぶや。石の上」となるので二句切れ。「や」は切れ字。

(3)切れ字　➡「切れ字」は俳句の用語として覚えておくこと。

(4)〔解答例〕露をはかないものととらえず，比喩で硬さを表したところに，句の新しみがある。緊張感や秋の早朝の澄み切った冷気も感じさせる。（60字）　➡「金剛の露」は隠喩。解答例で「比喩」を「隠喩」としていても可。「露」を「すぐに消えてしまうはかないもの」という既成の感覚から脱し，「露」に強さと硬さを感じて「金剛の露」と表したところに，新しみのある句である。

社会① **1** 学習指導要領①　▶問題 P.44～45

1 ①グローバル　②民主　③公民　④地理　⑤歴史　⑥表現　⑦国土　⑧国民　➡平成29年版小学校学習指導要領の教科の目標はできれば暗記しておく。他の部分が空欄になることもある。

14

2 (1)①—(ア) ②—(エ) ③—(カ) ④—(キ) ⑤—(コ) ⑥—(シ) (2)⑦—(イ) ⑧—(ウ) ⑨—(オ) (3)⑩—(ア) ⑪—(エ) ⑫—(オ) ➡各学年の目標は，それぞれ何が中心となっているかをつかんで内容を把握しておくとよい。〔第3学年〕では「身近な地域や市区町村」，〔第4学年〕では，「自分たちの都道府県」が中心であり，それらの地域について，地理的な環境や社会事象に関することがらを学習するのがポイントである。

3 ①—(イ) ②—(エ) ③—(オ) ④—(キ) ⑤—(ケ) ➡「学年の目標」の〔第3学年〕〔第4学年〕の(2)・(3)は共通の内容になっているので，(2)・(3)は**2**を参照。社会科の目標，学年の目標はよく出題される。学年別に内容を覚えておくことが大切である。

社会① **2** 学習指導要領② ▶問題 P.46〜47

1 (1)A：地理的環境 B：地球儀 C：社会的 (2)①—(イ) ②—(オ) ③—(キ) ④—(エ) ⑤—(コ) ➡社会科の各学年の目標は，それぞれ(1)〜(3)の3項目から成っている。教科の目標の3項目と対応する形で記述されていることに注意して読み込むこと。

2 ①政治 ②文化遺産 ③グローバル ④社会的 ⑤歴史 ⑥平和 ➡このような空欄の言葉を答える問題や，空欄の言葉を選択肢から選ぶ問題などが中心だが，教科の目標，学年の目標は重要なので，繰り返し読んでおくことが大切である。また，空欄補充問題の場合，暗記していなくても文脈で正解を選べることもあるので丁寧に読むことも必要である。

3 (ア) ➡(イ)〜(エ)が，指導計画作成に当たって配慮する事項。(ア)は，内容の取扱いに当たっての配慮事項である。

社会① **3** 学習指導要領③ ▶問題 P.48〜51

1 ①〜③—(d) ④〜⑥—(h) ➡社会科の〔第3学年〕の内容には4項目の内容が示されている。その中の(1)と(2)の内容に関する問いである。((1)，(2)以外の(3)，(4)についても内容を読み込んでおくこと。)この〔第3学年〕のキーワードは「(身近な)地域」，「市区町村（市）」である。何度も読んで，暗記しないまでも，触れられている内容と言葉について慣れておくこと。

15

別冊◆解答・解説

2 ①時間の経過　②聞き取り　③年表　④時期　➡**1**で内容の(1)，(2)を扱ったが，ここは(4)の内容。扱っていない(3)の「地域の安全を守る働き」も読んで理解しておくこと。

3 ①〜④—(e)　⑤〜⑦—(f)　⑧〜⑩—(m)

4 〔第3学年〕(エ)，(カ)，(キ)　〔第4学年〕(イ)，(ク)　➡**1**であったように，「身近な地域や市区町村」とあるのは〔第3学年〕，「都道府県（県）」とあるのは〔第4学年〕。「地理」的な内容は〔第5学年〕。「歴史」「政治」は〔第6学年〕。よって，(ウ)は〔第5学年〕，(ア)・(オ)は〔第6学年〕の内容である。

社会① **4** 学習指導要領④　▶問題 P.52〜55

1 ①〜④—(d)　⑤〜⑦—(g)　➡空欄の言葉の正しい組み合わせを問う出題形式は多い。各学年の内容を何度も読んでおけば，暗記していなくても答えられる。

2 ①—(c)　②—(f)　③—(a)　④—(d)　⑤—(b)　⑥—(e)

3 A：①竹島　②北方領土　③尖閣諸島　④固有の領土　B：①方位　②緯度　③経度　④位置の表し方　C：①正しく判断する　②責任をもつ　D：①地震　②津波　③雪害　E：①大気の汚染　②水質の汚濁　➡Aの「固有の領土」の中に，竹島などが具体的に記述されたので，①〜③は覚えておくこと。

4 (ウ)，(オ)，(キ)　➡(イ)と(ケ)が〔第3学年〕，(ア)と(ク)が〔第4学年〕，(エ)と(カ)が〔第6学年〕。

社会① **5** 学習指導要領⑤　▶問題 P.56〜59

1 ①〜④—(e)，⑤〜⑦—(f)，⑧〜⑩—(m)　➡暗記していない場合でも，文脈上でおかしいものは除外していくことで正解を導けるものがあるので，前後を丁寧に読むこと。

2 A①選挙　②裁判員　③租税　④歴史　⑤参政権　⑥納税　B⑦国旗と国歌　⑧数か国　⑨1か国　⑩伝統や文化　➡キーとなる言葉なので，各学年の内容の取扱いを読み込んでいれば正解は可能である。

3 A：(イ)，(キ)，(コ)　B：(オ)，(カ)，(ケ)，(ス)，(ツ)　C：(エ)　D：(ア)，(サ)，(チ)

16

E：(ウ), (セ), (タ)　F：(ク), (シ), (ソ)　➡歴史の内容に関わる問題。このような形での出題は少ないが，「内容」と「内容の取扱い」にある人物での対応は押さえておきたい。

4　(イ), (エ)　➡(ア)・(カ)は〔第5学年〕，(ウ)は〔第3学年〕，(オ)は〔第4学年〕。

社会① **6** 古代①　　　▶問題 P.60〜61

1　①―(キ)　②―(カ)　③―(ウ)　➡四大文明は，川や遺跡名とセットにして整理しておく。(コ)のギザはエジプトの地名で，クフ王のピラミッドやスフィンクスがある。問いにない中国文明では，黄河，殷，甲骨文字を暗記すること。

2　(1)①国　②奴　③邪馬台国　(2)―(オ)　(3)卑弥呼　(4)―(ウ)　➡(1)「むら」から「国」になっていく流れである。　(2)「100あまりの国々」は『漢書』地理志に書かれている。志賀島で発見された金印はこのときに授かったものと考えられている。　(3)・(4)邪馬台国の卑弥呼が使いを出した国は，『三国志』で有名な魏の国。中国のこのころは，魏・呉・蜀の三国が争っていた。『魏志』倭人伝には，当時の邪馬台国の気候や風俗，政治のようすなど，また卑弥呼が皇帝に奴隷や布などの貢物をささげ，皇帝からは「親魏倭王」という称号と，その印の金印を授けられたことなどが書かれている。

3　(1)①仏教(仏像と経典)　②聖徳太子(廐戸王)　③遣隋使　④壬申の乱　⑤大宝　(2)―(ウ)　(3)大仙古墳(大仙陵古墳・仁徳天皇陵・仁徳陵古墳)　(4)憲法十七条　(5)〔解答例〕中国(隋や唐)の進んだ制度や文化を取り入れるため。　(6)中臣鎌足　(7)―(イ)　(8)公　(9)―(エ)　➡(1)仏教伝来の年は『日本書紀』では552年となっているが，有力な説の538年とした。　(2)**2**の(3)・(4)の解説参照。　(3)5世紀に造られた世界最大級の墓である。　(4)「和を以て貴しと為し…」は「憲法十七条」の「一に曰く」に続く部分。　(5)初期の遣隋使には，対朝鮮との外交を有利に進めるという目的もあったが，長く250年間にわたる目的が問われているので，〔解答例〕のように答えればよい。　(6)「乙巳の変」では，中大兄皇子(のちの天智天皇)と中臣鎌足(のちの藤原鎌足)，蘇我蝦夷・入鹿父子を覚える。　(7)(ア)は聖徳太子，(ウ)・(オ)は元明天皇のとき，(エ)の国史編纂に着手したのは天武天皇で，『日本書紀』は奈良時代に入って完成した。正解の(イ)は「庚午年籍」のことで，全国にわたる最初の戸籍。　(8)豪族が支配していた土地と人民を国が直接支配した。それを「公地公民制」

17

別冊◆解答・解説

という。 (9)「律令」の「律」は刑罰法，「令」はほぼ「行政法」を表す。

社会① 7 古代②　　　▶問題 P.62〜63

1 (1)①平城　②古事記　③墾田永年私財法　④平安　⑤遣唐使　⑥平将門
⑦浄土(阿弥陀)　(2)—(エ)　(3)聖武天皇　(4)荘園　(5)最澄：天台宗　空海：真
言宗　(6)摂関政治　(7)—(イ)　➡(1)⑤菅原道真は遣唐使の停止を検討するよう
建議した。唐で内乱が続き混乱していること，遭難などで有為の人材を失う
おそれがあることなどを理由とした。この建議は採用され，遣唐使は中止さ
れた。⑥平将門の乱・藤原純友の乱は，そのときの元号から「承平・天慶の
乱」と呼ぶ。 (2)国史編纂の事業は，天武天皇の時代から始まった。(ア)の淡
海三船は『懐風藻』の撰者とされる人物，(イ)の舎人親王は『日本書紀』の編
纂の中心人物，(ウ)の大伴家持は『万葉集』の編者と考えられている。 (3)仏
教の力によって国家の安定をはかるという考えが「鎮護国家の思想」である。
聖武天皇の国分寺，国分尼寺や大仏の建立も，この仏教信仰に基づく。 (4)
不輸や不入の権利をもつ荘園は，国家の支配から離れ，私的に人民と土地を
私有した。律令制は機能せず，その制度下での財政維持がますます困難にな
っていった。 (5)奈良時代には鎮護国家の思想に基づく旧来の仏教が政治へ
の介入を行う弊害が出てきたため，桓武天皇は，新しい最澄や空海の仏教を
支持した。 (6)摂政は，天皇が若いときに代わって政治を行う役割，関白は，
成長した天皇を補佐する役割である。藤原道長・頼通のころが，この摂関政
治の全盛期である。 (7)地方にも浄土信仰は広まり，奥州で栄華を誇った藤
原氏(奥州藤原氏)も，阿弥陀仏をまつった中尊寺金色堂を建てた。

2 (1)A—(ウ)　B—(イ)　C—(ア)　D—(エ)　(2)①口分田　②荘園　(3)三世一身法
(4)〔解答例〕租税を納めなくてもよい権利。 (5)僧の名：鑑真，建立した寺
の名：唐招提寺　(6)—(イ)　➡(1)ほかに兵役の義務もある。防人(北九州の防
備)も兵役の1つ。 (2)①6歳以上の男女すべてに口分田を与えた。男子に2
段，女子にその3分の2。 (3)三世一身法では，新たな灌漑施設をつくって
開墾した場合に，三世(子・孫・曽孫)にわたってその土地の私有を認めた。
(5)遣唐使僧から請われて渡航を決意するが，5度にわたり失敗し，失明。
753年に遣唐使の帰国船で九州に着き，翌年入京した。 (6)三世一身法，墾田
永年私財法とも奈良時代に出された。奈良時代の文化は天平文化である。

18

社会① **8 中世①** ▶問題 P.64〜65

1 (1)①白河　②平治　③守護　④後鳥羽上皇　⑤弘安　⑥徳政令　(2)—(ウ)
(3)(i)源義経　(ii)藤原氏(奥州藤原氏)　(4)—(イ)　(5)執権　(6)—(ア)　➡(2)(ウ)にある「分国法」は，戦国大名が，領国支配のためにつくった基本法。平氏政権とは関係ない。(3)義経は平氏追討の最大の功労者だが，頼朝をおそれた後白河法皇は，義経を対抗勢力にしようとする。頼朝は義経追討の命を下し，義経は奥州藤原氏を頼って落ちた。義経，奥州藤原氏は，頼朝に滅亡させられる。(4)(ア)「京都所司代」は，江戸幕府で朝廷と西国大名の監視のために京都に置かれた組織，(ウ)「問注所」は鎌倉幕府や室町幕府の裁判のための役所，(エ)「鎌倉府」は，室町幕府で設けられた関東八か国・伊豆・甲斐支配のための地方機関。(5)執権は本来将軍の補佐役だったが，代々北条氏が引き継ぎ，政治の実権を握った。(6)元寇で新たな土地を得たわけではないので，御家人に恩賞を与える余力は幕府になく，御家人の信頼を失っていく。よって，正解は(ア)。(イ)鎌倉幕府開府時のこと。(ウ)「元との交易」は，元寇後も続いたので誤り。(エ)「武士団」「挙兵」が誤り。「霜月騒動」などの内紛があったが，各地で反乱が起こったわけではない。

2 (1)御家人　(2)御恩　(3)奉公　➡(1)〜(3)の意味は重要なので理解しておくこと。このような土地を仲介にした主従関係を「封建関係」といい，それによって支配が行われる政治・社会制度を「封建制度」という。

3 A—(エ)　B—(イ)　➡Aの守護は，主に有力な東国の御家人が当てられた。京都の警備と在京御家人の取り締まりには「京都守護」をおいた。また，九州の大宰府に「鎮西奉行」，奥州に「奥州総奉行」をおいて御家人を統率した。

4 (1)(ウ)→(ア)→(イ)→(エ)　(2)六波羅探題　➡(1)保元・平治の乱は，清盛が征夷大将軍になる前のこと。清盛は平治の乱で功績をあげ朝廷で力を得ていく。平氏政権のあとが源氏の政権なので，頼朝が征夷大将軍になったのは(ア)〜(エ)のなかでは最後のことである。(2)承久の乱後，北条泰時は京都の六波羅に残って京都の警備に当たった。この後，六波羅探題は要職となり，朝廷の監視，西国御家人の統括に当たった。

社会①

19

別冊◆解答・解説

社会① **9 中世②**　　▶問題 P.66〜67

１ (1)①後醍醐天皇　②足利尊氏　③足利義満　④琉球　⑤応仁の乱　⑥国一揆　⑦一向一揆　(2)—(ウ)　(3)南北朝時代　(4)足利義満　(5)〔解答例〕日本人を中心とした海賊集団で朝鮮半島や中国沿岸で海賊行為をはたらいた。　(6)勘合(勘合符)　➡(2)急激な天皇回帰の政治に無理があり，建武の新政は，わずか３年ほどで破たんした。

２ ①後醍醐　②吉野　③南北朝　④足利尊氏　⑤荘園　⑥地頭　⑦守護　⑧足利義満(義満)　⑨室町幕府　⑩元　⑪倭寇　⑫勘合(勘合符)　⑬勘合貿易　⑭永楽通宝　➡問題の文章が解説となるので，流れを理解しておくこと。

３ (ウ)　➡A：六波羅探題をおく(1221)，B：応仁の乱(1467)，C：平治の乱(1159)・平清盛，太政大臣に就任(1167)，D：足利義満が室町に幕府を移す(1378)。よって，(ウ)のC→A→D→Bが正解。

社会① **10 近世①**　　▶問題 P.68〜69

１ (1)①鉄砲(火縄銃)　②キリスト教　③織田信長　④天正遣欧使節(天正遣欧少年使節)　⑤日本人町　⑥徳川家康　⑦武家諸法度　⑧参勤交代　⑨鎖国　⑩慶安の触書(慶安の御触書)　(2)イエズス会(耶蘇会)　(3)キリシタン大名　(4)—(イ)　(5)〔解答例〕朝廷と公家の統制。　(6)島原・天草一揆(島原の乱)　(7)—(イ)　➡(1)⑤「日本人町」ができた背景には，幕府が，初期に海外渡航許可の朱印状を与えて貿易を奨励をしたことがある。朱印状を得た朱印船での貿易を朱印船貿易という。朱印状を発行した約30年間に海外に渡航した日本人は10万人ともいわれる。⑧参勤交代の制度は，大名が１年ごとに国元と江戸とを往復する制度。また，武家諸法度で，大名の妻子は江戸に居住することが定められた。(2)当時のヨーロッパでは宗教改革を受けてプロテスタントが活発だったが，カトリックの修道会もアジアへの布教を活発化させた。イエズス会はそういった修道会の一つ。(4)刀狩令で農民から武器を取り上げて百姓の身分をはっきりさせ，また検地や人掃令(ひとばらいれい)によって土地から農民らを動かさないことで兵農分離が推進された。(7)鎖国のなか，出島での貿易を許されたのはオランダと清。清が盲点になるので注意。

２ 〔解答例〕検地は，百姓にその土地を<u>耕作する権利</u>を認めるかわりに<u>年貢</u>

20

の負担を義務づけ，確実に取り立てるために行われた。また，刀狩は，農民の一揆を防止し，農業に専念させるために行われた。➡**1**の(4)にあったように，これらの政策で「兵農分離」が完成した。

3 (1)〔解答例〕関ヶ原の戦い以前の三河時代から徳川家に仕えた家臣が大名になった者。 (2)—(エ) (3)老中 (4)—(ア) ➡(1)親藩は徳川家一門の大名，外様は関ヶ原の戦い以後に徳川家に従った大名。 (2)外様大名は，関東・東海道の地域・近畿を避け，ほとんどが東北・四国・中国・九州に配置された。(3)老中の上位にある大老は常置の職ではない。

社会① **11** 近世②　　　　▶問題 P.70〜71

1 (1)①綱吉　②新井白石　③徳川吉宗(吉宗)　④目安箱　⑤公事方御定書　⑥松平定信　⑦旗本　⑧囲米(囲い米)　⑨ラクスマン　⑩大塩平八郎　⑪水野忠邦　⑫人返しの法　⑬上知令　(2)〔解答例〕役職による役高を定め，それ以下の禄高の人材を登用するとき，在職期間中に限って不足分の石高を補う制度。 (3)—(ア)，(エ) (4)異国船打払令(無二念打払令) ➡(1)年表のほとんどが江戸幕府の改革に関係したものである。幕政改革はよく出題されるので，改革別にどのような政策をとったのかを整理しておくことが大切である。⑤「公事方御定書」も重要事項。条文の一例を示す。「人を殺し盗いたし候もの　引廻しの上　獄門（死罪の上，首をさらすこと）」。⑨伊勢の商人大黒屋光太夫が漂流してロシアに保護された。ラクスマンは，その光太夫を送り返しに来たもので，通商の開始を要求した。 (2)「たしだかのせい」の読み方に注意。解答で，その内容を理解しておくこと。 (3)(イ)年貢の徴収に「定免法」をとった徳川吉宗(享保の改革)の政策，(ウ)天保の改革で水野忠邦が行おうとしたことだが，結果的には反発があって実施できなかった。(オ)は「棄捐令」という法律で，寛政の改革で松平定信が出した。 (4)この法律に従ってアメリカの商船モリソン号を撃退。この事件に対して，崋山や長英は著作物で強烈に批判した。批判を許さない幕府は両名を処罰した。

2 (1)—(エ) (2)—(イ) (3)—(ウ) (4)朱子学 ➡(1)選択肢のDにある堀田正睦は幕末時の老中。 (2)(ア)の「御成敗式目」は，1232年に鎌倉幕府の北条泰時が制定した武士の慣習を成文化した法律。(ウ)の「武家諸法度」は，1615年に制定された武家や大名を統制する法律(以降，改訂がなされた)，(エ)の「慶安の触

21

別冊◆解答・解説

書(慶安の御触書)」は農民統制の法律。(3)「検見法」はその年の収穫に応じて年貢の率を決める方法。吉宗は,それを「定免法」に改めて,税収の安定を図った。(ア)の「足高の制」は,**1**の(2)の解答参照。(エ)の「出挙」は律令の税制の1つで,春に稲や粟を貸しつけ,収穫時に利息つきで回収するもの。(4)江戸幕府は,儒教のなかの朱子学を正学とした。よって,「儒教」と答えたものは不可。

社会① **12** 近・現代① ▶問題 P.72～73

1 (1)①ペリー ②日米和親条約 ③日米修好通商条約(神奈川条約) ④桜田門外(桜田門外の変) ⑤薩長同盟 ⑥徳川慶喜(慶喜) ⑦戊辰 ⑧版籍奉還 ⑨征韓論 ⑩民撰議院 ⑪西南 ⑫板垣退助 ⑬大隈重信 ⑭領事裁判権(治外法権) ⑮下関条約 ⑯日英同盟 ⑰日露 ⑱ポーツマス条約 ⑲韓国併合 ⑳関税自主権 (2)〔解答例〕藩を廃止し,藩のかわりに県を置くこと。(3)〔解答例〕土地所有者に,地価の3%を地租として現金で納めさせた。(4)伊藤博文 (5)—(エ) (6)(i)ロシア・ドイツ・フランス(順不同),(ii)〔解答例〕日本が日清戦争で得た遼東半島を清に返還すること。(7)R:陸奥宗光,X:小村寿太郎 ➡(1)Bの「安政の大獄」は,通商条約調印と将軍継嗣の問題で直弼と対立する一橋派を中心とした者たちを処罰し,弾圧したことを指す。吉田松陰は,この安政の大獄で死罪となった。Jの「地租改正」,Sの「三国干渉」,R・Xの不平等条約の改正問題はよく出題されるので要注意である。Kの⑨の「征韓論」は,国交樹立を求めたが応じない朝鮮に武力行使を主張したことだが,内政を重視する大久保利通らは反対し,西郷隆盛や板垣退助らは下野した。Oの「ノルマントン号事件」は,次の**2**の(2)を参照。(3)莫大な財源の確保が必要な新政府は,それで財政を安定させようとした。

2 (1)①領事裁判権(治外法権) ②関税自主権 (2)ノルマントン号事件 (3)ロシア (4)陸奥宗光 ➡(2)ドレーク船長以下乗組員は全員脱出したが,日本人乗客25人(23人とも)は全員水死した。この事件で領事裁判権の撤廃を叫ぶ国民の世論が高まった。(3)ロシアはシベリア鉄道の敷設を進め,東アジアへの進出を画しており,イギリスはそれに対抗する必要もあって,条約の改正に応じた。(4)〈領事裁判権(治外法権)の撤廃—陸奥宗光,関税自主権の完

22

全回復―小村寿太郎〉とセットで暗記してしまうこと。

3 (エ) ➡(ウ)秩父事件(1884) →(オ)大日本帝国憲法発布(1889) →(エ)三国干渉(1895) →(イ)ポーツマス条約(1905) →(ア)韓国併合(1910)の順である。「秩父事件」は，生活に困窮した農民たちの大規模な暴動事件。政府は軍隊を出動させて鎮圧した。

社会① **13** 近・現代② ▶問題 P.74〜75

1 (1)①護憲運動　②二十一カ条の要求　③米騒動　④原敬　⑤全国水平社　⑥加藤高明　⑦普通選挙法　⑧満州事変　⑨五・一五事件　⑩二・二六事件　⑪日中　⑫日独伊三国同盟　⑬太平洋戦争　⑭ポツダム宣言　(2)三国同盟：ドイツ・イタリア・オーストリア(順不同)，三国協商：イギリス・フランス・ロシア（順不同）　(3)日英同盟　(4)五・四運動　(5)三・一独立運動(三・一運動)　➡(2)・(3)三国同盟を結んでいたイタリアは，初め中立の立場をとっていたが，オーストリアとは領土問題で対立していたこともあって，1915年にオーストリアに宣戦布告している。三国協商国(連合国)側には，日英同盟を理由に日本が加わり，またアメリカも加わった。同盟国側にはルーマニアが加わるなどして戦線は世界的規模に広がっていった。　(4)・(5)第一次世界大戦後，中国は，日本が中国に認めさせた山東省の権益の返還を求める。しかし，認められなかったことから，全国的に反日運動が広がった。これが「五・四運動」である。また朝鮮では，日本からの独立を求める「三・一(独立)運動」が全国的に展開された。

2 (1)―(イ)　(2)―(ア)　(3)―(イ)　(4)―(エ)　(5)―(オ)　➡(1)「革命の影響が及ぶことを恐れて出兵し」の「革命」はロシア革命，「出兵し」はシベリア出兵を指す。(2)原敬の政党内閣が成立したのは1918年。原敬の立憲政友会は，衆議院の第一党だった。原敬は藩閥政治家ではなく，爵位を持っていなかったので平民宰相と呼ばれた。1921年に東京駅で暗殺された。　(3)(ア)「満20歳以上の男女すべて」は戦後の1945年に実現。(イ)この加藤高明内閣の普通選挙法。女子の選挙権が認められていないことに注意。(ウ)「30歳以上の男子」の時代はない。(エ)「直接国税を3円以上納める満25歳以上の男子」は1919年の原敬内閣での改正普通選挙法のもの。　(4)国際連盟の成立は，第一次世界大戦の反省にたって第一次世界大戦後に行われたので，(ア)は誤り。日本の国際連盟脱

23

別冊◆解答・解説

退は，満州事変後のリットン調査団の報告書を基に，満州からの撤退を連盟
から通告されたことが直接のきっかけなので(イ)も誤り。ノモンハン事件
(1939)は，国際連盟脱退よりあとの関東軍とソ連軍の衝突。アメリカは国際
連盟に加盟していないので(ウ)も誤り。(5)(オ)の「日独伊三国同盟」は，政治
的・経済的に援助し合い，共同してアメリカに対抗することを目的にした軍
事同盟である。

社会① **14** 近・現代③　　▶問題 P.76～77

１ (1)①ポツダム宣言　②ＧＨＱ(ＧＨＱ-ＳＣＡＰ)　③財閥　④自作農(自
作農家)　⑤女性(婦人)　⑥20　⑦教育基本法　⑧朝鮮　⑨サンフランシス
コ平和条約　⑩日米安全保障条約　⑪日ソ共同宣言　⑫国際連合　⑬沖縄
⑭日中平和友好条約　(2)マッカーサー　(3)国民主権・基本的人権の尊重・平
和主義(順不同)　(4)吉田茂　(5)労働組合法・労働関係調整法・労働基準法
(順不同)　(6)〔解答例〕韓国を助けたアメリカ軍(国連軍)の膨大な特別需要
(特需)によって景気は回復した。　➡(1)①ポツダム宣言は，イギリスのチャ
ーチル(総選挙で敗れたため，途中でアトリーに交代)，アメリカのトルーマ
ン，ソ連のスターリンの会談。ドイツの処理，降伏後の日本の処遇が議題で
あった。④戦前は農民の70％が小作農であったが，戦後の農地改革で小作農
は５％に減少した。(5)労働組合法で労働者の団結権やストライキ権，団体
交渉権が保障された。労働関係調整法は，労働組合法による労働者の権利を
前提とした労働争議の予防のための法律。労働基準法は労働条件の最低基準
を定めたもの。

２ ①—(オ)　④—(ケ)　⑥—(シ)　⑦—(ア)　⑧—(サ)　⑨—(ウ)　⑩—(キ)　➡日本の民
主化は，連合国軍(最高司令官)総司令部による改革指示に基づいて行われた。
①と⑨は経済の民主化，④は教育の民主化，⑥⑦⑧は政治の民主化。⑩は労
働の改革。戦後改革以外では，③の地租改正は1873年からの明治政府の政策，
⑤は，戦時下，大政翼賛会発足(1940)の前に，既成政党の解散が相次いだこ
とを指す。

３ Ｂ→Ｄ→Ａ→Ｃ→Ｅ　➡**１**の正解記入後の年表を参照。年表にない「日韓
基本条約」の調印は1965年。サンフランシスコ平和条約以降の，ソ連，韓国，
中国との条約や共同宣言の流れを押さえておくこと。

24

社会① **15**年表 ▶問題 P.78〜79

1 (1)—(ウ) (2)(エ)→(イ)→(ウ)→(ア) (3)—(イ) (4)〔解答例〕安定した租税収入を図るため。 (5)—(エ) (6)—(イ) ➡(1)(ア)の遣隋使は607年に小野妹子が派遣されている（第2次遣隋使）。(イ)の大仏造立の詔は聖武天皇が743年に出した。よって，(ウ)の壬申の乱が正解。(ウ)の壬申の乱は，天智天皇没後の乱で672年。 (2)(エ)ののちに平氏の政権，(イ)は北条氏（北条時宗）の政治のとき，(ウ)は足利尊氏の時代，(ア)は戦国時代初期で足利家が衰退した時期。流れをつかんでおくこと。 (3)吉宗は，倹約令・上げ米の制・公事方御定書・目安箱の設置・年貢徴収に上免法の採用などを行ったが，そのほか，新しい産業を興すために実学を奨励し，またキリスト教に関係したものを除き，漢訳洋書の輸入制限を緩和した。(ア)の長崎貿易を制限し，金銀の流出を防いだのは綱吉の時代の新井白石の政治（船舶互市新例〔長崎新例・正徳新例〕）。(ウ)は田沼意次の改革。(エ)の出版統制は，寛政の改革でも天保の改革でも行われているが，朱子学以外の学派を禁止したのは寛政の改革の松平定信（寛政異学の禁）。 (4)悪化した政府財政を改善するための策。「租税収入」を「年貢収入」や「歳入」としても正解。 (5)この普通選挙法でも女性の選挙権は認められていない。納税額3円以上の男子に選挙権が認められていたが，この加藤高明内閣のときに成立した普通選挙法で，納税額による選挙権の制限が撤廃された。 (6)(ア)の沖縄の日本復帰は1972年，(イ)の日ソ共同宣言は1956年，(ウ)の国家総動員法は1938年，(エ)の領事裁判権の撤廃は1894年の日英通商航海条約の調印。よって(イ)が正解。

2 (1)建武の新政 (2)—(イ) (3)—(ウ) ➡(1)建武の新政後，尊氏に追われた後醍醐天皇は，吉野に南朝を立てた。 (2)応仁の乱は戦国時代との関連で覚える。 (3)Aの道長は摂政，頼通は関白。Cの室町の「花の御所」に幕府を移したのは足利義満。秀吉の統一後，豊臣家を滅ぼして家康が江戸幕府を開いた流れ。家康が江戸幕府を開いたのが1603年であるから，Dは秀吉である。

3 (1)C→A→D→E→B (2)A→D→B→E→C (3)C→B→D→E→A ➡(1)応仁の乱(1467)，寛政の改革(1787)，御成敗式目(1232)，武家諸法度(1615・1635)，享保の改革(1716)。 (2)憲法十七条(604)，墾田永年私財法(743)，公事方御定書(1742)，改新の詔(646)，禁中並公家諸法度(1615)。 (3)日本国憲法(1946公布，1947施行)，地租改正(1873)，大政奉還(1867)，大

25

別冊◆解答・解説

日本帝国憲法発布(1889)，加藤高明内閣での普通選挙法(1925)。

社会① **16文化史・史料** ▶問題 P.80〜83

1 (1)—(イ)　(2)正倉院　(3)—(エ)　(4)書院造　(5)千利休(宗易)　(6)井原西鶴　(7)歌川広重(安藤広重)　➡(1)③の「北山文化」(足利義満の時代)と「東山文化」(足利義政の時代)をまとめて「室町文化」という。　(2)正倉院は，三角形の木材で組んだ校倉造も覚えておきたい。　(3)(ア)の能は北山文化。世阿弥の『風姿花伝(花伝書)』は覚えておくこと。(イ)の浮世絵は，元禄文化で菱川師宣，化政文化で喜多川歌麿・葛飾北斎・歌川(安藤)広重。(ウ)の仮名草子は江戸時代の初期。(オ)の歌舞伎は元禄文化のときが最盛期。雪舟の水墨画が東山文化である。　(4)東山文化の建築様式は「書院造」。床の間・ふすま・畳・障子など，今の和室のもととなった。

2 (1)①北山　②元禄　③化政　(2)A：法隆寺(斑鳩寺)　B：方丈記　(3)C—(エ)　D—(ア)　(4)あ—(ア)　い—(エ)　う—(オ)　え—(エ)　お—(イ)　か—(ウ)　➡(4)鎌倉仏教は重要事項なので，宗派と教祖などを暗記しておくことが必要である。ほかに，親鸞の浄土真宗，一遍の時宗，栄西の臨済宗がある。

3 (1)藤原頼通　(2)—(エ)　(3)書院造　(4)①姫路城　②—(イ)　(5)B→A→C→D　➡(1)平等院鳳凰堂は，藤原頼通が宇治に建てた別荘である。　(2)(エ)の大宝律令ができたのは701年の文武天皇のときである。　(3)**1**の(4)の解説参照。　(4)②城郭建築は安土桃山時代から江戸時代初期と覚える。姫路城の完成は1609年，出雲阿国が女歌舞伎を始めたのは1603年といわれる。新しい城郭の建設は，1615年の武家諸法度によって禁止された。　(5)B(飛鳥時代)→A(平安時代)→C(室町時代)→D(安土桃山〜江戸)の順である。

4 (1)—(イ)　(2)—(タ)　(3)—(シ)　(4)—(ソ)　(5)—(オ)　(6)—(カ)　(7)—(セ)　(8)—(ウ)　➡近代の文学以外の人物も含めた問題。一般常識の範囲である。

5 (1)—(ウ)　➡Aは民撰議院設立の建白書で，板垣退助・後藤象二郎・江藤新平らが提出したもの。Bは安土城下への楽市令で，信長の出したもの。商活動の活性化をねらった。Cは徳川吉宗の享保の改革で出された足高の制。Dは改新の詔で，大化の改新がここから始まる。ときの天皇は孝徳天皇。(ア)と(エ)にある推古天皇は聖徳太子が摂政のときの天皇である。

26

社会② **1** 気候　　　　　　　　▶問題 P.86〜87

1 (1)ア：寒帯　イ：冷帯（亜寒帯）　ウ：温帯　エ：乾燥帯　オ：熱帯　カ：高山気候　(2)①—エ　②—カ　③—ア　④—ウ　⑤—イ　⑥—オ　(3)①造山帯　②環太平洋造山帯　③アルプス＝ヒマラヤ造山帯　➡(1)世界の気候は5つの気候帯に分けられる。赤道近くの熱帯地域でも，標高が高ければ気温が低い高山気候は，気候帯とは区別される。

2 (1)B：冷帯（亜寒帯），C：亜熱帯　(2)季節風（モンスーン）　(3)—(a)　(4)千島海流（親潮）　➡アは北海道釧路市，イは日本海側の金沢市，ウは東京都，エは南西諸島の那覇市を示す。

3 (イ)　➡北は北方領土の択捉島，南端は波の浸食から守るために護岸工事が行われた沖ノ鳥島。

社会② **2** 地図　　　　　　　　▶問題 P.88〜89

1 (1)—b　(2)—ア　(3)—エ　(4)9時間　(5)—(イ)　➡(1)赤道は，南アメリカ大陸北部，アフリカ大陸中央部を通り，このほかの大陸は通らない。(2)本初子午線は0度の経線。イギリスのロンドンを通る。(3)経度0度の本初子午線を，北あるいは南にまっすぐに進むと，北極点あるいは南極点を過ぎるとそのまま180度の経線となる。日付変更線は，この180度の経線を基に，国や地域の境界をさえぎらないように，折れ曲げて引かれている。(4)本初子午線の通るロンドンなので，東経135度を標準時とする日本とは，経度差は135度となる。これを1時間分の経度差15度で割ると，9時間という答えが出る。(5)Bは正距方位図法で，(イ)が正解。(ア)はメルカトル図法，(ウ)はモルワイデ図法。

2 ①裁判所　②老人ホーム　③神社　④警察署　⑤小中学校　⑥郵便局　⑦田　⑧果樹園　⑨広葉樹林

3 (1)2万5千分の1　(2)1.25km　(3)北東　(4)—(イ)　➡(1)等高線（主曲線）は2万5千分の1地形図では10mごとに引かれ，50mごとにやや太い線（計曲線）で示される。(2)5cmの25000倍で125000cm，すなわち，1250mで1.25km。(3)地形図は上が北を示し，北と東の真ん中あたりなので北東。(4)(ア)寺院の周りに広がるのは田。(イ)が正解。A山は80m，B山は60m。(ウ)鉄道は北西から南東にかけて走る。(エ)広葉樹林ではなく，果樹園。

27

別冊◆解答・解説

4 (1)①三角州　②田　③扇状地　④果樹園　(2)①リアス海岸　②砂浜海岸

社会② **3** 北海道・東北　　▶問題 P.90～91

1 (1)C：十勝平野　(2)D：根釧台地　(3)北方領土：F　(4)①200　②排他的経済水域　➡(4)排他的経済水域は，国連海洋法条約で海岸線から200海里以内の範囲と定められている。

2 (1)①―(オ)　②―(エ)　(2)減反政策　➡(1)だいこんは１位北海道，２位千葉県。てんさいは北海道のみで生産される。メロンは１位茨城県，２位熊本県。米は新潟が１位の生産量があること，小麦は北海道が約７割の生産量があることから選ぶ。ほかにもあずき，じゃがいも，たまねぎ，かぼちゃなどは，生産量が多い。

3 (1)リアス海岸，三陸海岸　(2)やませ　(3)平泉，a　(4)―①　(5)北海道新幹線　(6)―(ウ)　➡(4)①は青森市。(5)北海道新幹線は2016年３月に新青森－新函館北斗間が開業した。

4 (1)(ア)宮城県　(イ)岩手県　(ウ)青森県　(エ)山形県　(2)遠洋漁業　(3)〔解答例〕親潮と黒潮が交わる潮目があり，魚のえさとなるプランクトンが豊富なため。　➡(3)潮目があることや，魚のえさが豊富にあることを押さえて書いてあればよい。

社会② **4** 関東・中部　　▶問題 P.92～93

1 (1)関東ローム層　(2)①―C　②―B　(3)茨城県：筑波研究学園都市　千葉県：幕張新都心　(4)横浜市，川崎市，相模原市，さいたま市，千葉市　(5)近郊農業　➡(2)神奈川，埼玉，千葉の３県の人口密度が１km²当たり1000人を超える。人口密度は埼玉県が1930.0人，神奈川県が3798.0人である（いずれも2018年）。(4)関東地方では，神奈川県の３市（横浜市，川崎市，相模原市），埼玉県さいたま市，千葉県千葉市が，政令指定都市に指定されている。(5)都市の消費者向けに，都市からの距離の近い地域で行われる農業をいう。

2 (1)①神奈川県　②千葉県　③東京都　(2)京浜工業地帯　(3)京葉工業地域　(4)印刷　➡東京湾に面した神奈川県や千葉県で工業生産額が特に多い。神奈川県は造船，自動車，鉄鋼などの機械工業，千葉県は石油化学工業，東京都

28

は精密機械や印刷・出版業の割合が多い。東京都は全国の印刷業の出荷額において約16%を占める。

3 (1)—C (2)豊田市 (3)—B (4)都市：浜松市 楽器：ピアノ ➡(1)中京工業地帯は，繊維工業を中心に発達したが，現在では機械工業を中心とする総合工業地帯である。現在，生産額も全国で1位であり，日本最大の工業地帯となっている。(2)1959年に挙母市だった市名を「トヨタ自動車」の企業名をとって豊田市と改められた。(3)東海工業地域も，機械工業の割合が多い。Aは化学工業の割合が多く，京浜工業地帯。Dは，金属工業の割合が多く，阪神工業地帯。

4 (1)A：米 B：野菜 C：果物 (2)〔解答例〕米の生産の割合が高く，米中心の水田単作地帯となっている。(3)抑制栽培 ➡(1)Aは新潟県の割合の高さから，B，Cは長野県で生産される高原野菜と果物から推察する。(2)稲作の割合が高いことと水田単作をまとめる。(3)標高が高いと気温が下がることから露地栽培の生産よりも出荷を遅くする栽培を行っているので，抑制栽培である。中部地方の農業の特色は，北陸地方は稲作，中央高地は果物と高原野菜の栽培，東海地方は茶，みかん栽培と近郊農業である。

社会② **5** 近畿・中国・四国 ▶問題 P.94〜95

1 (1)阪神工業地帯 (2)—(イ) (3)—(ウ) (4)—(エ) ➡(2)大阪府の内陸部には，電気機器などの機械工業の大工場が集まる。(3)臨海部の埋立地には，製鉄や石油精製などの大工場が立地している。(4)東大阪市には中小工場が多く，その技術力の高さは世界でも注目されている。豊中市と吹田市は千里ニュータウンが開発された地域。宝塚市は遊園地や劇場が開発された地域。

2 (1)a：大阪大都市圏（京阪神大都市圏あるいは関西大都市圏） b：近郊農業 c：伝統的工芸品 (2)京野菜 (3)①—(ア) ②—(ウ) (4)ラムサール条約（特に水鳥の生息地として国際的に重要な湿地に関する条約） ➡(3)堺市は安土桃山時代から鉄砲作りが発達し，それが堺の打刃物に受け継がれた。それらの金属加工の技術を生かして明治時代から自転車工業が発達した。(イ)紀州漆器は和歌山県，(エ)信楽焼は滋賀県の伝統的工芸品。

3 (1)〔解答例〕瀬戸内地方に人口が集中し，山陰地方の人口は少ない。 (2)広島市，岡山市，松山市 (3)原爆ドーム (4)限界集落 (5)—(ア) ➡(1)瀬戸内

29

別冊◆解答・解説

地方と山陰（日本海側）の両方について書いてあればよい。(2)30万人以上の都市は，3都市以外には高松市，高知市，倉敷市，福山市であり，そのほとんどは瀬戸内地方に集中している。(5)(ア)住宅は不足していないので誤り。

4 (1)②→①→③ (2)瀬戸大橋 (3)瀬戸内工業地域 (4)a：沿岸 b：遠洋 c：かき d：まだい ➡(1)・(2)3つのルートのうち，最も早く開通した児島－坂出ルートがよく出題される。(4)瀬戸内海は昔から沿岸漁業が盛んだったが，近年は養殖や栽培漁業などが中心。日本海側では境港の漁獲量が多く，太平洋側では高知県の室戸と土佐清水が，かつおやまぐろの遠洋漁業の基地として有名。

社会② 6 九州・アジア ▶問題 P.96〜97

1 (1)—(ウ) (2)—(ア) (3)(官営）八幡製鉄所 ➡北九州工業地域は，鉄鋼生産が盛んで日本の産業発展を支えていたが，エネルギー革命が進むと，九州の工業の地位は低下した。現在は，IC（集積回路）や自動車などの機械工業が発達している。

2 (1)A：新潟水俣病 B：イタイイタイ病 C：四日市ぜんそく D：水俣病 (2)環境モデル都市 (3)地熱発電 ➡(1)九州の水俣湾沿岸や新潟県の阿賀野川下流域では，化学工場からのメチル水銀化合物により水俣病が発生した。Bの神通川下流域では，鉱山からのカドミウムの流出により，イタイイタイ病が発生した。また，大気汚染は全国の工業都市で発生したが，三重県四日市市で発生した公害病を，特に四日市ぜんそくと呼んだ。

3 (1)(ア)—④，シャンハイ (イ)—⑤，シェンチェン (ウ)—⑥，ホンコン (エ)—②，ペキン (2)経済特区 ➡(2)経済特区は，海外の技術や資本を導入するために設けられた。多くの合弁会社などが設立されている。

4 (1)(ア)B：フィリピン (イ)A：タイ (ウ)D：インドネシア (エ)C：シンガポール (2)東南アジア諸国連合（ASEAN） (3)バンガロール (4)カースト制度 (5)石油輸出国機構（OPEC） ➡(1)Aはタイで，タイ族が約8割を占め，仏教国で華人や少数民族も多い。Bはフィリピンで，アメリカの植民地だったためアメリカとの結び付きが強く，キリスト教徒が多い。プランテーションは熱帯地域で経営される大規模農業である。Cはシンガポールで，アセアンの中で工業化の先陣を切り，多国籍企業の地域統括本部や世界の主要銀行

30

が集まる。Dはインドネシアで，人口は世界第4位。イスラム教徒が多い。

(3)インドでは，IT産業が急速に発展している。理系の研究機関や学校が立地し英語を話す労働者が多く，賃金水準が低いなど，IT産業に適した条件がそろっていた。

社会② 7 アフリカ・ヨーロッパ ▶問題 P.98〜99

1 (1)A：エジプト・アラブ共和国，(イ)　B：ケニア，(ウ)　C：コートジボアール，(ア)　D：南アフリカ共和国，(エ)　(2)アパルトヘイト（人種隔離政策）
➡アパルトヘイトでは，黒人の参政権の否定，黒人居留区の指定，黒人と白人の結婚の禁止などが行われていた。いまだに経済格差があり，対立関係も解消されていない。

2 (1)A：EU　B：アメリカ　C：中国　D：日本　(2)—(イ)　➡(1)EUは加盟国の増加から人口は約5億で，市場規模も拡大し世界経済への影響力も大きい。通貨のユーロは，アメリカのドルと並ぶ国際通貨として認められるようになった。(2)17.3（EUのGDP）÷80.5（世界全体）＝0.2149…

3 (1)(ア)フランス　(イ)イタリア　(ウ)イギリス　(エ)ドイツ　(2)ルール工業地帯
(3)ユーロポート　(4)混合農業，地中海式農業　➡フランスの小麦生産高は高い。イタリアは，小麦生産，自動車生産は最も低いが，ぶどうの生産は最も高い。イタリア，フランス，スペインなどではワインの生産が盛んである。ドイツはルール工業地域などを有するヨーロッパ第一の工業国。

4 ①イタリア，D　②ポルトガル，F　③イギリス，A　④ウクライナ，B
⑤スイス，C　➡Eはフランスで文中にはないが，農業が盛んでEUの穀倉といわれる。

社会② 8 アメリカ・オセアニア ▶問題 P.100〜101

1 (1)アグリビジネス　(2)フィードロット　(3)—①　➡(3)小麦は，ミシシッピ川西部のプレーリーと呼ばれる平原で盛んにつくられる。小麦地帯のうち，南部は冬に種をまき初夏に収穫する冬小麦地帯，北部のカナダに続く地域は春に種をまき秋に収穫する春小麦地帯である。西経100度付近を境に，西側の降水量の少ない地域では，牧畜が行われている。カリフォルニア州では，

社会②

31

別冊◆解答・解説

野菜と果物が栽培されている。

2 (1)—C，E (2)サンベルト (3)A：シリコンバレー (4)多国籍企業 (5)北米自由貿易協定（NAFTA） (6)バイオテクノロジー　➡(2)アメリカ南部の北緯37度以南の温暖な地域で，工業が目覚ましく発展しているという意味もこめて，「サン（太陽）ベルト」と呼ばれた。(3)太平洋岸のサンフランシスコ南部サンノゼ付近の地域。半導体や集積回路などの先端技術産業の企業や研究所が集まっている。(4)多国籍企業は，世界各地に支社や子会社，現地工場，販売店などをつくり，国境を超えて活動しており，進出した地域の経済や社会に大きな影響を及ぼしている。(5)アメリカ，カナダ，メキシコの間で市場を開放し，貿易の自由化が進んだ。

3 (1)アルゼンチン (2)ボリビア (3)ブラジル　➡(1)パンパはアルゼンチンの耕地の約80％を占める。19世紀後半の冷凍船就航によりヨーロッパへの肉輸出が増大した。(2)リチウムは充電式電池に使う原料として希少価値の高い鉱物である。レアメタル（希少金属）と呼ばれ，需要の割には，埋蔵量が少なく，国家や企業間において経済競争や外交問題にもなっている。(3)豊富な鉱産資源と労働力，大きな国内市場に恵まれたブラジルは，工業化の進んだ南東部と発展の遅れた北部などの地域格差が大きい。また，大都市の人口流入の結果，大都市周辺のスラム化などの問題を抱える。

4 (1)①羊毛　②小麦　③肉類 (2)イギリス (3)X：鉄鉱石　Y：石炭 (4)白豪主義 (5)オーストラリア：アボリジニー，ニュージーランド：マオリ　➡(1)・(2)イギリスは距離的に遠く，イギリスが1973年にヨーロッパの国々の組織であるEUに加盟したことから関係が弱くなった。代わって，中国，日本などのアジアの国々との関係が強まった。現在の主な貿易相手国は，中国，日本，アメリカとなっている。(3)オーストラリアの主な輸出品は石炭や鉄鉱石などの鉱物資源，肉類や小麦，羊毛。先進国ではあるが，他の先進国のような工業を中心とした経済にはなっていないという特徴がある。

社会② **9** 日本の人口・産業　▶問題 P.102〜103

1 (1)A：日本　B：ガーナ　C：中国 (2)一人っ子政策　➡(2)子どもの数を原則一人に制限し，人口の増加を抑える政策。都市部では二人目以上の出産には罰金を支払うなどの罰則が設けられた。高齢化が急速に進み廃止された。

32

2 (1)①愛知県　②東京都　③大阪府　④福岡県　(2)太平洋ベルト　(3)産業の空洞化　➡(1)①は，自動車などの輸送用機械をはじめ機械類の割合が特に大きいこと，②は印刷，情報通信など，③は化学や金属製品の割合が高いことからそれぞれ判断する。(3)日本企業の多国籍企業化が進み，日本国内で働く人や工場が減少する現象が起きている。

3 (1)a：釧路　b：八戸　c：銚子　d：焼津　e：境　(2)養殖業，栽培漁業　➡(1)枕崎港は鹿児島県にあり，ぶり，くろまぐろ，うなぎなどの養殖業が盛ん。(2)養殖業も栽培漁業も，ともに人の手を加えることによって魚などを育てる漁業である。養殖業は出荷するまで魚などを育てるが，栽培漁業は，いったん海に放流し，大きく育ったものを漁獲する。

4 (1)A：千葉県　B：鹿児島県　C：静岡県　D：長野県　E：北海道　(2)施設園芸農業　(3)食料自給率　➡(1)Aはらっかせいの全国生産が多いこと，近郊農業で野菜の生産が盛んなことから千葉県，Bはさとうきび，さつまいもなどから鹿児島県，Cは茶の生産量が高いことから静岡県，Dはレタス，りんご，はくさいなどの涼しい気候のところで栽培されるものが多いことから長野県，Eは，大豆，あずき，じゃがいもなどで，その全国生産に占める割合が高いことから北海道と判断できる。

社会② **10** 日本国憲法 ▶問題 P.104〜105

1 (1)(ア)基本的人権　(イ)永久　(2)ロック　(3)—③　➡①は日本国憲法，②はアメリカ独立宣言，③はワイマール憲法，④はフランス人権宣言の引用文。(2)ロックはイギリスの思想家。統治二論で抵抗権を唱え，アメリカ独立宣言やフランス人権宣言に影響を与えた。(3)ドイツのワイマール憲法は「人間に値する生存」の保障などの社会権を取り入れた初めての憲法である。

2 (1)第9条　(2)核兵器を持たず，作らず，持ち込ませず　(3)納税の義務　(4)(イ)　➡(1)憲法9条で，戦争の放棄，戦力の不保持，交戦権の否認について定める。(2)核兵器の非所有，非製造，不搬入を表す。(3)勤労は義務であると同時に権利でもある。(4)(イ)条約の承認は国会なので誤り。天皇は条約等の公布。

3 (1)—(イ)　(2)自己決定権　➡(1)A：①選挙権は参政権，B：③裁判を受ける権利は請求権に含まれるので(イ)。(2)臓器提供意思表示カードも自己決定権の一例。

33

別冊◆解答・解説

4 (1)① 人種　② 信条　③ 差別　(2)ノーマライゼーション　(3)男女共同参画社会基本法　➡(2)1981年の国際連合が定めた国際障害者年をきっかけに広く世界で知られるようになった。(3)男女が対等な立場であらゆる社会活動に参加し，利益と責任を分かち合う社会の実現を目指して制定された。

5 (1)―(エ)　(2)男女雇用機会均等法　➡(1)日本では，死刑制度については意見が分かれているが，国際的には死刑を廃止する国が増加している。(2)女子差別撤廃条約を批准するために，新たに男女雇用機会均等法が制定され，男女平等教育の推進などが行われた。

社会② **11** 国会・内閣・裁判所 ▶問題 P.106〜107

1 (1)① 465　② 248　③ 6　④ 30　(2)―(ウ)　(3)―(ア)，(オ)　(4)300人　➡(2)(ア)解散があるのは衆議院。(イ)参議院は小選挙区制ではない。(エ)予算案は衆議院が先に審議する。(3)(イ)内閣総理大臣を任命するのは天皇，国会議員の中から国会の議決によって指名される。(ウ)条約を締結するのは内閣。(エ)衆議院の解散を決定するのは内閣総理大臣だが，衆議院を解散するのは天皇の国事行為の一つ。(4)再可決の場合は，出席議員の3分の2以上の賛成で再議決すると成立する。$450人 \times \dfrac{2}{3} = 300人$

2 (1)① 行政　② 省庁　(2)―(ア)　(3)―(ウ)　➡(2)内閣総理大臣の任命は天皇が行う。(3)問責決議で総辞職する必要はないので，(ウ)が誤り。

3 (1)―(ウ)　(2)―(ア)　➡(1)(ア)個人の権利などの対立の解決を図るのは民事裁判。(イ)民事裁判で訴えた人を原告という。(エ)行政裁判は民事裁判の一種。(2)裁判員制度は，地方裁判所における刑事事件のうちの特に重大な刑事事件の第一審を担当するので，(ア)が誤り。

4 (1)A：衆議院　B：弾劾裁判所　C：最高裁判所長官　(2)国民審査　➡弾劾裁判所は，その裁判官が裁判官としてふさわしくないとされた場合に国会が開くもので，すべての裁判官が対象。一方，国民審査は最高裁判所の裁判官のみが対象。

社会② **12** 選挙制度・地方自治 ▶問題 P.108〜109

1 (1)比例代表制　(2)① 党：3人　② 党：2人　③ 党：1人　(3)―(イ)，(オ)　(4)

34

連立政権　➡(1)現在，衆議院も参議院もこの方式を採用している。(2)比例代表制はドント式で決められる。ドント式では得票数を÷１，÷２，÷３…とし，その商の大きい順に当選者を決める。(3)４原則は，普通選挙，平等選挙，直接選挙，秘密選挙の４つ。(4)１つの政党の持つ議席では過半数に達しない場合など，内閣が複数の政党によって組織されることを連立政権という。

2 (1)—(ウ)　(2)—(エ)　(3)住民投票　(4)オンブズマン　➡(1)市町村長の被選挙権は25歳以上，都道府県知事の被選挙権は30歳以上，地方議会議員の被選挙権は市町村・都道府県ともに25歳以上である。(2)地方議会議員の任期は４年。首長の不信任が可決したとき，住民の直接請求による解散などがあるので，正解は(エ)。(3)住民投票は法的な拘束力はないが大きな影響を与える。(4)スウェーデン語の「代理人」を語源としている。近年は，オンブズパーソンとも呼ばれる。

3 (1)①50　②３　③首長　④監査委員　⑤選挙管理委員会　(2)直接請求権
(3)140人以上　➡(2)有権者の一定の割合の署名を集めて指定機関に請求することができる住民の権利である。(3)条例の制定の直接請求に必要な署名数は，有権者数の50分の１以上であることから，$7000 \times \dfrac{1}{50} = 140$（人）以上である。

4 (1)—(ア), (イ)　(2)市町村合併　(3)ふるさと納税　(4)ＮＰＯ（非営利組織）
➡(1)地方交付税交付金は，地方公共団体ごとの収入の格差をうめるために，使い道を指定せずに交付されるお金。国庫支出金は，使い道を指定して国から渡されるお金。(2)平成の大合併ともいう。(3)ふるさと納税は，税収の減少に悩む各自治体に対して，格差是正を推進するための新構想として2008年に創設された制度で，「ふるさと寄附金」ともいう。(4)営利を目的としない団体で，福祉・教育，まちづくりなど多くの社会貢献活動の分野で活躍する。

社会② **13** 経済・金融　▶問題 P.110〜111

1 (1)供給曲線　(2)—(エ)　➡(1)供給曲線は右上がり，需要曲線は右下がりのグラフとなっている。(2)価格が70円のとき，供給量が80個で需要量が40個となり，売れ残りが40個となることが考えられるので，正解は(エ)。価格が高いと，買い手が少なくなる。この商品の均衡価格は50円である。

2 (1)〔解答例〕消費が増えて物価が上昇し，生産が拡大している。(2)ア：①
イ：①　公開市場操作（オープン・マーケット・オペレーション）　(3)ビル

社会②

35

別冊◆解答・解説

ト・イン・スタビライザー（自動安定化機能）　➡(1)図において○で囲んだ時期は，好況期を表している。消費の増加，物価の上昇，生産の拡大についてまとめる。(2)国債を買い上げ，世の中の通貨量を増大させる政策を買いオペレーション，国債などを売りに出し，資金を引き上げる政策を売りオペレーションという。(3)ビルト・イン・スタビライザーは，財政の制度に内蔵されており，好況期や不況期に自動的に景気を調節する。

3 (1)家計　(2)─(イ)　(3)─(ア)　➡(1)図は，家計，企業，政府の経済的な関係を表している。(2)家計が企業に労働力を提供し，企業は家計に賃金を支払うので(イ)が正解。(3)消費支出は生活のために支出される費用で，食料費，医療費，光熱費，教育費などなので(ア)が正解。(イ)は貯蓄，(ウ)は非消費支出（税金など），(エ)は収入である。

4 (1)─(エ)　(2)累進課税　(3)①利子　②元金　➡(1)この税金の中で消費税だけが，間接税である。それ以外は直接税なので，(エ)が正解。(2)所得が多い人は税率が高く，所得が少ない人は税率が低くなるしくみ。(3)公債は，税収が不足するときに国や地方公共団体が発行する債券。国や地方公共団体が国民などからお金を借りていることになるので，毎年利子を支払う必要があり，満期には元金を返済しなければならない。

社会② **14** 社会保障・労働・環境 ▶問題 P.112〜113

1 (1)①文化　②最低　③生存権　(2)(ア)社会保険　(イ)公的扶助　(ウ)社会福祉　(3)─(ア)　➡(1)生存権は，憲法第25条で保障されている社会権の中心となる権利。社会権はほかに，労働基本権，教育を受ける権利などがある。(2)(ア)は社会保険のうちの雇用保険について述べた文である。社会保険は保険料を払って，高齢や病気，失業などのときに保険金を受け取る。(3)(イ)介護保険料は40歳から支払う。(ウ)申請後，介護が必要だと認定された人が要介護度に応じてサービスを受けることができる。(エ)は後期高齢者医療制度の記述であるので，(ア)が正解。

2 (エ)　➡(エ)の文は高齢化社会の記述なので，誤り。高齢社会は，総人口における65歳以上の人口の割合が14％を超える社会のこと。21％を超えた社会を超高齢社会という。日本は，2010年に超高齢社会となった。

3 (1)─(イ)　(2)労働組合法　(3)①労働組合　②労働者　(4)ストライキ　(5)男女

36

雇用機会均等法 ➡この文は労働組合法第2条で，労働者が労働組合を結成し，争議行為を行うことなどが保障されている。(1)(イ)が正解。(ア)は裁判を受ける権利など。(ウ)は自由権の精神の自由のうちの一つ。(エ)は新しい人権の一つで，個人の生き方などについて自由に決定する権利。(5)1997年の法改正で，男女の均等待遇の努力義務が差別禁止規定となり，内容が強化された。

4 (1)—(イ)　(2)環境庁　(3)京都議定書　➡(1)資源有効利用促進法ではなく，環境基本法。(2)2001年に環境省に移行された。(3)京都議定書をめぐり，アメリカやオーストラリアの離脱，先進国と途上国の利害対立などの議論が続いた。

社会② **15** 国際連合　　▶問題 P.114〜115

1 (1)①総会　②安全保障理事会　③平和維持活動（PKO）　(2)拒否権　(3)—(ウ)　➡(1)③国連が行っている停戦の監視などを行う活動で，日本も自衛隊が参加しイラクなどに派遣されてきた。(2)安全保障理事会の決議には，常任・非常任合わせて15カ国の理事国のうち，9カ国以上の賛成を必要とするが常任1国でも反対すると否決される。(3)安全保障理事会は，5カ国の常任理事国と10カ国の非常任理事国から構成される。常任理事国は，アメリカ，イギリス，フランス，ロシア，中国。

2 (2)　➡(イ)世界貿易機関は，GATTに代わって，世界貿易の自由化と秩序維持の強化を目指す機関。記述は国際通貨基金（IMF）。(ウ)国連世界食糧計画は，食糧欠乏国への食糧援助と被災国への緊急援助を通じて，経済・社会開発を促進する。記述は国連食糧農業機関（FAO）。(イ)と(ウ)が誤りなので(2)が正解。

3 (オ)　➡① BRICS：2000年代以降に経済成長が著しいブラジル，ロシア，インド，中国，南アフリカ共和国の頭文字をつなげた造語。② APEC：アジア太平洋経済協力会議。③ NAFTA：北米自由貿易協定。④ EPA：経済連携協定。⑤ AU：アフリカ連合。⑥ TPP：環太平洋経済連携協定。⑦ ASEAN：東南アジア諸国連合。⑧ OPEC：石油輸出国機構。⑨ NIES：新興工業経済地域。1980年代に急速に経済を発展させた国。アジア NIES など。⑩ MERCOSUR：南米南部共同市場。

4 ①—(オ)　②—(ア)　③—(ウ)　➡(オ)戦後の食糧不足もあり，1949年，ユニセフから脱脂粉乳が贈られ，ユニセフ給食が行われた。(ア)政府開発援助（ODA）は，政府により，開発途上国の経済開発や福祉向上を目的として行われる援

37

別冊◆解答・解説

助。(ウ)民間団体がつくる非政府組織（NGO）は，国境の枠をこえて活動することが多い。「国境なき医師団」「国際赤十字」などがある。

算数① **1 学習指導要領①** ▶問題 P.118～121

1 ①—(エ) ②—(ア) ③—(イ) ④—(ウ) ⑤—(オ) ➡目標からはよく出題されるため暗記しておくこと。「数学的活動」とは，事象を数理的に捉えて，算数の問題を見いだし，問題を自立的，協働的に解決する過程を遂行すること。

2 ①—(ウ) ②—(エ) ③—(イ) ④—(ア) ➡算数の「目標」の(3)である。数学のよさに気付くことは，第1学年～第6学年の共通の目標になっている。生活や学習に活用しようとする態度を養うことは，第2学年～第6学年の目標になっている。

3 (ク) ➡第1学年の目標の(1)である。暗記していなくても，前後の文がスムーズにつながる単語の組み合わせを選ぶ。第1学年では，ものの個数を数えるなどの活動を通して，数の概念を指導する。

4 ①—(イ) ②—(エ) ③—(カ) ➡第2学年の目標の(1)である。②第2学年では，簡単な表やグラフを用いて数が最も多いなどの特徴を読み取る。③計算では加法，減法のほかに，九九を使った乗法を指導する。

5 (ウ) ➡(ア)は第4学年の目標の(2)である。図形の計量は面積と角の大きさを求める学習を指している。(イ)は第1学年の目標の(2)である。(ウ)は第2学年の目標の(2)である。

6 ①—(イ) ②—(ウ) ③—(キ) ④—(コ) ⑤—(サ) ➡第3学年の目標の(1)の内容である。①第3学年では，整数の加減，乗除の計算を指導する。②小数は，第3学年で初めて指導する。③棒グラフは第3学年で，折れ線グラフは第4学年で，円グラフ・帯グラフは第5学年で指導する。④⑤第3学年では，重さの単位（g，kg）を指導し，計器による測定を行う。

7 (キ) ➡第4学年の目標の(1)である。①第4学年では，四則混合の式と四則計算の性質を指導する。②第4学年では，面積の単位（cm^2，m^2，km^2）と正方形，長方形の面積の求め方を指導する。

8 ①—(イ) ②—(オ) ③—(カ) ④—(ク) ➡第5学年の目標の(1)である。①第5学年では，分数と小数の関係など，分数の意味を指導する。②三角形，平行四辺形，ひし形，台形の面積を求める公式を指導する。③立方体，直方体の

38

体積を求める。

9 ①文字　②度数分布　③計算　④考察　➡第6学年の目標の(1)・(2)である。①第4学年では□，△などを用いた式を学習し，第6学年ではaやxの文字を使った式を指導する。②第6学年のデータの考察では，代表値の意味や度数分布を表す表やグラフについて指導する。

10 (ウ)　➡(ア)は第4学年の目標の(2)及び第5学年の目標の(2)である。第4学年では，2つの関係を折れ線グラフで表す。第5学年では，簡単な場合の比例関係で表す。(イ)は第5学年の目標の(2)及び第6学年の目標の(2)である。第5学年では，三角形，平行四辺形，ひし形，台形の面積や立方体，直方体の体積の求め方を指導する。第6学年では，縮図，拡大，対称な図形，概形とおよその面積，円の面積や角柱，円柱の体積の求め方を指導する。(ウ)は第3学年の目標の(2)である。長さの単位（km）や重さの単位（g，kg）を指導する。

11 (1)第6学年　(2)第4学年，第5学年　➡(1)第6学年の目標の(2)である。第6学年では度数分布を表す表やグラフを指導する。(2)第4学年の目標の(2)，第5学年の目標の(2)である。

算数① **2** **学習指導要領②**　▶問題 P.122〜123

1 (1)第4学年　(2)第2学年　(3)第6学年　(4)第3学年　(5)第5学年　➡(1)第4学年では，「整数の除法」を指導する。(2)第2学年では，「数の構成と表し方」を指導する。(3)第6学年では，「分数の計算」を指導する。(4)第3学年では，「整数の加法，減法」を指導する。(5)第5学年では，「小数の乗法，除法」を指導する。

2 ①—(エ)　②—(イ)　③—(ケ)　➡①第1学年では，数の大小を考えるために数直線を使う。②第3学年で万の単位，第4学年で億・兆の単位を指導する。③第4学年で概数を，第5学年で約数と倍数を指導する。

3 ①—(ウ)　②—(エ)　③—(エ)　➡第5学年の「小数の乗法，除法」「分数の知識，技能」の内容である。

4 (1)第4学年　(2)第3学年　➡(1)第4学年の「整数の表し方」の内容の取扱いである。(2)第3学年の「数の表し方」の内容の取扱いである。

5 ①—(イ)　②—(エ)　③—(オ)　➡「指導計画の作成と内容の取扱い」の「2 第2の内容の取扱いについては，次の事項に配慮するものとする。」の(6)の

算数①

39

別冊◆解答・解説

内容である。

6 (1)第3学年 (2)第2学年 (3)第4学年 (4)第1学年 (5)第5学年 ➡「第2各学年の目標及び内容」の「用語・記号」に記載されている。

算数① **3 学習指導要領③** ▶問題 P.124〜125

1 (1)第3学年 (2)第5学年 (3)第6学年 (4)第2学年 (5)第4学年 ➡(1)・(2)第3学年で円，球を指導する。円周率を使って面積を求めるのは第6学年である。(3)第6学年では，対称な図形を指導する。(4)第2学年で正方形，長方形，直角三角形を指導するが面積を求める指導は第5学年である。(5)第4学年では，直線の平行や垂直の関係を指導する。

2 ①前後 ②正三角形 ③平行四辺形 ④円 ➡暗記していなくても，前後の文がスムーズにつながる単語を入れる。どの図形をどの学年で学習するのか把握しておく。 〜 かさ、とる、体積のこと (L, dL, mL)

3 ①かさ ②日 ③キロメートル（km） ➡①第1学年では，「ものの大きさの比較」を指導する。②第2学年では，「時間の単位と関係」を指導する。③第3学年では，「長さや重さの単位と測定」を指導する。

4 (1)第5学年 (2)第6学年 (3)第4学年 ➡(1)第5学年では，「伴って変わる二つの数量の関係」を指導する。(2)第6学年では，比例のほかに反比例も指導する。

5 (1)第5学年 (2)第4学年 (3)第3学年 ➡(1)第5学年で百分率の指導の際，歩合にも触れる。(2)第4学年で面積の単位 cm^2, m^2, km^2 の指導の際，a, ha にも触れる。(3)第3学年で重さの単位 g, kg の指導の際，t にも触れる。

6 ①—(オ) ②—(エ) ③—(イ) ➡「指導計画の作成と内容の取扱い」の「2 第2の内容の取扱いについては，次の事項に配慮するものとする。」の(2)の内容である。総合的な学習の時間のほかに小5算数でもプログラミングを扱う。

7 (1)第4学年 (2)第6学年 (3)第2学年 (4)第5学年 ➡「第2各学年の目標及び内容」の「用語・記号」に記載されている。

算数① **4 学習指導要領④** ▶問題 P.126〜127

1 (1)第6学年 (2)第3学年 (3)第2学年 (4)第4学年 (5)第5学年 ➡(1)第

円後

40

6学年では度数分布を指導する。(2)第3学年で棒グラフを指導する。折れ線グラフは第4学年である。(4)第4学年では，けがの種類とけがをした場所のように，二つの観点から分類整理することを指導する。

2 ①日時 ②折れ線 ③代表値 ➡③代表値として，平均値，中央値，最頻値を指導する。

3 第6学年 ➡「第2各学年の目標及び内容」の「用語・記号」に記載されている。資料を分類するためにいくつかの幅の等しい区間に分けたものを階級といい，各階級に属する資料の個数のことを度数という。

4 (1)—(ウ) (2)—(イ) ➡第4学年の(2)に対して，第6学年の(1)には，統合的という用語が追加され，より高度な内容になっている。この部分の数学的活動は，第4学年と第5学年が同じ内容である。

5 (1)第4学年 (2)第5学年 ➡(1)折れ線グラフと棒グラフを組み合わせたグラフにも触れる。

6 ①—(ウ) ②—(エ) ③—(ア) ④—(イ)

7 (1)—(ウ) (2)—(ア) (3)—(イ) (4)—(エ) ➡(1)「関係」とあるから「変化と関係」であることが分かる。(2)計算について述べているから「数と計算」であることが分かる。(3)体積について述べているから「図形」であることが分かる。(4)「測定した結果を平均する方法」は「データの活用」である。

算数① 5 加減乗除の計算 ▶問題 P.128〜129

1 (1)12 ➡$16-(12-8)=16-4=12$ (2)8 (3)$\frac{1}{3}$ ➡$\frac{2}{3}-\frac{1}{2}+\frac{1}{6}=\frac{4}{6}-\frac{3}{6}$ $+\frac{1}{6}=\frac{2}{6}=\frac{1}{3}$ (4)$-\frac{3}{8}$ ➡$\frac{3}{8}-1+\frac{1}{4}=\frac{3}{8}-\frac{8}{8}+\frac{2}{8}=-\frac{3}{8}$ (5)-6 (6)17 ➡$13-8\div(-2)=13+4=17$ (7)-28 (8)-72 ➡$(-3)^2\times(-2^3)=9\times(-8)=-72$

2 (1)$2x+4y$ ➡$5x-2y-3x+6y=5x-3x-2y+6y=2x+4y$ (2)$\frac{3}{4}x-\frac{1}{6}y$ ➡$\frac{1}{4}x+\frac{2}{3}y+\frac{1}{2}x-\frac{5}{6}y=\frac{1}{4}x+\frac{2}{4}x+\frac{4}{6}y-\frac{5}{6}y=\frac{3}{4}x-\frac{1}{6}y$ (3)x^2-2x+1 ➡$2x^2-7x+1-x^2+5x=2x^2-x^2-7x+5x+1=x^2-2x+1$ (4)$-3a^2+4a$ ➡$-a^2+3a-(2a^2-a)=-a^2+3a-2a^2+a=-a^2-2a^2+3a+a=-3a^2+4a$ (5)$-6a+5b-c$ (6)$10x^2+6x$ (7)$3a+8b+2$

41

別冊◆解答・解説

(8) $7x^2 + 6x$ ➡ $3x^2 - 4x + 2\{3x^2 - (x^2 - 5x)\} = 3x^2 - 4x + 2(3x^2 - x^2 + 5x) = 3x^2 - 4x + 6x^2 - 2x^2 + 10x = 3x^2 + 6x^2 - 2x^2 - 4x + 10x = 7x^2 + 6x$

(9) $\dfrac{5x + 19y}{6}$ ➡ $\dfrac{4x + 5y}{3} - \dfrac{x - 3y}{2} = \dfrac{8x + 10y}{6} - \dfrac{3x - 9y}{6} = \dfrac{5x + 19y}{6}$

(10) $-18x^2y^2$ (11) $-8a^5b^2$ ➡ $(2a^2b)^3 \times (-ab) \div (ab)^2 = 8a^6b^3 \times (-ab) \div a^2b^2 = -8a^{6+1-2}b^{3+1-2} = -8a^5b^2$

3 $-\dfrac{1}{2}$ ➡ $\dfrac{5}{6} - \left(-\dfrac{2}{3}\right)^2 \div \dfrac{1}{3} = \dfrac{5}{6} - \dfrac{4}{9} \times 3 = \dfrac{5}{6} - \dfrac{4}{3} = \dfrac{5}{6} - \dfrac{8}{6} = -\dfrac{3}{6} = -\dfrac{1}{2}$

4 $2y^2$ ➡ $72x^2 \div (-2x)^2 \times \left(-\dfrac{y}{3}\right)^2 = 72x^2 \times \dfrac{1}{4x^2} \times \dfrac{y^2}{9} = 2y^2$

5 (ウ) ➡ $2.4 = \dfrac{24}{10} = \dfrac{12}{5}$ なので，この逆数は $\dfrac{5}{12}$

6 (ア) ➡ 1 より小さい数で割ると割られる数より大きくなり，割る数が小さいほど大きくなる。よって，$a < \dfrac{a}{b} < \dfrac{b}{a}$

7 (ウ) ➡ $A = 3m + 1$，$B = 4n + m$ の関係が成り立つ。

$A + B = (3m + 1) + (4n + m) = 4(m + n) + 1$，よって，$A + B$ を 4 で割ったときの商は $(m + n)$ で，余りは 1 である。

8 91 ➡ （6の倍数＋1），（8の倍数＋3）の関係が成り立つ。両方に 5 を加えると，（6の倍数＋6），（8の倍数＋8）となり，6と8の公倍数となる。よって，求める数は，（6と8の公倍数－5）となる。6と8の公倍数は24，48，72，96，120…だから，求める数は，96 － 5 ＝91である。

9 (1) $\dfrac{2}{3}$ ➡循環小数を x とおくと，$x = 0.666\cdots\cdots$，$10x = 6.666\cdots\cdots$，

$(10 - 1)x = 6$，$x = \dfrac{6}{9} = \dfrac{2}{3}$ (2) $\dfrac{3}{11}$ ➡ $x = 0.2727\cdots\cdots$，$100x = 27.2727\cdots\cdots$，

$(100 - 1)x = 27$，$x = \dfrac{27}{99} = \dfrac{3}{11}$

10 (1)底面積 (2)体積 (3)辺の長さの合計

11 (エ) ➡ -6.3以上6.3以下の整数となるので，-6 から 6 までの13個である。

算数① **6** 根号，n進法，最大公約数・最小公倍数 ▶問題 P.130〜131

1 (1) $5\sqrt{2}$ ➡ $2\sqrt{2} + 3\sqrt{2} = (2 + 3)\sqrt{2} = 5\sqrt{2}$ (2) $5\sqrt{5}$ (3) $4\sqrt{2}$

(4) $2\sqrt{7}$ ➡ $\sqrt{2} \times \sqrt{14} = \sqrt{2} \times \sqrt{2 \times 7} = (\sqrt{2})^2 \times \sqrt{7} = 2\sqrt{7}$ (5) $\sqrt{2}$ (6) 5

2 (1) $6\sqrt{2}$ ➡ $\sqrt{32} + 2\sqrt{2} = 4\sqrt{2} + 2\sqrt{2} = 6\sqrt{2}$ (2) $7\sqrt{3}$ ➡ $\sqrt{12} + \sqrt{75}$

42

$= 2\sqrt{3} + 5\sqrt{3} = 7\sqrt{3}$　(3)$\sqrt{5}$　➡$\sqrt{45} - \sqrt{20} = 3\sqrt{5} - 2\sqrt{5} = \sqrt{5}$　(4)$5\sqrt{3}$

➡$\sqrt{27} + \sqrt{108} - \sqrt{48} = 3\sqrt{3} + 6\sqrt{3} - 4\sqrt{3} = 5\sqrt{3}$

3 (1)$\dfrac{\sqrt{5}}{5}$　➡$\dfrac{1}{\sqrt{5}} = \dfrac{1 \times \sqrt{5}}{\sqrt{5} \times \sqrt{5}} = \dfrac{\sqrt{5}}{5}$　(2)$3\sqrt{2}$　➡$\dfrac{12}{\sqrt{8}} = \dfrac{12}{2\sqrt{2}} = \dfrac{6 \times \sqrt{2}}{\sqrt{2} \times \sqrt{2}} =$

$3\sqrt{2}$　(3)$\sqrt{5} - \sqrt{3}$　➡$\dfrac{2}{\sqrt{5} + \sqrt{3}} = \dfrac{2\,(\sqrt{5} - \sqrt{3})}{(\sqrt{5} + \sqrt{3})(\sqrt{5} - \sqrt{3})} = \dfrac{2\,(\sqrt{5} - \sqrt{3})}{5 - 3}$

$= \sqrt{5} - \sqrt{3}$

4 (エ)　➡正の数なので，それぞれの辺を2乗しても大きさの関係は変わらな

いから，$49 \leqq a \leqq 56.25$。よって，当てはまる自然数は49から56までの8個

である。　　　49に入れない

5 (イ)　➡$\sqrt{36} \fallingdotseq 6$，$\sqrt{49} = 7$ より，$\sqrt{n}$の整数部分が6となるような自然数n

は36から48の13個である。

6 (エ)　➡$\sqrt{252n} = \sqrt{2^2 \times 3^2 \times 7\,n} = 6\sqrt{7n}$ が整数になるためには，根号内

が2乗の形になる必要がある。求める自然数nは7で，$\sqrt{252n} =$

$\sqrt{2^2 \times 3^2 \times 7^2} = 42$となり，整数となる。

7 (1)1010011　➡2$)\underline{83}$　　　　(2)2412　➡5$)\underline{357}$

　　　　　　　　 　2$)\underline{41}\cdots1$　　　　　　　　　　 5$)\underline{\ 71}\cdots2$

　　　　　　　　 　2$)\underline{20}\cdots1$　　　　　　　　　　 5$)\underline{\ 14}\cdots1$

　　　　　　　　 　2$)\underline{10}\cdots0$　　　　　　　　　　 2$\cdots4$

　　　　　　　　 　2$)\underline{\ 5}\cdots0$

　　　　　　　　 　2$)\underline{\ 2}\cdots1$

　　　　　　　　 　　1$\cdots0$

　　(3)176　➡$2 \times 3^4 + 0 \times 3^3 + 1 \times 3^2 + 1 \times 3^1 + 2 = 162 + 9 + 3 + 2 = 176$

　　(4)2141　➡$3 \times 5^4 + 2 \times 5^3 + 0 \times 5^2 + 3 \times 5^1 + 1 = 1875 + 250 + 15 + 1 = 2141$

8 (1)最大公約数：6，最小公倍数：108　➡$12 = 2^2 \times 3$，$54 = 2 \times 3^3$なの

で，最大公約数は$2 \times 3 = 6$，最小公倍数は$2^2 \times 3^3 = 108$

　　(2)最大公約数：5，最小公倍数：180　➡$20 = 2^2 \times 5$，$30 = 2 \times 3 \times 5$，

$45 = 3^2 \times 5$なので，最大公約数は5，最小公倍数は$2^2 \times 3^2 \times 5 = 180$

9 (エ)　➡$100 \div 6 = 16$余り4より，16個

10 (ウ)　➡3と4の公倍数は12である。$130 \div 3 = 43$余り1，$130 \div 4 = 32$余り

2，$130 \div 12 = 10$余り10より，130以下の3か4で割り切れる数は，$43 + 32 -$

$10 = 65$（個）。よって，130以下の3でも4でも割り切れない自然数は，$130 - 65$

$= 65$（個）

11 (エ)　➡$600 = 2^3 \times 3 \times 5^2$。よって，600の約数は，$(3 + 1) \times (1 + 1) \times$

算数①

43

別冊◆解答・解説

$(2 + 1) = 24$(個)

12 4回 ➡バスが同時に出発するのは，午前10時から，12分と18分と24分の公倍数（分）たった時間である。$12 = 2^2 \times 3$，$18 = 2 \times 3^2$，$24 = 2^3 \times 3$，最小公倍数は，$2^3 \times 3^2 = 72$

　　　よって，72分ごとに，3つのバスが同時に出発するから，午前10時から午後3時までの$60 \times 5 = 300$（分間）に同時に出発するのは，

　　　$300 \div 72 = 4$ 余り12より，4回である。

算数① **7** 多項式　　　▶問題 P.132〜133

1 $(1)x^2 + 10x + 21$ ➡$(x + 3)(x + 7) = x^2 + (3 + 7)x + 3 \times 7 = x^2 + 10x + 21$
$(2)x^2 - 3x - 10$ 　$(3)x^2 + 12x + 36$ ➡$(x + 6)^2 = x^2 + 2 \times 6 \times x + 6^2 = x^2 + 12x + 36$
$(4)x^2 - 64$ ➡$(x + 8)(x - 8) = x^2 - 8^2 = x^2 - 64$ 　$(5)4a^2 - 20ab + 25b^2$
$(6)x^3 + 3x^2y + 3xy^2 + y^3$ 　$(7)a^3 - 6a^2b + 12ab^2 - 8b^3$ ➡$(a - 2b)^3 = a^3 - 3 \times a^2 \times 2b + 3 \times a \times (2b)^2 - (2b)^3 = a^3 - 6a^2b + 12ab^2 - 8b^3$ 　$(8)x^2 + y^2 + z^2 + 2xy + 2yz + 2zx$

2 $(1)(x + 2)^2$ ➡$x^2 + 4x + 4 = x^2 + 2 \times 2 \times x + 2^2 = (x + 2)^2$ 　$(2)(x - 5)^2$
$(3)(x + 3)(x - 3)$ ➡$x^2 - 9 = x^2 - 3^2 = (x + 3)(x - 3)$ 　$(4)(4a + 3b)(4a - 3b)$ 　$(5)(x + 1)(x + 2)$ ➡$x^2 + 3x + 2 = x^2 + (1 + 2)x + 1 \times 2 = (x + 1)(x + 2)$ 　$(6)(x + 7)(x - 1)$ 　$(7)(x - 3y)(x - 5y)$ 　$(8)\left(x + \dfrac{3}{2}\right)^2$ 　$(9)\left(\dfrac{5}{4}a - b\right)^2$

3 (1) $(a + b)(a^2 - ab + b^2)$ 　(2) $(x - 3)(x^2 + 3x + 9)$ 　(3) $(4a - 5b)(16a^2 + 20ab + 25b^2)$ ➡$64a^3 - 125b^3 = (4a)^3 - (5b)^3 = (4a - 5b)(16a^2 + 20ab + 25b^2)$

4 $(2x - 5)(3x + 2)$ ➡たすきがけを利用する。$2 \times 3 = 6$，$(-5) \times 2 = -10$，$2 \times 2 + (-5) \times 3 = -11$より，$6x^2 - 11x - 10 = (2x - 5)(3x + 2)$

5 $(a + b - 1)^2$ ➡$a + b = A$ とおくと，$(a + b)^2 - 2(a + b) + 1 = A^2 - 2A + 1 = (A - 1)^2 = (a + b - 1)^2$

6 $(x + 1)(x - 1)(x + 3)(x - 3)$ ➡$x^4 - 10x^2 + 9 = (x^2 - 1)(x^2 - 9) = (x + 1)(x - 1)(x + 3)(x - 3)$

7 $(x^2 + x + 1)(x^2 + x + 7)$ ➡$x^2 + x = A$ とおくと，$(x^2 + x + 3)(x^2 + x + 5) - 8 = (A + 3)(A + 5) - 8 = A^2 + 8A + 15 - 8 = A^2 + 8A + 7 = (A + 1)$

44

$(A+7)=(x^2+x+1)(x^2+x+7)$

8 (1)3721 $\Rightarrow 61^2=(60+1)^2=3600+120+1=3721$ (2)360 $\Rightarrow 33^2-27^2=$ $(33+27)(33-27)=60\times6=360$

9 6 $\Rightarrow(x+y)(x+4y)-(x+2y)^2=x^2+5xy+4y^2-(x^2+4xy+4y^2)=$ $xy=3\times2=6$

10 (エ) $\Rightarrow x^2+y^2=(x+y)^2-2xy=7^2-2\times10=49-20=29$

11 (エ) $\Rightarrow a^2+ab+b^2=(a+b)^2-ab=3^2-(-10)=9+10=19$

12 (ウ) $\Rightarrow$ 両辺を2乗すると，$\left(x+\dfrac{1}{x}\right)^2=7^2$, $x^2+2+\dfrac{1}{x^2}=49$, $x^2+\dfrac{1}{x^2}=47$

13 (イ) $\Rightarrow x^2-8x+16=(x-4)^2=(\sqrt{11}+4-4)^2=(\sqrt{11})^2=11$

14 (オ) $\Rightarrow\sqrt{7}=x+y$, $x=2$ より，$2x+y=2+\sqrt{7}$, $2x^2+3xy+y^2=(2x+y)(x+y)=(2+\sqrt{7})\times\sqrt{7}=7+2\sqrt{7}$

15 n を整数とすると，連続する3つの整数は，$n-1$, n, $n+1$ で表される。
最大の整数と最小の整数の積に1を加えた数は，
$(n+1)(n-1)+1=n^2-1^2+1=n^2$
真ん中の整数の平方は n^2 なので，2つの数は等しい。

算数① **8** 1次方程式　　▶問題 P.134〜135

1 (1)$x=6$ $\Rightarrow 4x-28=-2x+8$, $4x+2x=8+28$, $6x=36$, $x=6$
(2)$x=-5$ (3)$a=3$ (4)$x=1.5\left(\dfrac{3}{2}\right)$ $\Rightarrow0.4x-0.75=-0.1x$, $0.5x=0.75$,
$x=1.5$ (5)$x=11$ $\Rightarrow\dfrac{4x-5}{3}=2x-9$, $4x-5=6x-27$, $2x=22$, $x=11$
(6)$x=-5$ $\Rightarrow$ 両辺に6をかけると，$3(3x+5)+18=2(2x+4)$, $9x+15+18=4x+8$, $5x=-25$, $x=-5$

2 (1)$x=4$, $y=-6$ $\Rightarrow 2x-y=14\cdots$①，$3x+y=6\cdots$②，①+②より，
$5x=20$, $x=4$, ②に代入して，$12+y=6$, $y=-6$ (2)$x=2$, $y=3$
$\Rightarrow x+3y=11\cdots$①，$y=2x-1\cdots$②，②を①に代入して，$x+3(2x-1)=$
11, $x+6x-3=11$, $7x=14$, $x=2$, ②に代入して，$y=4-1=3$ (3)x
$=2$, $y=1$ (4)$x=1$, $y=-2$ (5)$x=6$, $y=-4$ $\Rightarrow$ 上の式に10をかけると，$3x+2y=10\cdots$①，$2x-3y=24\cdots$②，①×3+②×2より，$13x=$
78, $x=6$, ①に代入して，$18+2y=10$, $2y=-8$, $y=-4$ (6)$x=6$,

算数①

45

別冊◆解答・解説

$y = -2$ ➡ $3(x-y) - 2x = 12$, $x - 3y = 12$…①, $x + 2y = 2$…②, ②－①より, $5y = -10$, $y = -2$, これを②に代入して, $x - 4 = 2$, $x = 6$ (7)$x = -5$, $y = 4$ ➡ $3x + 5y = 5$…①, $2x - 7y + 43 = 5$, $2x - 7y = -38$…②, ①×2－②×3より, $31y = 124$, $y = 4$, ②に代入して, $2x - 28 = -38$, $x = -5$ (8) $x = 2$, $y = 3$, $z = 5$ ➡ $x + y = 5$…①, $y + z = 8$…②, $z - 2x = 1$…③, ①－②より, $x - z = -3$…④, ③＋④より, $-x = -2$, $x = 2$, これを①に代入すると, $2 + y = 5$, $y = 3$, これを②に代入すると, $3 + z = 8$, $z = 5$

3 (エ) ➡ $2x - a = 3(x-a) - 3$, $2x - a = 3x - 3a - 3$, $2a = x - 3$, この式に $x = 4$ を代入すると, $2a = 4 - 3 = 1$, $a = \dfrac{1}{2}$

4 (オ) ➡ $\dfrac{x+y}{3} = \dfrac{5x+1}{6} = \dfrac{y}{2}$ に6をかけて連立方程式を立てると, $2(x+y) = 5x + 1$, $2x + 2y = 5x + 1$, $3x - 2y = -1$…①, $2(x+y) = 3y$, $2x - y = 0$…②, ②×2－①より, $x = 1$, これを②に代入して, $y = 2$

5 (イ) ➡ 連立方程式に $x = 1$, $y = 2$ を代入すると, $2a - 2b = -2$…①, $a + 4b = 14$…②, ①×2＋②より, $5a = 10$, $a = 2$, これを②に代入すると, $2 + 4b = 14$, $4b = 12$, $b = 3$

6 (ウ) ➡ $3x + by = 7$ に $x = 1$, $y = -2$ を代入すると, $3 - 2b = 7$, $b = -2$…①, $ax + 2y = 8$ に $x = 9$, $y = -5$ を代入すると, $9a - 10 = 8$, $a = 2$…②, ①, ②を最初の方程式に代入すると, $2x + 2y = 8$…③, $3x - 2y = 7$…④, ③＋④より, $5x = 15$, $x = 3$, これを③に代入すると, $6 + 2y = 8$, $2y = 2$, $y = 1$

7 15, 27 ➡ 小さい数を x とすると, 大きい数は $x + 12$ と表せる。関係より方程式を立てると, $3x = 2(x+12) - 9$ を解くと, $x = 15$ なので, 大きい数は $15 + 12 = 27$。2つの数を x, y として, 連立方程式を作ってもよい。

8 (1) $\begin{cases} 10x + y = 4(x+y) \\ 10y + x = 2(10x + y) - 12 \end{cases}$

(2)48 ➡ $10x + y = 4(x+y)$ を計算すると, $2x = y$…①, $10y + x = 2(10x + y) - 12$ を計算すると, $19x - 8y = 12$…②, ①を②に代入して, $19x - 16x = 12$, $x = 4$, これを①に代入して, $y = 8$。よって, 元の自然数は48。

46

算数① **9 2次方程式** ▶問題 P.136〜137

1 (1) $x = \pm 2$ ➡ $x^2 - 3 = 1$, $x^2 = 4$, $x = \pm 2$ (2) $x = \pm 2\sqrt{2}$ (3) $x = -14$, 4 ➡ $(x + 5)^2 = 81$, $x + 5 = \pm 9$, $x = -5 \pm 9 = -14$, 4 (4) $x = 3 \pm \sqrt{5}$ ➡ $2(x - 3)^2 - 10 = 0$, $2(x - 3)^2 = 10$, $(x - 3)^2 = 5$, $x - 3 = \pm\sqrt{5}$, $x = 3 \pm \sqrt{5}$ (5) $x = -4$, 7 (6) $x = 3$, 9 ➡ $x^2 - 12x + 27 = 0$, $(x - 3)(x - 9) = 0$, $x = 3$, 9 (7) $x = -2$, 6 ➡ $x^2 - 4x - 12 = 0$, $(x + 2)(x - 6) = 0$, $x = -2$, 6 (8) $x = -8$, 2 ➡ $-x^2 - 6x + 16 = 0$, $x^2 + 6x - 16 = 0$, $(x + 8)(x - 2) = 0$, $x = -8$, 2 (9) $x = -3$, -4 ➡ $(x + 2)(x + 5) = -2$, $x^2 + 7x + 12 = 0$, $(x + 3)(x + 4) = 0$, $x = -3$, -4 (10) $x = 2$, 4 ➡ 両辺に 8 をかけると, $x^2 - 6x + 8 = 0$, $(x - 2)(x - 4) = 0$, $x = 2$, 4 (11) $x = -4$, 1 ➡ $(x - 3)(x + 8) = 2(x - 10)$, $x^2 + 5x - 24 = 2x - 20$, $x^2 + 3x - 4 = 0$, $(x + 4)(x - 1) = 0$, $x = -4$, 1 (12) $x = -1$, 0 ➡ $x - 2 = X$ とおくと, $X^2 + 5X + 6 = 0$, $(X + 3)(X + 2) = 0$, $X = x - 2 = -3$, -2, $x = -1$, 0

2 (1) $\dfrac{5 \pm \sqrt{13}}{2}$ ➡ $\dfrac{-(-5) \pm \sqrt{(-5)^2 - 4 \times 1 \times 3}}{2 \times 1} = \dfrac{5 \pm \sqrt{13}}{2}$

(2) $\dfrac{-3 \pm \sqrt{21}}{2}$ (3) $\dfrac{7 \pm \sqrt{37}}{6}$ (4) $\dfrac{5 \pm 3\sqrt{5}}{2}$

➡ $\dfrac{-(-5) \pm \sqrt{(-5)^2 - 4 \times 1 \times (-5)}}{2 \times 1} = \dfrac{5 \pm \sqrt{45}}{2} = \dfrac{5 \pm 3\sqrt{5}}{2}$

3 (ウ) ➡ $x = -5$, 3 を解にもつので, $(x + 5)(x - 3) = 0$, $x^2 + 2x - 15 = 0$

4 (イ) ➡ $x^2 + ax + b = 0$ に $x = 3$, $x = 5$ を代入すると, $9 + 3a + b = 0$ …①, $25 + 5a + b = 0$ …②, ② − ①より, $2a = -16$, $a = -8$, これを①に代入すると, $9 - 24 + b = 0$, $b = -9 + 24 = 15$

5 9, 10, 11 ➡ 最小の数を n とすると, 連続する 3 つの自然数は, n, $n + 1$, $n + 2$ で表されるから, $(n + 2)^2 = 6(n + n + 1) + 7$ の方程式が成り立つ。これを解くと, $n = -1$, 9 であり, 求める数は自然数なので, -1 は適さない。よって, 9, 10, 11

6 (1) 2 個 ➡ $D = b^2 - 4ac = (-7)^2 - 4 \times 1 \times 3 = 37 > 0$ なので, 2 個の実数解をもつ。 (2) 0 個 ➡ $D = b^2 - 4ac = 2^2 - 4 \times 3 \times 5 = -56 < 0$ なので, 実数解をもたない。

7 (エ) ➡ $D = b^2 - 4ac = 5^2 - 4 \times 3 \times k = 25 - 12k = 0$ のとき重解をもつので,

算数①

47

別冊◆解答・解説

$12k = 25$, $k = \dfrac{25}{12}$

8 (1) 9 ➡ 解と係数の関係より，$\alpha + \beta = -\dfrac{b}{a} = 5$，$\alpha\beta = \dfrac{c}{a} = 3$

$(\alpha + 1)(\beta + 1) = \alpha\beta + (\alpha + \beta) + 1 = 3 + 5 + 1 = 9$　(2) 19 ➡ $\alpha^2 +$

$\beta^2 = (\alpha + \beta)^2 - 2\alpha\beta = 5^2 - 2 \times 3 = 19$

9 (エ) ➡ 解と係数の関係より，$\alpha + \beta = -\dfrac{b}{a} = 2$，$\alpha\beta = \dfrac{c}{a} = \dfrac{1}{3}$

$\alpha^3 + \beta^3 = (\alpha + \beta)^3 - 3\alpha\beta(\alpha + \beta) = 2^3 - 3 \times \dfrac{1}{3} \times 2 = 6$

10 (ウ) ➡ 解と係数の関係より，$\alpha + \beta = -\dfrac{b}{a} = 3$，$\alpha\beta = \dfrac{c}{a} = 1$，$\alpha^2 + \beta^2 =$

$(\alpha + \beta)^2 - 2\alpha\beta = 3^2 - 2 \times 1 = 7$，$\alpha^2\beta^2 = (\alpha\beta)^2 = 1^2 = 1$，よって，$\alpha^2$,

β^2を解とする2次方程式を$ax^2 + bx + c = 0$とすると，$-\dfrac{b}{a} = 7$，$\dfrac{c}{a} = 1$となる。

選択肢はすべて$a = 1$なので，$b = -7$，$c = 1$となり，$x^2 - 7x + 1 = 0$

11 (イ) ➡ 2つの解はα，2αと表せる。解と係数の関係より，$\alpha + 2\alpha = 3\alpha$

$= -\dfrac{b}{a} = 9 \cdots①$，$\alpha \times 2\alpha = \dfrac{c}{a} = k \cdots②$　①より，$\alpha = 3$　これを②に代入

して，$k = 3 \times 6 = 18$

算数① **10** 方程式の利用① ▶問題 P.138〜139

1 (オ) ➡ 分速に直すと，(ア)$60000 \div 80 =$(分速)750(m)，(イ)分速800m，(ウ)

$51000 \div 60 =$(分速)850(m)，(エ)分速780m，(オ)$15 \times 60 =$(分速)900(m)

2 (イ) ➡ A地点からD地点までの距離は，$48 + 30 + 24 = 102$(km)　かかった

時間はそれぞれ$48 \div 60 = 0.8$(時間)，$30 \div 50 = 0.6$(時間)，$24 \div 40 = 0.6$(時

間)なので，全部で$0.8 + 0.6 + 0.6 = 2$(時間)である。よって，平均の速さは，

$102 \div 2 =$(時速)51(km)

3 (1) $\begin{cases} x + y = 3600 \\ \dfrac{x}{50} + \dfrac{y}{80} = 54 \end{cases}$

(2) A地点から峠まで：1200m，峠からB地点まで：2400m

➡(1)の連立方程式を解くと，$x = 1200$，$y = 2400$

4 (ウ) ➡ 列車の速さは$(1790 + 160) \div 65 =$(秒速)30(m)なので，時速108km

である。トンネルの長さは，$30 \times 45 - 160 = 1190$(m)

5 兄の速さ：時速12km，弟の速さ：時速3km ➡ 兄の速さを時速$x$km，弟

48

の速さを時速 y km とすると，逆の方向に出発するときは時速 $(x+y)$ km で近づき，同じ方向に出発するときは，時速 $(x-y)$ km で遠ざかる。よって，$3 \div (x+y) = \dfrac{12}{60} = \dfrac{1}{5}$，$3 \div (x-y) = \dfrac{20}{60} = \dfrac{1}{3}$ の連立方程式が成り立つ。これを解くと，$x=12$，$y=3$

6 兄：30分後　弟：45分後　➡兄は全体の $\dfrac{3}{5}$，弟は全体の $\dfrac{2}{5}$ 進んだところで出会ったので，それぞれが着くのは出発してから，兄は $18 \times \dfrac{5}{3} = 30$（分後），弟は $18 \times \dfrac{5}{2} = 45$（分後）である。

7 男子：210人　女子：216人　➡昨年の男子の人数を x 人，昨年の女子の人数を y 人とすると，$x+y=425$，$x \times 1.05 + y \times 0.96 = 425+1$ の連立方程式が成り立つ。これを解くと，$x=200$，$y=225$。今年の男子の人数は $200 \times 1.05 = 210$（人），今年の女子の人数は $225 \times 0.96 = 216$（人）

8 (オ)　➡450個の利益は $700 \times 0.3 \times 450 = 94500$（円）。残りの $600-450=150$（個）の1個当たりの利益は，$700 \times 1.3 \times 0.8 - 700 = 28$（円）なので，150個の利益は，$28 \times 150 = 4200$（円）。すべての利益は，$94500 + 4200 = 98700$（円）

9 (オ)　➡仕入れ値につけた利益を x ％とすると，定価は，仕入れ値 $\times \left(1 + \dfrac{x}{100} \right)$。これの2割5分引きは，仕入れ値 $\times \left(1 + \dfrac{x}{100} \right) \times \dfrac{100-25}{100}$ で，これが仕入れ値の102% になるから，$\dfrac{100+x}{100} \times \dfrac{3}{4} = \dfrac{102}{100}$ が成り立つ。これを解くと，$x=36$（％）なので，3割6分増しにすればよい。

10 商品Aの原価：450円，商品Bの原価：200円　➡商品Aの原価を x 円，商品Bの原価を y 円とすると，商品Aの定価は $x \times 1.5$（円），商品Bの定価は $y \times 1.6$（円）となる。$1.5x \times 2 + 1.6y = 1670$，$1.5x = 1.6y + 355$ の連立方程式が成り立つ。これを解くと，$x=450$，$y=200$ なので，商品Aの原価は450円，商品Bの原価は200円である。

11 25　➡売った値段は，$600 \times \left(1 + \dfrac{2x}{100} \right) \times \left(1 - \dfrac{x}{100} \right)$ なので，$600 \times \left(1 + \dfrac{2x}{100} \right) \times \left(1 - \dfrac{x}{100} \right) - 600 = 75$ の方程式が成り立つ。$x^2 - 50x + 625 = 0$，$(x-25)^2 = 0$，$x=25$。50%の利益を見込んで定価をつけ，25%値引きして売った。

算数①

49

別冊◆解答・解説

算数① **11** 方程式の利用② ▶問題 P.140〜141

1 300 g ➡混ぜ合わせた15%の食塩水の重さを x g とすると，食塩水の重さは$200+x$で，含まれる食塩の重さは，$200\times\dfrac{5}{100}+x\times\dfrac{15}{100}=10+\dfrac{15}{100}x$となるから，$\left(10+\dfrac{15}{100}x\right)\div(200+x)=\dfrac{11}{100}$　これを解くと，$x=300\,(g)$

2 (エ) ➡12%の食塩水の重さを x g，20%の食塩水の重さを y g とすると，$x+y=600$，$x\times\dfrac{12}{100}+y\times\dfrac{20}{100}=600\times\dfrac{15}{100}$の連立方程式が成り立つ。これを解くと，$x=375\,(g)$，$y=225\,(g)$となる。

3 (ウ) ➡容器Aには初めに$400\times\dfrac{6}{100}=24\,(g)$の食塩が含まれている。容器Aから取り出した食塩水の重さを x g とすると，ここに含まれる食塩の重さは，$x\times\dfrac{6}{100}$　容器Bから取り出した食塩水に含まれる食塩の重さは，$x\times\dfrac{14}{100}$なので，$\left(24-\dfrac{6}{100}x+\dfrac{14}{100}x\right)\div400=\dfrac{9}{100}$の方程式が成り立つ。これを解くと，$x=150\,(g)$となる。

4 (イ) ➡Aの食塩水の濃度を x %，Bの食塩水の濃度を y %とし，それぞれの食塩の重さに着目して連立方程式を立てると，$150\times\dfrac{x}{100}+50\times\dfrac{y}{100}=200\times\dfrac{5.5}{100}$　$50\times\dfrac{x}{100}+150\times\dfrac{y}{100}=200\times\dfrac{8.5}{100}$　これを解くと，$x=4\,(\%)$，$y=10\,(\%)$となる。

5 (1)5：4：3 ➡3人が1日に行う仕事量の比は，A：B：C$=\dfrac{1}{24}:\dfrac{1}{30}:\dfrac{1}{40}=5:4:3$　(2)3日 ➡Aが1日に行う仕事量を5とすると，全体の仕事量は$5\times24=120$である。AとCが行った仕事量は$(5+3)\times11=88$なので，Bが仕事を行った日数は，$(120-88)\div4=8\,(日)$なので，休んだのは$11-8=3\,(日)$

6 32分 ➡水槽の全体の量を1とすると，A管で1分間に入れる水の量は$\dfrac{1}{42}$，B管で1分間に入れる水の量は$\dfrac{1}{56}$である。B管で水を入れた時間を x 分とすると，$\dfrac{1}{42}\times(50-x)+\dfrac{1}{56}\times x=1$の方程式が成り立つ。これを解くと，$x=32\,(分)$

50

7 (イ) ➡並んでいる人数が1分間に $120 \div 30 = 4$（人）ずつ減っており，新たに並ぶ人が毎分20人ずつ増えているから，1つの入り口から入園する人数は，$(4 + 20) \div 3 = 8$（人）である。5か所あけると並んでいる人数が1分間に $8 \times 5 - 20 = 20$（人）ずつ減るから，$120 \div 20 = 6$（分）で行列がなくなる。

8 (ア) ➡ポンプ1台で1分間に汲み出す水の量を x とすると，ポンプ4台で25分間に汲んだ水の量とポンプ6台で10分間に汲んだ水の量の差 $4x \times 25 - 6x \times 10$ が，15分間に湧き出た水の量である。よって，1分間に湧き出る水の量は，$(4x \times 25 - 6x \times 10) \div 15 = \dfrac{8}{3}x$ である。また，最初に満杯になっていた水の量は，$4x \times 25 - \dfrac{8}{3}x \times 25 = \dfrac{100}{3}x$ である。よって，ポンプ11台で汲み出す場合にかかるのは，$\dfrac{100}{3}x \div \left(11x - \dfrac{8}{3}x\right) = 4$（分）

9 72 ➡十の位の数を x，一の位の数を y とすると，$10x + y = (x + y) \times 8$，$10x + y = (10y + x) \times 2 + 18$ の連立方程式が成り立つ。これを解くと，$x = 7$，$y = 2$ なので，元の数は72である。

10 357 ➡百の位の数を x，一の位の数を y とすると，$x + 5 + y = x \times 5$，$100y + 50 + x = (100x + 50 + y) + 396$ の連立方程式が成り立つ。これを解くと，$x = 3$，$y = 7$ なので，元の数は357である。

11 10，11，12 ➡最大の数を n とすると，他の2つの数は $n - 1$，$n - 2$ と表せる。$n^2 = (n - 1 + n - 2) \times 7 - 3$ の方程式が成り立つ。これを整理すると，$n^2 - 14n + 24 = 0$，$(n - 2)(n - 12) = 0$，$n = 2$，12。最大の数が2だと，0，1，2となり自然数でない0も含まれるので成り立たない。よって，3つの数は10，11，12である。

12 8 ➡初めの正の数を x とすると，$(x + 4)^2 = (x + 4) \times 2 + 120$ の方程式が成り立つ。これを整理すると，$x^2 + 6x - 112 = 0$，$(x + 14)(x - 8) = 0$，$x = -14$，8。正の数なので -14 は成り立たない。よって，初めの正の数は8である。

算数① **12** 不等式 ▶問題 P.142〜143

1 (1) $x > 9$ ➡ $7x - 27 > 4x$，$3x > 27$，$x > 9$　(2) $x \geqq -5$ ➡ $4(x - 2)$

別冊◆解答・解説

$\leqq 2(3x+1)$, $4x-8\leqq 6x+2$, $-2x\leqq 10$, $x\geqq -5$　(3)$x\geqq -4$　➡
$0.5x+2\geqq -0.3x-1.2$, $5x+20\geqq -3x-12$, $8x\geqq -32$, $x\geqq -4$　(4)x
<17　➡$\dfrac{3x+1}{4}<\dfrac{2x-1}{3}+2$, $3(3x+1)<4(2x-1)+2\times 12$, $9x$
$+3<8x-4+24$, $x<17$

2 (1)$-7<x\leqq 5$　➡$4x-2<6(x+2)$, $4x-2<6x+12$, $-2x<14$,
$x>-7\cdots①$　$2x-4\leqq 6-(x-5)$, $2x-4\leqq 6-x+5$, $3x\leqq 15$, $x\leqq$
$5\cdots②$　①, ②より, $-7<x\leqq 5$　(2)$x<3$　➡$2(x-3)\leqq x+9$, $2x$
$-6\leqq x+9$, $x\leqq 15\cdots①$　$7x-(x+4)<14$, $7x-x-4<14$, $6x<18$,
$x<3\cdots②$　①, ②より, $x<3$　(3)$2\leqq x\leqq 5$　➡$3(x-6)\leqq 7-2x$,
$3x-18\leqq 7-2x$, $5x\leqq 25$, $x\leqq 5\cdots①$　$7-2x\leqq -(x-5)$, $7-2x$
$\leqq -x+5$, $-x\leqq -2$, $x\geqq 2\cdots②$　①, ②より, $2\leqq x\leqq 5$

3 (1)$-3<x<9$　➡$|x-3|<6$より, $-6<x-3<6$, $-3<x<9$
(2)$x\leqq -5$, $1\leqq x$　➡$|x+2|\geqq 3$より, $x+2\leqq -3$または$3\leqq x+2$　x
$+2\leqq -3$より, $x\leqq -5$, $3\leqq x+2$より, $1\leqq x$。よって, $x\leqq -5$, $1\leqq x$

4 (ア)　➡$7(x+3)\leqq 12+2x$, $7x+21\leqq 12+2x$, $5x\leqq -9$, $x\leqq -1.8$
よって, 最大の整数は-2である。

5 (エ)　➡$x<\dfrac{2a-1}{3}$を満たすxの最大の整数が2なので, $2<\dfrac{2a-1}{3}\leqq 3$
である。$2<\dfrac{2a-1}{3}$より, $6<2a-1$, $\dfrac{7}{2}<a\cdots①$　$\dfrac{2a-1}{3}\leqq 3$より,
$2a-1\leqq 9$, $a\leqq 5\cdots②$　①, ②より, $\dfrac{7}{2}<a\leqq 5$

6 (オ)　➡$7(x-2)<10-(x+8)$, $7x-14<10-x-8$, $8x<16$, $x<2$
$\cdots①$　$4x-8\leqq 3(4+2x)$, $4x-8\leqq 12+6x$, $-2x\leqq 20$, $x\geqq -10\cdots$
②　①, ②より, $-10\leqq x<2$なので-10から1までの12個が満たす。

7 (エ)　➡$x^2-12x+36=(x-6)^2>0$であるから, 解は6以外のすべての実数

8 (ア)　➡$9x^2+6x+1=(3x+1)^2\leqq 0$であるから, $x=-\dfrac{1}{3}$

9 (ウ)　➡解が$-2<x<3$なので, $y=ax^2+bx+6$のグラフは, $-2<x<$
3のときだけ, x軸より上側にある。グラフは上に凸の放物線で2点$(-2$,
$0)$, $(3, 0)$を通るから, $a<0$, $4a-2b+6=0\cdots①$, $9a+3b+6$
$=0\cdots②$　①, ②を解くと, $a=-1$, $b=1$で$a<0$も満たす。

10 33本　➡ペンの本数をx本とすると, 鉛筆の本数は$50-x$なので, $40\times$
$(50-x)+70x\leqq 3000$の不等式が成り立つ。これを解くと, $x\leqq 33\dfrac{1}{3}$なので,

52

33本まで買える。

11 (エ) ➡子供の人数を x 人とすると，あめの数は $5x+15$ で表される。1人に7個ずつ配ると，$x-1$（人）に配った残りが2個以下なので，$0<5x+15-(x-1)\times7\leqq2$ の不等式が成り立つ。これを解くと，$10\leqq x<11$ であり，x は整数なので10人である。

12 17,18,19 ➡$(x+3)\times4\geqq80$，$(30-x)\times2>21$ の連立不等式が成り立つ。これを解くと，$17\leqq x<19.5$ なので，当てはまる自然数は，17,18,19である。

算数① **13** 比例・反比例，1次関数 ▶問題 P.144〜145

1 (ウ),(オ) ➡比例の関係−(ウ),(オ)，反比例の関係−(ア),(エ)，その他の関係−(イ)

2 (イ),(オ) ➡比例の関係−(ア),(エ)，反比例の関係−(イ),(オ)，その他の関係−(ウ)

3 -20 ➡比例するから，$y=ax$ と表される。$x=3$，$y=15$ を代入すると，$15=3a$，$a=5$。$y=5x$ に $x=-4$ を代入すると，$y=5\times(-4)=-20$

4 (ア) ➡反比例するから，$y=\dfrac{a}{x}$ と表される。$x=4$，$y=6$ を代入すると，$6=\dfrac{a}{4}$，$a=24$。$y=\dfrac{24}{x}$ に $x=-3$ を代入すると，$y=\dfrac{24}{-3}=-8$

5 (1) $y=3x-14$ ➡変化の割合が3なので $y=3x+a$ とおき，$x=2$，$y=-8$ を代入すると，$-8=3\times2+a$，$a=-14$。よって，$y=3x-14$ (2) $y=-\dfrac{1}{2}x+\dfrac{13}{2}$ ➡x の値が2増加するとき y の値が1減少するから，$y=-\dfrac{1}{2}x+a$ とおける。$x=3$，$y=5$ を代入すると，$5=-\dfrac{1}{2}\times3+a$，$a=\dfrac{13}{2}$ よって，$y=-\dfrac{1}{2}x+\dfrac{13}{2}$ (3) $y=-2x+4$ ➡直線の式を $y=ax+b$ とおき，$x=-2$，$y=8$ を代入すると，$8=-2a+b\cdots$①　$x=3$，$y=-2$ を代入すると，$-2=3a+b\cdots$②。①，②の連立方程式を解くと，$a=-2$，$b=4$ なので，$y=-2x+4$。最初に2点から傾きを求めてもよい。 (4) $y=-3x+6$ ➡切片が6なので直線の式を $y=ax+6$ とおく。$x=2$，$y=0$ を代入すると，$0=2a+6$ より，$a=-3$ なので，$y=-3x+6$ (5) $y=-3x+19$ ➡$y=-3x-5$ に平行だから，$y=-3x+a$ とおく。$x=7$，$y=-2$ を代入すると，$-2=-3\times7+a$，$a=19$。よって，$y=-3x+19$

6 $y=-3x+5$ ➡直線の式を $y=ax+b$ とおくと，$y=\dfrac{1}{3}x+7$ に垂直なの

53

別冊◆解答・解説

で, $a \times \dfrac{1}{3} = -1$, $a = -3$。$y = -3x + b$ に, $x = -1$, $y = 8$ を代入すると,

$8 = -3 \times (-1) + b$, $b = 5$ なので, $y = -3x + 5$

7 17 ➡ $y = \dfrac{1}{2}x - 4$ と $y = 2x - 7$ を連立して解くと $x = 2$, $y = -3$ なので,

$a = 2$, $b = -3$ である。$a - 2b + 9 = 2 - 2 \times (-3) + 9 = 17$

8 (イ) ➡ まず $x + y - 6 = 0$ と $3x - 2y + 2 = 0$ を連立して解くと, $x = 2$,

$y = 4$ である。$ax + y = 0$ にこれを代入すると, $2a + 4 = 0$, $a = -2$

9 (オ) ➡ 直線の式を $y = bx + c$ とおき, $x = -1$, $y = 5$ を代入すると, $5 =$

$-b + c$ …① $x = 2$, $y = -4$ を代入すると, $-4 = 2b + c$ …②。①, ②の

連立方程式を解くと, $b = -3$, $c = 2$ なので, $y = -3x + 2$。これに, $x = a$

-1, $y = 3a + 2$ を代入すると, $3a + 2 = -3(a - 1) + 2$。これを計

算すると, $a = \dfrac{1}{2}$

10 12 ➡ ①, ②の連立方程式を解くと, $x = 2$, $y = 4$ なので交点Aの座標は

$(2, 4)$ である。点Bの座標は $(-2, 0)$, 点Cの座標は $(4, 0)$ である。

△ABCは底辺が6で高さが4の三角形だから面積は, $\dfrac{1}{2} \times 6 \times 4 = 12$

11 (ウ) ➡ 2点A, Bを通る直線の式を $y = ax + b$ とおき, $x = 1$, $y = -2$ を

代入すると, $-2 = a + b$ …①, $x = -3$, $y = 10$ を代入すると, $10 = -3a +$

b …②, ①, ②の連立方程式を解くと, $a = -3$, $b = 1$ なので $y = -3x + 1$

である。この直線と垂直なので傾きは $\dfrac{1}{3}$ で, 2点A$(1, -2)$, B$(-3, 10)$

の中点である $(-1, 4)$ を通る。垂直二等分線となる直線の式を $y = \dfrac{1}{3}x + c$

とおき, $x = -1$, $y = 4$ を代入すると, $4 = \dfrac{1}{3} \times (-1) + c$, $c = \dfrac{13}{3}$ よって,

$y = \dfrac{1}{3}x + \dfrac{13}{3}$

12 $y = -\dfrac{1}{2}x + 1$ ➡ ①, ②の連立方程式を解くと, $x = 4$, $y = -1$ なので交

点Cの座標は $(4, -1)$ である。点Aの座標は $(0, 7)$, 点Bの座標は $(0,$

$-5)$ である。点Cを通り△ABCの面積を2等分するためには, 高さが同

じなので, 底辺が半分になればよく, ABの中点 $(0, 1)$ を通ればよい。求

める直線の式を $y = ax + b$ とおいて, $x = 4$, $y = -1$ を代入すると $-1 = 4a$

$+ b$, $x = 0$, $y = 1$ を代入すると $1 = b$, これを解くと, $a = -\dfrac{1}{2}$, $b = 1$。よ

54

って，$y = -\dfrac{1}{2}x + 1$

算数① 14 2次関数　▶問題 P.146〜147

1 (オ)　➡比例の関係−(ウ)，反比例の関係−(ア)，y が x の 2 乗に比例−(オ)，y が x の 3 乗に比例−(イ)，(エ)

2 -18　➡y は x の 2 乗に比例するから，$y = ax^2$ と表される。$x = 4$ のとき $y = -32$ を代入すると，$-32 = 16a$，$a = -2$。$y = -2x^2$ に $x = -3$ を代入すると，$y = -2 \times (-3)^2 = -18$

3 (エ)　➡$y = -3x^2$ は原点を頂点とし，上に凸のグラフである。$x = 2$ のとき，$y = -3 \times 2^2 = -12$ なので，最小値 -48 は $x = a$ のときであり，最大値 $b = 0$ である。よって，$x = a(a < 0)$ のとき，$y = -3a^2 = -48$，$a^2 = 16$，$a = -4$

4 $\dfrac{1}{2}$　➡$x = 2$ のとき $y = 4a$，$x = 6$ のとき $y = 36a$ なので，$\dfrac{36a - 4a}{6 - 2} = 4$，$8a = 4$，$a = \dfrac{1}{2}$

5 (ア)　➡$y = 2x^2 - 8x + 7 = 2(x^2 - 4x) + 7 = 2(x - 2)^2 + 7 - 8 = 2(x - 2)^2 - 1$ なので，このグラフの軸は $x = 2$，頂点は $(2, -1)$ である。

6 $y = -x^2 + x$　➡$y = -x^2 + 5x - 2 = -(x^2 - 5x) - 2 = -\left(x - \dfrac{5}{2}\right)^2 - 2 + \dfrac{25}{4}$ $= -\left(x - \dfrac{5}{2}\right)^2 + \dfrac{17}{4}$ なので頂点は $\left(\dfrac{5}{2}, \dfrac{17}{4}\right)$。これを x 軸方向に -2，y 軸方向に -4 だけ平行移動するから，$y = -\left(x - \dfrac{1}{2}\right)^2 + \dfrac{1}{4} = -x^2 + x$

7 $y = 2x^2 - 3x - 5$　➡放物線の式を $y = ax^2 + bx + c$ とおく。$(-2, 9)$ を通るから，$9 = 4a - 2b + c$ …①，$(1, -6)$ を通るから，$-6 = a + b + c$ …②，$(3, 4)$ を通るから，$4 = 9a + 3b + c$ …③　①，②，③を連立方程式として解くと，$a = 2$，$b = -3$，$c = -5$ なので，$y = 2x^2 - 3x - 5$ となる。

8 (エ)　➡$y = -2x^2 + 12x - 13 = -2(x^2 - 6x) - 13 = -2(x - 3)^2 - 13 + 18 = -2(x - 3)^2 + 5$ なので，$(3, 5)$ が頂点で上に凸のグラフである。よって，最大値は，$x = 3$ のとき $y = 5$

9 $2 \leqq y \leqq 18$　➡$y = x^2 - 2x + 3 = (x - 1)^2 + 3 - 1 = (x - 1)^2 + 2$ なので，$(1, 2)$ が頂点で下に凸のグラフである。変域が $-1 \leqq x \leqq 5$ のときなので，$x = 1$ のとき，最小値が $y = 2$ で，$x = 5$ のとき，最大値が $y = 5^2 - 2 \times 5 + 3 = 18$ なので，$2 \leqq y \leqq 18$ である。

算数①

55

別冊◆解答・解説

10 (ク) ➡ $y = ax^2 + 2ax + 4 = a(x^2 + 2x) + 4 = a(x+1)^2 + 4 - a$，この2次関数が最小値をとるためには，下に凸でなければならず，$a > 0 \cdots$①。$x = -1$のとき，最小値が$y = 4 - a$なので，$4 - a > 0$，$a - 4 < 0 \cdots$② ①，②より，$0 < a < 4$

11 (ウ) ➡ 上に凸のグラフなので$a < 0$である。$x = 0$のときyの値が負なので$y = c < 0$である。$y = ax^2 + bx + c = a\left(x + \dfrac{b}{2a}\right)^2 - \dfrac{b^2 - 4ac}{4a}$より，軸が正なので，$-\dfrac{b}{2a} > 0$であり，$a < 0$より$b > 0$である。

12 (エ) ➡ 線分ACを直径とする円の半径を$x$cmとすると，AC = BD = $2x$ (cm)，CD = $12 - 2 \times 2x = 2(6 - 2x)$(cm)。0 cm < AC < 6 cmであるから，0 cm < $2x$ < 6 cm，0 cm < x < 3 cmである。$S = \pi x^2 + \pi(6 - 2x)^2 + \pi x^2 = 6\pi x^2 - 24\pi x + 36\pi = 6\pi(x^2 - 4x) + 36\pi = 6\pi(x - 2)^2 + 36\pi - 24\pi = 6\pi(x - 2)^2 + 12\pi$。よって，$x$が2 cmつまりACが4 cmのとき，最小値$12\pi$cm^{2}をとる。

算数① **15** 関数の応用問題 ▶問題 P.148〜149

1 (1) A : $(-3, 9)$，B : $(1, 1)$ ➡ $x^2 = -2x + 3$，$x^2 + 2x - 3 = 0$，$(x + 3)(x - 1) = 0$，$x = -3$，1。$x = -3$のとき$y = (-3)^2 = 9$，$x = 1$のとき$y = 1^2 = 1$ (2) 6 ➡ ABとy軸との交点をCとすると，C$(0, 3)$よりOC = 3。よって，△OAB = △AOC + △BOC = $\dfrac{1}{2} \times 3 \times 3 + \dfrac{1}{2} \times 3 \times 1 = 6$

2 (1)$(-a, -a^2)$ ➡ 点Aと点Bのx座標は$-a$だから，$y = -(-a)^2 = -a^2$。よって，$(-a, -a^2)$ (2)$\left(\dfrac{4}{3}, \dfrac{8}{9}\right)$ ➡ 点Dのx座標をaとおく。四角形ABCDの縦の長さは$\dfrac{1}{2}a^2 - (-a^2) = \dfrac{3}{2}a^2$，横の長さは$a - (-a) = 2a$で，正方形となるとき2辺は等しいので，$\dfrac{3}{2}a^2 = 2a$，$a\left(\dfrac{3}{2}a - 2\right) = 0$，$a = 0$，$\dfrac{4}{3}$ $a = 0$だと辺の長さが0となり正方形ができないので$a = \dfrac{4}{3}$で，y座標は$y = \dfrac{1}{2} \times \left(\dfrac{4}{3}\right)^2 = \dfrac{8}{9}$ よって，点Dの座標は$\left(\dfrac{4}{3}, \dfrac{8}{9}\right)$

3 (1)$(-2, 2)$ ➡ $(4, 8)$を通るから，$8 = a \times 4^2$，$a = \dfrac{1}{2}$ 関数の式は

56

$y=\dfrac{1}{2}x^2$である。点Dは平行四辺形の対角線の交点なので，点Cのx座標は$4-(4-1)\times2=-2$，$y=\dfrac{1}{2}\times(-2)^2=2$である。よって，点Cの座標は$(-2，2)$　(2)　$(2，10)$　➡点Dのy座標は$\dfrac{2+8}{2}=5$。点DはOBの中点なので，点Bのx座標は$1\times2=2$，y座標は$5\times2=10$であり，点Bの座標は$(2，10)$

4　(1)$y=-5x$　➡点Aのy座標は$y=-\dfrac{1}{2}\times(-2)^2=-2$，点Bの$y$座標は$y=-\dfrac{1}{2}\times4^2=-8$。頂点と対辺の中点を通る直線は三角形の面積を2等分するから，点OとABの中点$(1，-5)$を通る直線を$y=ax+b$とおいて，点Oの座標を代入すると$0=b$…①，ABの中点の座標を代入すると$-5=a+b$…②　①，②の連立方程式を解くと，$a=-5$，$b=0$。よって，$y=-5x$　(2)$y=-\dfrac{7}{5}x-\dfrac{12}{5}$　➡点B$(4，-8)$とOAの中点$(-1，-1)$を通る直線を$y=ax+b$とおいて，点Bの座標を代入すると$-8=4a+b$…①，OAの中点の座標を代入すると$-1=-a+b$…②　①，②の連立方程式を解くと，$a=-\dfrac{7}{5}$　$b=-\dfrac{12}{5}$　よって，$y=-\dfrac{7}{5}x-\dfrac{12}{5}$

5　(1)$\left(1，\dfrac{31}{4}\right)$　➡点Aのy座標は$y=\dfrac{1}{4}\times(-4)^2=4$，点Bの$y$座標は$y=\dfrac{1}{4}\times(-1)^2=\dfrac{1}{4}$　点Cのy座標は$y=\dfrac{1}{4}\times4^2=4$。平行四辺形ABCDの対角線の交点を点Fとすると，点FはACの中点だから，x座標は$\dfrac{-4+4}{2}=0$，y座標は$\dfrac{4+4}{2}=4$。点Dのx座標は$\dfrac{x-1}{2}=0$，$x=1$。y座標は$\dfrac{y+\dfrac{1}{4}}{2}=4$，$y=\dfrac{31}{4}$　よって，点Dの座標は$\left(1，\dfrac{31}{4}\right)$　(2)$y=-\dfrac{2}{3}x+4$　➡平行四辺形の対角線の交点を通る直線は，平行四辺形の面積を2等分するから，点E$(6，0)$と点F$(0，4)$を通る直線を$y=ax+b$とおいて，点Eの座標を代入すると$0=6a+b$…①，点Fの座標を代入すると$4=b$…②　①，②の連立方程式を解くと，$a=-\dfrac{2}{3}$　$b=4$。よって，$y=-\dfrac{2}{3}x+4$

6　(1)$y=\dfrac{1}{2}x-6$　➡点Aのy座標は$y=-\dfrac{1}{4}\times(-6)^2=-9$，点Cの$y$座標は$y=-\dfrac{1}{4}\times4^2=-4$なので，2点を通る直線$l$の式を$y=ax+b$とおいて，

57

点Aの座標を代入すると $-9=-6a+b$ …①，点Cの座標を代入すると $-4=4a+b$ …② ①，②の連立方程式を解くと，$a=\dfrac{1}{2}$，$b=-6$。よって，$y=\dfrac{1}{2}x-6$　(2)$(-8, -10)$　➡次の図のようにOAと平行で点Bを通る直線と直線 l との交点を点Dとすると，底辺と高さが等しくなり，△OBAと△ODAの面積が等しくなり，四角形OBACと△ODCの面積が等しくなる。原点を通るからOAを $y=ax$ とおいて，点Aの座標を代入すると $-9=-6a$，$a=\dfrac{3}{2}x$ なので，$y=\dfrac{3}{2}x$。点Bの y 座標は $y=-\dfrac{1}{4}\times(-2)^2$

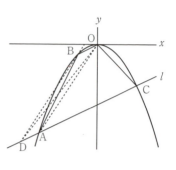

$=-1$ なので，$y=\dfrac{3}{2}x+b$ に，点Bの座標を代入すると，$-1=\dfrac{3}{2}\times(-2)+b$，$b=2$。よって，$y=\dfrac{3}{2}x+2$。

この式と(1)の式との交点を求めると，$(-8, -10)$

7 $y=x^2 (0\leqq x\leqq 8)$　➡点Qが辺AD上にあるのは，$16\div 2=8$（秒）より，出発してから8秒後までである。点Pが辺AB上にあるのは，$8\div 1=8$（秒）より，出発してから8秒後までである。x 秒後にAQ＝$2x$，AP＝x なので，$y=\dfrac{1}{2}\times 2x\times x=x^2$

算数② 1 平面図形① ▶問題 P.152〜153

1 (1)88°　➡直線 l，m に平行で $\angle x$ を通る直線をひくと，平行線の錯角，同位角の関係より，右の図1のような角度になる。よって，$\angle x=31°+57°=88°$

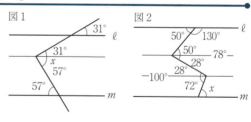

(2)72°　➡直線 l，m に平行で2つの角を通る直線をひく。直線の角は180°であることと，平行線の錯角の関係より，上の図2のような角度になる。よ

って，∠x＝72°

2 (1)37°　➡三角形の外角は，隣り合わないほかの2つの内角の和と等しいから，∠x＝105°－68°＝37°

(2)102°　➡AB＝AC より，∠ABC＝∠ACB，∠ABC＝(180°－44°)÷2＝68°，∠ABD＝68°÷2＝34°，∠x＝180°－(44°＋34°)＝102°

(3)112°　➡BP を延ばし，AC との交点を D とする。△ABD の外角より，∠PDC＝60°＋37°＝97°，△DPC の外角より，∠x＝97°＋15°＝112°

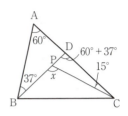

3 (1)1440°　➡十角形の内角の和＝180°×(10－2)＝1440°

(2)十四角形　➡180°×(n－2)＝2160°，n＝14。よって，十四角形である。

(3)40°　➡外角の和は360°だから，1つの外角の大きさ＝360°÷9＝40°

(4)20本　➡八角形の対角線の数＝$\frac{n(n-3)}{2}$＝$\frac{8\times(8-3)}{2}$＝20(本)

4 (1)26°　➡正五角形の内角の和＝180°×(5－2)＝540°，1つの内角＝540°÷5＝108°，∠x＝180°－(46°＋108°)＝26°

(2)107°　➡∠x の外角＝360°－(60°＋82°＋75°＋70°)＝73°。よって，∠x＝180°－73°＝107°

5 △ABE と△CAD において，△ABC は正三角形だから，AB＝CA …①，∠ABE＝∠CAD＝60°…②，仮定より，BE＝AD …③。①，②，③より，2辺とその間の角がそれぞれ等しいので，△ABE≡△CAD。よって，∠BAE＝∠ACD

6 (1)16cm　➡△BFD で，中点連結定理より，DF＝2AE＝2×8＝16(cm)

(2)12cm　➡GF∥AE，EF＝FC なので，△CAE で中点連結定理の逆より，GF＝$\frac{1}{2}$AE＝$\frac{1}{2}$×8＝4(cm)，DG＝16－4＝12(cm)

7 (1)4cm　➡AE，CD は△ABC の中線なので，その交点 F は重心である。よって，CF：FD＝2：1 から，FD＝$\frac{1}{3}$CD＝$\frac{1}{3}$×18＝6(cm)。また，Bと

59

別冊◆解答・解説

F を結ぶと，BG，FD は△ABF の中線なので，H は△ABF の重心である。

よって，FH：HD ＝ 2：1 から，FH ＝ $\frac{2}{3}$FD ＝ $\frac{2}{3}$ × 6 ＝ 4（cm）

(2) 3 倍 ➡ △DBC：△FBC ＝ DC：FC ＝ 3：2。△FBC：△FEC ＝ BC：EC

＝ 2：1。よって，△DBC ＝ $\frac{3}{2}$△FBC ＝ $\frac{3}{2}$ × 2 ×△FEC ＝ 3△FEC

算数② 2 平面図形② ▶問題 P.154〜155

1 (1)× (2)○ (3)× (4)○ (5)○ ➡平行四辺形になるための条件は次の5
つがある。①2組の対辺がそれぞれ平行である。②2組の対辺がそれぞれ等
しい。③1組の対辺が平行でその長さが等しい((2)が当てはまる)。④2組の
対角がそれぞれ等しい(∠D＝110°となり(4)が当てはまる)。⑤対角線がそれ
ぞれの中点で交わる((5)が当てはまる)。

2 (1)ひし形，正方形 ➡ 4辺の長さが等しい。 (2)正方形 ➡ 4辺の長さと
4角がそれぞれ等しい。 (3)長方形，正方形 ➡ 4角が等しい。 (4)長方形，
正方形 ➡ 2本の対角線の長さが等しい。 (5)正方形 ➡ 2本の対角線の長
さが等しく，垂直に交わる。

3 △ABE と△CDF において，仮定より，∠BEA ＝∠DFC ＝ 90°…①，平行
四辺形の対辺だから，AB ＝ CD …②，AB∥CD より，∠EAB ＝∠FCD …③，
①，②，③より，直角三角形で斜辺と1つの鋭角がそれぞれ等しいから，
△ABE ≡△CDF。合同な三角形の対応する辺は等しいから，BE ＝ DF

4 $\frac{14}{3}$倍 ➡点 D と E を結ぶと，AD∥BE，AD ＝ BE より，四角形 ABED は
平行四辺形である。平行四辺形の対角線は中点で交わるから，AF ＝ FE。
△ABF ＝ S とすると，△ABE ＝ 2S ＝△AED ＝△ACD。BC ＝ $\frac{4}{3}$AD ＝ $\frac{4}{3}$BE
より，△ABC ＝ $\frac{4}{3}$△ABE ＝ $\frac{4}{3}$ × 2S ＝ $\frac{8}{3}$S。よって，台形 ABCD ＝△ACD ＋
△ABC ＝ 2S ＋ $\frac{8}{3}$S ＝ $\frac{14}{3}$S

5 (1)面積：32π － 64（cm²），周の長さ：8π cm ➡線分 AC をひくと，影を
つけた部分の面積の半分が，(中心角90°のおうぎ形の面積)－(2辺が 8 cm

60

の直角二等辺三角形の面積)で求められる。$\pi \times 8^2 \times \frac{90}{360} - 8 \times 8 \times \frac{1}{2} = 16\pi$ $-32 \, (\mathrm{cm}^2)$。求める面積は $(16\pi - 32) \times 2 = 32\pi - 64 \, (\mathrm{cm}^2)$。周の長さは，中心角90°のおうぎ形の弧の長さ2つ分つまり半円の弧の長さに等しいから，$2\pi \times 8 \times \frac{1}{2} = 8\pi \, (\mathrm{cm})$ (2)面積：$27\pi \, \mathrm{cm}^2$，周の長さ：$18\pi \, \mathrm{cm}$ ➡大中小の半円の半径は，それぞれ3cm，6cm，9cmである。影を付けた部分の面積は，(大の半円の面積) − (中の半円の面積) + (小の半円の面積) = $\pi \times 9^2 \times \frac{1}{2} - \pi \times 6^2 \times \frac{1}{2} + \pi \times 3^2 \times \frac{1}{2} = 27\pi \, (\mathrm{cm}^2)$。周の長さは，(大の半円の弧の長さ) + (中の半円の弧の長さ) + (小の半円の弧の長さ) = $2\pi \times 9 \times \frac{1}{2} + 2\pi \times 6 \times \frac{1}{2} + 2\pi \times 3 \times \frac{1}{2} = 18\pi \, (\mathrm{cm})$

6 面積：$9\pi \, \mathrm{cm}^2$，周の長さ：$11\pi \, \mathrm{cm}$ ➡影を付けた部分の面積は，(傾いた半円の面積) + (中心角40°のおうぎ形の面積) − (白い半円の面積) = (中心角40°のおうぎ形の面積) = $\pi \times 9^2 \times \frac{40}{360} = 9\pi \, (\mathrm{cm}^2)$。周の長さは，(半径$\frac{9}{2}$cmの半円の弧の長さ) + (半径$\frac{9}{2}$cmの半円の弧の長さ) + (半径9cmの中心角40°のおうぎ形の弧の長さ) = $2\pi \times \frac{9}{2} \times \frac{1}{2} \times 2 + 2\pi \times 9 \times \frac{40}{360} = 11\pi \, (\mathrm{cm})$

7 $48\pi - 36\sqrt{3} \, (\mathrm{cm}^2)$ ➡△ABCは，∠BAC = 30°，AB = $12 \times 2 = 24 \, (\mathrm{cm})$の直角三角形だから，BC $= \frac{1}{2}\mathrm{AB} = 12 \, (\mathrm{cm})$，AC = $\sqrt{3}\mathrm{BC} = 12\sqrt{3} \, (\mathrm{cm})$。よって，△ABCの面積は，$\frac{1}{2} \times 12 \times 12\sqrt{3} = 72\sqrt{3}$

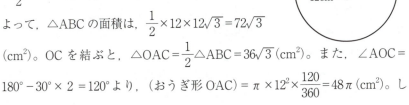

(cm^2)。OCを結ぶと，△OAC $= \frac{1}{2}$△ABC $= 36\sqrt{3} \, (\mathrm{cm}^2)$。また，∠AOC = $180° - 30° \times 2 = 120°$より，(おうぎ形OAC) = $\pi \times 12^2 \times \frac{120}{360} = 48\pi \, (\mathrm{cm}^2)$。したがって，求める面積は，(おうぎ形OAC) − △OAC = $48\pi - 36\sqrt{3} \, (\mathrm{cm}^2)$

別冊◆解答・解説

算数② 3 平面図形③　　　▶問題 P.156〜157

1 (1)8cm ➡直線 ℓ，m，n がそれぞれ平行であるとき，$12:x=18:12$，$18x=144$，$x=8$（cm）　(2)21cm ➡$12:(30-12)=14:x$，$12x=18\times14$，$x=21$（cm）

2 (1)△ABC ∽△AED，相似条件：2角がそれぞれ等しい。　(2)△ABC ∽△ADB，相似条件：2辺の比とその間の角がそれぞれ等しい。

3 $\dfrac{16}{3}$cm ➡相似な図形では対応する辺の比が等しいので，AB：DE＝AC：DF，$6:4=8:x$，$6x=32$，$x=\dfrac{16}{3}$（cm）

4 (1)$x=2$，$y=12$ ➡$4:x=6:3$，$6x=12$，$x=2$。$8:y=6:(6+3)$，$6y=72$，$y=12$。(2)$x=4$，$y=8$ ➡$x:8=5:10$，$10x=40$，$x=4$。$y:4=10:5$，$5y=40$，$y=8$。

5 △ABC と△EDC で，仮定より，∠BCA＝∠DCE …①，BA＝BE より，△BEA は二等辺三角形だから，∠BAE＝∠BEA …②，対頂角は等しいから，∠BEA＝∠CED …③。②，③より，∠CAB＝∠CED …④。①，④より，2組の角がそれぞれ等しいので，△ABC ∽△EDC

6 5cm ➡△ABC と△EDC で，仮定より，∠CAB＝∠CED …①，共通な角だから，∠ACB＝∠ECD …②。①，②より2組の角がそれぞれ等しいから，△ABC ∽△EDC。EC を x とおくと，BC：DC＝AC：EC より，$(9+x):7=(3+7):x$，$x(9+x)=7\times10$，$x^2+9x-70=0$，$(x-5)(x+14)=0$，$x=5$，-14。$x=-14$は問題に適さない。したがって，EC＝5（cm）である。

7 9：4 ➡△ABC と△DEF の相似比は，$9:6=3:2$である。よって面積比は，$3^2:2^2=9:4$

8 32πcm^2 ➡相似比が3：4なので，面積比は，$3^2:4^2=9:16$である。円 B の面積を Scm^{2}とすると，$18\pi:S=9:16$，$9S=18\pi\times16$，$S=32\pi$（cm^2）

9 42cm^2 ➡△ADE と△ABC の相似比は，$10:25=2:5$だから，△ADEと△ABC の面積比は，$2^2:5^2=4:25$である。△ABC と台形 DBCE の面積比は，$25:(25-4)=25:21$。よって，台形 DBCE の面積は，$50\div25\times21$

62

$$= 42 (cm^2)$$

10 (1) △CGE と△FGD で，対頂角は等しいから，∠CGE＝∠FGD …①，
∠CEB＝∠DFB＝90°より，同位角が等しいから，CE∥DF。これより平行
線の錯角は等しいから，∠ECG＝∠DFG …②。①，②より，2組の角がそ
れぞれ等しいから，△CGE∽△FGD (2) 60cm² ➡交点 G から線分 AB
に垂線をひき，交点を H とする。CE：DF＝20：12＝5：3より，△CGE
と△FGD の相似比は5：3である。EG：DG＝5：3だから，EG：ED＝
5：(5＋3)＝5：8である。よって，△EGH∽△EDF の相似比は5：8

だから，GH：12＝5：8，8GH＝60，GH＝$\frac{15}{2}$(cm)。したがって，△EFG

$$= 16 \times \frac{15}{2} \times \frac{1}{2} = 60 (cm^2)$$

算数② 4 平面図形④ ▶問題 P.158～159

1 (1)110° ➡大きい弧に対する円周角で，中心角の半分なので，∠x＝220°
÷2＝110° (2)50° ➡同じ弧に対する円周角は等しく，半円の弧に対する
円周角は90°だから，∠x＝180°－(90°＋40°)＝50° (3)52° ➡ P と Q を結ぶ
と，∠x は32°の円周角と20°の円周角の和になる。よって，∠x＝32°＋20°＝
52° (4)40° ➡同じ弧に対する中心角は円周角の2倍で，半径と弦でつくる
三角形は二等辺三角形だから，∠x＝(180°－100°)÷2＝40°

2 (1)136° ➡円に四角形が内接するとき，外角はそれと隣り合う内角の対角
に等しいから，∠BAD＝100°。三角形の外角より，∠x＝36°＋100°＝136°
(2)92° ➡∠CDE＝70°，∠x＝70°＋22°＝92°

3 DB：7cm，AF：4cm ➡円外の1点から円に引いた2本の接線の長さ
は等しいから，AF＝AC－FC＝14－10＝4 (cm)，DB＝AB－AD＝11－
4＝7 (cm)

4 150cm² ➡円外の1点から円に引いた2本の接線の長さは等しいから，
AD＝(A から接点)＋(D から接点)，BC＝(B から接点)＋(C から接点)とな
る。よって，AD＋BC＝AB＋DC＝12＋13＝25(cm)。台形 ABCD の面積＝

$$(AD＋BC) \times AB \times \frac{1}{2} = 25 \times 12 \times \frac{1}{2} = 150 (cm^2)$$

5 △ABC と△AED で，仮定より，線分 AC は円 O の直径だから，∠ABC

63

$=90°\cdots$①,仮定より AE⊥BD だから,∠AED$=90°\cdots$②。①,②より,∠ABC$=$∠AED$\cdots$③,$\overset{\frown}{AB}$に対する円周角は等しいから,∠ACB$=$∠ADE$\cdots$④。③,④より,2組の角がそれぞれ等しいので,△ABC∽△AED

6 (1)10cm ➡ PU$=$OP$-$OU$=25-20=5$(cm),TU$=$PT$-$PU$=15-5=10$(cm) (2)線分 OR,PR をひくと,△OPQ と△OPR において,円 O の半径より,OQ$=$OR$\cdots$①,円 P の半径より,PQ$=$PR$\cdots$②,また,OP は共通$\cdots$③。①,②,③より,3組の辺がそれぞれ等しいから,△OPQ≡△OPR である。よって,∠OPQ$=\frac{1}{2}$∠QPR$\cdots$④。中心角と円周角の関係より,∠QVR$=\frac{1}{2}$∠QPR$\cdots$⑤。④,⑤より,∠OPQ$=$∠QVR (3)120cm^2 ➡ △OPQ$=$OQ$\times$PQ$\times\frac{1}{2}=20\times15\times\frac{1}{2}=150$(cm^2)。OS:OP$=20:25=4:5$ より,△OQS$=\frac{4}{5}$△OPQ$=\frac{4}{5}\times150=120$(cm^2)

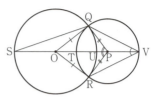

算数② 5 空間図形①　▶問題 P.160〜161

1 ①四角すい(正四角すい) ➡問題の下の平面図より底面が正方形であることが分かり,上の立面図よりすい体であることが分かる。 ②円柱

2 (1)面イ (2)辺 KL ➡辺 MN と ML が重なり,辺 AN と KL が重なる。(3)頂点 F,J

3 (1)表面積:84cm^2,体積:36cm^3 ➡ 2つの底面の面積が,$3\times4\times\frac{1}{2}\times2=12$(cm^2),側面の面積が,$6\times(4+5+3)=72$(cm^2)。よって,表面積は,$12+72=84$(cm^2)。体積は,$3\times4\times\frac{1}{2}\times6=36$(cm^3)

(2)表面積:48πcm^2,体積:45πcm^3 ➡ 2つの底面の面積が,$\pi\times3^2\times2=18\pi$(cm^2),側面の面積が,$2\pi\times3\times5=30\pi$(cm^2)。よって,表面積は,$18\pi+30\pi=48\pi$(cm^2)。体積は,$\pi\times3^2\times5=45\pi$(cm^3)

4 (1)108cm^3 ➡ 角すいの体積$=\frac{1}{3}\times$底面積$\times$高さ$=\frac{1}{3}\times6\times6\times9=108$

（cm³）　(2)600π cm³　➡ $\frac{1}{3} \times \pi \times 10^2 \times 18 = 600\pi$（cm³）

5 (1)135°　➡側面のおうぎ形の中心角をx°とおくと，おうぎ形の弧の長さ＝ $2\pi \times 8 \times \frac{x}{360} = \frac{2}{45}\pi x$。これが底面の円周と等しいから，$2\pi \times 3 = 6\pi$，$\frac{2}{45}\pi x = 6\pi$，$x = 135$°　(2)33π cm²　➡底面の面積は，$\pi \times 3^2 = 9\pi$（cm²）。側面の面積は，$\pi \times 8^2 \times \frac{135}{360} = 24\pi$（cm²）。よって，表面積は，$9\pi + 24\pi = 33\pi$（cm²）

6 (1)$\frac{20}{3}\pi$ cm³　➡底面の半径が2cm，高さが5cmの円すいとなるから，その体積は，$\frac{1}{3} \times \pi \times 2^2 \times 5 = \frac{20}{3}\pi$（cm³）　(2)$\frac{32}{3}\pi$ cm³　➡半径が2cmの球となるから，その体積は，$\frac{4}{3}\pi \times 2^3 = \frac{32}{3}\pi$（cm³）　(3)33π cm³　➡下側の部分は，底面の半径が3cm，高さ3cmの円柱，上側の部分が，底面の半径が3cm，高さが2cmの円すいになる。円柱部分の体積は，$\pi \times 3^2 \times 3 = 27\pi$（cm³）。円すい部分の体積は，$\frac{1}{3} \times \pi \times 3^2 \times 2 = 6\pi$（cm³）。よって，全体の体積は，$27\pi + 6\pi = 33\pi$（cm³）

7 280cm³　➡BとIを結び，四角形ABJIを2つの三角形に分ける。$\triangle ABI = \triangle ABF \times \frac{1}{3} = 12 \times 18 \times \frac{1}{2} \times \frac{1}{3} = 36$（cm²）。$\triangle BIJ = \triangle BIF \times \frac{2}{3} = \triangle ABF \times \frac{2}{3} \times \frac{2}{3} = 12 \times 18 \times \frac{1}{2} \times \frac{4}{9} = 48$（cm²）。よって，四角形ABJIの面積は，$36 + 48 = 84$（cm²）。したがって，求める体積は，四角形ABJIを底辺，高さをBCとする四角すいだから，$\frac{1}{3} \times 84 \times 10 = 280$（cm³）

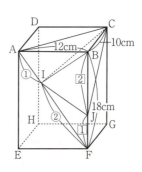

算数② **6** 空間図形②　▶問題 P.162〜163

1 (1)5cm　➡xは直角三角形の斜辺だから，$x^2 = 3^2 + 4^2$，$x^2 = 25$，$x > 0$だから，$x = 5$（cm）　(2)$4\sqrt{5}$ cm　➡$x^2 = 4^2 + 8^2$，$x^2 = 80$，$x > 0$だから，$x = \sqrt{80}$

別冊◆解答・解説

$= 4\sqrt{5}$(cm)　(3)　$3\sqrt{2}$ cm　➡ 2つの角が45°の直角三角形の辺の比は，$1:1:\sqrt{2}$ だから，$3:x=1:\sqrt{2}$，$x=3\sqrt{2}$(cm)　(4)$6\sqrt{3}$ cm　➡60°，30°の角をもつ直角三角形の辺の比は，$1:2:\sqrt{3}$ なので，$9:x=\sqrt{3}:2$，$\sqrt{3}\,x=18$，$x=\dfrac{18}{\sqrt{3}}=6\sqrt{3}$(cm)

2 ②，③　➡①$4^2+5^2=41$，$6^2=36$　②$5^2+12^2=169$，$13^2=169$　③$2^2+(\sqrt{3})^2=7$，$(\sqrt{7})^2=7$　④$(\sqrt{2})^2+(\sqrt{7})^2=9$，$(2\sqrt{2})^2=8$

3 $3\sqrt{3}$ cm　➡右の図のように対角線を1本ひくと直角三角形が2つでき，斜辺の長さは等しいから，$4^2+6^2=x^2+5^2$，$x^2=27$，$x>0$ だから，$x=\sqrt{27}=3\sqrt{3}$(cm)

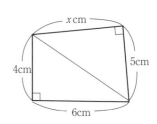

4 (1) $4\sqrt{10}$ cm　➡右の図のように，弦の長さは，$\sqrt{7^2-3^2}\times 2=4\sqrt{10}$(cm)　(2)$2\sqrt{34}$ cm　➡$(20\div 2)^2+6^2=136$。円の半径は，$\sqrt{136}=2\sqrt{34}$(cm)　(3)12cm　➡$\sqrt{15^2-9^2}=\sqrt{144}=12$(cm)

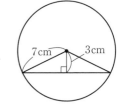

5 $2\sqrt{6}$ cm　➡対角線 AC をひくと，△ACG において三平方の定理より，$AC^2+CG^2=AG^2$，$AC^2+3^2=7^2$，$AC^2=7^2-3^2=40$，$AC>0$ だから，$AC=\sqrt{40}=2\sqrt{10}$(cm)。△ABC において，三平方の定理より，$AB^2+BC^2=AC^2$，$AB^2+4^2=(2\sqrt{10})^2$，$AB^2=24$，$AB>0$ だから，$AB=\sqrt{24}=2\sqrt{6}$(cm)

6 (1)6 cm　➡△ABC は直角二等辺三角形である。　(2)$54\sqrt{5}$ cm^3　➡$BE^2+BC^2=EC^2$，$BE^2+6^2=9^2$，$BE^2=45$，$BE>0$ であるから，$BE=\sqrt{45}=3\sqrt{5}$(cm)。したがって，三角柱の体積は，$6\times 6\times \dfrac{1}{2}\times 3\sqrt{5}=54\sqrt{5}$(cm^3)

7 (1)$3\sqrt{2}$ cm　➡底面の正方形において，△HAB は直角二等辺三角形である。直角二等辺三角形の辺の比より，$AH:AB=1:\sqrt{2}$，$AH:6=1:\sqrt{2}$，$\sqrt{2}\,AH=6$，$AH=3\sqrt{2}$(cm)　(2)$6\sqrt{2}$ cm　➡△OAH で三平方の定理より，$OH^2+(3\sqrt{2})^2=(3\sqrt{10})^2$，$OH^2=90-18=72$，$OH>0$ であるから，$OH=\sqrt{72}=6\sqrt{2}$(cm)　(3)$72\sqrt{2}$ cm^3　➡正四角すい OABCD の体積は，$\dfrac{1}{3}\times 6\times 6\times 6\sqrt{2}=72\sqrt{2}$(cm^3)

8 (1)5184cm^3　➡△AOH で三平方の定理より，$AH=\sqrt{OA^2-OH^2}=\sqrt{30^2-24^2}=\sqrt{324}=18$(cm)。△HAB は直角二等辺三角形だから，$AB=\sqrt{2}\,AH$

66

$=18\sqrt{2}$(cm)である。よって，水の体積は，$\frac{1}{3} \times (18\sqrt{2})^2 \times 24 = 5184$(cm³)

(2) 9 cm ➡ 底面から水面までの高さを h cm とすると，$24 \times 24 \times h = 5184$，$h = 9$(cm)

算数② 7 空間図形③ ▶問題 P.164〜165

1 (1) 9 cm² ➡ 切り口の四角形と底面の四角形は相似で，相似比が 1：2 なので，面積比は $1^2 : 2^2 = 1 : 4$ である。切り口の面積を S cm² とすると，$S : 36 = 1 : 4$，$S = 9$(cm²)　(2) 18 cm³ ➡ 切り取った小さな四角すいと元の四角すいは相似で，相似比が 1：2 なので，体積比は $1^3 : 2^3 = 1 : 8$ である。切り取った小さな四角すいの体積を V cm³ とすると，$V : 144 = 1 : 8$，$V = 144 \div 8 = 18$(cm³)

2 8：19 ➡ AE：EB＝AF：FC＝AG：GD＝2：1 であるから，三角すい AEFG と三角すい ABCD の相似比は，AE：AB＝2：3 である。したがって，三角すい AEFG と三角すい ABCD の体積比は，$2^3 : 3^3 = 8 : 27$。よって，三角すい AEFG と三角すい AEFG を除いた立体の体積比は，8：(27－8)＝8：19

3 9 cm ➡ 底面と平行に切るので，切り取る円すいは，元の円すいと相似である。切り取る円すいと元の円すいの体積の比は，$\frac{1}{8} : 1 = 1 : 8 = 1^3 : 2^3$ となり，相似比が 1：2 である。したがって，切り取る円すいの母線の長さは，$18 \times \frac{1}{2} = 9$(cm)

4 $9\sqrt{3}$ cm ➡ 円すいの底面の円周は，$2\pi \times 3 = 6\pi$(cm)，側面の展開図でのおうぎ形の中心角は，$\angle AOA' = 360° \times \frac{6\pi}{2\pi \times 9} = 120°$。ひも

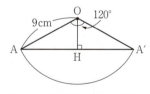

の最短の長さは，右の図で線分 AA′ の長さである。△OAH は 30°，60°，90°の直角三角形であるから，AO：AH＝2：$\sqrt{3}$，AH＝$9 \times \sqrt{3} \div 2 = \frac{9}{2}\sqrt{3}$。よって，AA′＝2AH＝$2 \times \frac{9}{2}\sqrt{3} = 9\sqrt{3}$(cm)

5 $8\sqrt{5}$ cm ➡ AL＝AE＝10 cm より，LD＝AD－AL＝16－10＝6(cm)。

GH = 3 GM より，GM = GH ÷ 3 = 12 ÷ 3 = 4 (cm)，MH = GH − GM = 12 − 4 = 8 (cm)。よって，LP，PM を含む面の展開図は，右のようになる。LP + PM が最も短くなるのは直線になるときだから，△LMH で三平方の定理より，LP + PM = LM = $\sqrt{LH^2 + MH^2}$ = $\sqrt{16^2 + 8^2}$ = $\sqrt{320}$ = $8\sqrt{5}$ (cm)

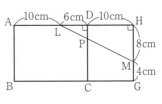

6 (1) $4\sqrt{2}$ cm ➡ 図2の正四角柱の底面の1辺の長さを a cm ($a > 0$) とすると，図1の正四角柱の体積は $4 \times 4 \times 8 = 128$ (cm³) だから，$a^2 \times 4 = 128$，$a^2 = 32$, $a = \sqrt{32} = 4\sqrt{2}$ (cm) (2)① $8 + 4\sqrt{2}$ cm ➡ △IAB，△JEF ともに直角二等辺三角形なので，IA = EJ = $4 \times \dfrac{1}{\sqrt{2}} = 2\sqrt{2}$ (cm)，IA + AP(AE) + PJ(EJ) = $2\sqrt{2} + 8 + 2\sqrt{2} = 8 + 4\sqrt{2}$ (cm) ② $12\sqrt{2}$ cm ➡ AG 間の最短距離は右の図のようになる。IA + AP(AG) + PJ(GJ) = $2\sqrt{2} + 8\sqrt{2} + 2\sqrt{2} = 12\sqrt{2}$ (cm)

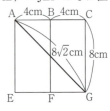

7 (1) $4\sqrt{15}$ cm ➡ 三角形 OBC は二等辺三角形なので，OE ⊥ BC。BE = 4 (cm) であり，三平方の定理より，OE = $\sqrt{16^2 - 4^2} = \sqrt{240} = 4\sqrt{15}$ (cm) (2) $2\sqrt{15}$ cm ➡ 右の図は展開図の一部である。AC は最短になるので，OB と垂直に交わる。△OBC の面積を2通りで表すと，BC × OE × $\dfrac{1}{2}$ = OB × PC × $\dfrac{1}{2}$，$8 \times 4\sqrt{15} \times \dfrac{1}{2} = 16 \times PC \times \dfrac{1}{2}$，PC = $2\sqrt{15}$ (cm) (3) $\dfrac{16\sqrt{14}}{3}$ cm³ ➡ ∠APB = ∠CPB = 90° であるから，PB は △APC に対して垂直である。つまり，三角すい PABC で，底面を △APC とすると，高さは PB になる。△PBC で三平方の定理より，PB = $\sqrt{8^2 - (2\sqrt{15})^2} = \sqrt{4} = 2$ (cm)。また，△ABC は直角二等辺三角形より，AC = $\sqrt{2}$ BC = $8\sqrt{2}$ (cm)，AP = PC = $2\sqrt{15}$ (cm)。P から AC にひいた垂線と AC との交点を H とすると，△APH で三平方の定理より，PH = $\sqrt{(2\sqrt{15})^2 - (4\sqrt{2})^2} = \sqrt{60 - 32} = \sqrt{28} = 2\sqrt{7}$

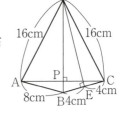

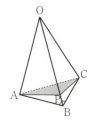

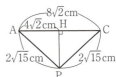

(cm)，$\triangle APC = 8\sqrt{2} \times 2\sqrt{7} \times \dfrac{1}{2} = 8\sqrt{14}$(cm²)。したがって，求める体積は，$\dfrac{1}{3} \times 8\sqrt{14} \times 2 = \dfrac{16\sqrt{14}}{3}$(cm³)

算数② 8 空間図形④ ▶問題 P.166〜167

1 (1)18cm³ ➡立方体が最も多く使われているときの個数を，真上から見た図に書き込むと，右の図のようになり18個になる。よって，体積は，$1 \times 18 = 18$(cm³) (2)52cm² ➡上下から見える面の面積は $1 \times 9 \times 2 = 18$(cm²)，左右から見える面の面積は $1 \times 9 \times 2 = 18$(cm²)，前後から見える面の面積は $1 \times 8 \times 2 = 16$(cm²)なので，表面積は$18 + 18 + 16 = 52$(cm²)

2 (1)38cm³ ➡真上から見た図に立方体の個数を書き込むと，右の図のようになり38個になる。よって，体積は，$1 \times 38 = 38$(cm³) (2)82cm² ➡上下から見える面は16なので，上下から見える面の面積は $1 \times 16 \times 2 = 32$(cm²)である。左右から見える面は10なので，左右から見える面の面積は $1 \times 10 \times 2 = 20$(cm²)である。前後から見える面は15なので，前後から見える面の面積は $1 \times 15 \times 2 = 30$(cm²)である。よって，表面積は，$32 + 20 + 30 = 82$(cm²)

3 (1)168cm² ➡上下から見える面の面積は $4 \times 7 \times 2 = 56$(cm²)である。左右から見える面の面積は $4 \times 6 \times 2 = 48$(cm²)である。前後から見える面の面積は $4 \times 8 \times 2 = 64$(cm²)である。よって，表面積は，$56 + 48 + 64 = 168$(cm²) (2)4個 ➡真上から見た図に，3つの面だけペンキが塗られた立方体の個数を書き込むと，右上の図のようになり4個になる。

4 (1)正三角形 (2)長方形 (3)正六角形 ➡右の図のようになる。

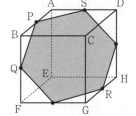

5 (1)$6\sqrt{2}$ cm ➡三平方の定理より，$BD^2 = 6^2 + 6^2$，$BD = \sqrt{72} = 6\sqrt{2}$(cm) (2)$18\sqrt{3}$ cm² ➡影を付けた部分は正三角形になり，その高さは60°，30°の角をもつ直角三角形の辺の比より，$6\sqrt{2} \div 2 \times \sqrt{3} = 3\sqrt{6}$(cm)。よって，影を付けた部分の面積は，$6\sqrt{2} \times 3\sqrt{6} \times \dfrac{1}{2} = 18\sqrt{3}$

別冊◆解答・解説

(cm^2)

6 (1)$32\sqrt{6}$ cm^2 ➡影を付けた部分はひし形になり，その対角線の長さは三平方の定理より，PQ $= 8\sqrt{2}$(cm)，AG $= 8\sqrt{3}$ cm。よって，影を付けた部分の面積は，$\dfrac{1}{2} \times 8\sqrt{2} \times 8\sqrt{3} = 32\sqrt{6}$(cm^2)である。 (2)72cm^2 ➡影を付けた部分は台形になる。上底は PQ$^2 = 4^2 + 4^2$，PQ $= \sqrt{32} = 4\sqrt{2}$(cm)である。下底は FH$^2 = 8^2 + 8^2$，FH $= \sqrt{128} = 8\sqrt{2}$(cm)である。点 P から FH に下ろした垂線と FH との交点を R とすると，PR が高さになる。PF$^2 = 8^2 + 4^2$，PF $= \sqrt{80}$(cm)，FR $= (8\sqrt{2} - 4\sqrt{2}) \div 2 = 2\sqrt{2}$(cm)，PR$^2 = (\sqrt{80})^2 - (2\sqrt{2})^2 = 72$，PR $= \sqrt{72} = 6\sqrt{2}$(cm)である。よって，影を付けた部分の面積は，$(4\sqrt{2} + 8\sqrt{2}) \times 6\sqrt{2} \times \dfrac{1}{2} = 72$(cm^2)

7 (1)$\dfrac{5}{9}$ ➡$\sin \theta = \dfrac{AC}{AB} = \dfrac{5}{9}$ (2)$\dfrac{2\sqrt{14}}{9}$ ➡三平方の定理より，BC$^2 = 9^2 - 5^2$，BC $= \sqrt{56} = 2\sqrt{14}$である。$\cos \theta = \dfrac{BC}{AB} = \dfrac{2\sqrt{14}}{9}$ (3)$\dfrac{5\sqrt{14}}{28}$ ➡$\tan \theta = \dfrac{AC}{BC} = \dfrac{5}{2\sqrt{14}} = \dfrac{5\sqrt{14}}{28}$

8 (1)―(ア) ➡$\sin \theta = \dfrac{RS}{OR} = RS$ (2)―(ウ) ➡$\tan \theta = \dfrac{PQ}{OQ} = PQ$

算数② **9** 場合の数①

▶問題 P.168～169

1 (ウ) ➡順列の公式を使うと，$_5P_3 = 5 \cdot 4 \cdot 3 = 60$(通り)

2 (エ) ➡$_6P_4 = 6 \cdot 5 \cdot 4 \cdot 3 = 360$(通り)

3 (1)24通り ➡偶数なので，一の位は2，4の2通りある。百の位は，一の位で使った数字以外の4通りあり，十の位は，一の位と百の位で使った数字以外の3通りある。よって，全部で $2 \times 4 \times 3 = 24$(通り)ある。 (2)30通り ➡百の位が4，5のときは，十の位と一の位が残りのどの数字でも340より大きくなるから，$2 \times 4 \times 3 = 24$(通り)ある。百の位が3のときは，十の位が4か5で，一の位が残りのどの数字でも340より大きくなるから，$1 \times 2 \times 3 = 6$(通り)ある。よって，全部で24＋6＝30(通り)ある。

4 (1)180通り ➡百の位には0がこないので6通りあり，十の位は百の位で使った数字以外の6通り，一の位は百の位と十の位で使った数字以外の5通りあるから全部で，$6 \times 6 \times 5 = 180$(通り)ある。 (2)75通り ➡奇数なので，一の位は1，3，5の3通りある。百の位には0がこないので0と，一の位

70

で使った数字以外の 5 通りある。十の位は一の位と百の位で使った数字以外
の 5 通りある。よって，全部で $3 \times 5 \times 5 = 75$（通り）ある。

5 (イ) ➡ 3 の倍数となるのは，各位の数の和が 3 の倍数になるときである。
和が 3 の倍数となる組合せは（1，2，3），（1，3，5），（2，3，4），
（3，4，5）の 4 組ある。それぞれの組合せの 3 つの数字の並べ方は，3！
$= 6$（通り）ずつある。よって，全部で $4 \times 6 = 24$（通り）ある。

6 (ウ) ➡ 9 の倍数となるのは，各位の数の和が 9 の倍数になるときである。
和が 9 の倍数となる組合せは（1，2，6），（1，3，5），（2，3，4），
（3，7，8），（4，6，8），（5，6，7）の 6 組ある。それぞれの組合せ
の 3 つの数字の並べ方は，3！$= 6$（通り）ある。よって，全部で $6 \times 6 = 36$
（通り）ある。

7 (1)1848通り ➡千の位が 1 から 5 のときは，百の位と十の位と一の位が残
りのどの数字でも6500より小さくなる。百の位は千の位で使った数字以外の
8 通り，十の位は千の位と百の位で使った数字以外の 7 通り，一の位は千の
位と百の位と十の位で使った数字以外の 6 通りあるから全部で，$5 \times 8 \times 7$
$\times 6 = 1680$（通り）ある。千の位が 6 のときは，百の位が 1 から 4 のとき6500
より小さくなる。十の位は千の位と百の位で使った数字以外の 7 通り，一の
位は千の位と百の位と十の位で使った数字以外の 6 通りあるから全部で，1
$\times 4 \times 7 \times 6 = 168$（通り）ある。全部で $1680 + 168 = 1848$（通り）ある　(2)336
通り ➡ 5 の倍数となるのは，0 の数字がないから一の位が 5 のときである。
千の位は一の位で使った数字以外の 8 通り，百の位は一の位と千の位で使っ
た数字以外の 7 通り，十の位は一の位と千の位と百の位で使った数字以外の
6 通りあるから全部で，$1 \times 8 \times 7 \times 6 = 336$（通り）ある。

8 (ウ) ➡階乗の公式を使うと，5！$= 5 \cdot 4 \cdot 3 \cdot 2 \cdot 1 = 120$（通り）

9 (エ) ➡ 7！$= 7 \cdot 6 \cdot 5 \cdot 4 \cdot 3 \cdot 2 \cdot 1 = 5040$（通り）

10 (イ) ➡ A と B の 2 人の組と残りの C，D，E の並べ方は，4！あり，A，
B の並べ方は 2！ある。よって，全部で 4！$\times$ 2！$= 4 \cdot 3 \cdot 2 \cdot 1 \cdot 2 \cdot$
$1 = 48$（通り）ある。

11 (ウ) ➡女子 3 人の組と男子 4 人の並べ方は 5！あり，女子 3 人の並べ方は
3！ある。よって，全部で 5！$\times$ 3！$= 5 \cdot 4 \cdot 3 \cdot 2 \cdot 1 \cdot 3 \cdot 2 \cdot 1 =$
720（通り）ある。

12 (エ) ➡女子 5 人を先に並べるとその並べ方は 5！ある。女子 5 人の間また

算数
②

71

は両端の6か所に男子3人を別々に並べる並べ方は，$6 \times 5 \times 4 = 120$（通り）ある。よって，全部で$5 \cdot 4 \cdot 3 \cdot 2 \cdot 1 \times 120 = 14400$（通り）ある。

13 9600通り ➡ 6つの領域を右のようにする。多くの領域に面した部分から順に数える。Cの領域の塗り方は6通り，Eの領域は5通り（Cと異なる），DとFの領域はそれぞれ4通り（CとEと異なる），Aの領域は5通り（Cと異なる），Bの領域は4通り（CとAと異なる）である。よって，全部で，$6 \times 5 \times 4 \times 4 \times 5 \times 4 = 9600$（通り）ある。

算数② 10 場合の数② ▶問題 P.170〜171

1 (イ) ➡ 円順列なので，$(6-1)! = 5 \cdot 4 \cdot 3 \cdot 2 \cdot 1 = 120$（通り）

2 720通り ➡ 円順列なので，$(7-1)! = 6 \cdot 5 \cdot 4 \cdot 3 \cdot 2 \cdot 1 = 720$（通り）

3 (エ) ➡ 円順列だが，首かざりの場合，裏返しても同じになるので，$(8-1)! \div 2 = 7 \cdot 6 \cdot 5 \cdot 4 \cdot 3 \cdot 2 \cdot 1 \div 2 = 2520$（通り）

4 (ア) ➡ 女子2人をまとめて1人と考えると5人の円順列となる。女子2人の座り方は2通りあるから，$(5-1)! \times 2 = 4 \cdot 3 \cdot 2 \cdot 1 \times 2 = 48$（通り）

5 (ウ) ➡ 8チームから対戦する2チームを選ぶ組合せなので，${}_8C_2 = \dfrac{8 \cdot 7}{2 \cdot 1} = 28$（通り）

6 (イ) ➡ 7個から3個を選ぶ組合せなので，${}_7C_3 = \dfrac{7 \cdot 6 \cdot 5}{3 \cdot 2 \cdot 1} = 35$（通り）

7 (エ) ➡ 16人から3人を選ぶ組合せなので，${}_{16}C_3 = \dfrac{16 \cdot 15 \cdot 14}{3 \cdot 2 \cdot 1} = 560$（通り）

8 (1)21本 ➡ 7つの点から2つの点を選ぶ組合せなので，${}_7C_2 = \dfrac{7 \cdot 6}{2 \cdot 1} = 21$（本）　(2)35個 ➡ 7つの点から3つの点を選ぶ組合せなので，${}_7C_3 = \dfrac{7 \cdot 6 \cdot 5}{3 \cdot 2 \cdot 1} = 35$（個）

9 (イ) ➡ 横の4本から2本，縦の6本から2本選ぶと平行四辺形ができるので，${}_4C_2 \times {}_6C_2 = \dfrac{4 \cdot 3}{2 \cdot 1} \times \dfrac{6 \cdot 5}{2 \cdot 1} = 90$（個）

10 (1)—(ウ) ➡ まず6人から3人を選び，残りの3人から2人を選ぶと，残り

の 1 人も決まるから，$_6C_3 \times {}_3C_2 = \dfrac{6 \cdot 5 \cdot 4}{3 \cdot 2 \cdot 1} \times \dfrac{3 \cdot 2}{2 \cdot 1} = 60$（通り） (2)—(ア)

➡まず 6 人から 2 人を選び，残りの 4 人から 2 人を選ぶと，残りの 2 人も決まる。ただし，3 つの組を区別しないので，同じものが 3 ！通りずつでてくるから，$_6C_2 \times {}_4C_2 \div 3! = \dfrac{6 \cdot 5}{2 \cdot 1} \times \dfrac{4 \cdot 3}{2 \cdot 1} \div 6 = 15$（通り）

⓫ (1)27720通り ➡まず12冊から 5 冊を選び，残りの 7 冊から 4 冊を選ぶと，残りの 3 冊も決まるから，$_{12}C_5 \times {}_7C_4 = \dfrac{12 \cdot 11 \cdot 10 \cdot 9 \cdot 8}{5 \cdot 4 \cdot 3 \cdot 2 \cdot 1} \times \dfrac{7 \cdot 6 \cdot 5 \cdot 4}{4 \cdot 3 \cdot 2 \cdot 1} = 27720$（通り） (2)34650通り ➡まず12冊から 4 冊を選び A とし，残りの 8 冊から 4 冊を選び B とすると，残りの 4 冊の C も決まるから，$_{12}C_4 \times {}_8C_4 = \dfrac{12 \cdot 11 \cdot 10 \cdot 9}{4 \cdot 3 \cdot 2 \cdot 1} \times \dfrac{8 \cdot 7 \cdot 6 \cdot 5}{4 \cdot 3 \cdot 2 \cdot 1} = 34650$（通り） (3)5775通り ➡(2)で A，B，C の区別をなくすと，同じものが 3 ！ずつ出てくるから，$_{12}C_4 \times {}_8C_4 \div 3! = 34650 \div 6 = 5775$（通り）

算数② **11** 確率①　　　　▶問題 P.172〜173

1 (イ) ➡$\dfrac{8}{60} = \dfrac{2}{15}$

2 $\dfrac{3}{8}$ ➡偶数は，②，④，⑥ の 3 枚なので，$\dfrac{3}{8}$

3 (カ) ➡トランプの数字は 1 から13までで，この中で 4 の倍数は，4 と 8 と12がある。4 と 8 と12は 3 × 4 ＝12（枚）あるので，求める確率は，$\dfrac{12}{52} = \dfrac{3}{13}$ である。

4 (1)—(ア) ➡袋の中の玉は全部で，5 ＋ 7 ＋18＝30（個）なので，5 個入っている赤玉を取り出す確率は，$\dfrac{5}{30} = \dfrac{1}{6}$ である。 (2)—(ウ) ➡赤玉と青玉を合わせると 5 ＋ 7 ＝12（個）あるので，求める確率は，$\dfrac{12}{30} = \dfrac{2}{5}$ である。

5 $\dfrac{3}{38}$ ➡20個の玉から 2 個の取り出し方は$_{20}C_2 = \dfrac{20 \cdot 19}{2 \cdot 1} = 190$（通り）あり，3 個の赤玉から 1 個の取り出し方は$_3C_1 = 3$（通り），5 個の青玉から 1 個の取り出し方は$_5C_1 = 5$（通り）ある。よって，求める確率は$\dfrac{3 \times 5}{190} = \dfrac{3}{38}$ となる。

6 (イ) ➡偶数の目は 2，4，6 の 3 つあるので，1 回目が偶数となる確率は，$\dfrac{3}{6} = \dfrac{1}{2}$ である。5 以上の目は 5，6 の 2 つあるので，2 回目が 5 以上

算数②

73

別冊◆解答・解説

の数となる確率は，$\dfrac{2}{6}=\dfrac{1}{3}$ である。よって，求める確率は $\dfrac{1}{2}\times\dfrac{1}{3}=\dfrac{1}{6}$ となる。

7 $\dfrac{6}{169}$ ➡トランプの数字で5の倍数は5と10なので $2\times4=8$（枚）ある。

1枚目が5の倍数となる確率は $\dfrac{8}{52}=\dfrac{2}{13}$ である。絵札は11と12と13なので

$3\times4=12$（枚）あるから，2枚目が絵札となる確率は $\dfrac{12}{52}=\dfrac{3}{13}$ である。

よって，求める確率は $\dfrac{2}{13}\times\dfrac{3}{13}=\dfrac{6}{169}$ となる。

8 (ア)➡最初袋の中に $3+4+5=12$（個）の玉があるから，1回目に赤玉

を取り出す確率は $\dfrac{3}{12}=\dfrac{1}{4}$ である。2回目に取り出すときは袋の中に11個

の玉があるから，青玉を取り出す確率は $\dfrac{4}{11}$ である。よって，求める確率は

$\dfrac{1}{4}\times\dfrac{4}{11}=\dfrac{1}{11}$ となる。

9 $\dfrac{1}{18}$ ➡作った2けたの数が95以上となるためには，1枚目は9を，2枚

目は9はすでにひかれているから，5か6か7か8をひく必要がある。1枚目

に9をひく確率は $\dfrac{1}{9}$ であり，2枚目に5か6か7か8をひく確率は $\dfrac{4}{8}=\dfrac{1}{2}$

である。よって，求める確率は $\dfrac{1}{9}\times\dfrac{1}{2}=\dfrac{1}{18}$ となる。

10 (オ)➡3回とも5の目が出ない確率は $\dfrac{5}{6}\times\dfrac{5}{6}\times\dfrac{5}{6}=\dfrac{125}{216}$ である。少な

くとも1回は5の目が出る確率は，この余事象となるから，$1-\dfrac{125}{216}=\dfrac{91}{216}$

となる。

11 $\dfrac{3439}{10000}$ ➡100本のうち90本がはずれなので，はずれをひく確率は $\dfrac{90}{100}=$

$\dfrac{9}{10}$ で，4本ともはずれをひく確率は $\dfrac{9}{10}\times\dfrac{9}{10}\times\dfrac{9}{10}\times\dfrac{9}{10}=\dfrac{6561}{10000}$ である。

求める確率は，この余事象となるから，$1-\dfrac{6561}{10000}=\dfrac{3439}{10000}$ となる。

12 $\dfrac{1197}{2197}$ ➡トランプで絵札をひかない確率は $\dfrac{40}{52}=\dfrac{10}{13}$ である。3枚とも絵札

をひかない確率は $\dfrac{10}{13}\times\dfrac{10}{13}\times\dfrac{10}{13}=\dfrac{1000}{2197}$ である。求める確率は，この余事

象となるから，$1-\dfrac{1000}{2197}=\dfrac{1197}{2197}$ となる。

13 $\dfrac{544}{625}$ ➡袋の中に $5+7+8=20$（個）の玉があるから，白玉を取り出さな

74

い確率は $\dfrac{12}{20} = \dfrac{3}{5}$ である。4個とも白玉でない確率は $\dfrac{3}{5} \times \dfrac{3}{5} \times \dfrac{3}{5} \times \dfrac{3}{5} = \dfrac{81}{625}$ である。求める確率は，この余事象となるから，$1 - \dfrac{81}{625} = \dfrac{544}{625}$ となる。

算数② 12 確率② ▶問題 P.174〜175

1 (エ) ➡どの硬貨も表と裏が出る確率はそれぞれ $\dfrac{1}{2}$ である。合計が150円以上500円以下となるのは，3枚の硬貨が(500円，100円，50円) = (裏，表，表)のとき150円，(500円，100円，50円) = (表，裏，裏)のとき500円の2通りある。よって，求める確率は，$2 \times \dfrac{1}{2} \times \dfrac{1}{2} \times \dfrac{1}{2} = \dfrac{1}{4}$

2 $\dfrac{1}{16}$ ➡コインの表が出る確率は $\dfrac{1}{2}$ なので，$\dfrac{1}{2} \times \dfrac{1}{2} \times \dfrac{1}{2} \times \dfrac{1}{2} = \dfrac{1}{16}$

3 $\dfrac{3}{16}$ ➡表が4回出るとき9点，5回出るとき10点となり，9点以上となる。表が4回出るとき，5回の中で裏が出る1回は5通りあり，表が5回出るのは1通りあるから，全部で $5 + 1 = 6$（通り）ある。よって，求める確率は，$6 \times \dfrac{1}{2} \times \dfrac{1}{2} \times \dfrac{1}{2} \times \dfrac{1}{2} \times \dfrac{1}{2} = \dfrac{3}{16}$

4 $\dfrac{5}{16}$ ➡コインを5回投げて表が3回出るとき，表が出る回数は5回の中から3回を選び，${}_5\mathrm{C}_3 = \dfrac{5 \cdot 4 \cdot 3}{3 \cdot 2 \cdot 1} = 10$（通り）ある。よって，求める確率は，$10 \times \dfrac{1}{2} \times \dfrac{1}{2} \times \dfrac{1}{2} \times \dfrac{1}{2} \times \dfrac{1}{2} = \dfrac{5}{16}$

5 $\dfrac{11}{32}$ ➡コインを6枚投げて表が4枚以上出るときは，4枚，5枚，6枚の場合がある。表が4枚出るとき裏が出る2枚の選び方は，${}_6\mathrm{C}_2 = \dfrac{6 \cdot 5}{2 \cdot 1} = 15$（通り）ある。表が5枚出るとき裏が出る1枚の選び方は6通り，表が6枚出るときは1通りあり，全部で $15 + 6 + 1 = 22$（通り）ある。よって，求める確率は，$22 \times \dfrac{1}{2} \times \dfrac{1}{2} \times \dfrac{1}{2} \times \dfrac{1}{2} \times \dfrac{1}{2} \times \dfrac{1}{2} = \dfrac{11}{32}$

6 (ウ) ➡じゃんけんの手の出し方は，グー，チョキ，パーの3つがあり，それぞの手を出す確率は $\dfrac{1}{3}$ である。3人が勝つとき1人が負けるので，負ける人の選び方が4通り，負ける人の手の選び方が3通りあるから，その確率は，$4 \times 3 \times \dfrac{1}{3} \times \dfrac{1}{3} \times \dfrac{1}{3} \times \dfrac{1}{3} = \dfrac{4}{27}$

算数②

75

別冊◆解答・解説

7 (カ) ➡1回のじゃんけんで勝者が決まるとき，1人が勝つときと2人が勝つときがある。1人が勝つときは，勝つ人の選び方が3通り，勝つ人の手の選び方が3通りあるから，その確率は，$3 \times 3 \times \frac{1}{3} \times \frac{1}{3} \times \frac{1}{3} = \frac{1}{3}$である。2人が勝つときは，負ける1人を選ぶので，1人が勝つときと同じ確率となる。よって，求める確率は，$\frac{1}{3} \times 2 = \frac{2}{3}$

8 $\frac{10}{81}$ ➡2人が勝つときは，勝つ人の選び方が$_5C_2 = \frac{5 \cdot 4}{2 \cdot 1} = 10$（通り）ある。また，勝つ人の手の選び方が3通りあるから，その確率は，$10 \times 3 \times \frac{1}{3} \times \frac{1}{3} \times \frac{1}{3} \times \frac{1}{3} \times \frac{1}{3} = \frac{10}{81}$

9 $\frac{5}{36}$ ➡サイコロの目は1から6までなのでそれぞれの目の出る確率は$\frac{1}{6}$である。1回目に出る目の数が，2回目に出る目の数の3倍以上になるのは，（1回目に出る目，2回目に出る目）で表すと（3，1），（4，1），（5，1），（6，1），（6，2）の5通りある。よって，求める確率は，$5 \times \frac{1}{6} \times \frac{1}{6} = \frac{5}{36}$

10 $\frac{7}{8}$ ➡出る目の積が偶数になるのは1つでも偶数があるときである。よって，すべてが奇数のときの余事象となる。すべてが奇数のときは，それぞれのサイコロで3通りずつあるから，全部で$3 \times 3 \times 3 = 27$（通り）ある。その確率は$27 \times \frac{1}{6} \times \frac{1}{6} \times \frac{1}{6} = \frac{1}{8}$である。これは$\frac{1}{2} \times \frac{1}{2} \times \frac{1}{2} = \frac{1}{8}$で計算してもよい。よって，その余事象は，$1 - \frac{1}{8} = \frac{7}{8}$

11 (1)$\frac{1}{3}$ ➡サイコロを1回投げたとき頂点Dにあるのは，奇数の3が出たときと偶数の4が出たときの2通りあるから，$2 \times \frac{1}{6} = \frac{1}{3}$ (2)$\frac{2}{9}$ ➡サイコロを2回投げたとき頂点Eにあるのは，（1回目に出る目，2回目に出る目）で表すと（1，3），（1，4），（3，1），（3，6），（4，1），（4，6），（6，3），（6，4）の8通りある。よって，求める確率は，$8 \times \frac{1}{6} \times \frac{1}{6} = \frac{2}{9}$

12 $\frac{1}{12}$ ➡$a + 2b = 9$になるのは，(a, b)で表すと（1，4），（3，3），

76

（5，2）の3通りある。よって，求める確率は，　$3 \times \dfrac{1}{6} \times \dfrac{1}{6} = \dfrac{1}{12}$

13 $\dfrac{5}{36}$　➡ $3a + 2b$ は，最も大きいときが $3 \times 6 + 2 \times 6 = 30$ なので，8の

倍数になるのは，8，16，24のときである。(a, b) で表すと，8になるとき

は（2，1）で，16になるときは（2，5），（4，2）で，24になるときは（4，

6），（6，3）で，全部で5通りある。よって，求める確率は，

　　$5 \times \dfrac{1}{6} \times \dfrac{1}{6} = \dfrac{5}{36}$

14 (1)$\dfrac{1}{3}$　➡QR＝4だから，△PQRの高さが1である。つまり，点Pの y 座

標が1か3のときに面積が2になる。b が1のとき a は6通りあり，b が3

のとき a は6通りある。全部で $6 + 6 = 12$（通り）あるから，求める確率は，

$12 \times \dfrac{1}{6} \times \dfrac{1}{6} = \dfrac{1}{3}$　　(2)$\dfrac{5}{36}$　➡直線 $x = 3$ 上にあるとき，二等辺三角形になるか

ら，a が3のとき b は6通りあるが，b が2のときは一直線上にあり三角形

にならないから5通りある。よって，求める確率は，　$5 \times \dfrac{1}{6} \times \dfrac{1}{6} = \dfrac{5}{36}$

15 $\dfrac{13}{36}$　➡$(a - 1)x = b$，$x = \dfrac{b}{a - 1}$ となる。$a = 1$ のときは分母が0となり成り

立たない。$a = 2$ のとき分母が1となり，b は6通りある。$a = 3$ のとき分母

が2となり，b は2，4，6の3通りある。$a = 4$ のとき分母が3となり，b

は3，6の2通りある。$a = 5$ のとき分母が4となり，b は4の1通りある。

$a = 6$ のとき分母が5となり，b は5の1通りある。よって，全部で $6 + 3$

$+ 2 + 1 + 1 = 13$（通り）あるから，求める確率は，　$13 \times \dfrac{1}{6} \times \dfrac{1}{6} = \dfrac{13}{36}$

算数② **13** 規則性　　▶問題 P.176〜177

1 49　➡この数列は初項が -7 で公差が4の等差数列である。15番目の数は，

等差数列の一般項の公式に当てはめると，$a + (n - 1)d = -7 + (15 - 1) \times$

$4 = 49$

2 264　➡この数列は初項が -11 で公差が6の等差数列である。12番目の項

までの和は，等差数列の和の公式に当てはめると，$\dfrac{1}{2}n\{2a + (n - 1)d\} = \dfrac{1}{2}$

$\times 12 \times \{2 \times (-11) + (12 - 1) \times 6\} = 264$

3 5050　➡公式に当てはめると，$\dfrac{1}{2}n(n + 1) = \dfrac{1}{2} \times 100 \times (100 + 1) = 5050$

4 (エ)　➡奇数を1から n 個足した和は n^2 だから，$n^2 = 361$，$n = \sqrt{361} = 19$

算数②

77

別冊◆解答・解説

5 185 ➡この数列は初項の−5に，1，2，3，4，…を順に加えている。よって，20番目の数は−5に1から19までの数を加えた数となるので，
$$-5+(1+2+3+\cdots 19)=-5+\frac{1}{2}\times 19\times(19+1)=185$$

6 (ウ) ➡この数列は，1^2，2^2，3^2，4^2，…となっている。$\sqrt{324}=18$より，324は18番目の数である

7 768 ➡この数列は初項が3で4を順にかけた等比数列である。$192\times 4=768$より，□に当てはまるのは768である。

8 152 ➡19番目の段は，19から始まり$2\times 19-1=37$（個）の数が並ぶので，19，20，21，…，55である。20番目の段は，20から始まり$2\times 20-1=39$（個）の数が並ぶので，20，21，22，…，55，56，57，58である。合計の差は，$56+57+58-19=152$

9 75 ➡1段目は，1^2，2^2，3^2，4^2，…となっている。よって，1段目の9列目は，$9^2=81$で，段が1つ下がるにつれて1ずつ小さくなるので7段目は，$81-(7-1)=75$

10 (1)n^2 ➡それぞれの段の右端の板に書かれた数は，1^2，2^2，3^2，…となっているから，n段目の最も大きな数は，n^2である。 (2)730 ➡$\sqrt{784}=28$より，28段目まで敷きつめている。また，それぞれの段の板の数は，1，3，5，…となっており，28段目の板の数は，$2\times 28-1=55$（枚）である。よって，左端の正三角形の板に書かれた数は，$784-55+1=730$

11 21番目 ➡1番目は1辺に3個ずつ碁石を並べている。正三角形なので3辺あるが，頂点は重なっているから碁石の数は，$3\times 3-3=6$（個）。よって，n番目の碁石の数は$(n+2)\times 3-3$なので，$(n+2)\times 3-3=66$，$3n=63$，$n=21$（番目）

12 (1)白の碁石が10個多い。 ➡碁石の個数の関係をまとめると，右の表のようになる。偶数番目は白の碁石の方が多く，差は10個となる。 (2)625個 ➡碁石の差が25個ときは25番目で，全部の碁石の個数は，$25^2=625$（個）

	1番目	2番目	3番目	4番目
全部	1	4	9	16
黒	1	1	6	6
白	0	3	3	10
差	1	2	3	4

78

算数② **14 集合・論理・資料①** ▶問題 P.178〜179

1 (ウ)，(エ)，(オ) ➡線対称な図形は，対称の軸で折るとぴったり重なる図形だから，二等辺三角形，正三角形，正方形，長方形，ひし形である．点対称な図形は，180°回転させたときに重なる図形だから，正方形，長方形，ひし形，平行四辺形である．両方に当てはまるのが B だから，正方形，長方形，ひし形である．

2 (イ) ➡1から100の自然数で，6の倍数は$100 \div 6 = 16$余り4より16個ある．9の倍数は$100 \div 9 = 11$余り1より11個ある．6の倍数でも9の倍数でもあるのは公倍数の18の倍数だから$100 \div 18 = 5$余り10より5個ある．よって，C に当てはまるのは，$11 - 5 = 6$（個）

3 (ウ) ➡白い部分は $A \cap B$ で，その補集合だから $\overline{A \cap B}$

4 (1)$\overline{B} = \{1, 2, 6, 7, 8, 9\}$ (2)$\overline{A} \cap \overline{B} = \{2, 7, 9\}$ ➡$\overline{A} = \{2, 4, 5, 7, 9\}$なので，$\overline{B}$との共通部分は$\overline{A} \cap \overline{B} = \{2, 7, 9\}$
(3)$\overline{A} \cup \overline{B} = \{1, 2, 4, 5, 6, 7, 8, 9\}$

5 (ウ) ➡A と B の共通部分と A と B の和集合の共通部分は A と B の共通部分である．

6 (1)$A \cap B \cap C = \{1, 2, 4\}$ ➡$A = \{1, 2, 3, 4, 6, 8, 12, 24\}$，$B = \{1, 2, 4, 5, 10, 20\}$，$C = \{1, 2, 4, 8, 16\}$なので，$A \cap B \cap C = \{1, 2, 4\}$ (2)$A \cup B \cup C = \{1, 2, 3, 4, 5, 6, 8, 10, 12, 16, 20, 24\}$ (3)$A \cap (B \cup C) = \{1, 2, 4, 8\}$ ➡$B \cup C = \{1, 2, 4, 5, 8, 10, 16, 20\}$なので，$A \cap (B \cup C) = \{1, 2, 4, 8\}$

7 (1)4個 ➡8と12の公倍数は24である．1から100の自然数で24の倍数は$100 \div 24 = 4$余り4より4個で，1から200の自然数で24の倍数は$200 \div 24 = 8$余り8より8個なので，101から200の自然数で24の倍数は$8 - 4 = 4$（個）である． (2)17個 ➡1から100の自然数で8の倍数は$100 \div 8 = 12$余り4より12個で，1から200の自然数で8の倍数は$200 \div 8 = 25$より25個なので，101から200の自然数で8の倍数は$25 - 12 = 13$（個）である．1から100の自然数で12の倍数は$100 \div 12 = 8$余り4より8個で，1から200の自然数で12の倍数は$200 \div 12 = 16$余り8より16個なので，101から200の自然数で12の倍数は$16 - 8 = 8$（個）である．よって，8または12の倍数は，$13 + 8 - 4 = 17$（個）
(3)83個 ➡101から200の自然数は100個あるので，$100 - 17 = 83$（個）

算数②

79

8 (1)11人 ➡英語が「好きでもなく得意でもない」と答えた生徒は47人なので，「好き」と「得意」の和集合は，100－47＝53(人)である。「好き」が38人，「得意」が26人なので，「好き」と「得意」の共通部分は(38＋26)－53＝11(人) (2)27人 ➡「好き」の38人から，「好き」と「得意」の共通部分の11人をひいて27人である。

9 3人 ➡AとBとCの映画をすべて見たことがない人は43人だったので，$n(A \cup B \cup C) = 100 - 43 = 57$(人)である。$n(A \cup B \cup C) = n(A) + n(B) + n(C) - n(A \cap B) - n(B \cap C) - n(C \cap A) + n(A \cap B \cap C)$の公式で，求める$n(B \cap C) = x$として代入すると，$57 = 25 + 22 + 20 - 5 - x - 4 + 2$，$x = 3$(人)

10 (1)2個 ➡3つ数の公約数は36である。36の倍数は$100 \div 36 = 2$余り28より2個。

(2)39個 ➡1から100の自然数で4の倍数は$100 \div 4 = 25$より25個，6の倍数は$100 \div 6 = 16$余り4より16個，9の倍数は$100 \div 9 = 11$余り1より11個，12の倍数は$100 \div 12 = 8$余り4より8個，18の倍数は$100 \div 18 = 5$余り10より5個，それぞれの個数を表すと右の図のようになる。よって，17＋5＋6＋6＋2＋3＝39(個)

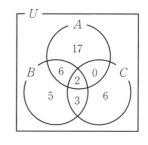

算数② 15 集合・論理・資料② ▶問題 P.180～181

1 (1)偽 ➡$x^2 = 16$のとき，$x = -4$の場合もあるから。 (2)真 ➡$xy > 0$ならば，$(x > 0, y > 0)$または$(x < 0, y < 0)$であるが，$x + y < 0$なので$x > 0, y > 0$ではない。よって，$x < 0, y < 0$である。

2 (1)―(ア) ➡xが$A \cup B$の要素であるとき，xがAの要素であり，Bの要素でない場合もあるから，必要条件であるが十分条件でない。 (2)―(イ) ➡整数nが18の倍数でかつ24の倍数であることは，18と24の公倍数の72の倍数である。これは，9の倍数であるための十分条件であるが必要条件でない。集合で考えると，内側が十分条件に，外側が必要条件になる。

3 逆：「3の倍数ならば6の倍数である。」－偽 ➡9は3の倍数だが6の倍数ではない。 対偶：「3の倍数でないならば6の倍数でない。」－真 ➡このように命題が正しければ対偶も正しい。

4 「$x = -2$ かつ $y = 7$ ならば $x + y = 5$ である。」－真 ➡ 代入して計算すると成り立つことが分かる。

5 (エ) ➡「学校での身体測定」はすべての生徒を調べる必要があるので全数調査だが,「ある植物の発芽率の調査」と「世論調査」は一部を調査すればよいので標本調査でよい。

6 600個 ➡ 標本調査より, $3 \div 250 = 0.012$ が不良品と考えられるので, 5万個の中には, $50000 \times 0.012 = 600$(個)の不良品が含まれると考えられる。

7 (1)25cm ➡ 小さい順に並べると, ¦23, 23, 24, 24, 24, 25, 25, 25, 25, 26¦ なので, 最頻値は 4 人の25cm である。 (2)24.5cm ➡ 10人なので, 5 番目の24cm と 6 番目の25cm の平均値が中央値となる。 (3)24.4cm ➡ $(23 + 23 + 24 + 24 + 24 + 25 + 25 + 25 + 25 + 26) \div 10 = 24.4$(cm)

8 (1)0.4秒 ➡ $7.4 - 7.0 = 0.4$(秒) (2)0.18 ➡ $9 \div 50 = 0.18$ (3)8.4秒 ➡ 25番目と26番目が含まれるのは8.2〜8.6の階級なので, 階級値は, $(8.2 + 8.6) \div 2 = 8.4$(秒)である。

9 (1)7 ➡ $40 - (2 + 4 + 5 + 9 + 8 + 5) = 7$ (2)3 冊 ➡ 度数が最も大きいのは 3 冊 (3)3.5冊 ➡ 20番目は 3 冊, 21番目は 4 冊なので, 中央値は, $(3 + 4) \div 2 = 3.5$(冊) (4)3.45冊 ➡ $(0 \times 2 + 1 \times 4 + 2 \times 5 + 3 \times 9 + 4 \times 8 + 5 \times 7 + 6 \times 5) \div 40 = 3.45$

理科① **1 学習指導要領①** ▶問題 P.184〜185

1 ①考え方 ②見通し ③科学 ④能力 ⑤理解 ⑥技能 ⑦解決 ⑧心情 ⑨主体

2 (b) ➡〔第 3 学年〕の「物質・エネルギー」でも①, ②は同様である。

3 (c) ➡〔第 4 学年〕の「生命・地球」でも同様の目標であり, これに生物を愛護する態度が加わる。

4 ①—(ア) ②—(エ) ③—(オ) ➡〔第 5 学年〕の「物質・エネルギー」でも①, ②は同様である。

5 ①—(イ) ➡〔第 6 学年〕の「生命・地球」でも同様の目標であり, これに生命を尊重する態度が加わる。

81

別冊◆解答・解説

理科① 2 学習指導要領② ▶問題 P.186〜187

1 ①動かす ②反射 ③明るさ ④環境 ⑤順序 ⑥太陽 ➡〔第3学年〕の内容は，ほかにAに「(1)物と重さ」，「(4)磁石の性質」，「(5)電気の通り道」がある。

2 ①体積 ②移動 ③水蒸気 ④大きさ ⑤明るさ ⑥大きさ ⑦形 ⑧位置 ⑨色 ➡〔第4学年〕の内容は，ほかにBに「(1)人の体のつくりと運動」，「(2)季節と生物」，「(4)天気の様子」がある。

3 (ウ), (エ), (オ) ➡(ア), (イ), (カ)は〔第3学年〕の内容である。

理科① 3 学習指導要領③ ▶問題 P.188〜189

1 ①長さ ②極 ③巻数 ④温度 ⑤侵食 ⑥大きさ ⑦量 ➡〔第5学年〕の内容は，ほかにAに「(1)物の溶け方」，Bに「(2)動物の誕生」，「(4)天気の変化」がある。

2 ①アルカリ ②熱 ③でんぷん ④葉 ⑤空気 ⑥太陽 ➡〔第6学年〕の内容は，ほかにAに「(1)燃焼の仕組み」，「(3)てこの規則性」，Bに「(1)人の体のつくりと働き」，「(4)土地のつくりと変化」がある。

3 (イ), (ウ), (オ), (カ) ➡(ア), (エ), (キ)は〔第5学年〕の内容である。

理科① 4 学習指導要領④ ▶問題 P.190〜191

1 ①—(キ) ②—(ア) ③—(エ) ④—(オ) ⑤—(イ) ⑥—(ケ) ⑦—(ウ) ⑧—(カ) ⑨—(ク)

2 ①—(イ) ②—(ア) ③—(シ) ④—(ウ) ⑤—(サ) ⑥—(カ) ⑦—(エ) ⑧—(ケ) ⑨—(コ) ⑩—(ク) ⑪—(キ)

理科① 5 気体の性質 ▶問題 P.192〜193

1 (1)—(イ) (2)—(ウ) (3)—(ウ) ➡(2)(ア), (エ)は酸素, (イ)は水素が発生。(3)二酸化炭素は水に少し溶けて，酸性を示す。

2 (1)—(イ) (2)—(ア) (3)—(イ) ➡(2)酸素は水に溶けやすくはない。(3)(エ)は加熱

82

すると二酸化炭素が発生。(ア)，(ウ)は加熱しても気体は発生しない。

3 (1)水素 (2)水上置換法 (3)—(ウ) ➡(3)水素は気体の中で最も密度が小さい。密度は1cm³当たりの質量で表される。密度が小さいと，それだけ軽いということである。

4 (1)—(イ) (2)塩基(アルカリ) ➡(1)スポイトで水を入れると，水にアンモニアが急激に溶け，フラスコ内の圧力が下がり，水を吸い上げ，噴水になる。(2)フェノールフタレイン溶液は塩基性になると赤色を示す。

5 A—(ア) B—(エ) C—(オ) D—(ウ) E—(イ) ➡最も軽いAは水素，Aとともに水にほとんど溶けないEは酸素，水にわずかに溶けて酸性を示し石灰水を白くにごらせるBは二酸化炭素，水によく溶け塩基性を示すCはアンモニア，残るDは二酸化硫黄である。

理科① **6** 水溶液の性質 ▶問題 P.194〜195

1 (1)—(ア)，(エ) (2)—(ウ)，(オ)，(カ) (3)—(イ)，(オ) (4)—(イ) (5)—(エ) ➡(2)石灰水は水酸化カルシウムの水溶液で塩基性。(3)薄い塩酸は気体の塩化水素が溶けた水溶液。(4)酸性の水溶液に金属を入れると水素を発生。(5)黒くこげるのは有機物の砂糖。

2 (1)—(ウ) (2)—(イ) (3)—(ウ) ➡(1)塩酸は水と塩化水素の混合物。(2)食塩は10℃で約37g，硝酸カリウムは約22g溶けるから，硝酸カリウムは結晶が出てくる。(3)温度による溶解度の違いから結晶が取り出せる。

3 (1)—(ア) (2)—(イ) (3)—(ウ) (4)再結晶 ➡(2)・(3)20℃と70℃での溶解度の差が一番大きいミョウバンで，$35-7=28$〔g〕の結晶が出てくる。

4 (1)15% (2)20% (3)45g (4)96g ➡(1)$\dfrac{60}{400}\times100=15$〔%〕。(2)$\dfrac{40}{40+160}\times100=20$〔%〕。(3)$300\times\dfrac{15}{100}=45$〔g〕。(4)$24\div0.2=120$〔g〕，$120-24=96$〔g〕。

5 (ウ) ➡含まれる食塩は$200\times0.12=24$〔g〕。5%の食塩水の量は$24\div0.05=480$〔g〕。加える水の量は$480-200=280$〔g〕。

理科① **7** 物質の状態変化 ▶問題 P.196〜197

1 (1)①—e ②—a ③—c (2)体積：(ア) 質量：(ウ) 密度：(イ) (3)—(ウ) ➡(1)②固体から気体への変化。(2)密度＝質量÷体積，体積が増えると密度は

83

別冊◆解答・解説

小さくなる。(3)ロウは液体から固体になると体積が減る。

2 (1)0℃：融点　100℃：沸点　(2)—(ア), (オ)　(3)—(エ)　(4)—(ウ)
➡(2)ab 間は固体，ef 間は気体である。(3)bc 間は固体と液体が，de 間は液体と気体が混在している。(4)氷がすべて水になるのは c 点，水がすべて水蒸気になるのは e 点である。

3 (1)—(カ)　(2)—(ア), (イ)　(3)—(イ)　➡(1)0℃で気体であるのは沸点が 0℃よりも低い(カ)窒素。(2)100℃で固体であるのは融点が 100℃よりも高い(ア)銅と(イ)アルミニウム。(3)1000℃で液体であるのは融点が 1000℃よりも低く，沸点が 1000℃よりも高い(イ)アルミニウム。

4 (1)沸騰石　(2)—イ　(3)—(ウ)　(4)蒸留(分留)　➡(1)沸騰石は急激な沸騰(突沸)を防ぐために入れる。(2)エタノールの沸点(約78℃)付近で沸騰が始まる。(3)イウ間はエタノールが多く出ている。(4)沸点の違いを利用して物質を分ける方法を蒸留(分留)という。

理科① 8 化学変化と化学反応式 ▶問題 P.198〜199

1 (1)—(エ)　(2)CO_2　(3)—(イ)　(4)—(イ)　➡(1)分解により水が発生し試験管の口付近にたまる。(2)石灰水を白く濁らせるのは二酸化炭素。(3)・(4)重曹を加熱すると分解して二酸化炭素と水が出て，あとに炭酸ナトリウムが残る。
$2\,NaHCO_3 \longrightarrow Na_2CO_3 + CO_2 + H_2O$

2 (1)$NaOH \longrightarrow Na^+ + OH^-$　(2)電極 A：H_2　電極 B：O_2　(3)水　(4)$2\,H_2O \longrightarrow 2\,H_2 + O_2$　➡(2)・(3)Na^+，OH^-は分解されずに水が分解され，陽極に酸素，陰極に水素が発生する。　(4)化学反応式の係数の比が体積の比になる。

3 (1)$HCl \to H^+ + Cl^-$　(2)—(ウ)　(3)—(ウ)　➡(2)・(3)H^+は陰極に，Cl^-は陽極に引かれる。酸性を表すイオンは H^+ だから，C の青色リトマス紙が赤色に変わる。フェノールフタレイン溶液は塩基性を示す OH^- があると赤色になる。

4 (1)$HCl + NaOH \longrightarrow NaCl + H_2O$　(2)中和　(3)A —(ウ)　B —(エ)　C —(ア)　D—(イ)　(4)—(イ)　(5)塩化ナトリウム　➡(3)塩酸に水酸化ナトリウム水溶液を加えていくから，最初にある塩酸中の Cl^- の数は変化しない。加えた OH^- は中和に使われて中性になるまではなくなる。H^+ は中和されて減っていき中性でなくなる。Na^+ は加えた水酸化ナトリウム水溶液に比例して増えてい

84

く。(4)ＢＴＢ溶液は酸性で黄色，中性で緑色，塩基性で青色。(5)中性になった溶液中には Na^+ と Cl^- だけがあり，食塩水になっている。

理科① **9 化学変化と質量の変化** ▶問題 P.200〜201

1 (1)―(ウ) (2) $2\,Cu + O_2 \longrightarrow 2\,CuO$ (3)―(イ) (4) 2 g (5)12.5g (6)―(ウ) ➡ (3)銅 2 g から酸化銅が2.5g できる。化合した酸素は2.5－ 2 ＝0.5〔g〕だから，銅：酸素＝ 2 ：0.5＝ 4 ： 1 。(5) 2 ：2.5＝10： x 　 x ＝12.5〔g〕 (6)16g の銅と酸素 4 g が反応する。16＋ 4 ＝20〔g〕

2 (1)―(エ) (2)酸素 (3)―B ➡(1)水素と酸素は体積比 2 ： 1 で反応する。水素 4 cm^3 と酸素 2 cm^3 が反応する。(2)b ， c では酸素 2 cm^3 が反応し，酸素が残る。(3)水素の体積が一定なので，水素がなくなると反応は終わる。

3 (1) $2\,CuO + C \longrightarrow 2\,Cu + CO_2$ (2)①還元　②酸化　③二酸化炭素 (3)① 6.4g ②2.2g (4)0.1g ➡(3)酸化銅8.0g と炭素0.6g から銅が3.2× 2 ＝6.4〔g〕できるから，発生する二酸化炭素は(8.0＋0.6)－6.4＝2.2〔g〕。(4)(3)と同じ割合で反応する。酸化銅12.0g は8.0g の1.5倍だから，使われる炭素は0.6×1.5＝0.9〔g〕。炭素は1.0g あるから，1.0－0.9＝0.1〔g〕が使われないで残る。発生する二酸化炭素も1.5倍になっている。

理科① **10 力のはたらき** ▶問題 P.202〜203

1 (1)重力 (2)①―(イ)　②―(エ)　③―(ア)　④―(ウ) ➡(2)力のつり合いの関係にある力は 1 つの物体にはたらく力に注目する。ここでは糸にはたらく力とおもりにはたらく力。作用・反作用の力は 2 つの物体の間ではたらく力に注目。2 つの物体が触れ合っている部分にはたらく力で，押し合っているか引き合っている力をとらえる。

2 ア：12cm　イ： 2 cm　ウ： 9 cm ➡ア：0.6N の力がばね A にもばね B にも加わるから，それぞれ 6 cm，計12cm 伸びる。イ：0.6N の力が 3 等分されるから，1 本あたり0.2N の力が加わり，それぞれ 2 cm 伸びる。ウ：ばね A ，ばね B には合わせて0.6N，それぞれには0.3N が加わるから 3 cm，ばね C には0.6N が加わり 6 cm 伸びる。合わせて 9 cm 伸びる。

3 (1)A：900Pa　B：4500Pa (2)90g ➡(1)A のペットボトルの重さは4.5N，

85

別冊◆解答・解説

接する面積は0.005m²（1 m² ＝10000cm²）だから，圧力は4.5〔N〕÷0.005〔m²〕＝900〔Pa〕　B 4.5〔N〕÷0.001〔m²〕＝4500〔Pa〕。(2)Bのペットボトルの接する面積はAの接する面積の5分の1だから，水の質量を5分の1にすると圧力が等しくなる。よって，450〔g〕÷5 ＝90〔g〕

4 (1)—B　(2) 6 N　(3)—(ア)　(4)—(イ)　➡(1)水圧は深さに比例し，物体の面に垂直にはたらく。(2)1 N で 1 cm だから 6 cm では 6 N。(3)直方体の重さは 8 N だから，2 N 軽くなっている。浮力は 2 N である。(4)浮力は，水中にある物体と同じ体積の液体の重さに等しい。直方体の体積は $5 \times 4 \times 10 =$ 200〔cm³〕だから，200〔cm³〕×0.8〔g/cm³〕＝160〔g〕。よって，1.6N。

理科① **11 てこの原理** ▶問題 P.204〜205

1 (1)—①，④　(2)—③　(3)—(イ)　➡(1)②は支点—作用点—力点，③は作用点—力点—支点の順。(2)ピンセットは作用点ではたらく力を小さくし，そっとつまむことができる。(3)支点から作用点までの距離が小さいほど作用点で大きな力をはたらかせることができる。

2 ア：200N　イ：350N　➡ア：加える力を x〔N〕とすると，600〔N〕×25〔cm〕＝ x〔N〕×75〔cm〕　$75x = 15000$　$x = 200$〔N〕。イ：加える力を x〔N〕とすると，500〔N〕×70〔cm〕＝ x〔N〕×（70＋30）〔cm〕　$100x = 35000$　$x = 350$〔N〕。

3 (イ)　➡重さは質量に比例するから質量のまま計算する。$x \times 3 = y \times 5$ より，$3x = 5y$ と表せる。

4 ア，ウ　➡ア：てこを左に傾けるはたらき40× 2 ＝80，てこを右に傾けるはたらき20× 4 ＝80で等しいからつり合う。イ：てこを左に傾けるはたらき30× 5 ＝150，てこを右に傾けるはたらき10× 4 ＋20× 6 ＝160で等しくない。ウ：てこを左に傾けるはたらき10× 6 ＋20× 2 ＝100，てこを右に傾けるはたらき20× 5 ＝100で等しいからつり合う。

5 A：50g　B：65g　a：6 cm　➡Aの質量を x〔g〕とすると，いちばん下の棒のつり合いから x〔g〕× 2 〔cm〕＝20〔g〕× 5 〔cm〕　$x = 50$〔g〕。真ん中の棒のつり合いから60〔g〕× 7 〔cm〕＝（50＋20）〔g〕× a〔cm〕　$a = 6$〔cm〕。Bの質量を y〔g〕とすると，いちばん上の棒のつり合いから y〔g〕×10〔cm〕＝（60＋50＋20）〔g〕× 5 〔cm〕　$10y = 650$　$y = 65$〔g〕。

86

6 150g ➡糸でつるした部分より左側の棒の質量は20g，右側の棒の質量は80g であり，それぞれ棒の真ん中に棒の重さの力がはたらくと考える。おもりの質量を x 〔g〕とすると，$x \times 20 + 20 \times 10 = 80 \times 40$　$20x + 200 = 3200$　$20x = 3000$　$x = 150$〔g〕。

理科① **12** 仕事とエネルギー　▶問題 P.206〜207

1 (1)40g　(2)40cm　(3)0.48J　➡(1)動滑車では引く力は半分になるから，動滑車と物体の質量の合計は2.4N の力になる240g である。240 − 200 = 40 〔g〕。(2)動滑車では力は半分になるが，ひもを引く距離は 2 倍の40cm になる。(3)1.2N の力で0.4m 引き上げているから，仕事 = 1.2 〔N〕 × 0.4 〔m〕 = 0.48〔J〕。

2 (1)仕事の原理　(2)0.8N　➡(1)物体に注目すると，直接持ち上げても，斜面を使っても，32cm 高さが高い位置に移ったことになる。仕事をされた分だけ位置エネルギーが大きくなる。(2)ばねばかりの示す値を x 〔N〕とすると，仕事の原理より，x 〔N〕× 0.8〔m〕= 2 〔N〕× 0.32〔m〕　$0.8x = 0.64$　$x = 0.8$〔N〕。

3 (1)P　(2)—④　➡(1)高さが高いほど位置エネルギーが大きい。(2)小球の運動エネルギーは，P から斜面を下るにつれて大きくなり，水平面上では一定，斜面を登るにつれ減少していく。

4 (1)—(ア)　(2)①—(ウ)　②—(ウ)　③—(ア)　➡(1)おもりのもつ位置エネルギーと運動エネルギーは移り変わり，その和である力学的エネルギーは保存される。(2)ふりこの周期は，おもりの質量や振れ幅には関係なく，糸の長さだけに関係する。周期は糸の長さを長くすると大きくなり，糸の長さを短くすると小さくなる。

5 ①—(イ)　②—(ウ)　③—(ア)　➡①石油の化学エネルギーを燃焼により熱エネルギーに変えている。②高温の水蒸気をタービンに吹き付けタービンの運動エネルギーに変えている。③発電機は回転の運動エネルギーを電気エネルギーに変えている。

理科① 13 電流回路　　▶問題 P.208〜209

1 (1)—イ　(2)X：電圧計　Y：電流計　(3)—④　(4)右図
(5)ア：200mA　イ：1.5V　➡(1)電流は電源の＋極から出て－極に入る向き。(2)電流計は回路に直列に，電圧計は回路に並列につなぐ。(3)①〜③が－端子，④が＋端子。

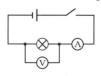

(4)電源，スイッチ，電流計，電圧計，豆電球の記号を使い，直列，並列に注意してかく。(5)ア：500mAの－端子につないでいるから，針が目いっぱい右に振れたときが500mAとして読む。イ：3Vの－端子につないでいるから，針が目いっぱい右に振れたときが3Vとして読む。

2 (1)電熱線Y　(2)X：10Ω　Y：20Ω　(3)1A　(4)12V　(5)2倍　(6)2倍
➡(1)同じ電圧を加えたとき流れる電流が小さい電熱線Yのほうが抵抗が大きい。(2)電熱線X；抵抗＝電圧÷電流＝4〔V〕÷0.4〔A〕＝10〔Ω〕　電熱線Y；抵抗＝4〔V〕÷0.2〔A〕＝20〔Ω〕　(3)5Vで0.5Aだから，10Vでは1A。(4)電熱線Yは6Vで0.3Aの電流が流れるから，0.6A流すには2倍の12Vが必要になる。(5)グラフより2倍と分かる。(6)電流は電圧に比例するから，電熱線Xに加える電圧の2倍の電圧を電熱線Yに加えればよい。

3 (1)6Ω　(2)0.5A　(3)1V　(4)1.2V　(5)0.6A　(6)2Ω　➡(1)2＋4＝6〔Ω〕。(2)電流＝電圧÷抵抗＝3〔V〕÷6〔Ω〕＝0.5〔A〕。(3)電圧＝電流×抵抗＝0.5〔A〕×2〔Ω〕＝1〔V〕。(4)並列つなぎでは抵抗には電源の電圧1.2Vが加わる。(5)6Ωの抵抗に流れる電流；1.2〔V〕÷6〔Ω〕＝0.2〔A〕，3Ωの抵抗に流れる電流；1.2〔V〕÷3〔Ω〕＝0.4〔A〕，A点に流れる電流；0.2＋0.4＝0.6〔A〕。(6)回路全体の抵抗＝電圧÷電流＝1.2〔V〕÷0.6〔A〕＝2〔Ω〕。

4 (1)3V　(2)0.4A　(3)4V　(4)7V　(5)17.5Ω　➡(1)電圧＝電流×抵抗＝0.2〔A〕×15〔Ω〕＝3〔V〕。(2)15Ωの抵抗には同じ大きさの電流が流れる。0.2＋0.2＝0.4〔A〕。(3)0.4〔A〕×10〔Ω〕＝4〔V〕。(4)3＋4＝7〔V〕。(5)回路全体の抵抗＝電圧÷電流＝7〔V〕÷0.4〔A〕＝17.5〔Ω〕。

理科① 14 電流のはたらき　　▶問題 P.210〜211

1 (1)—(エ)　(2)—(エ)　➡(1)電力〔W〕＝電圧〔V〕×電流〔A〕である。100V—1500Wのドライヤーを100Vの電源につなぐと，1500÷100＝15〔A〕の電

流が流れる。同様に100V —1000Wの湯わかし器には10A，合わせて25Aの電流が流れる。(2)電圧を半分の50Vにすると，流れる電流も半分になる。湯をわかすための熱量は電力に比例し，電力が4分の1になるから，時間は4倍になる。

2 (1)—(ア) (2)—ア，エ (3)—ア (4)〔解答例〕電流を大きくする。コイルの巻き数を多くする。鉄心を入れる。などから2つ。 ➡(2)電流の流れる向きに対して時計の針と同じ向きに同心円状に磁界ができる。(3)コイルに流れる電流の向きに右手の親指以外の指(指先が電流の向き)を合わせ，親指の指す向きがコイル内の磁界の向きになる。アが正しい。

3 (1)—イ (2)—(ウ) (3)—(エ) ➡(1)フレミングの左手の法則に合わせる。中指が電流の向き，人差し指が磁界の向き，親指が力の向きである。(2)電流の向きを逆にすると，受ける力の向きも逆になる。電流が流れている間は力を受け続けるので，アの方へ傾いたまま動かなくなる。(3)モーターはこの力を回転に利用したものである。

4 (1)電磁誘導 (2)—(エ) (3)—(ア) ➡(1)コイルのまわりの磁界を変化させると電流が流れる現象。(2)棒磁石をコイルの中で静止させると，電流は流れず針は0に戻る。(3)N極を近づけるときとN極を遠ざけるときは電流の向きが逆，N極を近づけるときとS極を近づけるときは電流の向きが逆になるから，S極を遠ざけたときはN極を近づけたときと同じ電流の向きになる。

理科① **15** 光と音　▶問題 P.212〜213

1 (1)入射角：b　反射角：c　屈折角：f　(2)入射角：e　屈折角：b ➡(1)・(2)入射角，反射角，屈折角とも，空気と水の境界面に立てた垂線との成す角である。

2 ①—(イ) ②—(ア) ③—(イ) ④—(ウ) ⑤—(イ) ⑥—(ウ) ➡①・⑤は光の反射，③は光の全反射，④・⑥は光の屈折。②は光の直進により影ができる。

3 (1)—(ウ) (2)—(ア) (3)—(イ) ➡(1)・(2)物体が焦点距離の2倍の位置にあるときは，できる像も焦点距離の2倍の位置にでき，同じ大きさで逆さまの実像になる。(3)ろうそくをaの向きに動かすと，できる像はレンズに近づき，大きさの小さい実像ができる。

4 (1)—(ウ) (2)—C (3)①—エ ②—ウ ③—イ，エ ➡(1)おもりを重くする

89

別冊◆解答・解説

と弦の張り方が強くなり，高い音になる。(2)弾く弦の長さが長いほど低い音になる。(3)波形の高さは振幅(音の大小)を表し，波の数は振動数(音の高低)を表す。①最も大きい音は，最も波の高さが高いエ。②最も高い音は最も波の数が多いウ。③同じ高さの音は波の数が等しいイとエ。

理科② **1** 植物の分類 ▶問題 P.216〜217

1 (1)A：柱頭　B：胚珠　C：やく　D：子房　(2)B：種子　D：果実
(3)①—C　②—B　(4)被子植物　(5)—(イ)，(ウ)，(オ)　➡(1)Aはめしべの柱頭，Cはおしべのやくである。(2)胚珠は種子に，子房は果実になる。(3)マツでは胚珠がむき出しになっている。(4)・(5)アブラナは胚珠が子房でおおわれている被子植物，マツは胚珠がむき出しの裸子植物である。

2 (1)(ア)青色，(イ)黄色　(2)①光合成　②二酸化炭素　(3)①呼吸　②二酸化炭素
➡(1)・(2)Aではオオカナダモが光合成を盛んに行い，二酸化炭素を吸収するため，溶液は塩基(アルカリ)性に戻り青色になる。(3)Cではオオカナダモが呼吸のみを行い，二酸化炭素を出して溶液は酸性になり黄色になる。

3 (1)A→B→C→D　(2)蒸散　➡植物の葉の表面には気孔があり，水蒸気を出す蒸散というはたらきをしている。気孔は葉の表側よりも裏側に多い。ワセリンは気孔をふさぎ蒸散ができない状態にする。Aは何もしていないので，葉の表裏や茎から蒸散している。

4 (1)A：裸子植物　B：双子葉類　C：離弁花類　(2)—イ，ウ，カ，キ
(3)a—(オ)，(キ)　b—(ア)，(ク)　c—(イ)，(エ)　d—(ウ)，(カ)　➡(1)この分類表をよく覚えておこう。(2)単子葉類は，発芽の子葉が1枚，維管束は散らばっている，平行脈，ひげ根である。(3)タンポポは合弁花であることに注意する(キクの仲間やヒマワリは合弁花)。

理科② **2** 動物の分類 ▶問題 P.218〜219

1 (1)無セキツイ動物　(2)節足動物　(3)外骨格　(4)甲殻類　(5)昆虫類：3つ，エビやカニの仲間：2つ　(6)昆虫類：6本，クモの仲間：8本
(7)呼吸　(8)—(ウ)，(エ)，(オ)　➡(7)気門から空気を吸い，中にある気管という呼吸器官で呼吸をする。(8)完全変態(卵→幼虫→さなぎ→成虫)と不完全変態

90

(卵→幼虫→成虫)に分けられる。

2 (1)—c，f　(2)—ア，オ　(3)ハチュウ類　(4)恒温動物，b，g　➡(1)一生えらで呼吸をする魚類を選ぶ。(2)両生類と魚類に共通しているのは卵生であること，変温動物であること。(3)ハチュウ類はヘビ，カメ，ワニ，トカゲなど。(4)恒温動物であるのは鳥類とホニュウ類である。

3 (1)A—②　B—③　C—⑥　(2)胎生　➡(1)A：バッタ以外に共通しているのはセキツイ動物であること。B：ウサギ以外に共通しているのは卵生であること。C：ホニュウ類，鳥類，ハチュウ類に共通しているのは一生肺呼吸をすること。(2)卵を産む卵生に対して，子を産む胎生。胎生はホニュウ類の特徴。

4 (1)食物連鎖　(2)—(エ)　(3)—(ア)　(4)—(ア)，(イ)，(エ)　➡(2)草食動物のバッタ，チョウ，ダンゴムシが考えられるが，花に集まるのはチョウが適する。(3)ミツバチやハナアブは草食動物で消費者である。(4)ミミズなどの土壌生物や，菌類，細菌類などの微生物が，分解者の役割を担っている。

理科② **3** 生殖と遺伝　　▶問題 P.220〜221

1 (1)—d　(2)染色体　(3)エ→オ→ア→イ→ウ　➡(1)細胞分裂は根の先など成長が盛んな部分で行われる。(2)細胞分裂のときには核の中に染色体が現れる。(3)核の中に染色体が現れ，染色体が中央に並び，両端に分かれていき，それぞれ核のまとまりになり，2つの細胞になる。

2 (1)花粉管　(2)a：卵細胞　b：精細胞　(3)—(ウ)　➡(2)胚珠の中の卵細胞と花粉管の中を移動する精細胞が受精する。(3)卵細胞は胚に，胚珠は種子に，子房は果実になる。

3 (1)無性生殖　(2)—(イ)　(3)栄養生殖　(4)イ→オ→エ→ア→ウ→カ　➡(1)雄雌が関係しない生殖方法。(2)無性生殖では親と子はまったく同じ形質をもつ。(3)栄養生殖は無性生殖の1つ。(4)受精卵が細胞分裂をくり返し細胞の数が増えていく。受精卵から自分でえさをとるようになるまでの間を胚という。

4 (1)—(ア)　(2)3：1　(3)①—(イ)　②—(イ)　(4)DNA　➡(1)〜(3)AA と aa の親からできる子はすべて Aa となりすべて丸になる。Aa どうしの子を受粉させると孫では AA：Aa：Aa：aa が 1：1：1：1 つまり，AA：Aa：aa＝1：2：1で現れる。(4)デオキシリボ核酸という物質で DNA と呼ばれる。

理科②

91

別冊◆解答・解説

理科② 4 ヒトの体のつくり① ▶問題 P.222〜223

1 (1)A―(ウ) B―(ア) (2)ア：核 イ：葉緑体 (3)―(ウ) ➡(1)Aは動物細胞で
ヒトのほおの内側の粘膜の細胞，Bは細胞壁や葉緑体があるから植物の緑色
の葉の細胞(ア)である。(2)・(3)葉緑体と細胞壁は植物細胞だけにある。

2 (1)アミラーゼ (2)―(イ)，(エ) ➡(1)だ液中に含まれるアミラーゼはデンプン
を糖に変える。(2)消化酵素は体温くらいの温度でよくはたらく。ベネジクト
液は糖があると加熱により赤褐色に変化する。

3 (1)だ液：ア すい液：エ (2)―(イ) (3)ペプシン (4)ブドウ糖 (5)―(ウ) (6)
―ケ はたらき：(ア)，(ウ)，(オ) ➡(1)だ液は口の中のだ液せん，すい液はすい
臓で分泌される。(2)・(3)胃液中のペプシンはタンパク質にはたらく。(4)デン
プンはブドウ糖に，タンパク質はアミノ酸に分解される。(5)すい液中のリパ
ーゼは脂肪にはたらき，脂肪酸とモノグリセリドに分解する。(6)肝臓はいろ
いろなはたらきをする。

4 (1)柔毛 (2)〔解答例〕養分に接する面積が大きくなり効率よく吸収できる。
(3)ア―毛細血管 イ―リンパ管 (4)―(イ)，(ウ) ➡(4)毛細血管によって運ばれ
るのはブドウ糖とアミノ酸。脂肪酸とモノグリセリドは再び脂肪となりリン
パ管によって運ばれる。

理科② 5 ヒトの体のつくり② ▶問題 P.224〜225

1 (1)①―(ウ) ②―(ア) (2)肺動脈 (3)―(ア) ➡(1)・(2)①肺静脈(D)→左心房(ウ)→
左心室(イ)→大動脈(B)，②大静脈(A)→右心房(ア)→右心室→肺動脈(C)と流れる。
(3)心房と心室は交互に収縮を繰り返す。このとき，2つの心房，2つの心室
は同時に収縮する。

2 (1)ア：赤血球 イ：白血球 (2)血しょう (3)ア―(エ) イ―(イ) ウ―(ウ) (4)
ヘモグロビン ➡(3)出血した血液を固めるのは血小板。(4)ヘモグロビンは赤
い色素で赤血球に含まれる。

3 (1)毛細血管 (2)―(ア) (3)―A (4)―(イ) ➡(1)・(2)メダカの尾びれでは毛細
血管中を赤血球が一定の方向に流れていくのが観察される。(3)骨の形から図
の右側が尾の先にあたり，Aには動脈血が，Bには静脈血が流れる。(4)えら
で酸素を取り入れ，全身に出ていく向きに流れる。また，心房→心室である。

92

4 (1)心臓 (2)ア：肺静脈 イ：大動脈 (3)①—ア ②—オ ③—エ ④—カ ⑤—エ (4)静脈 ➡(2)心臓から出ていくのが動脈，心臓に戻ってくるのが静脈。(3)①酸素が最も多いのは肺を通った後の血液。②養分が最も多いのは養分を吸収する小腸を通った後の血液。③二酸化炭素が最も多いのは二酸化炭素を捨てる肺に入る直前の血液。④不要物が最も少ないのは腎臓で不要物をこし取られた後の血液。⑤肺動脈のエ。(4)静脈は心臓からの拍動が伝わりにくく，逆流しやすいので弁がある。

理科② 6 地震と火山 ▶問題 P.226〜227

1 (1)—(エ) (2)—(ア) (3)—(ウ) (4)—P ➡(4)初期微動のゆれが始まるのが早いPの地点の方が震源に近い。

2 (1)40秒 (2)225km (3)約3.8km/s ➡(1)300km 地点でP波が到着してからS波が到着するまでの時間は，グラフより40秒。(2)震源からの距離は初期微動継続時間に比例。x km 離れているとすると，$300 : x = 40 : 30$　$40x = 9000$　$x = 225$〔km〕。(3)300km 伝わるのに80秒かかっているから速さは，$300 \div 80 = 3.75$〔km/s〕。小数第2位を四捨五入しておよそ3.8km/s。

3 (1)6 km/s (2)30km (3)20秒 (4)5時46分50秒 ➡(1)BC 間の60km を10秒で伝わっているから，$60 \div 10 = 6$〔km/s〕。(2)AB 間を5秒で伝わっているから AB 間は30km である。これより a は30km になる。(3)B地点での初期微動継続時間は図より10秒，C地点ではその2倍の20秒。(4)震源からB地点までは $60 \div 6 = 10$〔s〕で伝わるから，5時47分00秒の10秒前の5時46分50秒である。

4 (1)ねばりけ (2)—(イ) (3)—C (4)—(イ)，(オ) ➡(3)Bは白っぽく，Cは黒っぽい。Aは中間で灰色っぽい。(4)Aは(ア)，(エ)，(カ)，Cは(ウ)。

理科② 7 火成岩と堆積岩 ▶問題 P.228〜229

1 (1)火山岩 (2)等粒状組織 (3)a：斑晶　b：石基 (4)—(エ) ➡(1)Bは深成岩。(2)Aは斑状組織。(3)火山岩はマグマが急に冷えてできるため結晶になる部分とならない部分がある。(4)Bは深成岩だから(エ)である。

2 (1)—(イ) (2)—(ウ) (3)アンモナイト (4)—(ア) (5)—(イ) ➡(1)れき岩→砂岩→

93

別冊◆解答・解説

泥岩の順に粒の大きさが小さくなる。(2)凝灰岩は火山灰が積もり固まってできた堆積岩。(3)アンモナイトは中生代の示準化石。(4)ｂのサンヨウチュウは古生代の示準化石。(5)離れた地層を対比できるように，広い範囲に住み，特定の短い期間栄えた生物がよい。

3 (1)暖かく浅い海　(2)深くなっていった。　(3)—(イ)　➡(1)当時の環境が分かる化石を示相化石という。(2)れき岩，砂岩，泥岩の順に海底で堆積した深さが深くなっていく。(3)図２でＡは70ｍから下，Ｂは60ｍから下，Ｃは70ｍから下の柱状図である。それぞれの柱状図での凝灰岩の標高は，Ａが42ｍ付近から，Ｂが52ｍ付近から，Ｃも52ｍ付近からで，Ｂ，Ｃは同じでＡは低くなっている。これより，全体的に西に傾いていることが分かる。

理科② 8 天気の変化① ▶問題 P.230〜231

1 (1)—ウ　(2)73%　➡(1)雲量２〜８は晴れ，ビニールひもが南東になびいているから風向は北西。(2)乾球温度計の示度は20℃，湿球温度計の示度は17℃である。示度の差は３℃だから，湿度表で，縦20℃，横3.0℃の交点を読み取ると73%である。

2 (1)等圧線　(2)—イ　(3)1028hPa　(4)Ｂ地点　➡(2)1000hPa，1020hPa の等圧線より，イの方が低くなっている。(3)等圧線は４hPa ごとに引かれている。Ａ地点は1020hPa より８hPa 高い。(4)等圧線の幅が狭い方が風が強い。

3 (1)—(イ)　(2)—ウ　(3)高気圧の中心　(4)ａ地点—(エ)，ｂ地点—(ウ)　➡(2)〜(4)Ｐ地点は風が吹き込んでいるから低気圧である。Ｑ地点は高気圧。北半球では低気圧の中心に向かって時計の針と反対回りに風が吹き込み，高気圧の中心から時計の針と同じ向きに風が吹き出す。

4 (1)露点　(2)—(イ)　(3)136 ｇ　➡(2)露点が15℃だから，この部屋の空気１ｍ³中には15℃の飽和水蒸気量12.8ｇが含まれている。室温は25℃だから25℃の飽和水蒸気量23.1ｇまで含むことができるから，湿度は，12.8÷23.1×100＝55.4…〔%〕。(3)(12.8−9.4)×40＝136〔ｇ〕。

理科② 9 天気の変化② ▶問題 P.232〜233

1 (1)温暖前線　(2)—Ｘ　(3)—(イ)　➡(1)温暖前線が低気圧の前方にできる。(2)

94

X—Yで切った前線は寒冷前線で，X側の寒気がY側の暖気にもぐり込みながら進む。(3)A，C，D地点は寒気におおわれ雨が降っている。B地点は暖気におおわれ晴れている。A地点には乱層雲が，C地点，D地点には積乱雲があり，雨を降らせている。低気圧では中心に向かって時計の針と反対回りに風が吹き込むから，D地点の風向は南西から北西の間になる。

2 (1)湿度：B，気圧：C (2)—(ウ) (3)寒冷前線 ➡(1)朝から昼間にかけて上昇していくAが気温，気温と逆の変化をするBが湿度，残るCが気圧を表す。(2)(3)前線が通過すると気温や風向が大きく変化する。13時〜14時の間に気温が大きく下がり，風向が南寄りから北寄りに変化しているので，寒冷前線が通過したと考えられる。

3 (1)—(エ) (2)—(イ) (3)シベリア気団 ➡(1)〜(3)等圧線が南北に並び，西に高気圧，東に低気圧の西高東低型の気圧配置は冬の代表的な天気図である。シベリア気団の影響による。

4 (1)小笠原気団 (2)—(ウ) (3)—(イ) ➡(1)〜(3)太平洋高気圧をもたらすのは小笠原気団で，夏の代表的な天気図である。

理科② **10** 地球と宇宙　▶問題 P.234〜235

1 (1)O点 (2)A：南　B：東 (3)南中 (4)日の出：E，日の入り：F (5)—(ウ) ➡(1)O点に観測者がいると想定する。(2)〜(4)太陽は東から出て南の上空を通り西へ沈む。(5)太陽が真東よりも北寄りから出て真西よりも北寄りに沈むから，昼間の時間の方が長い夏の動きである。

2 (1)A—北，ア　B—西，エ　C—南，カ (2)北極星 (3)15度 (4)—(ア) ➡(1)〜(3)星の日周運動は，大きく東から南を通り西に動き，1日でもとの位置に戻る。北の空では北極星を中心にして時計の針と反対回りに動く。1時間に360÷24＝15〔度〕である。(4)星の日周運動は地球の自転による見かけの動き。

3 (1)—ア (2)—ウ (3)—A (4)—B (5)①—公転　②—地軸 ➡(1)・(2)自転も公転も，北極の側から見て時計の針と反対の向き。(3)(4)地軸の傾きからAのときが夏至，Bが秋分，Cが冬至，Dが春分である。

4 (1)衛星 (2)満月 (3)—③ (4)—(ア) (5)—③ (6)—⑦ ➡(3)・(4)月は地球のまわりを公転し，太陽の光を反射して光って見える。満月は地球をはさんで

理科②

95

別冊◆解答・解説

月と太陽が反対側にあるときで，③の位置，南中するのは真夜中である。(5)月はおよそ29.5日で一周するから，⑤の位置から22日後は4分の3周している位置③にある。(6)日食は太陽と地球の間に月が入り，月が太陽を隠す現象で，⑦の新月のときに起こることがある。

理科② 11 実験器具の使い方① ▶問題 P.236～237

1 (1)─(イ) (2)─(ウ) ➡(2)息で吹き消してはいけない。キャップを上からかぶせようとすると熱いので，横からかぶせる。

2 (1)─B (2)─ア (3)(イ)→(ア)→(ウ)→(オ)→(エ) (4)─A ➡(1)ガスは下，空気は上のねじ。(2)水道の蛇口と同じ。上から見て時計の針と反対回りでゆるむ。(3)ガスだけで点火し，空気を入れて調整する。(4)消すときはつけるときと逆に，空気を閉じてからガスを閉じる。

3 (1)調節ねじ (2)ピンセット (3)─(イ) (4)16.7 g (5)─(イ) ➡(1)針が真ん中を中心に均等に振れるように調節する。(4)分銅の質量を合計する。500mgは0.5 g，200mgは0.2 g である。

4 (1)─イ (2)─c (3)─(ウ) (4)①9.2cm^3 ②8.9g/cm^3 ➡(2)水面のへこんだ部分を真横から読む。(3)1目盛の10分の1まで読み取る。(4)①59.2－50.0＝9.2〔cm^3〕。②密度＝質量÷体積＝81.9÷9.2＝8.90…〔g/cm^3〕。

理科② 12 実験器具の使い方② ▶問題 P.238～239

1 (イ) ➡観察するものが動かせないときは，ルーペを目に近づけて持ち，顔を前後させてよく見える位置を探す。

2 (1)C：レボルバー E：のせ台(ステージ) F：反射鏡 (2)接眼レンズ (3)②→⑤→④→③→① (4)しぼり (5)600倍 (6)低倍率 ➡(3)対物レンズとプレパラートの間を近づけておき，遠ざけながらピントを合わせる。(5)15×40＝600〔倍〕。(6)低倍率で全体をつかみ，見たい部分を高倍率で観察する。

3 (1)気泡(空気の泡) (2)─(イ) (3)─f ➡(2)高倍率にすると見える範囲が狭くなり，狭い範囲の光になるので暗くなる。(3)顕微鏡では上下左右が逆になって見えているので，ゾウリムシを視野の中央に移すにはプレパラートをfの方向に動かすとよい。

96

4 (1)双眼実体顕微鏡　(2)②→③→①　(3)─(イ)　(4)─(ウ)　(5)─(イ)　➡(2)最後に視度調節リングを回してピントを合わせる。(4)両目で見るので立体的に見える。(5)おしべやめしべの観察など，20～30倍の観察に適している。

理科② 13 実験器具の使い方③ ▶問題 P.240～241

1 (1)①─(イ)　②─(ア)　③─(ウ)　④─(エ)　(2)A：下方置換法　B：上方置換法　C：水上置換法　(3)─(ウ)　(4)─(エ)　(5)─C　➡(3)アンモニアは水に溶けやすく密度が空気より小さい(軽い)ので，上方置換法で集める。(4)二酸化炭素は水にわずかに溶け密度が空気より大きい(重い)ので，水上置換法または下方置換法で集める。(5)上方置換法，下方置換法ではわずかに空気が混ざってしまう。

2 (1)─(イ)　(2)─(エ)　(3)─(ウ)　(4)─(ウ)　➡(2)検知管は両端を折り一方を採取器に差し込み，もう一方は安全のためにゴムキャップを付ける。(3)ハンドルを引いたあと，完全に気体が吸い込まれるまでそのまま一定期間待つ。(4)検知管の中には薬品が入っているので，むやみに捨てない。

3 (1)A：ガラス棒　B：ろうと　C：ろ紙　D：ろうと台　(2)ろ過　(3)─(イ)　(4)─(ア)　(5)できる。　➡(4)ろ液がはね上がるのを防ぐためである。(5)水に溶けているものはろ紙を通り抜ける。

理科② 14 実験器具の使い方④ ▶問題 P.242～243

1 (1)─(ア)，(エ)　(2)─(イ)，(エ)　(3)─(イ)，(ウ)　(4)─(エ)　➡(2)BTB溶液は酸性で黄色，中性で緑色，塩基(アルカリ)性で青色。(3)フェノールフタレイン溶液は塩基性を調べる試薬。(4)pHは1～14で表し，中性で7，7より小さいほど酸性が強く，7より大きいほど塩基性が強い。

2 (1)─(ア)　(2)─(イ)，(ウ)　(3)─(イ)，(ウ)　(4)─(イ)，(エ)　(5)─(ウ)　➡(3)ベネジクト液では加熱することに注意。(4)核や染色体を染色する。(5)塩化コバルト紙は乾燥していると青色，水分を含むと赤色になる。

3 (1)─イ　(2)─(ア)，(エ)　➡(1)こまごめピペットはイのように3本の指でガラスの部分を持ち，人指し指と親指でゴム球を持つ。

97

別冊◆解答・解説

理科② **15** 実験器具の使い方⑤ ▶問題 P.244〜245

1 (1)—(ウ) (2)—(ア), (ウ) (3)—(ア), (エ) ➡(1)ピペット類は寝かせて保管する。(2)薬品が皮膚についたら水でよく洗い流す。取り出した薬品は元のびんに戻さない。(3)実験は実験台の中央で行う。試験管で液体を加熱するときの液量は5分の1程度にする。

2 (1)—(エ) (2)—(イ) (3)—(エ) ➡(1)気体を純粋に集めるため。(2)・(3)は加熱実験での基本的な操作である。

3 (1)—(イ) (2)—(ウ) (3)—(イ) ➡(1)目の高さでよく見て行う。(2)ラベルが汚れないようにし，ガラス棒を使って行う。(3)多量の熱が出るので，濃硫酸に水を入れると沸騰した水がはね上がり危険である。

音楽・図画工作 **1** 学習指導要領（音楽①） ▶問題 P.248〜249

1 ①社会 ②資質 ③技能 ④工夫 ⑤愛好 ⑥感性 ⑦情操

2 (1)①進んで ②協働して 第3，4学年 (2)①主体的に ②味わいながら 第5，6学年 (3)①楽しく ②身の回りの 第1，2学年

3 第1，2学年：(2), (4), (5) 第3，4学年：(3), (6), (9), (10) 第5，6学年：(1), (7), (8) ➡(10)第5，6学年はハ長調及びイ短調の楽譜なので，第3，4学年。

4 (1)①郷土の音楽 ②唱歌 ③わらべうた ④民謡 ⑤移動ド唱法 ⑥変声 (2)〔解答例〕①声帯に無理のない発声の仕方で歌わせる。②変声が落ち着くころから，児童に合った音域の編曲で歌わせる。 ➡(2)発声と音域の2点を押さえる。

音楽・図画工作 **2** 学習指導要領（音楽②） ▶問題 P.250〜251

1 (4) ➡オルガン，鍵盤ハーモニカが第1，2学年。リコーダー，鍵盤楽器，和楽器が第3，4学年。電子楽器，和楽器，諸外国に伝わる楽器が第5，6学年。

2 ①音遊び ②声 ③フレーズ ④条件 ⑤選んだり

3 ①—即興的 ②—様々な ③—全体のまとまり ④—音の響き ⑤—フレ

98

ーズ　⑥—選択　⑦—仕組み　➡前の問題が低学年，それと対応する高学年の内容である。中学年も高学年とほとんど同じ内容だが，中学年では，②に入る「様々な」，③に入る「全体のまとまり」の「全体の」がない。対応した記述を対比して内容をとらえていくと覚えやすい。

4 (ア)—(3), (8), (10), (11)　(イ)—(2), (5), (6), (7), (9), (13), (14)　(ウ)—(1), (4), (12)

音楽・図画工作 **3** 音楽記号・用語　▶問題 P.252〜253

1 (1) ♩. ＝ ♪ ＋ （♪） ＋ （♩）　(2) ♩. ＝ ♪ ＋ （♪） ＋ （♩）

(3) ○ ＝ ♩. ＋ （♪） ＋ （♩）　(4) ▬ ＝ ♪ ＋ （♪） ＋ （♪）

（それぞれ順不同）　➡(3)全音符，(4)2分休符。長さも覚えよう。

2 (1)①ト音記号　②フラット　③メゾフォルテ　④ヘ音記号　⑤メゾピアノ　⑥シャープ　⑦ナチュラル　(2)—(エ)　➡「チムチムチェリー」の曲。

3 (1)アクセント　(2)スラー　(3)スタッカート　(4)タイ　(5)テヌート　(6)ブレス

4 (1)—(オ)　(2)—(ウ)　(3)—(ア)　(4)—(エ)　(5)—(イ)　➡(カ)急速には，プレスト（presto）。

5 (1)A→B→C→D→C→D　(2)A→B→C→D→A→B→E→F

(3)A→B→C→D→A→B　(4)A→B→C→D→E→F→C→D

(5)A→B→C→D→A→B→E→F　➡反復記号もまとめて覚えておくこと。

6 (1)4分の2拍子　(2)(ア)クレッシェンド　(イ)フォルテ　(ウ)フェルマータ　(エ)リタルダンド（リット）　(オ)ア・テンポ　(3)(エ)だんだん遅く　(オ)元の速さで　(4)①縦線（小節線）　②終止線　➡(4)終止線も複縦線も二重線だが，複縦線は拍子や調の変わるときや段落を示したりするときに用いる。終止線は2本目が太くなっている。この曲は滝廉太郎作曲「花」。

音楽・図画工作 **4** 第1，2学年の音楽　▶問題 P.254〜255

1 (1)「うみ」　(2)作詞：林柳波　作曲：井上武士　(3)ト長調　(4)4分の3拍子

(5) 　➡(3)ト長調は，主音ドがソから始まるので音名でト。

音楽・図画工作

別冊◆解答・解説

2 (1)「トルコ行進曲」 (2)ベートーヴェン (3)4分の2拍子 (4)(イ)アクセント (ウ)スラー (エ)スタッカート (5)(ア)—⑦ (オ)—⑥ ➡(5)(ア)の小節ではシャープ記号がついているので黒鍵，(オ)ではナチュラルがつき，元に戻す記号となっているので普通のファ。

3 (1)—① 1 ②— 4 (2) <sheet music: 4/4 time>
(3)付点4分音符 (4)2分休符

4 (1)「夕やけこやけ」 (2)作詞：中村雨紅 作曲：草川信 (3)おーててつないで (4) <sheet music notation> (5)—(イ) ➡(5)「春の小川」「荒城の月」も2部形式。

5 (1) <sheet music: 2/4, ド ド レ レ ミ ミ レ> (2)(ア) <sheet music> (イ) <sheet music> (ウ) <sheet music>
➡(1)ヘ長調はファがドになるので，小節の順に書く。(2)(ア)ト長調はソがドとなり，(イ)ニ長調はレがドとなる。移調の記譜は難しいが，♯，♭3つまでは，調名と主音が何かはまとめて覚えよう。

音楽・図画工作 5 第3，4学年の音楽 ▶問題 P.256〜257

1 (1)「茶つみ」 (2)「まきばの朝」，「もみじ」から1つ (3)ホ短調
(4) <sheet music notation> (5)弱起 (6)わかばがしげる ➡(3)平行調は調号を同じくする長調と短調のこと。「茶つみ」はト長調なので，ホ短調。(5)弱起とは，小節内の第1拍以外の弱部から曲がはじまること。

2 (1)4分の6拍子 (2)①動物の謝肉祭 ②白鳥 ③チェロ ④ピアノ (3)サン・サーンス (4)—(ウ) ➡(2)「動物の謝肉祭」は1886年に初演された全部で14曲からなる組曲。白鳥，亀，象，カンガルーなど，様々な動物が描写される。

3 (1)「もみじ」 (2)—(ウ) (3)ヘ長調 (4)—(オ) (5) <recorder illustration>
(6) <sheet music notation>

4 (1)—(エ) (2)4分の2拍子 (3)ブレス (4)北海道（民謡） ➡(1)(ア)と(ウ)は三曲といわれる合奏形態，(イ)は雅楽に使われる楽器なので(エ)が正解。(3)は息継ぎの記号。

100

音楽・図画工作 6 第5,6学年の音楽 ▶問題 P.258〜259

1 (1)「越天楽今様」 (2)—(エ) (3)あけぼのに (4)♩♩♩ (5)—(イ) ➡(5)(イ)雅楽は,管楽器,弦楽器,打楽器によって演奏されるので誤り。

2 ①笙 ②三味線 ③尺八 ④箏（こと,そう） ⑤琵琶 雅楽の楽器：①,④,⑤ ➡尺八は,奈良時代に雅楽にも使われていたが廃れ,室町時代に普化宗の音楽として確立した。虚無僧がお経の代わりに修行の一環として使った。三味線は15〜16世紀に成立した楽器で,箏や尺八と比べると比較的新しい。その多くが声楽曲であり,歌舞伎の音楽である長唄や,文楽の音楽である義太夫節などにも使われている。

3 (1)「ます」 (2)シューベルト (3)変奏曲 (4)バイオリン,ビオラ,チェロ,コントラバス (5)4分の2拍子 ➡シューベルトは,ドイツ・ロマン派初期の大家で,600曲以上の歌曲を残し,ドイツ歌曲の王と呼ばれる。代表曲は,歌曲「魔王」「野ばら」「アヴェ・マリア」「冬の旅」,室内楽「死と乙女」,「未完成交響曲」など。

4 ③,(エ) ➡北原白秋作詞,山田耕筰作曲の「待ちぼうけ」の記述である。

5 ①宮城道雄 ②春の海 ③箏 ④尺八（③・④順不同） ⑤3部形式 ➡AA'形式,AB形式の1部形式,AA'BA'形式とAA'BB'形式の2部形式も覚えよう。

音楽・図画工作 7 音楽の基礎 ▶問題 P.260〜261

1 (1)「とんび」 (2)1小節：Ⅰ 2小節：Ⅳ 3小節：Ⅰ 4小節：Ⅴ
(3) ➡ヘ長調はファが主音ドなので,ドはファに,ラはレ。

2 (1)ニ長調 (2)変ロ長調 (3)イ長調 (4)変ホ長調 (5)ホ短調 (6)ニ短調 (7)ト短調 (8)ロ短調 ➡(1)〜(4)が長調,(5)〜(8)が短調。

3 (1) (2)ソプラノ,アルト,テノール,バス
➡(1)3拍子の基本図形を書く。

4
ソ ミ ミ ファ レ レ

➡ト長調なので主音がソ。ソをドとすると，レはソになる。

5 (1)—(カ) (2)—(エ) (3)—(ク) (4)—(ア) (5)—(キ) (6)—(オ) (7)—(イ) (8)—(ウ)

6 (1)「荒城の月」 (2)滝廉太郎 (3)2部形式 (4)完全4度

(5) 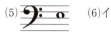 (6)イ

➡(4)ひらきは全音2，半音1。1，4，5，8度は完全系となる。(6)階名はラ，音名はイ短調なので，イ。

音楽・図画工作 8 音楽史　▶問題 P.262〜263

1 (1)古典派（音楽） (2)①バロック　②ロマン派　③ソナタ　④ウィーン　(3)交響曲第9番：ベートーヴェン　(4)ハイドン，モーツァルト，ベートーヴェン　(5) (J. S.) バッハ　(6)シューベルト　➡(3)交響曲は18世紀後半に確立し，ハイドンとモーツァルトによって頂点をなしたが，ベートーヴェンは，次々に新しい試みを取り入れ，より大規模に複雑な構成にした。声楽を取り入れた交響曲とは，第9のことで，最終楽章にシラーの詩「歓喜に寄す」による合唱があり，合唱つき交響曲とも呼ばれる。(5)音楽の母と呼ばれるのはヘンデル。ベートーヴェンは楽聖と呼ばれる。

2 (1)—(ウ), (オ)　(2)(ア)ハイドン：古典派　(イ)ドビュッシー：近代・現代（印象派，印象主義）　(ウ)ブラームス：ロマン派　(エ)ヘンデル：バロック　(オ)グリーグ：国民楽派　(3)(エ)→(ア)→(ウ)→(オ)→(イ)　➡(1)ハイドンとヘンデルの記述は反対となっている。「子どもの情景」「謝肉祭」はシューマン，ピアノ曲集「子どもの領分」がドビュッシーの作品。

3 (1)①ドボルザーク　②9　③新世界より　④アメリカ　⑤国民楽派　⑥5人組　(2)ムソルグスキー　(3)スメタナ　(4)家路　➡5人組は，バラキレフ，ボロディン，キュイ，ムソルグスキー，リムスキー。チャイコフスキーは，ロシア出身であるが，国民楽派の影響は受けつつもヨーロッパ音楽の伝統を尊重したので，5人組には属していない。

4 (1)—⑤　(2)—⑧　(3)—②　(4)—④　(5)—③　➡①はショパン，⑥はサン・サーンス，⑦はヴェルディ。

5 (1)—(イ)　(2)—(ウ)　(3)—(オ)　(4)—(エ)　(5)—(ア)　➡(2)「ハンガリー舞曲」は，もともと，1台のピアノを2人で演奏するための音楽として作曲された。(4)

原曲はピアノ組曲であるが，ラヴェルにより編曲されオーケストラで演奏されることも多い。(5)「双頭のわしの旗の下に」は，オーストリア軍楽隊の隊長だったワーグナーが作曲し，軍隊の行進曲として作られた。運動会の入場行進曲としてもよく使われている。吹奏楽は，木管楽器と金管楽器と打楽器による合奏となっている。作曲者は(1)モーツァルト，(2)ブラームス，(3)ホルスト，(4)ムソルグスキー，(5)J. F. ワーグナー。

音楽・図画工作 **9** 学習指導要領（図画工作①） ▶問題 P.264～265

1 ①形　②色　③視点　④創造的　⑤造形的　⑥構想　⑦感性

2 ①─(ウ)　②─(エ)　③─(コ)　④─(オ)　⑤─(シ)　⑥─(サ)

3 (1)①自然物　②形や色　③感覚や気持ち　④好きな　(2)①空間　②構成　③伝え合いたい　④主題　(3)①材料や場所　②新しい　③用途　(1)第1，2学年　(2)第5，6学年　(3)第3，4学年

音楽・図画工作 **10** 学習指導要領（図画工作②） ▶問題 P.266～267

1 (1)①適切に扱う　②経験　③十分に　④工夫　(2)a─(ク)　b─(オ)　c─(イ)

2 第1，2学年：(1), (3), (6), (9), (10), (13), (14), (17)　第3，4学年：(4), (5), (8), (11), (12), (15), (16)　第5，6学年：(2), (7)

3 (1)①身の回り　②材料　③面白さや楽しさ　④表し方　⑤広げる　(2)①身近にある　②美術作品　③製作の過程　④よさや面白さ　⑤いろいろな表し方　(3)①親しみのある　②諸外国　③造形　④よさや美しさ　⑤表現の意図や特徴　⑥表し方の変化

4 第1，2学年：(3), (6)　第3，4学年：(1), (4)　第5，6学年：(2), (5)

音楽・図画工作 **11** 色彩 ▶問題 P.268～269

1 (1)①─(ク)　②─(シ)　(2)─(キ)　(3)①─(シ)　②─(コ)　③─(ケ)　(4)─(イ)　(5)─(カ)　(6)─(ア)　➡(6)純色に白か黒だけを混ぜた色を清色，純色に灰色を混ぜた色のことを濁色という。清色と濁色は混同しやすいので注意。

2 (1)色相環（12色相環）　(2)⑦青緑　⑦青紫　⑦赤紫　⑤橙　(3)補色　(4)黄

103

別冊◆解答・解説

(5)赤　➡さらに細かくした24色相環もある。

3　(3)　➡(2)反対に，低彩度の色どうしを組み合わせると，地味で落ち着いた感じになる。(3)一般的に，寒色系で明度や彩度が低い色は，後退，収縮して見える。進出や膨張して見えるのは暖色系の色なので誤り。

4　(1)①黄　②緑　③黒　(2)色の三原色　(3)減法混色（減算混合）　➡絵具を混ぜ合わせてできた色の明度は，混ぜ合わせる色の平均明度よりも低くなる。

5　(1)①緑　②黄　③白　(2)光の三原色　(3)加法混色（加算混合）　➡色光を混ぜ合わせてできた色の明度は，混ぜ合わせる色の平均明度よりも高くなる。

6　(1)明度対比　(2)補色対比　(3)中間混合　(4)回転混合　➡(1)・(2)同じ色であっても背景，隣接する色が異なると，明度・彩度・色相が異なって見えることを，色の対比という。(3)・(4)色の混合は，加算混合，減算混合，中間混合，回転混合のほかに併置混合などもある。

音楽・図画工作 **12** 絵画・立体表現　▶問題 P.270〜271

1　(1)ステンシル　(2)エッチング　(3)リトグラフ　(4)シルクスクリーン　(5)ドライポイント　➡版画には，凹版のドライポイントとエッチング，孔版のシルクスクリーンとステンシル，平版のリトグラフ，凸版の木版画，紙版画などがある。

2　(1)木口　(2)板目　(3)陽刻　(4)陰刻　➡陰刻は背景を黒く残すため，全体的に暗い感じになる。陽刻は背景を彫り対象を黒いかたまりで表すため，白っぽい感じになる。

3　(4)　➡石膏は固まり方が粘土より早いので，(4)が誤り。

4　①素焼き（テラコッタ）　②施釉　③手びねり　④ひもづくり　⑤板づくり　➡②施釉は釉薬（うわぐすり）をかけること。釉薬は高温でガラス質になり，強度が増して水分や汚れを通しにくく，装飾にもなる。

5　(1)―(エ)　(2)―(イ)　(3)―(オ)　➡(エ)は段階的に増減する変化のあるグラデーション，(イ)は比例や割合のプロポーション，(オ)は対称のシンメトリー。

6　(1)スクラッチ　(2)コラージュ　(3)バチック　(4)フロッタージュ　(5)スパッタリング　(6)マーブリング　(7)ドリッピング　(8)デカルコマニー

7　(1)①象徴期　②錯画期　③図式期　(2)展開図法　➡(1)描画の発達は，錯画期→象徴期→図式期→前写実期→写実期と進む。(2)3次元を表現するために，

104

ものを展開図のように描くことを展開図法という。

音楽・図画工作 13 日本美術史 ▶問題 P.272〜273

1 ①雪舟　②足利義政　③書院造　④千利休　⑤足利義満　⑥寝殿造　⑦枯山水　⑧姫路城　➡③室町時代に成立した住宅様式。床の間，棚のある座敷，襖，畳などの特徴がある。⑥平安時代の貴族の住宅様式。寝殿を中心に東西に対屋があり渡殿や廊で結ばれる。

2 (1)—(ウ)　(2)—(ケ)　(3)—(シ)　(4)—(ア)　(5)—(ス)　(6)—(コ)　(7)—(ク)　(8)—(オ)　(9)—(サ)　➡(2)「雪松図屏風」円山応挙，(4)「大徳寺方丈襖絵」狩野探幽，(5)「舟橋蒔絵硯箱」本阿弥光悦，(7)「色絵吉野山図茶壺」野々村仁清，(9)「鷹見泉石像」渡辺崋山は，江戸時代に活躍した。

3 (1)歌川（安藤）広重　(2)岡倉天心　(3)梅原龍三郎　(4)フェノロサ　(5)浅井忠　➡岡倉天心とフェノロサは，西洋美術の吸収が進む中，日本美術の復興運動を行い，美術家の養成なども行った。

4 (1)黒田清輝　(2)横山大観　(3)喜多川歌麿　(4)俵屋宗達　(5)葛飾北斎　(6)荻原守衛　➡それぞれの作品名は(1)「湖畔」，(2)「無我」，(3)「婦女人相十品ポッピンを吹く女」，(4)「風神雷神図屏風」，(5)「富嶽三十六景　神奈川沖浪裏」，(6)「女」。

音楽・図画工作 14 西洋美術史 ▶問題 P.274〜275

1 (1)①ステンドグラス　②ゴシック　③シャルトル大聖堂　(2)①春　②ボッティチェリ　③ルネサンス　④メディチ家　➡(1)ゴシック様式は，高い尖塔と大きな窓，ステンドグラス，ビザンチン様式は，大きなドーム，モザイク画，イコンなど，ロマネスク様式は，石壁，半円アーチ，壁画，小さな窓に，それぞれ特徴がある。

2 (1)新印象派，スーラ　(2)後期印象派，ゴッホ　(3)印象派，モネ　➡それぞれの作品名は(1)「グランド＝ジャット島の日曜日の午後」，(2)「夜のカフェテラス」，(3)「印象－日の出」。印象派にもいろいろ種類があるので押さえよう。後期印象派は，印象派の後に現れ，印象派の影響を受けているが，共通する作風があったわけではなく，それぞれ個性的な表現を行った。

105

別冊◆解答・解説

3 (5) ➡印象派のマネは，代表作「草上の昼食」「笛を吹く少年」「オランピア」など。「エトワール」は同じ印象派のドガの代表作。

4 (1)作品：「ゲルニカ」　作者：ピカソ　(2)作品：「雪中の狩人」　作者：ブリューゲル　(3)作品：「民衆を率いる自由の女神」　作者：ドラクロワ　(4)作品：「最後の審判」　作者：ミケランジェロ　(5)作品：「落穂拾い」　作者：ミレー　➡(1)ピカソは立体派（キュビスム），(2)ブリューゲルは北方ルネサンス，(3)ドラクロワはロマン主義，(4)ミケランジェロはルネサンスの巨匠，(5)ミレーは自然主義（バルビゾン派）に分けられる。

5 (1)人物：セザンヌ　適語：立体派（キュビスム）　(2)人物：ゴヤ　適語：マハ　➡(1)セザンヌは，自然を円筒・円すい・球で構成されているという考えから，対象を分解，再構成して描き，後のキュビスムに影響を与えた。(2)ゴヤは，ロココ，ロマン主義の画家。宮廷画家として肖像画を描き，聴覚を失いながらも，フランスとの戦争に関連する絵画も多く残した。名作の多くは，聴覚を失った後に描かれたものである。

音楽・図画工作 **15** 道具の使い方　▶問題 P.276〜277

1 (1)(ア)切り出し（刀）　(イ)三角刀　(ウ)平刀　(エ)丸刀　(2)①—(ア)　②—(ウ)　➡(2)①切り出し（刀）の溝の彫り方の説明である。細かい輪郭，文字などを彫るのに用いる。②平刀の説明で，表面を平らにしたり，ぼかし効果を出したりするときに使う。ほかに(イ)三角刀は鋭い線を一気に彫るのに用いる。(エ)丸刀は太い線や広い面を彫るときに使う。

2 (1)(ア)縦びき　(イ)横びき　(2)—(ア)　(3)①大きく　②小さく　③引く　➡(1)縦びきはのみのような刃先で，横びきは小刀が左右に向き合ったような刃先となっている。横びきは刃が細かく，木材の木目を切断する方向で使用する。(3)のこぎりで切るときは，硬い板材は角度を大きく，柔らかい板材は角度を小さくする。引くときに切れる構造になっている。

3 (1)—②　(2)〔解答例〕①刃の近くを両手で押さえ，板を切る線に沿ってゆっくり押し出す。②刃の進行方向に手や指を置かない。③板を強く押すと刃が折れるので，力を入れすぎない。④刃を折る原因となるので，一度スイッチを入れたらむやみに切らない。⑤刃を取り外すときや使わないときは，スイッチを切り必ずコンセントを抜いておく。などから2つ　➡(1)電動糸のこ

106

ぎりの刃を取り付けるときは，下の締め具から留めるので，②が誤り。(2)このような事故防止のために注意することが2つ書いてあればよい。

4 (1)①―(ア) ②―(エ) ③―(ウ) (2)―② (3)―① ➡(1)③三つ目ぎりは，木ねじの下穴を開けるのに適している。(イ)ねずみ歯ぎりは，刃先が扁平で3つに分かれたきり。硬くて割れやすい木材や竹細工に用いる。(2)釘を打つときの下穴に適しているのは，四つ目ぎり。(3)つぼぎりは，彫刻刀の丸刀に似た刃で大きな穴を開けるのに使う。

5 ①―(エ) ②―(イ) ③―(オ) ④―(ア) ➡げんのうを軽く打つときは，柄の頭に近い方を持って打ち，強く打つときは，柄の下の方を持って打つ。

6 (1) ➡釘抜きの使い方は，抜くときに，釘抜きの上の方をもって手前に倒すので，(1)が誤り。

家庭・体育 **1** 学習指導要領（家庭①） ▶問題 P.280～283

1 ①―(ウ) ②―(カ) ③―(ア) ④―(エ) ⑤―(イ) ⑥―(オ) ➡目標からはよく出題されるので暗記しておくこと。

2 ①成長 ②家族 ③仕事

3 (1)①家族 ②地域 (2)―(イ), (エ), (オ) ➡「第2 各学年の内容」の「2 内容の取扱い」で「(3)については，幼児又は低学年の児童や高齢者など異なる世代の人々との関わりについても扱うこと」と示されている。

4 (1)①―(イ) ③―(ア) ④―(ウ) ⑤―(オ) (2)食生活，衣生活，住生活 (3)伝統的な生活 ➡「第2 各学年の内容」の「2 内容の取扱い」で「ア 日本の伝統的な生活についても扱い，生活文化に気付くことができるよう配慮すること」と示されている。

5 (1)①―(ウ) ②―(ア) ③―(オ) ④―(イ) ⑤―(エ) ⑥―(キ) ⑦―(カ) (2)米飯，みそ汁 (3)青菜，じゃがいも ➡「第2 各学年の内容」の「2 内容の取扱い」で「イ (2)のアの(エ)については，ゆでる材料として青菜やじゃがいもなどを扱うこと」と示されている。

6 (1)①―(イ) ②―(ア) ③―(ウ) ④―(エ) (2)主食，主菜，副菜 ➡「第2 各学年の内容」の「2 内容の取扱い」で「(ウ)については，献立を構成する要素として主食，主菜，副菜について扱うこと」と示されている。

7 (1)手縫い，ミシン縫い (2)袋 ➡「第2 各学年の内容」の「2 内容の

家庭・体育

別冊◆解答・解説

取扱い」で「(5)については，日常生活で使用する物を入れる袋などの製作を扱うこと」と示されている。

8 (1)①季節　②整理　③清掃　(2)採光，音 ➡「第2　各学年の内容」の「2　内容の取扱い」で「(6)のアの(ア)については，主として暑さ・寒さ，通風・換気，採光，及び音を取り上げること。暑さ・寒さについては，(4)のアの(ア)の日常着の快適な着方と関連を図ること」と示されている。

9 (1)①買物　②消費者　③購入　(2)売買契約 ➡「第2　各学年の内容」の「2　内容の取扱い」で「(1)のアの(ア)については，売買契約の基礎について触れること」と示されている。

家庭・体育 **2** 学習指導要領（家庭②） ▶問題 P.284〜285

1 ①─(エ)　②─(ウ)　③─(ア)　④─(イ)

2 (1)─(ア)　(2)─(エ) ➡(1)「第3　指導計画の作成と内容の取扱い」で「(1)のアについては，第4学年までの学習を踏まえ，2学年間の学習の見通しをもたせるために，第5学年の最初に履修させるとともに，「A家族・家庭生活」，「B衣食住の生活」，「C消費生活・環境」の学習と関連させるようにすること」とある。(2)「(4)については，実践的な活動を家庭や地域などで行うことができるよう配慮し，2学年間で一つ又は二つの課題を設定して履修させること。その際，「A家族・家庭生活」の(2)又は(3)，「B衣食住の生活」，「C消費生活・環境」で学習した内容との関連を図り，課題を設定できるようにすること」と示されている。

3 (1)①─(エ)　②─(オ)　③─(ア)　④─(ウ)　⑤─(イ)

4 (1)①─(ウ)　②─(エ)　③─(オ)　(2)─(ウ)，(オ) ➡(2)「第3　指導計画の作成と内容の取扱い」で「指導に当たっては，コンピュータや情報通信ネットワークを積極的に活用して，実習等における情報の収集・整理や，実践結果の発表などを行うことができるように工夫すること」と示されている。

5 (1)熱源，用具　(2)生の魚，生の肉 ➡(1)「第3　指導計画の作成と内容の取扱い」で「施設・設備の安全管理に配慮し，学習環境を整備するとともに，熱源や用具，機械などの取扱いに注意して事故防止の指導を徹底すること」と示されている。(2)「調理に用いる食品については，生の魚や肉は扱わないなど，安全・衛生に留意すること。また，食物アレルギーについても配慮す

108

ること」と示されている。

家庭・体育 **3 縫い方，裁ち方** ▶問題 P.286〜287

1 (1)①玉結び ②玉止め (2)③なみ縫い ④半返し縫い ➡(1)針を糸に通したら玉結びをし，縫い終わったら玉止めをする。(2)基本的な縫い方は「なみ縫い」で，表と裏に交互に目が出る。少し，しっかりと縫っておきたいときは，「半返し縫い」で縫う。針は前の針目の半分までしか返さない。さらにしっかり縫っておきたいときは，「本返し縫い」で縫う。針は前の針目まで返す。

2 (1)─(ウ) (2)─(ア) ➡ミシン針の番号は数字が大きいほど太く，薄い布は9〜11番，普通の布は11〜14番，厚い布は14〜16番の針を使う。糸の番号は「一定の重さに対して，長さがいくらあるか」を測定した数値なので，数字が大きいほど細い糸である。

3 ①押さえ ②はずみ車 ③送り調節ダイヤル

4 (ウ) ➡針が折れるときに考えられる原因は「針止めねじがゆるんでいる」「針が曲がっている」「針のつけ方が浅い」などである。上糸が切れるときに考えられる原因は「上糸のかけ方が正しくない」「上糸の調子が強すぎる（ダイヤルの数字が大きすぎる）」「針のつけ方が正しくない」などである。布が進まないときに考えられる原因は「送り調節ダイヤルの数字が0になっている」「送り歯の高さが低すぎる」「ほこりや糸が送り歯に詰まっている」などである。縫い目が飛ぶときに考えられる原因は「針のつけ方が正しくない」「針が曲がっている」「布に対して針と糸の太さが適当でない」などである。(ウ)は，送り調節ダイヤルの数字が最大ではなく，0になっているのが主な原因なので誤りである。

5 (1)─② (2)─②，④ ➡(1)②「送り調節ダイヤル」は縫い目の大きさを調節する。針を手動で上げ下げするのは「はずみ車」である。(2)②布を裁つときは，（横方向ではなく）縦方向に伸びにくい性質を考えて方向を決める。④布の横の両端の部分は（目ではなく）耳といい，ほつれにくい。

家庭・体育

109

別冊◆解答・解説

家庭・体育 **4 衣服と手入れ** ▶問題 P.288〜289

1 ①—(エ)　②—(オ)　③—(イ)　④—(ウ)　➡衣服のはたらきには，大きく分けて，体を守るための保健衛生上のはたらきと，立場や気持ちなどを表すための社会活動上のはたらきの２つがある。保健衛生上の主なはたらきには，暑さや寒さから体を保護するはたらき，生活や活動をしやすくして怪我を防ぐはたらきがある。

2 (1)①天然　②化学　③動物　④植物　(2)①—(ウ)　②—(オ)　③—(イ)　④—(ア)　⑤—(エ)　➡繊維は，大きく分けて天然繊維と化学繊維に分けられる。天然繊維は，さらに毛などの動物繊維と麻などの植物繊維に分けられる。化学繊維は，石油を原料としてつくられるナイロンやポリエステルなどの合成繊維，植物性の原料でつくられるレーヨンやキュプラなどの再生繊維，植物性の原料を化学的に変化させてつくられるアセテートなどの半合成繊維に分けられる。

3 (1)—(カ)　(2)—(ウ)　(3)—(ア)　➡(1)家庭洗濯の絵表示で，30は液温が30℃を限度とすることを表し，下の２本線は洗濯機で非常に弱い洗濯ができることを表している。(3)漂白の絵表示で，△だけの場合，塩素系及び酸素系漂白剤による漂白処理ができることを表している。×が重なっていると漂白はできず，右図の場合は，酸素系漂白剤による漂白処理はできるが，塩素系漂白剤による漂白処理はできないことを表している。

4 (1)—(ウ)　(2)—(ア)　(3)—(オ)　(4)—(カ)　➡(1)・(2)アイロン仕上げの絵表示で，•は底面温度110℃を限度としてスチームなしでアイロン仕上げができることを表し，••は底面温度150℃を限度としてアイロン仕上げができることを表し，•••は底面温度200℃を限度としてアイロン仕上げができることを表している。(3)・(4)自然乾燥の絵表示で，｜は，脱水後つり干し乾燥がよいことを表し，‖は，脱水をせず，濡れつり干し乾燥がよいことを表し，―は，脱水後平干し乾燥がよいことを表し，＝は，脱水をせず，濡れ平干し乾燥がよいことを表している。(4)のように，左上の斜線は日陰干しがよいことを表している。

5 ①—(エ)　②—(ウ)　③—(ア)　➡洗剤には，主に天然油脂を原料とする石けんと主に石油を原料とする合成洗剤がある。汚れが界面活性剤に包まれ繊維から離れることによって，きれいになる。

110

家庭・体育 **5** 五大栄養素，6つの基礎食品群 ▶問題 P.290〜291

1 (1)無機質，(ア) (2)脂質，(エ) (3)ビタミン，(ウ) (4)炭水化物，(オ) (5)たんぱく質，(イ) ➡(1)五大栄養素の中の無機質は，主に体の調子をととのえるが，体の組織もつくる。脂質は主にエネルギーとなるが，体の組織もつくる。ビタミンは主に体の調子をととのえる。炭水化物は主にエネルギーとなる。たんぱく質は主に体の組織をつくるが，エネルギーともなる。

2 (1)無機質 (2)—(エ) ➡(1)炭水化物は白米，たんぱく質はみそ，豆腐，油揚げ，ハム，卵，脂質はバター，フレンチソース，ビタミンはきゅうり，トマト，レタスに含まれるから，無機質が足りない。(2)(ア)〜(エ)で無機質を多く含むのは(エ)のわかめである。

3 (1)主に体の調子を整える。 (2)主に熱やエネルギーとなる。 (3)主に体の組織をつくる。 ➡6つの基礎食品群に分けると，1群と2群は主に体の組織をつくるはたらきをし，3群と4群は主に体の調子を整えるはたらきをし，5群と6群は主に熱やエネルギーとなるはたらきをする。

4 (1)①—(ウ)，カロテン（ビタミンA）②—(エ)，たんぱく質③—(イ)，炭水化物④—(ア)，脂質 (2)—(ア) ➡(1)①(ウ)のきゅうりはビタミンCを含む。②(エ)の米は炭水化物を含む。③(イ)の豆腐はたんぱく質を含む。④(ア)のチーズは無機質を含む。(2)白米は炭水化物，卵・豚肉はたんぱく質，にらはカロテン，キャベツはビタミンC，サラダ油は脂質を含むから，足りないのは無機質で，ヨーグルトに含まれる。

5 (1)—(ア)，(c) (2)—(イ)，(a) ➡(1)ビタミンB_2は脂質のエネルギー代謝を助け，目の働きを助け，皮膚を健全に保つ。卵，納豆，チーズ，ほうれん草などに含まれる。(2)ビタミンDは，骨や歯の発育を助け，丈夫にする。日光に当たると生成される。魚，卵黄，きのこなどに含まれる。

6 (1)旬 (2)消費期限 ➡品質が劣化しやすく，おおむね5日以内で劣化しやすい食品に付けられるのが消費期限である。比較的長期間保存できる食品に付けられるのが賞味期限である。

家庭・体育 **6** 調理 ▶問題 P.292〜293

1 (1)①—(エ) ②—(ウ) ③—(イ) (2)—(ウ) ➡(1)米を量って，3〜4回水をかえてといだ後，30分以上吸水させる。1人分の米の目安は80gで，水の量は米

家庭・体育

111

別冊◆解答・解説

の体積の1.2倍，重量の1.5倍である。

2 (1)玄米：(ア)，(イ)，(エ)　白米：(エ)　(2)〔解答例〕水が沸騰してから入れ，約
1分加熱して火からおろし，沈んだら上澄みをとる。(3)〔解答例〕有毒物質
が含まれるから。　➡(1)もみがらだけを取り除いたのが玄米で，さらにぬか
層と胚を取り除いたのが白米である。ぬか層と胚にはビタミンB_1などを多
く含むので玄米の方が栄養が多いが，白米の方が味はよく，柔らかいため体
に吸収されやすい。(2)煮干しやこんぶは水から入れてだしを取るが，かつお
節は沸騰してから入れる。(3)じゃがいもの芽や皮の緑色の部分にはソラニン
という有毒物質が含まれる。

3 (1)—(エ)　(2)乳化性　➡(1)卵をゆでる時間は沸騰してから，半熟だと6〜8
分，かたゆでだと11〜13分程度である。(2)卵には熱凝固性，気泡性，乳化性，
希釈性がある。水と油をなじませる乳化性によりマヨネーズがつくられる。

4 (1)—(イ)，(ウ)　(2)—(エ)　➡(1)煮干しは水から入れて火にかけ，沸騰後2〜3
分煮てから取り出す。こんぶは水に45分浸したあと加熱し，沸騰直前にな
ったら取り出す。　(2)まな板を使用する前に水でぬらすと，表面に膜が出き
汚れや臭いがつきにくくなる。

5 (1)ささがき　(2)くし形切り　(3)小口切り

6 (1)一汁三菜　(2)B—(エ)　D—(ア)　E—(イ)
➡(1)米飯と汁ものに，おかず3品をそろえたものを
一汁三菜という。　(2)配膳は右の図のようになる。

家庭・体育 **7** 商品のマーク，環境 ▶問題 P.294〜295

1 (ウ)　➡安全を保障するのは，(ウ)のSTマークで，玩具の安全基準に適合し
ていることを保障する。(ア)，(エ)，(オ)は品質を保証するマーク，(イ)は環境への
配慮に関するマークである。

2 (1)—(イ)　(2)—(ウ)　(3)—(エ)　➡(1)(イ)はPETボトルリサイクル推奨マークで，
ペットボトルのリサイクル品であることを示すマークである。(2)(ウ)はSGマ
ークで，製品安全協会が安全と認定した製品に付き，製品の欠陥による事故
には損害賠償が行われるマークである。(3)(エ)はグリーンマークで，原料に規
定以上の古紙を使用した製品に付くマークである。

3 (1)—(イ)　(2)—(エ)　(3)—(ウ)　➡(ア)，(エ)は容器包装識別表示マークである。(イ)，

112

(ウ), (オ)は石油製品リサイクルマークである。マークの数字は，1はペット樹脂を使用した製品，2は高密度ポリエチレンを使用した製品，3は塩化ビニールを使用した製品，4は低密度ポリエチレンを使用した製品，5はポリプロピレンを使用した製品であることを表している。

4 (ア), (ウ) ➡環境に配慮した製品に付けられているマークは，コンピュータなどの待機時の消費電力の国際基準を満たす製品に付く(ア)の国際エネルギースターロゴと，エアコンなどの省エネ法による基準の達成度を示す(ウ)の省エネラベリングマークである。

5 (1)①—(ウ) ②—(イ) (2)湿度 ➡(1)JIS照度基準では，学校の被服教室，電子計算教室，実験実習室，図書閲覧室の維持照度は500ルクスである。教室，体育館の維持照度は300ルクスである。

6 (1)①再資源化 ②リデュース ③リユース (2)エアコン ➡(1)3Rとは，廃棄物の再資源化であるリサイクル，廃棄物の発生抑制であるリデュース，部品・製品などの再使用であるリユースである。

7 (1)製造物責任法（PL法） (2)クーリングオフ ➡(1)消費者が製品の欠陥により被害を受けた場合，製造者に損害賠償の責任を負わせ，被害者救済を行う法律は，製造物責任法（PL法）で1995年に施行された。(2)訪問販売など，店頭以外で契約や購入したものを，法律に定められた一定の期間なら無条件で解約できる制度は，クーリングオフである。

家庭・体育 **8** 学習指導要領（体育①） ▶問題 P.296〜297

1 ①—(ア) ②—(カ) ③—(キ) ④—(ウ) ⑤—(エ) ➡小学校学習指導要領の「総則」に食育の推進及び安全に関する指導が加わったのは平成20年版小学校学習指導要領からであるが，平成29年版でも踏襲されている。

2 (オ) ➡教科の目標では体育科の目指す方向が示されている。

3 ①友達の考え ②楽しさ ③喜び ④最善 ⑤回復 ➡体育科の学習指導の弾力化のため，体育科の学年の目標は，低・中・高学年の3段階で示されている。

家庭・体育

113

別冊◆解答・解説

家庭・体育 **9** 学習指導要領（体育②） ▶問題 P.298〜301

1 ①遊び ②器械運動 ③ゲーム ④保健 ➡小学校学習指導要領の「体育」では，領域を一覧した表の空欄補充問題がよく出題される。低学年での領域を表す言葉には，「ゲーム」以外のすべてに「遊び」が付いている。

2 (1)—(イ)，(エ) (2)—(ア)，(エ) (3)—(ウ)，(オ) ➡**1**にあったように「遊び」の付くものはすべて低学年。(1)の(ア)・(オ)，(2)の(イ)・(ウ)，(3)の(エ)は高学年。(3)の(オ)の「表現」は，中学年・高学年とも示されている。

3 (ウ) ➡「体つくり運動」は，他の領域では扱われにくい様々な体の基本的な動きを培う運動として設けられたものである。(ウ)だけが誤り。(ウ)は〔第5学年及び第6学年〕(高学年)の内容。低学年と中学年で「体ほぐし運動（運動遊び）」と「多様な動きをつくる運動（運動遊び）」を扱い，高学年で「体ほぐしの運動」と「体の動きを高める運動」が扱われる。

4 (1)—(イ) (2)—(エ) (3)—(ア) (4)—(ウ) (5)—(イ) ➡(3)の「支持系」(の技) は鉄棒運動，「回転系や巧技系」(の技) は，マット運動の技として記述されている。(4)の「け伸び」は，プールの底や壁をけり，体を直線に伸ばして進むこと。(5)の「創作ダンス」「ヒップホップダンス」は平成29年版小学校学習指導要領の体育には示されておらず，「リズムダンス」は中学年に示されている。

5 (1)A：バランス B：用具 (2)バランスをとりながら移動する，用具を操作しながら移動するなど2つ以上の動きを同じに行ったり，連続して行ったりする運動を通して，基本的な動きの組み合わせた動きを身に付けることができるようにする。

6 (エ)

7 (オ) ➡保健領域は，中学年が「健康な生活」(第3学年)と「体の発育・発達」(第4学年)の2項目，高学年が「心の健康」「けがの防止」(第5学年)，「病気の予防」(第6学年)の3項目から成るが，それぞれは，「内容の取扱い」に（ ）の学年で扱うとの記述がある。

8 ①周囲 ②判断 ③速やか ④回避

家庭・体育 10 学習指導要領（体育③） ▶ 問題 P.302〜303

1 ①学びの実現　②運動や健康　③楽しさや喜び　④健康の大切さ　➡「（単元など）内容や時間のまとまりを見通して〜深い学びの実現を図るようにすること」は，各教科の「指導計画の作成」の冒頭に記述される共通の内容。「深い学びの実現」を図るための指導計画の作成が求められている。以下は，各教科の留意事項である。体育科においては，「運動や健康についての活動の充実を図ること」「運動の楽しさや喜びを味わうこと」「健康の大切さを実感する」ことが留意事項として示されている。

2 ①8　②16　➡「指導計画の作成」の(3)に配当時数の程度が記述されている。内容とセットで時数を覚える。高学年が中学年の倍で16単位時間である。

3 生活科　➡「特に，小学校入学当初においては，生活科を中心とした合科的・関連的な指導や，弾力的な時間割の設定を行うなどの工夫をすること。」とある。

4 ①—(ア)　②—(エ)　③—(ウ)　④—(エ)　⑤—(ア)　⑥—(ウ)　⑦—(エ)　⑧—(イ)　➡ここで扱っている「内容の取扱い」の(1)に「学校や地域の実態を考慮するとともに」とあるように，例えば雪の積もらない地域ではスキーやスケートは取り扱えないことなど地域性を配慮して記述されている。

家庭・体育 11 体つくり運動・器械運動 ▶ 問題 P.304〜305

1 多様な動きをつくる運動遊び　➡第3・4学年では，「体ほぐしの運動」と「多様な動きをつくる運動」，第5・6学年では「体ほぐしの運動」と「動きを高める運動」となっている。

2 多様な動きをつくる運動　➡中学年の「体つくり運動」は，「体ほぐしの運動」及び「多様な動きをつくる運動」で構成され，体を動かす楽しさや心地よさを味わうとともに，低学年で学習した様々な基本的な体の動きに加えて，更に多様な動きを身に付けたり，動きの質を高めたりする運動である。「多様な動きをつくる運動」は，問題文の(ア)〜(オ)の運動で構成される。『小学校学習指導要領解説　体育編』（平成29年7月）で，(ア)〜(オ)の運動について，[例示] としてそれぞれ具体的な内容が示されているので，確認しておくこと。

家庭・体育

別冊◆解答・解説

3 (オ) ➡(オ)の「膝から離すようにしながら」が不適切な部分。「膝につけるようにしながら」が正しい。

4 (1)—(ウ) (2)—(イ) (3)—(イ) ➡(1)マット運動の技。「後転→開脚後転→(ア)伸膝後転」と発展する。(エ)「ロンダート」は倒立技。(2)鉄棒の技。(3)跳び箱の回転系の技。(ウ)「かかえ込み跳び」と(エ)「開脚跳び」は，同じ跳び箱運動の技だが，切り返し系の技である。

5 (1)—(ウ) (2)—(エ) ➡(1)「後方支持回転」は，支持姿勢から体を後方に勢いよく倒して腹部を鉄棒に引き寄せて回転し，支持姿勢に戻る。(2)前段階の技は「かかえ込み後ろ回り」である。

6 (1)かかえ込み跳び (2)①〔解答例〕両足で強く踏み切る。②〔解答例〕跳び箱の奥側に両手で一緒に手を着き，強く突き放す。③〔解答例〕ひざを曲げて着地し，静止する。

家庭・体育 **12** 陸上運動・水泳運動 ▶問題 P.306～307

1 〔解答例〕(1)段ボール箱・ペットボトル・コーン・シート・タイヤ，などから2つ。 (2)〔解答例〕小型ハードル間の長さを児童に合うように調節し，小型ハードル間に目印を付けて，着地点を意識させるようにする。また，ペアで練習させて，「トーン，ト，ト，ト」と声を掛け合って練習する。 ➡(1)安全を考慮して，低学年の「走の運動遊び」，中学年の「小型ハードル走」では実際のハードルは用いない。答え以外のものでも，工夫次第でいろいろなものを障害物として使える。(2)インターバルの距離や小型ハードルの高さに応じて，調子よく走れるリズムを見つけさせるのがポイントである。

2 (1)①低い ②落とす(下げる) ③上半身 ④軽く (2)〔解答例〕バトンの受け渡しを行うことができるエリア。 ➡(1)スタンディングスタートが指導の基本となっている。(2)テークオーバーゾーンの手前，あるいは超えてのバトンパスは失格となる。テークオーバーゾーン内で減速の少ないバトンパスをすることを練習させる。公式のルールでテークオーバーゾーンが20mになっているということであって，指導の過程でテークオーバーゾーンの長さを短くするなどの工夫は行われてよい。

3 (ウ) ➡③で踏み切り④で着地。①と②は，足の振り上げのあと，ぬき足をぬくので①→②の順。なお，踏み切りの位置を合わせるためには，1台目の

116

ハードルに足を合わせるスタートが重要になる。

4 (イ) ➡「幅が15cm程度の踏み切りゾーン」とある部分が誤り。踏み切りゾーンは「幅が30〜40cm程度の踏み切りゾーン」で踏み切ることを目指す。

5 (1)①水の中を移動する運動遊び ②もぐる・浮く運動遊び ③不安感 (2)—(イ) ➡(2)の(イ)は「伸ばして」が誤り。正しくは「曲げて」。

家庭・体育 **13** ゲーム・表現運動 ▶問題 P.308〜309

1 ネット型ゲーム ➡「ルールや形式が一般化されたゲーム(スポーツ)」と区別して「○○型ゲーム」と述べている。これは,高度な技能が身についていなくても,みんなが楽しめる易しい工夫されたゲームとして位置付けられている。「○○型」というのは,攻防の特徴から言った言葉である。

2 ①協力 ②工夫 ③課題 ④勝敗 ⑤作戦 ⑥ボール操作 ⑦公正 ⑧正しい

3 ①ソフト ②プレル ③蹴ったり ➡中学年のゲームは次のようにまとめられる。なお,ゴール型とネット型のゲームでは,「○○を基にした易しいゲーム」として例示されている。

ゴール型ゲーム：ハンドボール,ポートボール,ラインサッカー,ミニサッカー,タグラグビー,フラッグフットボールなどを基にした易しいゲーム

ネット型ゲーム：ソフトバレーボール,プレルボール,バドミントン,テニス,天大中小など,子供の遊びを基にした易しいゲーム

ベースボール型ゲーム：攻める側がボールを蹴って行う易しいゲーム,手や用具などを使って打ったり,静止したボールを打ったりして行う易しいゲーム

4 (1)—(イ) (2)—(エ) (3)—(ウ) (4)—(エ) ➡これらの用語は中学校で学ぶ体育に出るものだが,小学校の教員採用試験に出題されることがある。(1)の「ウインドミル投法」の「ウインドミル」は風車のこと。風車のように,ひじを曲げず一回転させて投げる。「スリングショット投法」は,ボールを持った腕を後方に引き上げ,反動で腕を振り下ろして投げる。「スタンダード投法」は下手から投げる標準的な投法。(2)バスケットボールの防御は大きく2つに分けられる。各人が防御する相手を決めて守る「マンツーマンディフェンス」,

家庭・体育

117

別冊◆解答・解説

各人が地域（ゾーン）を決めて守る「ゾーンディフェンス」。(ア)「リバウンド」はシュートが外れた場合にいう言葉で，外れたボールを「リバウンドボール」という。(イ)「ピボット（ターン）」は，片足を軸に回転する，ボールを保持する技術。(3)(ア)「オブストラクション」は，ボールに対してプレーせずに相手を妨害する反則。(イ)「キッキング」は相手を蹴る反則。(エ)「ホールディング」は，手や腕を使い，押さえる反則。(4)守備専用の選手が「リベロ」。1名。違う色のユニフォームを着用する。サービス，ブロック，スパイクと，セッターとしての役割はできない。

5 ①身近　②全身　③即興　④特徴

6 (1)—(ウ)　(2)—(イ)　(3)—(ア)　➡(1)「グスタフス・スコール」は，軽快なスキップやアーチくぐりなどをパートナーや全体で隊形移動しながら踊る。(2)「コロブチカ」はパートナーとの踊り。パートナーチェンジがある。(3)「マイム・マイム」は，集団で円になって踊る。力強くステップを踏む。

家庭・体育 **14** 保健　▶問題 P.310～311

1 (エ)　➡平成29年版小学校学習指導要領の「体育」の「各学年の目標及び内容」は，〔第1学年及び第2学年〕，〔第3学年及び第4学年〕，〔第5学年及び第6学年〕と2学年まとめて記述されているが，中学年と高学年にある「保健」領域は，「内容の取扱い」で学習する学年が示されている。①けがの防止(第5学年)，②体の発育・発達(第4学年)，③心の健康(第5学年)，④病気の予防(第6学年)，健康な生活(第3学年)である。よって，正解は(エ)。

2 (ア)，(イ)，(エ)，(オ)　➡平成29年版小学校指導要領の本文では，「体は，思春期になると次第に大人の体に近づき，体つきが変わったり，初経，精通などが起こったりすること。また，異性への関心が芽生えること」とある。

3 (ア)，(エ)　➡(ア)正しい。やけどの場合，できるだけ早くやけどした部分の熱を下げることが重要。治癒までの時間も大きく異なってくる。(イ)誤り。顔を上にすると血液がのどに流れやすくなる。下を向いて鼻血を前方に流すことが必要。「たまった血を吐き出す」のは正しい。「脱脂綿を詰める」のは誤り。詰めものを取るときに再出血する恐れがある。鼻をかんで血が止まったかどうかを確かめるのも同じ意味で誤り。(ウ)誤り。まずは冷やす(過度に冷やすのは，血流を悪くするおそれがあるので避ける)。そして固定する。「心臓よ

118

り高く上げる」のは意味があるが，無理にはする必要がない。かつて行われていた「指を引っ張ったりもんだりする」は，内出血を悪化させる危険があり，誤り。㈔正しい。

4 ㈣，㈔，㈕　➡㈎は誤りで，㈣が正しい。とにかく遠くへ，高台に向かって一刻も早く海から離れる。㈡は誤り。建物の中や軒下は倒壊の恐れもあるので不可。広い避難場所に移動する。㈔は正しい。停電してエレベーターが停まり，閉じ込められる危険がある。㈥は誤り。大きな木の下は，むしろ落雷の危険が大きい。㈖は正しい。

5 ㈔

家庭・体育 15 新体力テスト　▶問題 P.312〜313

1 ㈥　➡Ａ：１年生については，「健康診断後」に行う。Ｂ：低学年の場合は，あらかじめ「テスト運動」に慣らしておくことが望ましい。Ｄ：最後に実施するのは「20mシャトルラン（往復持久走）」。Ｆ：被測定者の「両膝」を押さえ，固定するのが正しい。

2 ㈔　➡㈎の【反復横跳び】は〈敏捷性〉，【長座体前屈】は〈柔軟性〉が正しい。㈣の【上体起こし】は，〈筋力・筋持久力〉が正しい。㈡・㈥の【立ち幅跳び】は〈瞬発力〉が正しい。

3 ㈣，㈡，㈥，㈖　➡実施が１回なのは，「上体起こし」「20mシャトルラン（往復持久走）」「50m走」である。「握力」は，左右交互に２回ずつ実施する。

4 ①10　②スタンディング　③30　④20mシャトルラン（往復持久走）　⑤右左　⑥膝　⑦20mシャトルラン（往復持久走）

生活・外国語・外国語活動 1 学習指導要領（生活①）▶問題 P.316〜319

1 ㈥　➡活動・体験・身近な…といった言葉に注意して読み込んでおく。

2 ①体験　②身近な　③社会及び自然　➡学習指導要領の問題には，暗記しておけば解ける問題も多い。何度も読み込んでおくことが大切である。

具体的な活動や体験を通して身近な生活に関する見方・考え方を生かし，
↓
自立し生活を豊かにしていく。

119

別冊◆解答・解説

がポイントで，その後に目標の(1)～(3)が示されている。

3 (ウ) ➡生活科は，〔第1学年及び第2学年〕の教科で，目標は〔第1学年及び第2学年〕まとめて記述されている。

4 学校と生活・家庭と生活・地域と生活（順不同）

5 A：地域　B：公共物　C：遊び　D：動植物　E：成長

6 第1の階層：①—(イ)　②—(ウ)　③—(キ)　④—(ク)　⑤—(エ)　⑥—(サ)　⑦—(オ)
⑧—(ア)　第2の階層：①—(ク)　②—(エ)　③—(カ)　④—(コ)　⑤—(キ)　⑥—(ケ)
⑦—(サ)　第3の階層：①—(ウ)　②—(エ)　③—(ケ)　④—(ア)　⑤—(ク)

生活・外国語・外国語活動 **2** 学習指導要領（生活②）▶問題 P.320～321

1 ①—(エ)　②—(オ)　③—(ケ)　④—(ウ)　⑤—(ア)

2 ①一体的　②楽しさ　③気付き　④コンピュータ

3 (1)〔解答例〕校外での活動を積極的に取り入れる（こと）。(2)〔解答例〕（生活科を中心とした）合科的・関連的な指導を行う工夫。(3)（身近な）幼児，高齢者，障害のある児童生徒（順不同）　➡(1)，(2)は，「指導計画の作成と内容の取扱い」の記述に沿って答えを示した。同様の趣旨で答えられていればよい。

4 (ウ) ➡(イ)は「指導計画の作成と内容の取扱い」の1の(1)，(ア)は2の(3)，(エ)は1の(4)にある。(ウ)の内容はなく，平成29年版小学校学習指導要領の「第5章　総合的な学習の時間」の「指導計画の作成と内容の取扱い」の2の(4)に似た内容がある。

生活・外国語・外国語活動 **3** 生活科の学習活動例 ▶問題 P.322～325

1 (ウ) ➡(1)「自分のペースで」とあるのが誤り。ここでは，児童が自分の役割を進んで行うようになることを目指している。また，家庭における自分の生活を見直し，規則正しく健康に気を付けて生活しようとする，積極的な生活態度を育てることを目指している。(5)「一度で終わらせるとよい」の部分が誤り。活動は，繰り返し地域に関わることができるものがよい。

2 (1)〔解答例〕茎を交差させてひっぱり合ったり，こすりながら切ったりする遊び。(2)〔解答例〕花を編んで花のかんむりを作る遊び。(3)〔解答例〕

120

どんぐりごまを作る遊び。(やじろべえを作る遊び。)

3 (1)①―(b) ②―(c) (2)〔解答例〕低学年の児童でも栽培の容易なもの。
➡それぞれは，(a)コスモス，(b)アサガオ，(c)ヒマワリ，(d)ホウセンカ，(e)マ
リーゴールド，(f)マツバボタンの種である。

4 (1)〔解答例〕ただ水やりをするのではなく，アサガオのためにいいことは
何かと考え，天候や土の湿り具合をみて水やりが必要かどうかを判断してい
るから。 (2)―(イ)，(ウ) ➡(1)「児童①」と「児童②」の違いは，必ず水やり
をするか，土の湿り具合などを判断して(アサガオの立場に立って)水やりを
するかの違いである。(2)(ア)の「毎日しないと」「毎日するように注意する」
というのは，適切とはいえない。(エ)は「教師が観察して」の部分が誤り。自
らが具体的な活動を通して「気付き」「考える」ことが大切である。

5 (ア)，(イ)，(エ) ➡(ウ)が誤り。「指導計画の作成と内容の取扱い」の指導計画
の作成に当たっての配慮事項として，「第2の内容の(7)については，2学年
間にわたって取り扱うものとし，動物や植物への関わり方が深まるよう継続
的な飼育，栽培を行うようにすること」とあり，2学年にわたって，飼育・
栽培を行うとしている。

6 〔解答例〕①動物の特徴，成長や変化についての気付き。 ②動物が生命を
もっていることに対する気付き。 ③動物と自分の関わり方に対する気付き。
などから2つ。 ➡「ぬいぐるみみたいです」「でも生きています」「はじめ
より大きくなりました」「だっこするとあったかいです」など，答えにあげ
たそれぞれに関係していることを確かめること。

7 (オ) ➡**5**の解説参照。

8 〔解答例〕ウサギ：抱くときは座り，首から肩の背中の皮をつかみ，尻を
支えて持つ。 チャボ：後ろから包み込むようにして持つ。 ➡チャボを持つ
ときは，児童が目をつつかれないよう，顔を近づけないことにも注意が必要
である。

生活・外国語・外国語活動 **4** 学習指導要領(外国語①) ▶問題 P.326〜327

1 ①―(オ) ②―(エ) ③―(イ) ④―(ア) ⑤―(ウ) ➡第3学年及び第4学年での
「外国語活動」でも，この「外国語」でも，「コミュニケーション」は重要語。
5つの領域(聞くこと，話すこと [やり取り]，話すこと [発表]，読むこと，

121

別冊◆解答・解説

書くこと）の言語活動を通して，コミュニケーションを図る基礎となる資質
や能力の育成を目的にしている。

2 (1)―(エ) (3)―(ア) (5)A：活字体　B：書き写す　C：音声　➡(1)「聞くこ
と」では，空欄以外に「ゆっくりはっきりと話されれば」にも注目しておく
こと。中学生では「はっきり話されれば」となっている。小学生高学年では，
明瞭な音声で聞き取りやすく話されることが前提となっているからである。
(3)ア：「簡単な指示，依頼をしたり，それらに応じたりする」は，中学年で
も同じ内容だが，高学年では，クラス替えによる新しい友達や新しく赴任し
た外国人のＡＬＴ（Assistant Language Teacher：外国語指導助手）」など
の初対面の人に対しても，物怖じしないで挨拶できるようになることを想定
している。イ：中学年の外国語活動では指示や依頼に応じる活動であったが，
ここでは，応じたり断ったりすることもできるようになることを求めている。
ウ：中学年では，教師のサポートを受けながら進めたが，高学年では，中学
年の２年間の経験を踏まえ，自分の力で伝え合うことを目指している。(5)
ア：文字を書く指導ではどの字から指導することは示されていない。文字の
高さに注目させたり，似た形を意識させたりなどの指導の工夫が求められて
いる。イ：これは，例文を基に，自分の表現したい内容に置き換えて書くこ
とができるようになることを目指す内容である。

生活・外国語・外国語活動 **5** 学習指導要領（外国語②） ▶問題 P.328〜331

1 ①―(e) ②―(a) ③―(m) ④―(f) ⑤―(g) ⑥―(d) ➡アの(ア)の「現代の
標準的な発音」とは，特定の地域やグループの人々の発音に偏ったり，口語
的過ぎたりしない，いわゆる標準的な発音。アの(イ)音声で慣れさせることが
中心。文字を示しながら音変化について指導するのは中学校段階で行う。ア
の(エ)の「文における基本的なイントネーション」とは，平叙文や命令文，
wh- 疑問文の下降調のイントネーション，yes-no 疑問文の上昇調のイントネ
ーションに気付き，話す場合に用いることができるように指導する内容。ウ
の(ア)の高学年の２学年間に指導する語は，中学年の「外国語活動」で扱った
語を含む600〜700語。この数は覚えておく。ウの(イ)の連語，(ウ)の慣用表現は
活用頻度の高いものを取り扱う。

2 ①―(g) ②―(b) ③―(c) ④―(f) ➡エで「文及び文構造」とし，「文及

122

び文型」としていないのは，文を「文型」という型によって分類するような
指導に陥らないように配慮したものである。

3 ①—(i) ②—(e) ③—(f) ④—(c) ⑤—(k) ⑥—(a)

4 ウ—(c) エ—(b) オ—(d) ➡ウの(ア)では，年度初めにクラスで行う自己紹
介や，道案内，レストランで客と店員になりきって行う活動などが場面とし
て考えられる。エの(ア)では，例えば，自分の休日の過ごし方について説明す
る活動に取り組むことなどを表している。この発表では，多くの語句を使う
必要がある。一度の授業で済ますことは無理で，複数回の授業の中で多様な
語句に触れていくことが必要とされる。オ「書くこと」の(ア)は，最も基本的
なものであり，最終的に自分の力で活字体の大文字，小文字を書くことがで
きるように指導する。「書くこと」は個人差が大きく出やすい領域であり一
層の丁寧な指導が求められる。

生活・外国語・外国語活動 **6 学習指導要領（外国語③）** ▶問題 P.332〜333

1 (a), (c), (f), (g) ➡(b), (d)は，「英語」の「指導計画の作成と内容の取扱
い」の(1)ではなく，その後の(2)に示されているもの。(e)は，「第3 指導計
画の作成と内容の取扱い」の1に示された内容。

2 ①—(j) ②—(c) ③—(l) ④—(i) ⑤—(e) ⑥—(d) ⑦—(h) ⑧—(b) ⑨
—(a) ➡オは，デジタル教材，CD や DVD などの視聴覚教材，情報通信ネ
ットワーク，デジタル教材などの活用に言及したものである。

生活・外国語・外国語活動 **7 単語①** ▶問題 P.334〜335

1 (1)—(イ) (2)—(ア) (3)—(ア) (4)—(イ) (5)—(イ) (6)—(ウ) (7)—(イ) ➡(2)ここで
の miss は「〜をなつかしく思う」の意。 (3) bother「困らせる」。I'm sorry
to bother you, but〜.（お邪魔して申し訳ありませんが，〜）は許可などを
求める丁寧表現。 (4) glass は「ガラス」，複数形 glasses は「メガネ」 (7)
early は時間が「早く」，fast は速さが「速く」を表す。

2 (1)—(ウ) (2)—(ア) (3)—(エ) (4)—(イ) (5)—(エ) (6)—(イ) (7)—(ア) (8)—(ア) ➡
(1)「10月」，(2)「裁判所」，(3)「サンドイッチ」，(4)「ひじ」，(5)「ラグビー」，
(6)「獣医」，(7)「建築家」，(8)「深い悲しみ」。

123

別冊◆解答・解説

3 (1) hungry　(2) date　(3) fresh　(4) rainy

4 (1)—(イ)　(2)—(ウ)　➡(2) found は find（見つける）の過去形。

5 (1)—(ウ)　(2)—(イ)　(3)—(エ)　(4)—(ウ)　(5)—(エ)　➡(1) tra̲sh, happen[æ]　(2) p̲ublish, s̲uffer[ʌ]　(3) lo̲cal, o̲cean[ou]　(4) g̲entle, villag̲e[dʒ]　(5) throat, north[θ]

生活・外国語・外国語活動 **8 単語②**　　▶問題 P.336〜337

1 (1)—(エ)　(2)—(イ)　(3)—(イ)　(4)—(ウ)　(5)—(エ)　(6)—(エ)　(7)—(ウ)　➡(1) give 〜 a hint「〜にヒントを出す」　(2) remarkable（注目に値する）とあるので speech を褒める形容詞を選ぶ。confusing（困惑させる），boring（退屈させる）は褒め言葉ではない。interested（興味をもっている）は人を修飾する形容詞。　(3) impression（印象）の im- は「中へ」を表す接頭辞。expression（表現）の ex- は「外へ」を表す接頭辞。　(4) have a huge influence on 〜「〜に多大な影響を及ぼす」　(5) effective「効果的な」。demanding は動詞 demand（要求する）の形容詞形。「あまりに多くを要求する，骨の折れる，きつい」の意。　(6) loud「大きな声で」と aloud「声に出して」の意味の違いに注意。

2 (1)—(ア)　(2)—(エ)　(3)—(ウ)　➡(1)「接着剤」，(2)「普通の」，(3)「説明する」。

3 (1)—(ウ)　(2)—(エ)　(3)—(イ)　➡(1) make groups で「グループになる」，(2)「それぞれの」，(3)「正しい」。

4 (イ)　➡ suggestion, proposal は「提案」という意味。動詞形 suggest, propose も一緒に覚えておこう。

5 (1) Please (introduce) yourself to the class.　(2) (Raise) your (hand) if you have any questions.　(3) You did a (good) (job).　(4) It's OK to (make) (mistakes).　➡(4)空欄が2つだから，make a mistake としないで make mistakes とする。

6 (1)—(ウ)　(2)—(イ)　(3)—(ア)　(4)—(イ)　➡(1)(ウ)は第2音節，他は第1音節。(2)(イ)は第1音節，他は第2音節。(3)(ア)は第3音節，他は第1音節。(4)(イ)は第1音節，他は第2音節。

124

生活・外国語・外国語活動 **9 イディオム** ▶問題 P.338〜339

1 (1)—(イ) (2)—(エ) (3)—(エ) (4)—(ア) (5)—(ア) ➡(2)第1文は現在完了の文。「最近メグから連絡がない。」が適切。「〜から連絡がある」は hear from 〜。heard は hear の過去分詞。 (3)「小学生が様々な言語活動を通して英語に慣れ親しむことは重要だ。」 be familiar with 〜（〜を見〔聞き〕慣れている）の be を get(〜になる)に置き換えると，「〜を見〔聞き〕慣れる」となる。なお be familiar to 〜は「〜によく知られている」の意。Your name is familiar to me. (あなたの名前はよく知っています) (5)「先生が言ったことは私にはまったく分からなかった。」「分かる」は「意味」を表す sense を使って make sense（意味を成す，意味が取れる）で表す。

2 (1) agree (2) come (3) ready ➡(1) agree with 〜は「〜と意見が一致する，〜に賛成である」。 (2) come true は「実現する」。ここでの come は「〜になる」を表す。 (3) be ready for 〜は「〜の準備ができている」。

3 (1) in (2) right (3) unable (4) passed ➡(1) submit(〜を提出する)＝hand in 〜。類義語句に turn in 〜がある。 (2) immediately(さっそく，ただちに)＝ right away (3) can't 〜(〜できない)＝ be unable to 〜 (4) die ＝ pass away。die の婉曲表現。過去の文だから過去形 passed にする。

4 (1) I took care of my little sister all day. (2) It took me about one hour to figure it out. (3) I had nothing to do with it. ➡(1)「私は一日中妹の世話をした。」 (2)「私がそれを解答するのに約1時間かかった。」〈It takes〔took〕＋(人)(時間) to ＋動詞の原形〜〉は「(人)が〜するのに…かかる〔かかった〕」を表す。figure out 〜〔figure 〜 out〕は「〜を解答する」という意味。目的語が代名詞のときは〈figure 代名詞 out〉の語順。 (3)「私はそれとは何も関係がなかった。」

5 (1) (Are) you (interested) (in) history? (2) I'm (looking) (forward) to seeing you. (3) (Put) (away) your textbooks and notebooks. (4) (Make) pairs and face (each) (other). ➡(2)「私はあなたに会うのを楽しみに待っています。」を表す現在進行形〈be 動詞＋ing 形〉の文にする。look forward to 〜（〜を楽しみに待つ）の動詞 look を looking にする。

6 (1) Please don't be (afraid) of (making) mistakes. (2) Don't (give) up. (3) Stand (in) (front) (of) the board. ➡(1)「〜することを恐れる」は be

125

別冊◆解答・解説

afraid of ～ing。前置詞の目的語に動詞を置くときは動名詞(「～すること」を表す ing 形)にする。

生活・外国語・外国語活動 **10** 文法① ▶問題 P.340～341

1 (1)—(ウ) (2)—(ウ) (3)—(ア) (4)—(エ) (5)—(イ) ➡(2)in a few minutes「(今から)数分で,数分後に」。未来を表す。 (3)「あなたは今までにそこへ行ったことがありますか。」ever は現在完了の疑問文に使われると「今までに(～したことがありますか)」と経験を問う意味になる。 (4)SVOC の文にする。選択肢の動詞の中で SVOC の文を作れるのは「～を…と呼ぶ」を表す call だけ。 (5)「教師は児童たちが自ら英語を学ぼうという気持ちになるように促すべきだ。」 feel の意味上の主語は their pupils。motivate は「～にやる気を起こさせる」の意だから,feel motivated(やる気が起きる)と受け身を表す過去分詞にする。

2 (1)—(エ) (2)—(ウ) (3)—(イ) (4)—(ア) ➡(2)答えの文は I gave it to Ryan.(私はライアンにそれをあげました)を省略した文。

3 (1)carries (2)spoken ➡(1)第2文は主語が3人称単数で現在の文だから carry(～を持ち歩く)を3人称単数現在形にする。 (2)A「ブラジルでは何語が話されていますか。」は受動態〈be 動詞＋過去分詞〉の文。

4 (イ) ➡「私は長い間その都市を訪れていません」=「私が前回その都市を訪れてからずいぶん経ちます」。

5 (1) Dad, <u>how long does it take to get</u> to your office by car? (2) Ms. Harris, <u>could you tell the students about your country</u> in easy English? (3) It <u>is usually used to create a light wind</u> to stay cool in hot weather. (4) You'll <u>find the story very interesting.</u> ➡(1)〈it takes ＋時間＋ to 動詞の原形～〉は「～するのに(時間が)…かかる」という意味。ここでは how long(どれくらいの時間)を用いて疑問文を作る。 (2)〈tell ～ about …〉(～に…について話す)にする。 (3)usually(普通は)は be 動詞と過去分詞の間に置くのが適切。 (4)第2文は第5文型の文〈find O C〉(O が C だと分かる)にする。

6 〔解答例〕 What animals do you like?

7 (1)What (would) you (like)? (2)How (have) you (been)? (3)(Did)

126

you (practice) the skit at home? (4) You (look) pale. You (should) go to the nurse room. ➡(1)「丁寧に尋ねるとき」という指示だから，want (〜がほしい)の丁寧表現 would like を使って表す。 (2) How are you? を現在完了「継続」の文にする。 (3)一般動詞過去の疑問文には did を主語の前に置き，動詞は原形。 (4)「〜した方がいい」は should が適切。

生活・外国語・外国語活動 11 文法② ▶問題 P.342〜343

1 (1)—(エ) (2)—(ウ) (3)—(エ) (4)—(イ) (5)—(ウ) (6)—(ア) (7)—(イ) (8)—(エ) ➡ (1)動詞 need の目的語に動詞を置くときは to 動詞の原形。the problem が主語だから solve(〜を解決する)は受動態の形になる。 (4) Let's 〜 は「いっしょに〜しよう」と誘う文。付加疑問は shall we となる。 (5)時を表す副詞節の中では未来のことを現在形で表す。 (6) with your mouth full は「口いっぱいに食べ物を入れたまま」という意。 (7)「私はもしパリに住んでいるのなら，週末はいつもルーブル美術館に行くのだが。」現在の事実とは異なることを仮定するとき，if 節の中は過去形にする。 (8)「プレゼンテーションの間，彼はジェスチャーを使いながら自信を持って話した。」「〜しながら」は現在分詞(〜 ing)を使って表すことができる。

2 (1)—(イ) (2)—(エ) ➡(1) Let us know when you will arrive in Sydney. となる。使役動詞 let(O に〜させる)は 〈let O 動詞の原形〜〉の語順。「いつあなたがシドニーに着くのか」は間接疑問だから 〈when 主語＋動詞〜〉の語順にする。 (2) who は関係代名詞。「〜を探す」は look for 〜。We're looking for someone who is proficient in Spanish. となる。

3 (1) 2 番目：(オ)，5 番目：(エ) (2) 2 番目：(イ)，5 番目：(ウ) (3) 2 番目：(ア)，5 番目：(イ) ➡(1) The population of our city is half as large as that of Nagoya. that は the population の代用。 (2) I'm not used to driving on freeways. 「〜に慣れている」は be used to 〜。前置詞 to の目的語には名詞または名詞相当語句がくる。ここでの driving は動名詞。 (3) The movie was so boring that I fell into sleep.

4 (1) Pick up the cards as quickly as you can. (2) This curry is too hot for me to eat. (3) There was a coat left in the bus. (4) It's time you went to bed. ➡(1)「できるだけ素早くカードを取りなさい」。 (2)「このカ

127

別冊◆解答・解説

レーは辛すぎて私は食べることができない」。 (3)「バスに置き忘れられたコートがある」。 (4)「もう寝る時間ですよ」。過去形 went は仮定法の過去形。普通ならもう寝る時間なのにまだ起きている」という意味が含まれている。

5 (1) I think Kyoto is（the）（most）（famous）tourist spot in Japan. (2)（What）you need now is enough sleep. (3) Please tell the students（how）（to）play this game and（demonstrate）it.　➡(1)形容詞の最上級には the を付ける。 (2)「（〜が…する）もの」は関係代名詞 what で表す。 (3)「〜をやってみせる」は demonstrate。英語で授業プランを立てるとき非常によく使われる単語。

生活・外国語・外国語活動 **12 会話文①**　▶問題 P.344〜345

1 (1) wrong (2) problem (3) coming　➡(1)A：「どうかしましたか」。B：「少し頭が痛いのです」という会話。ここでの wrong は「〈物事が〉正常ではない，〈人が〉具合が悪い」という意味を表し，What's wrong with you? は相手の様子がおかしいと思ったときに使う表現。 (2)A：「このかばんを運んでくれませんか」。B：「お安いご用です（かまいませんよ）！」という会話。ここでの No problem! は，依頼に対する返事として使われている。ほかに「大丈夫です！」と確認や是認を表したり，感謝や謝罪に対して「どういたしまして」と答えるときにも使う。 (3)A：「シャロン，夕食ですよ」。B：「今行きます」という会話。会話の相手の立場に立ち come を使って現在進行形で表す。

2 (イ)　➡(1)空欄直後の文「そこでは１日中雨が降っていた」から Not really.（そうでもありません）が適切。やんわりと否定する表現。 (2) pleasure は「喜び」という意味。A：「お会いできてうれしいです」。B：「こちらこそ（お会いできたのは私の喜びです）」という会話。 (3)空欄には，A「私は土曜日の午後はいつもピアノのレッスンを受けています。」に対する相づち「そうなんですか。」が入る。Aの文は一般動詞現在形の文だから do を使って Do you? とする。

3 (1)①―(エ)　②―(ア)　(2)①―(エ)　②―(イ)　➡(1)B（Ms. Ueda）の言葉①のあと，A（Sally）は「伝言を残してもいいですか」と言っているので，①には Haruka が電話に出られないことを伝える文(エ)「彼女は今お風呂に入っ

128

ています」を入れる。B（Ms. Ueda）の言葉②には，直後にA（Sally）が
「彼女にできるだけすぐに折り返し電話をしてほしい」と伝言の内容を述べ
ていることから，「いいですよ，〔伝言を〕どうぞ」と答える文を入れる。
(2)まずAの言葉②から解くとよい。②の直後にBは Yes, of course.（はい，
もちろんです）と答えている。Yes の答えの質問になるのは(イ)「あなたはど
れがいちばんおいしいか知っていますか」である。Bの言葉①は(イ)の質問を
引き出した内容となるから，(エ)「それらのうちの3つが人気があります。」
が適切。

4 (1)—(キ) (2)—(オ) (3)—(カ) (4)—(ア) ➡③ agree with ～は「～に賛成であ
る」 ④ visitors（訪問者）とはここでは授業参観にきた親たちのこと。

生活・外国語・外国語活動 **13** 会話文② ▶問題 P.346～347

1 (ウ) ➡(1)A：「私は映画館に行くのが好きではありません」。B：「私も好
きではありません。私は家で DVD を見る方が好きです」という会話。否定
の内容を受けて「私もそうではありません」は Me, neither. と言う。肯定の
内容を受けて「私もそうです」は Me, too. となる。 (2) Please help yourself
to ～は「～をご自由にどうぞ〔お取りください〕」と食べ物などをすすめる
表現。Please help yourself to more は「どうぞご自由にお代わりしてくだ
さい」となる。 (3)A：「あなたの着物は素晴らしい。写真を撮らせてくださ
い」B：「ぜひどうぞ」という会話。〈let me ＋動詞の原形～ .〉は「私に～
させてください」という意味を表す。

2 (1)—(エ) (2)—(イ) ➡ (1) make an appointment（予約をする），your
dentist's day off（あなたの担当医の休みの日）などの語句から，歯医者の受
付での会話であることが分かる。空欄の後にB（受付係）が「そうですね。
その日8月5日は，あなたの担当医の休みの日です」と言っていることから，
空欄には「その日」に該当する語句が必要となる。したがって(エ)「来週の月
曜日に空きがありますか」が入る。 (2)最初の文 Is there anything you're
looking for in particular?（何か特にお探しものがありますか）は店員がよく
使う表現である。また This shirt is size nine.（このシャツはサイズ9です）
などの語句から服飾店〔売り場〕での会話だとわかる。2行目後半B（客）の
Do you have one in size seven?（サイズ7のシャツはありますか）に対して

129

別冊◆解答・解説

A（店員）は「サイズ7でこの色はございません」と答えている。その次の店員の言葉として，(イ)「サイズ7で別の色のものをお試しになりますか」とすると自然な会話の流れになる。

3 (1)—(ウ)　(2)—(イ)　➡(1)答えを見つけやすい空欄から解いていくのがコツ。まず②から解く。②の直後に Kim が「約30分です」と答えていることから②は (e)「ここからホテルまでどのくらいかかりますか」となる。次は③を解く。③の直後に Kim は Yes. と答えている。選択肢の中で答えが Yes/No となる疑問文は (d)「ここからホテルまでバスで行くことは可能ですか」である。Kim は Yes. と答えた後「あそこにあるバス停でバスに乗ってください」と述べているので，続いて④には (b)「それはホテルの前に留まります」が入る。⑤・⑥の2人の会話は Man (c)「バスはどれぐらいの頻度で来ますか」，Kim (a)「10分ごとです」となる。(2) You can't miss it. は「あなたはそれを見逃すはずがない」つまり「すぐ見つかりますよ」という意味になる。

生活・外国語・外国語活動 **14 読解**　▶問題 P.348〜349

1 (1)—(イ)　(2)—(エ)　➡(1)空欄を含む文の意味は，主語 It が直前の文の内容を受けて，「オーストラリアの生活習慣について学んだ重要なことは，水を（　　）することである。」となる。直後の文から最後まで，その具体的な説明が続く。明子は，オーストラリアの一部では雨があまり降らず水が不足していることを知り，自らシャワーの時間を短くするようにした，という内容。したがって，空欄には「節約する」を表す save が適切。(2)本文最終文から(エ)「明子はできるだけ素早くシャワーをあびた」となる。

〔全訳〕

　明子は日本人の中学生である。彼女は英語の授業中オーストラリアに興味をもち，この前の冬に初めてそこを訪れた。オーストラリアはちょうどその時，夏の真っ盛りだったので，非常に暑かった。明子は空港から3時間車に乗り，地方にあるホストファミリーのジェーンの家に着いた。明子はジェーンのところに10日間滞在した。滞在中彼女はオーストラリアの生活習慣について重要なことを学んだ。それは水を節約することだ。オーストラリアのいくつかの地域では，あまり雨が降らない。そのためそこに住む人々は水を使

130

いすぎてはいけない。彼らは庭の花に水をあげることさえできない。明子は
それを知って驚いた。彼女は彼らの問題を理解し，オーストラリアでの滞在
中は5分以内にシャワーを終わらせようとした。

2 （イ）　➡論理の展開は，（第1，2文）ニュートンとアインシュタインの類
似点→（第3文）「似ているところはそこまでである。」話題の転換→（第4，
5文）2人の相違点その1→（第6，7文）2人の相違点その2，となって
いる。したがって第6文の①には，Furthermore（さらに），第7文には，第
6文のニュートンの後半生とは違うアインシュタインの後半生が述べられる
ので，However（しかしながら）を入れる。

〔全訳〕

　　一見すると，アイザック・ニュートンとアルバート・アインシュタインは
共通するものがいくつかある。両者とも，物理学において基本的発見をした
天才であり，26歳という年齢以前に重要な仕事のほとんどを行った。しかし
類似点はそこまでである。ニュートンは人々が彼のことをどう思っているの
かを気にして，不適切な行為は認めなかった。一方アインシュタインは人と
違っていることを楽しみ，他人が思っていることなど気にしなかった。さら
に，ニュートンは後半生を政府の高給職である王立造幣局長官として働いて
過ごした。しかしながらアインシュタインは，人生の終わりまで全時間を科
学者として過ごした。

3 （1）〔解答例〕間違いや奇妙な発音を笑わない教室の雰囲気を作ること。
（2）Oh, （six notebooks）.　➡(1)本文第4文参照。（2)本文の下線部は「教師
はできるだけ，生徒が自ら自分の間違いに気付き次回その表現を訂正して使
うように促すやり方で，教えるべきだ」という意味。このことを教師は Oh,
six notebooks. と生徒の答えに応じることで，実践することができる。

〔全訳〕

　　間違いは学習の一部である。生徒が繰り返し表現を使わないで上達するこ
とは不可能である。生徒たちは間違いをすることを心配するべきではない。
教師は，間違いや奇妙な発音を笑ったりしないような教室の雰囲気を作るべ
きである。もし教師が，生徒の間違いを一つひとつ指摘し，生徒に無理にも
う一度言わせると，生徒は英語を話すことに臆病になるだろう。もし生徒の
言いたいことが，間違いがあるにも関わらず理解できるのであれば，教師が
生徒に気付かせるように，訂正した表現を言ってもよい。教師はできるだけ，

生活・外国語
外国語活動

131

別冊◆解答・解説

生徒が自ら自分の間違いに気付き次回その表現を訂正して使うように促すやり方で，教えるべきだ。

生活・外国語・外国語活動 **15** 学習指導要領（外国語活動） ▶ 問題 P.350～351

1 ①—(オ) ②—(ウ) ③—(キ) ④—(イ) ⑤—(カ) ⑥—(ク) ➡平成29年版小学校学習指導要領では，「外国語活動」（第3学年及び第4学年）と，新たな教科として「外国語」（第5学年及び第6学年）が設けられた。平成29年版小学校学習指導要領では教科としての「外国語」が第2章で記述され，「外国語活動」は第4章で記述されている。いずれにしろ，「目標」は用語の空欄補充（記述式か選択式）の出題が多くなるので，よく読み込んで理解しておくことが大切である。

2 (ア)，(イ)，(オ) ➡「外国語活動」の「目標」には，「～外国語による聞くこと，話すことの言語活動を通して」とあり，「外国語活動」には(ウ)の「書くこと」，(エ)の「読むこと」は含まれない。「読むこと」「書くこと」が加わるのは「外国語」からである。

3 ①—(ウ) ②—(イ) ③—(カ) ④—(カ) ⑤—(ア) ⑥—(オ) ⑦—(エ) ⑧—(イ) ⑨—(エ) ⑩—(ク) ⑪—(オ) ➡問題の(2)のイ・ウ，(3)のア・イ・ウに「簡単な語句や基本的な表現」という言葉がある。「外国語活動」と「外国語」の内容や目標では，ともに「簡単な語句や基本的な表現」とされていることを覚えておく。